Criminal L

21世纪东部法学系列教材

张 旭 总主编

犯罪学

主　编　单　勇

副主编　张　影　李慕通

撰稿人

单　勇　汪　勇　李慕通　李正日　张　影

吕　鑫　张佳婧　房绪兴　顾　阳

厦门大学出版社

国家一级出版社

XIAMEN UNIVERSITY PRESS 全国百佳图书出版单位

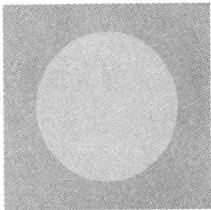

总　序

　　一国社会的文明与进步不仅取决于该国社会政治、经济的发展,也取决于该国社会法制化的发展,而一国法制化的发展与高等法学教育之间的直接联系,使得世界各国在其法制化进程中,都不能不高度重视本国的法学高等教育。法律作为一门专业性和时代性都很强的科学,不仅需要一大批法律专家和学者对于有关专业问题的深入研究,更需要具有普适性高等法学教育的发展和推动,而在高等法学教育中,从"传道、授业、解惑"的角度看,法学教材的编辑不能不说是法学教育诸多环节中十分重要的一环。换言之,作为高等法学教育基本依托的法学教材建设,以及法学教材的质量与法学教育水准之间的密切联系,使得法学教材的建设成为高等法学教育中一个不容忽视且必须予以高度重视的问题。

　　我国东部地区人杰地灵,物产丰富,改革开放以来不仅是社会经济发展最快的地区之一,也是文化教育最为发达的地区之一,伴随我国法学教育改革前进的步伐,高等法学教育取得了令人鼓舞的成就。然而,就法学教材的建设而言,却存在一定程度的不足。其具体表现就是,至今没有出版一套较为全面的反映和体现东部法学教育特征的高等法学教材。而无论是就历史的发展还是现实需要的角度看,东部不仅在中国近代意义的法学教育和法学研究上,曾经有过自己的辉煌,而且,就现实东部的经济、社会发展的需要而言,编辑一套针对东部法学教育的特点,能够体现东部法学教育特色,以及充分适应东部高等法学教育需要的法学教材,也具有十分显著的现实意义。申言之,针对东部法学教育的具体情况,编辑一套能够体现东部法学教育特色,以及充分适应东部高等法学教育需要的法学教材,不仅是东部地区社会经济、政治发展的需要,也是社会高等法学教育的现实需要。

　　21 世纪是我国社会高度发展的一个新的历史时期,在这个新的历史发展时期中,就高等法学教育而言,不仅面临法学教育观念的变革、教育方式的改革,也涉及教育内容的更新与发展,而这一系列问题最终都无一不体现在法学教材的编写与更新上。从这一个角度上讲,作为一项创造性的劳动,编写一套适应社会发展需要的教材值得我们认真地去思考、研究和探索。

浙江工业大学法学院,虽然算不上老牌的法学院,但是近年来发展迅速,学科建设得到了超常规发展,科研水平有了长足的提高,已经成为浙江省内有一定实力的法学科研、教学机构。学院设有理论法学、宪法行政法学、民法学、经济法学、刑法学、诉讼法学、国际法学等7个学科,以及法学研究所和司法与人权研究中心。与西南政法大学联合培养的法律硕士专业学位人员已达200多人。诉讼法学学科颇具实力,已获得硕士学位授予权。

同时,学院拥有一支教学经验丰富、科研成果丰硕的师资队伍,教授、副教授近20人,80%以上的教师具有博士、硕士学位。学院的教学、科研设施齐全,法学院大楼建筑面积达12000平方米,并配有装备现代化多媒体设施的模拟法庭3个。学院图书资料室藏书量达数万册,中外文学术期刊数百种。

在我们现有法学研究和教学力量的基础上,基于东部法学教育的现实需要。我们经过精心策划以及充分的准备,以我校教师为主,在浙江省内部分高校教师的参与下,我们编写了《21世纪东部法学系列教材》。这套教材首期出版的是按照教育部颁布的《全国高等学校法学核心课程基本要求》而编写,以及由教育部确定的法学专业核心课程的14门教材。

在这14本核心课程教材的编写中,我们不仅有意识地吸收了近十几年以来,在我国社会发展中出现的较为定型的法学研究成果,以及相应学科国际发展的动向,使本教材在内容上能够充分反映出21世纪中国法学发展的现状,以及相应学科的国际发展趋势,而且,特别注意到了东部法学教育,以及法学本科教学的特点,有的放矢地针对法学高等教育中本科学生的特点,将教学内容、教学提问,以及案例教学结合起来,使教材不仅具有新颖性、学术性,也具有较大的可读性。

法学教材的编写虽然不同于法学专著的撰写,但是资料的收集、学术思想的整理和教材的编写,以及逻辑体系上的斟酌、考量也决非一件十分容易的事情。为此,特向参与本套教材编写的各位作者,表示衷心的感谢!

本套教材的出版得到了厦门大学出版社的大力支持,在此一并表示衷心的感谢!

张 旭

2007年4月于杭州

作者分工

按章节顺序

单　勇　法学博士,博士后,浙江工业大学法学院副教授。撰写第一、二、五、十、十六、十七、十八章

李慕通　法学博士,吉林大学法学院副教授。撰写第四、七、十一、十二、十五章

张　影　法学硕士,浙江工业大学之江学院副教授。撰写第八、九章

李正日　法学博士,博士后,浙江工业大学法学院讲师。撰写第六章

汪　勇　法学博士,浙江工业大学法学院副教授。撰写第三、十三章

吕　鑫　法学博士,浙江工业大学法学院讲师。撰写第十四章

张佳婧　法学硕士,浙江工业大学法学院讲师撰写第十九章

房绪兴　法学博士,浙江工业大学法学院副教授。撰写第十九章

顾　阳　法学硕士,吉林大学法学院 2010 届博士研究生,吉林省委政法委干部。撰写第二十章

目　录

第一编
犯罪学概论

作为刑事科学的分支学科，犯罪学自实证犯罪学派兴起已经历了上百年的发展与演进，形成了由众多理论流派、严谨学术体系、多元研究方法、丰富学术成果所组成的独立学科。

本书第一编是对犯罪学基本理论、研究方法与研究模式、与其他学科的关系、主要理论学说等内容的全景式体察与梳理。

第 一 章

犯罪学概述

本书第一章为犯罪学概述,主要阐述犯罪学的概念、研究范畴、犯罪观、学科价值等基本问题。这些问题的解读不仅是研究犯罪学的逻辑起点,而且构成了运用本学科知识分析实践中犯罪问题的理论基础。

第一节　犯罪学的概念

从语源上看,根据荷兰著名马克思主义犯罪学家邦格(Willem Adriaan Bonger)的观点,"犯罪学"一词最早出现于法文之中,由法国人类学家、医生保罗·托皮纳尔(Paul Topinard)于 1879 年在其著作《人类学》一书中首先使用。① 后来意大利犯罪学家拉斐尔·加罗法洛(Raffaele Garofalo)在其著作中首先以"犯罪学"一词为书名。自 1885 年加罗法洛的《犯罪学》出版后,"犯罪学"这一术语逐渐被推广开来,并为世界各国所普遍接受。

一、狭义犯罪学、广义犯罪学与综合犯罪学

(一)狭义犯罪学

根据研究对象的不同,犯罪学可以分为狭义犯罪学和广义犯罪学。狭义的犯罪学通常被认为是研究犯罪原因的科学,其研究的对象为犯罪和犯罪人。"狭义犯罪学是指将犯罪行为与犯罪人作为一个整体加以分析及研究,探讨犯

---

① Hermann Mannheim(ed.), *Pioneers in Criminology*, 2nd edition, Mont. dair. NJ: Patterson Smith Publishing Corporation, 1973, p. 1.

罪发生原因及其规则性的科学。狭义犯罪学又称为'犯罪原因学'。"①美国学者瓦尔德和伯纳德认为,犯罪学就是研究犯罪原因的科学,它只以犯罪的原因为研究对象。②

刑事社会学派的代表人物李斯特认为,犯罪学是刑事法律科学的组成部分,其任务在于阐明犯罪行为的原因,所以与犯罪侦查学、刑法学、刑事政策学为并列学科。法国学者居什认为,犯罪学是研究犯罪原因与犯罪规律的科学,并将犯罪学界定为纯理论学科而与作为应用型学科的刑事政策学相分离。随着犯罪治理理论和实践的开展,居什的观点遭到了很多学者的反对。目前犯罪学界通说认为,犯罪学既是一门理论学科,也是一门应用学科,犯罪学理论是犯罪治理实践的理论指导。

法国犯罪学家皮拉德尔进一步发展了狭义犯罪学。他认为,犯罪学固然应当以研究犯罪行为的形成因素和机理为主,但同时必须对实践问题予以充分的关注。如同医学一样,犯罪学除非有它自己的实际功能,否则便没有存在的意义。由此,他将狭义犯罪学又分为临床犯罪学和一般犯罪学。所谓临床犯罪学,是指在多种学科的专家协作下,采用类似医学上的临床方法,从医学、心理学和社会学方面,对犯罪人进行个别研究的科学。临床犯罪学把犯罪所处的种种环境的结合,看成是犯罪的原因,目的在于把特定罪犯重新犯罪的可能性降到最低限度。所谓一般犯罪学,是以概括的观察或抽样调查等方法,对犯罪人和正常人进行对比,把犯罪人不同于正常人的特殊性作为犯罪原因,以得出一般犯罪因果关系的形式,预见以后事态发展的规律。③

其实,犯罪学发展初期往往以研究犯罪原因为主,因此被称为"犯罪原因学",及至19世纪中后叶才逐渐发展成为一门独立的学科。随着学术视野的放宽和研究范围的扩大,犯罪学才出现了狭义和广义之分,故此,狭义犯罪学往往也被称为传统犯罪学。以当代的眼光看,狭义犯罪学的研讨范围显然是过于狭隘了,但犯罪学作为一门学科就是从犯罪原因研究而发展起来的,这也是必须认清的基本事实。随着研究视野的扩大、知识资源的丰富、学术思考的深化,犯罪学逐步由狭义犯罪学走向广义犯罪学。

---

① 黄富源、范国勇、张平吾:《犯罪学概论》,台湾"中央"警察大学出版社2006年版,第11页。

② 《比较犯罪学》编写组:《比较犯罪学》,中国人民公安大学出版社1992年版,第4页。

③ 王牧:《犯罪学》,吉林大学出版社1992年版,第22页。

（二）广义犯罪学

与狭义犯罪学不同，广义犯罪学除了研讨犯罪发生的原因，还关注犯罪预防与治理对策问题。很多学者均是从此立场出发来理解犯罪学的。美国犯罪学家索尔斯坦·塞林将犯罪学与监狱学联系起来，并认为犯罪学研究犯罪人以及对犯罪人的处遇。奥地利犯罪学家汉斯·格罗斯将犯罪学看成是一门与广义的犯罪有关的学科，犯罪学研究犯罪的原因、与犯罪作斗争的方法、刑事政策问题、刑罚学以及实体刑法和程序刑法。[①] 奥地利学派的犯罪学思想对现代西方犯罪学的研究及理论构架产生了较大的影响。

美国犯罪学界根据广义犯罪学的观点将犯罪学分为犯罪的原因论、现象学和对策论三部分。美国犯罪学家埃德温·H. 萨瑟兰和其弟子唐纳德·克雷西认为，应将犯罪学定义为研究作为社会现象的犯罪的科学，从而把立法、违法以及由违法所引发的社会反应过程纳入犯罪学的研究视野，进而划分出犯罪学的三个分支学科：法律社会学、犯罪原因学及犯罪控制理论。[②] 萨瑟兰所提出的犯罪学概念不仅盛行于美国，而且在西方世界有很大的影响力，对西方犯罪学产生了重大影响。"美国当代犯罪学家雷克利斯认为，犯罪学主要研究三个领域：侦查（犯罪人）；治疗；解释犯罪和犯罪行为。"[③] 还有学者对犯罪学做了更加广义的理解，从而认为犯罪学应当具有更加广泛的内容。如美国当代犯罪学家吉布斯认为，犯罪学研究应当回答下列四个问题：为什么犯罪率有差别？为什么个人在犯罪方面有差别？为什么对犯罪的反应有差别？什么是可能控制犯罪的手段？[④]

尽管持广义犯罪学观念的学者对犯罪学的具体涵盖内容意见不一，但学界一般认为广义犯罪学是关于犯罪现象、犯罪原因和犯罪治理的科学。根据广义犯罪学的理解，犯罪学是一门研究犯罪行为与犯罪者所产生的关于犯罪

---

① 吴宗宪：《西方犯罪学》，法律出版社 2006 年版，第 2 页。

② 埃德温·萨泽兰、唐纳德·克雷西：《犯罪学原理》，利平科特出版公司 1960 年版，第 3 页。

③ Clarence Ray Reckless："The historical development of criminology" in Herman Mannheim(ed.), *Pioneers in Criminology*, 2ed., Montclair, NJ：Patterson Smith, 1972, p. 458. 转引自吴宗宪：《西方犯罪学》，法律出版社 2006 年版，第 3 页。

④ Jack P. Gibbs："The state of criminology theory", *Criminology*, Vol. 25, No. 4, November 1987. 吴宗宪：《西方犯罪学》，法律出版社 2006 年版，第 3 页。

现象及其原因,以及所提出一套稳妥的犯罪预防对策的科学。① 同时,本书对台湾学者黄富源等人在《犯罪学概论》一书中所提出图表加以改善,进而提出了广义犯罪学与狭义犯罪学关系图表。具体来说,广义犯罪学包括犯罪现象学、犯罪原因学和犯罪对策学这三部分。犯罪现象学包括犯罪人学、被害人学、行为科学等分支学科;犯罪原因学包括犯罪人类学、犯罪社会学、犯罪心理学等分支学科;犯罪对策学包括监狱学、刑罚学、侦查学等分支学科。

由此可见,从狭义犯罪学走向广义犯罪学,这一趋势反映了犯罪学研究视野的放宽、研究范围的扩大及作用空间的拓展。犯罪学的研究对象基本确立,即犯罪现象、犯罪原因、犯罪对策(或称犯罪治理)。

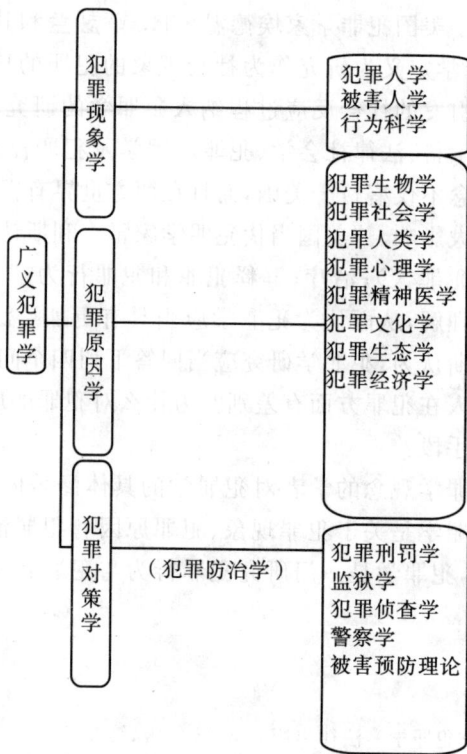

广义犯罪学	犯罪现象学		犯罪人学 被害人学 行为科学
	犯罪原因学		犯罪生物学 犯罪社会学 犯罪人类学 犯罪心理学 犯罪精神医学 犯罪文化学 犯罪生态学 犯罪经济学
	犯罪对策学	(犯罪防治学)	犯罪刑罚学 监狱学 犯罪侦查学 警察学 被害预防理论

狭义犯罪学与广义犯罪学的关系图

---

① 黄富源、范国勇、张平吾:《犯罪学概论》,台湾"中央"警察大学出版社 2006 年版,第 11～12 页。

（三）综合犯罪学

由于犯罪学的研究对象涵盖犯罪现象、原因、对策等犯罪问题的各个方面，犯罪学必将涉及法学、社会学、心理学、经济学、精神病学、警察学、侦查学、文化学、统计学、医学、生物学、政治学、人类学等学科的理论、学说、知识及智识思想。于是，犯罪学与其他学科的关系不仅牵涉犯罪学的研究方法和发展模式，而且还影响到犯罪学概念的界定。

关于犯罪学与其分支学科的关系，学界存在多元论犯罪学和综合性犯罪学两种观点。多元论犯罪学认为，犯罪学是一门多种类的科学，是犯罪人类学、犯罪生物学、犯罪社会学、刑事政策学、刑罚学等独立学科的汇集。因此，凡是研究与犯罪现象的某方面有联系的独立学科，都属于犯罪学的范围。有关犯罪问题研究的各个独立学科汇集在一起就构成犯罪学。实际上，这种犯罪学的理解相当于"犯罪科学"。

综合性犯罪学认为，犯罪学是在各种独立学科基础上，综合各个独立学科的成果和思想建立起来的学科。因此，应该在充分研究犯罪人和犯罪行为、犯罪的自然因素和社会因素的基础上发展犯罪学；同时，要概括和综合各独立学科的思想，作为自己的分支学科。这样综合性的犯罪学既包含各独立分支学科的基本内容，又高于这些学科，是对上述学科的概括和综合。[1] 如德国学者孔德·凯塞尔认为，"犯罪学是有关犯罪行为、犯罪者、社会的消极行为，以及对此行为实行监督的知识的有机综合"。[2] 德国学者施温特教授认为，犯罪学是一个跨学科的研究领域，它涉及一切旨在研究犯罪的规模、犯罪的现象、犯罪原因、犯罪人、被害人、社会异常现象、对被判刑人的改造以及刑罚或剥夺自由的处分效果的经验科学。[3]

我们认为，综合性犯罪学的概念比多元论犯罪学的概念更具科学性，基于综合性视角考察犯罪学含义的观点很多。在西方犯罪学论著中，犯罪学一般被表述为研究犯罪现象、犯罪原因以及对犯罪的反应的综合性学科。[4] 我国犯罪学家康树华教授认为，"犯罪学是研究现象的产生、发展、变化规律，寻求

---

① 周东平：《犯罪学新论》，厦门大学出版社 2004 版，第 58 页。

② ［德］孔德·凯塞尔：《犯罪学》，赵可等译，西北政法学院科研处 1983 年印制，第 16 页。

③ 徐久生：《德语国家的犯罪学研究》，中国法制出版社 1999 年版，第 8 页。

④ 吴宗宪：《西方犯罪学》，法律出版社 1999 年版，第 1 页。

犯罪原因,探索预防、减少以至消灭犯罪之对策的一门综合性学科"。[1] 储槐植、许章润教授认为,犯罪学是"关于犯罪现象及其产生原因和预防对策的刑事科学知识体系"。[2]

上述综合性犯罪学定义实际上采用的是科际整合的方法与研究模式。的确,某些学科在各自领域中,对犯罪问题的研究取得了许多有价值的成就。但是,只根据某些独立研究犯罪某一方面的学科,不可能从整体上对犯罪问题做出全面与理性的解释。在综合犯罪学场域中,以整合的研究方法考察犯罪学时,实际上每一个具体的犯罪学家很难同时全面掌握与犯罪现象有关的学科及知识,所以研究个体在很大程度上存在理论上的倾向性、片面性与局限性。为了避免这种缺陷,犯罪学的研究应在决定犯罪行为的社会结构条件和综合因素背景下,整合与犯罪有关学科的理论与方法,进而以"会诊"的模式运用单个学科与犯罪问题相关部分的知识和方法,以科际整合模式从事犯罪问题研究。故此,犯罪学是建立在诸多相关学科基础之上的综合性科学。

可以说,从狭义犯罪学走向广义犯罪学,这反映了犯罪学研究对象的扩大与深入;而从广义犯罪学发展到综合犯罪学,则反映了犯罪学研究方法的嬗变与更新。从犯罪学含义的虚无论、狭义犯罪学到广义犯罪学再到综合犯罪学,这体现出犯罪学逐步走向理性和科学的发展趋势。

二、犯罪学概念的解读

通过对狭义犯罪学、广义犯罪学和综合犯罪学的研讨,犯罪学概念的界定得以深深立足于对犯罪学研究对象和研究方法的体察与把握。本书认为,犯罪学是以犯罪现象、被害、犯罪原因、犯罪治理等问题为研讨对象的综合性学科。犯罪学通过跨学科的研究方法整合各个学科的理论与知识,进而形成有关犯罪问题的智识思想、理论学说、研究方法及知识体系。有关犯罪现象、被害等犯罪学基本范畴将专门研讨,在此仅围绕犯罪学概念做简单阐述。对于犯罪学的概念,具体可从以下五个方面理解:

第一,犯罪学是体察犯罪现象与研究犯罪人的学科。

对犯罪问题的研讨,首先需要描述与体察犯罪现象、研究犯罪人。犯罪学所关注的犯罪现象既包括全部犯罪的整体犯罪现象或宏观犯罪现象,也包括各种不同犯罪类型的个别现象。对犯罪现象的体察,往往需要借助各种犯罪

---

[1]　康树华:《犯罪学——历史·现状·未来》,群众出版社 1998 年版,第 3 页。

[2]　储槐植、许章润:《犯罪学》,法律出版社 1997 年版,第 5 页。

统计和司法数据,既包括国家有关部门提供的官方统计数据,还包括由民间团体、学术组织及个人提供的相关犯罪数据。此外还需要特别考察犯罪黑数对犯罪统计的影响。对于整体犯罪现象的体察,有助于对特定区域内整体犯罪态势和情况有一个综合地、全面地认识和掌控,有助于把握犯罪现象在人类社会发展中的整体规律和演变趋势。对于个别犯罪现象的研究,有助于研讨特定类型犯罪的基本情况和发展规律,有助于国家和社会对特定犯罪的预防和控制。

犯罪行为皆由一定的犯罪人实施,对犯罪人的体察,需要考虑其各种内在和外在要素。内在要素包括犯罪人的遗传与人格、品格与兴趣、自我控制能力、攻击倾向和暴力倾向、智商和情商、精神状况和心理状况等等;外在要素包括成长环境和经历、社交圈、学习情况、工作及事业状况、婚姻及家体状况、病历、不良记录、服刑表现、刑释后情况等等。总之,犯罪学就是全面研究犯罪现象与犯罪人的学科。

第二,犯罪学是把握被害现象与分析被害人的学科。

被害与犯罪是一枚硬币的两面,很多犯罪均存在具体的被害人。犯罪学除了需要考察犯罪与犯罪人,还要研究被害和被害人。犯罪学中人文精神和人道思想不仅体现在人性地处遇犯罪人方面,更要体现在防卫社会和保护被害人、潜在被害人领域。随着被害人学的兴起,有关被害的基本理论和被害人的相关知识陆续进入犯罪学的视域中,犯罪学也是把握被害与分析被害人的学科。

第三,犯罪学是探讨犯罪原因的学科。

犯罪是人类社会生活中一种客观存在的社会法律现象,无论是整体犯罪现象,还是个别犯罪现象,均有其形成的诸多根据,与社会生活中的政治、经济、社会、文化、法律等等因素存在着错综复杂的联系。纵观犯罪学的理论发展史,对于犯罪原因的研讨可谓是包罗万象、学说林立,一代代学者不断尝试从各个角度以多元方法完善有关犯罪的经济原因、文化原因、政治法律原因、社会原因、心理原因、生理原因等犯罪原因论。故此,犯罪学当然是研讨犯罪原因的学科。

第四,犯罪学是提供犯罪治理对策的学科。

在狭义犯罪学中,犯罪治理对策还不属于犯罪学的研讨范畴,但随着研究的深入,持广义犯罪学和整合犯罪学观点的学者们越来越认识到犯罪学研究的实践价值和意义,即有效指导犯罪治理实践的开展。犯罪学所研讨的犯罪治理不仅仅是指具体、直观的犯罪控制和预防措施,还包括宏观、整体的犯罪治理理论和犯罪治理模式;不仅仅包括实然的、事实的、经验的犯罪对策研究,还包括应然层面和价值层面的刑事政策和治理理念研究。故此,犯罪学必然以提供系统、科学、理性的犯罪治理对策为使命。

第五,犯罪学是整合与犯罪有关的知识与方法的学科。

由于犯罪是一种错综复杂的社会事实,犯罪学还需要整合与犯罪有关的学科的知识和方法,进而综合研究各种犯罪问题;而跨学科研究或交叉研究构成了综合犯罪学的具体模式。故此,在性质上看,犯罪学除了是一种理论学说和知识体系,还提供了一种跨学科的整合研究方法。

第二节　犯罪学的研究范畴

犯罪学基础理论的研究离不开对犯罪学范畴的体察、界定、把握及运用。列宁认为,"作为人类思维活动的网点,范畴是抽象性和概括性更大的概念,是理论思维和理性认识的一种形式。"①犯罪学的主要研究范畴是对犯罪学的基本范畴的再抽象,其是犯罪学的核心范畴。犯罪学的知识、思想、基本概念均在中心范畴的统帅之下,犯罪学的体系结构也围绕着主要研究范畴展开。本书认为,犯罪学的主要研究范畴包括犯罪、被害、犯罪原因及犯罪治理。

一、犯罪学中的犯罪

作为犯罪现象的基础,犯罪行为很早就受到了学界的关注,迪尔凯姆曾将犯罪学定义为研究犯罪行为的科学。他指出:"我们注意到在社会生活中存在着某些行为,因为这些行为所表现出的外在特征,一旦实施社会就将以被称之为刑罚的这种特殊反应方式作出反应。人们将这些行为归入非正常的特殊行为之列,并强加于所有这类应受处罚的行为一个共同的称谓:犯罪。犯罪学,作为一门专门科学正是以这类行为作为研究对象的。"②

故此,犯罪学的所有问题均与"犯罪"密切相关。犯罪引发的结果状态为被害,犯罪产生、形成的因素为犯罪原因,犯罪的对策、控制及预防为犯罪治

---

① 张文显:《法哲学范畴研究》,中国政法大学出版社 2001 年修订版,第 2 页。
② 〔法〕西蒙·加桑:《犯罪学》,达罗兹出版社 1994 年版,第 25 页。

理,这均是在犯罪的基础上演化和展开的。可见,"作为"是犯罪学研究的基本问题之一,犯罪是犯罪学的基本研究范畴,而关于犯罪概念的研讨就自然成为犯罪学的研究起点和理论前提。

犯罪学所研究的主要内容是犯罪,但犯罪学研究犯罪问题并不止于犯罪的概念,更重要的是预防犯罪和减少犯罪。所以,犯罪学仅研究刑法规定的法定犯罪是远远不够的,它还必须研究与法定犯罪有着密切联系的其他一些社会越轨行为。因为这些社会越轨行为起着诱发犯罪,或者直接转化为犯罪的作用。毕竟,法律仅是一种塑造社会生活的工具,是对社会现实的反映。由此,犯罪学界通说认为,有别于刑法学的定义,犯罪学意义的犯罪超然于刑事法律的规定。"犯罪内涵包容广,外延大。一切对社会造成严重危害的行为,一切反社会的行为,未成年人行为中除刑法规定应追究刑事责任的犯罪行为以外的其他法律文件所规定的违法行为和可能发展成为违法犯罪的不良行为,都属于犯罪学意义上的犯罪。"①也就是说,犯罪学中研究的犯罪是一种社会法律现象,是在一定时间和地点之内所实施的根据法律规定具有社会危害性的社会越轨行为。这样犯罪学对犯罪的研究与刑法学对犯罪的研究可以相对分离,并把一些未达到犯罪程度的严重违法行为和社会病态行为纳入犯罪学的研究范围,以突出犯罪学的研究宗旨。所以,正确解释接近犯罪的行为,研究行为人在生活和成长过程中的社会制约因素,对于科学地认识犯罪,解释犯罪和预防犯罪,具有重要作用。同时,犯罪的社会概念又应以刑法对犯罪的规定为基础,因为没有一定的法律评价和法律理解,对犯罪问题进行有效、合理的社会研究也是不可能的。

同时,犯罪的形式和实质统一概念在一定程度上揭示了犯罪的政治本质;在社会概念中,犯罪的宗教理解也探究了犯罪的文化本质和精神意义;犯罪的功能性概念更是为犯罪概念研究提供了较为实用的参照和标准。这样,在确定犯罪学中的犯罪概念时,既要以犯罪的法律概念为基础,又要用犯罪的社会概念对犯罪的法律概念加以修正和完善;同时还要以犯罪的形式和实质统一概念为学术指引和合理补充,以犯罪的功能性概念为有益参考。故此,犯罪的概念需要综合涵盖对犯罪的法律评价、社会评价、文化评价和政治评价。

综上,所谓犯罪学意义的犯罪,是指基于特定社会环境和生活方式发生的,由于违法或悖德而具有严重社会危害性的,应当获得有效治理的社会越轨行为。

---

① 康树华:《犯罪学大辞书》,甘肃人民出版社 1995 年版,第 287 页。

这一概念可从以下四个方面加以理解：

第一，犯罪从本质上说是一种社会越轨行为。犯罪学中的犯罪除了刑法典规定的法定犯罪外，还应包括一些未达到犯罪程度的严重违法行为和卖淫、吸毒等社会病态行为。这些行为均可归纳为社会越轨行为。有关社会越轨行为的阐释将在下面进行。

第二，这些社会越轨行为由于违法或悖德而具有严重的社会危害性。违法既指违反刑事法律，也指违反治安处罚法等其他法律法规；悖德是指违反社会中主文化所要求的伦理道德。由于违背主文化要求的秩序和规范，法定犯罪自然是既违法且悖德的行为；而很多未达到犯罪程度的不良行为和社会病态行为不具有违法性，但违背了社会道德，具有悖德性。故此，犯罪是一种违法或悖德的社会越轨行为。

第三，这些社会越轨行为具有严重的社会危害性。如果没有严重的社会危害性，仅是轻微行为，则没有研究和关注的必要。由于这种严重的社会危害性，在政治意义上犯罪必须获得国家和社会的有效治理。

第四，犯罪这种社会越轨行为有其产生的复杂原因和背景，犯罪是特定社会环境和生活方式的产物。

由于我国学界对社会越轨行为的犯罪学体察还比较薄弱，在上述对犯罪概念的理解中，有必要对其予以着重探讨，尤其是对社会越轨行为的性质和范围的犯罪学理解。

（一）社会越轨行为的性质

理解社会越轨行为的性质，关键在于理解越轨中"社会之轨"的涵义，这是研讨越轨行为的标准。社会越轨行为是违反、颠覆、背离"社会之轨"的行为。正确理解"社会之轨"是把握社会越轨行为的关键所在。从一般意义上说，"社会之轨"是以法律、道德、权力、习惯等社会控制方法为表现形式的。不过，从犯罪学的角度来说，"社会之轨"应理解为特定社会所持有的法律规范和文化规范。而本文所称的社会越轨行为应是违反法律规范和道德规范的行为。也就是说，犯罪学所考察的犯罪一定是违反法律和悖德的行为，包括违反刑法的法定犯罪和违反道德规范的其他社会越轨行为。从实质内容上看，社会越轨行为之所以被法律和道德调整，根本上是基于法律与道德的关系。

其一，在法律与道德联系中的"社会之轨"。这里涉及法律与道德的关系问题。富勒以"向往道德"（morality of aspiration）和"义务道德"（morality of duty）这对范畴来说明两者的关系。"向往道德"是我们应当追求的道德，"义务道德"是我们必须遵守的道德。"向往道德"和法律没有直接联系，但"义务道德"所谴责的行为一般来说就是法律所禁止或应当禁止的行为。[①] 在"法律是最低限度的道德"这句格言中,"最低限度的道德"主要体现为一种"义务道德"。这样,法律与道德这两种社会规范在内容上的重叠之处就是受法律所调整的"义务道德"。卖淫、吸毒等行为之所以构成社会越轨行为,就在于这些行为触犯了刑法外的其他法律和道德规范,违背了"义务道德"。

其二,在法律与道德区别中的"社会之轨"。一般来说,"义务道德"构成了"社会之轨"的基准;而"向往道德"的空间则不受法律干涉。"向往道德"对其所谴责的行为仅通过非强制性道义评价等方式加以非难。在法律与道德的区别中,区分"向往道德"和"义务道德"的依据往往是主流社会和主文化所要求的文化规范和道德规范;不同于法定犯罪的明确和清晰,这种文化规范和道德规范往往是处于流变中的,其边界也是模糊的。因此,犯罪学所研究的社会越轨行为之边界往往也是流变的和模糊的,学界仅能根据社会生活的情势变更确定一个大致的范围。

(二)社会越轨行为的范围

除法定犯罪以外,社会越轨行为还包括尚未达到刑法规定犯罪程度的严重违法行为(以下简称为严重违法行为)和社会病态行为。严格来说,社会越轨行为均是悖德的行为。那么为何还要将社会病态行为单独作为一种越轨行为类型呢? 这主要是基于社会病态行为与严重违法行为的区别。

首先,两者的违法程度及行为后果不同。严重违法行为侵害了被害者的权利,是一种广义的侵权行为。这不仅包括民法中规定的针对公民人身、财产的侵权行为,还包括对社会秩序、国家利益的侵害行为。虽然严重违法行为尚未达到刑法规定的犯罪数额或情节,而不构成法定犯罪,但却十分接近法定犯罪,处于罪与非罪的边缘。一旦国家修改刑法,那么就可能会有使一些严重违法行为被犯罪化为法定犯罪。另外,严重违法行为也可以因行为次数的增加、情节的严重而转化为法定犯罪。而社会病态行为最鲜明的特点就是与社会生活的常态相对应的病态生活方式。病态行为虽然在根本上也违背"义务道德",并被主流文化和道德所谴责,但并不必然随着违法程度的提高(如吸毒、同性恋)向法定犯罪转化。

其次,两者在被害者方面有所不同。严重违法行为是侵害被害者权利的行为,而且违法者和被害者往往处于对立的关系。与严重违法行为不同,社会

---

① 张文显:《二十世纪西方法哲学思潮研究》,法律出版社 1996 年版,第 404~405页。

病态行为的行为人同时也是该行为的被害者。社会病态行为通常被社会主流价值观念看作是一种自己戕害自己,进而危害他人和社会的行为。于是,除了社会是当然的被害者外,社会病态行为的行为人同时也是被害人。同时,病态行为者的生活方式也易遭受他人攻击,成为其他犯罪的被害者。如色情业的从业人员往往易遭受抢劫等暴力犯罪的侵害。

再次,两者对社会道德的影响不同。严重违法行为虽然也会对社会的道德准则产生冲击,对社会风气产生影响,但其对社会道德的影响相对来说不直接、不明显。特别是在严重违反行政规范和经济规范的情况下,道德上的可谴责性较弱。而社会病态行为对社会道德准则的冲击是直接的、明显的和长期的。同时,其对社会风气也具有毒化作用,并在较深层次上产生犯罪亚文化传播和扩散的恶劣影响。将严重违法行为与社会病态行为区别开来,有助于我们全面认识犯罪学中的犯罪及其特点,进而为犯罪产生的原因分析和犯罪预防对策的选择提供理论基础。

总之,犯罪是一种法律现象,更是一种社会现象、文化现象及政治现象。在犯罪学中,犯罪在法律意义上表现为法定犯罪(当然这种法定犯罪也是一种社会越轨行为);犯罪在社会意义、文化意义和政治意义上表现为一种社会越轨行为。故此,除了法定犯罪以外,社会越轨行为在范围上还应包括以下三类行为:第一,违反了刑法规定,但却不需要定罪处罚的行为。如不满14周岁的未成年人实施违反刑法的行为,完全无刑事责任能力的精神病人实施违反刑法的行为,按刑法第13条但书规定情节显著轻微、危害不大的不做犯罪处理的行为。第二,不违反刑法规范,但违反社会治安管理处罚条例等其他法律规范的行为。如小偷小摸、卖淫、嫖娼、吸毒、赌博等危害社会的严重违法行为。第三,其他严重危害社会的病态行为。如自杀、同性恋、过早发生的性行为。

二、犯罪学中的被害

(一)被害的界定

传统犯罪学往往比较偏重对犯罪与犯罪人的研究,而忽视了对被害与被害人的研讨。自20世纪中叶起,出于对"二战"期间纳粹德国疯狂屠杀犹太人的残酷事实的反思和检讨,在德国犯罪学家汉斯·冯·亨蒂、德国精神病学者埃连贝格、以色列律师门德尔松等人的倡导下,一门崭新的犯罪学分支学科——被害人学诞生了。这样,被害和被害人构成了犯罪学的研究对象,犯罪学研究得以确立于犯罪—被害、犯罪人—被害人这一二元互动的轨道上,从而对犯罪现象、犯罪原因及犯罪治理的分析获得了更加科学、理性的研究基础。

可以说,作为一个硬币的正反两面,被害与被害人范畴密不可分。所谓被害人,是指犯罪行为所造成的损失或损害等危害结果的担受者。犯罪学理论一般认为,被害性是被害人的基本属性。"所谓被害性,是指在一定社会历史和自然条件下,由被害人的生理因素和心理因素,如性格、气质、素质、能力、人格倾向等诸主观条件所构成的,恰恰足以使其受害的总体内在倾向性。"①被害性是行为人成为被害人和潜在被害人的基本原因。

所谓被害,是指在犯罪人和被害人的互动过程中形成的,由被害人所担受的,状述和反映具有"被害"性质的诸经验事实。根据美国著名犯罪学家马文·E. 沃尔夫冈教授对被害现象的分类,他将自己和业师索尔斯坦·塞林教授于 1964 年出版的 *The Measurement of Delinquency* 一书中的被害现象分类进行了修正,将被害现象分为下述五类:第一类,原生被害,指对于作为个体的被害人的人身、人格的侵害;第二类,次生被害,指对于非人格化的目标的侵害;第三类,第三级被害,指对于社会或者公共福利的侵害;第四类,双向被害,指被害人本身即为加害人的被害现象;第五类,"无被害现象之被害现象",因过失或者轻微性质的行为而导致的、并非即刻导致出现明显的被害人的被害现象。②

在犯罪学中,被害内容的界定应以对犯罪概念的科学界定为前提。由于犯罪可以分为法定犯罪和其他社会越轨行为,被害也可相应地分为刑事被害和由其他社会越轨行为引发的被害。刑事被害是以刑法为标准,由法定犯罪引发的被害,由其他社会越轨行为引发的被害包括严重违法行为引发的被害和社会病态行为引发的被害。

有关被害人与被害的基本理论,本书将在后面详细展开。在此,仅研讨被害范畴在犯罪学中地位的提升以及提升的缘由。

(二)被害地位的提升

学界并非是从犯罪学研究伊始就重视被害范畴的;实际上,在犯罪学发展的早期被害范畴曾经遭受过不应有的忽视和冷遇。学界对被害问题的重视主要是基于以下两项因素:

一方面,被害人学的兴起引发了社会各界对被害人及被害问题的广泛关注。随着被害人学在世界范围内的兴起,社会各界从最初对犯罪发生中的被害人行为的质疑态度,发展为同情及尊重被害人、保护被害人的合法权益、充

---

① 许章润:《犯罪学》,法律出版社 2004 年第 2 版,第 120 页。
② 许章润:《犯罪学》,法律出版社 2004 年第 2 版,第 142 页。

分补偿和救助被害人的立场。于是,被害人学的研究就促使学界不断加强对被害范畴的理解和认识。

另一方面,国家在刑事司法体系中对被害人的重视不断加强。从历史的角度看,被害人在国家刑事司法体系的地位并非一成不变的。从近代开始,被害人的法律地位经历了一个由被国家遗忘到受到国家的高度重视这一发展演变历程。在近代刑事诉讼制度建立伊始,犯罪被认为不单是侵害个人法益的问题,更是对整个国家及社会也造成侵害,除少数轻微案件仍保留被害人自诉权外,对犯罪人的惩罚成为国家专属的权力。当刑事案件发生后,国家专门机构负责案件的侦查、起诉、审判及执行,在诉讼中担当主角的是国家审判机构、公诉机构及犯罪人这三者,被害人在刑事诉讼中仅处于证人的地位和具有边缘化的角色。在20世纪六七十年代,随着西方国家"恢复法律及秩序"运动的兴起,被害人逐步受到国家的重视,其在司法体系中的法律保障也日益完善。这样,在司法体制和法律制度的推动下,被害问题获得了普遍的重视。

国内有关犯罪学的著述大多在理论体系中给予被害问题以一席之地,认为被害是犯罪学理论体系中的重要组成部分,但总体上,被害问题在学界远未获得应有的重视,更鲜见将被害置于与犯罪原因、犯罪治理同等重要的中心范畴地位的学说。本书认为,被害与犯罪、犯罪原因、犯罪治理这些基本问题有着天然的、不可割裂的联系,而且以被害为基点展开犯罪学研究,可以给犯罪学开拓新的视野和注入新的活力,并开拓更广阔的学术空间。故此,被害应作为犯罪学的中心范畴,以期待其在犯罪学研究中发挥更加重要的作用。具体来说,在犯罪学中,被害构成犯罪学中心范畴的基本理由如下:

第一,关注被害问题是犯罪学的价值诉求。

被害是由犯罪引发的一种结果状态。犯罪具体指向的人和物是犯罪的对象,犯罪行为具体指向的人是被害人,具体指向的物则与被害人有着某种领属关系,即被害人对作为犯罪对象的物具有所有权或管理权。因此,犯罪导致被害的发生,亦导致被害人权利受到侵害。被害人是被害的承载者,对被害理论的研究,有助于正确认识和理解犯罪问题。

犯罪学的研究目的在于引导社会行为和预防犯罪发生,从某种意义上看,这也是预防被害的发生。犯罪学的研究不仅仅应以国家、社会为本位,防范个人危害国家、社会的整体利益,更重要的还在于以个人为本位,防止、控制、减少个人权利被犯罪所侵害。也就是说,国家要针对已然犯罪,恢复、救济现实被害人的权益;针对未然犯罪,防止潜在被害人转化为现实被害人,保护潜在被害人的权利不被犯罪侵害。研究被害问题还有助于催生被害预防理论与实践的开展。传统的犯罪预防立足于防卫社会的基点,注重犯罪人或潜在犯罪人,关注的是如何防止和减少犯罪对国家和社会的危害;而被害预防则立足于对个人权利的保护,关心的是国家应如何采取措施,尽量使每一位公民都不受犯罪的侵害。因而,研究被害和被害预防问题更有助于积极、主动和富有成效的犯罪治理局面的形成。

第二,关注刑事被害问题是犯罪学的体系要求。

被害与犯罪学中的犯罪、犯罪原因、犯罪预防这三个基本问题有着天然的联系。

首先,犯罪必然引发被害,正是由于被害的存在,国家才制定法律以惩罚、制裁犯罪。犯罪学从打击、控制、防范危害社会的行为的角度,强调的是犯罪;从救济、保护、关注每一个体的角度,强调的是被害。犯罪与被害以各自所承载的不同价值理念,引领着不同的犯罪学研究方向。

其次,被害人有时会以推动犯罪原因形成的方式影响犯罪的发生。在由法定犯罪及严重违法行为引发的被害中,犯罪发生除了受犯罪人某些主客观因素的支配和制约外,还要受被害人的影响。被害人影响犯罪发生的因素包括被害人人为的影响因素和被害人客观存在的因素。被害人的人为因素包括被害人先行的错误行为,被害人对犯罪发生的促发行为等等。被害人客观存在的因素是指被害人在被害发生前不需为任何行为就已存在的先天的影响因素,如财富、美貌、地位等。被害人的影响因素通过犯罪人单方面的发现或是被害人与犯罪人在交往中相互影响,而刺激、诱发、推动和促成犯罪人犯罪动机的形成,成为犯罪原因的有机组成部分。在由社会病态行为引发的被害中,因为社会病态行为的犯罪人同时也是被害人,所以被害人对这种被害的发生起着决定性作用。

最后,被害为犯罪预防提供了新思路。在借鉴、移植刑事被害研究成果的基础上,犯罪预防理论发展了与以往传统犯罪预防不同的被害预防。传统的犯罪预防立足于防卫社会的基点,注重犯罪人或潜在犯罪人,关注的是如何防止和减少犯罪对国家和社会利益的危害。而被害预防则立足于对个人权利的保护,关心的是国家应如何采取措施,尽量使每一个公民都不受犯罪侵害。重视和开展被害预防,这不仅适应了社会客观情势转变带来的尊重人权、保护人权的需求,还彰显了国家对公民的人文关怀,更有利于积极、主动和富有成效的犯罪预防局面的形成。

总之,犯罪的发生都要具备犯罪人、被害人和一定的时空条件三个要素。犯罪学固然要对促使犯罪人陷于犯罪的因素和容易导致犯罪形成的现实条件进行研究,但也不能忽视从被害者角度进行的探讨。因为在不少场合,犯罪行为的实施是由被害人的态度或行为所诱发的,在某种情况下,被害人还对犯罪行为的发生起着直接的作用。可见,离开从被害角度进行的研究,犯罪原因的把握和犯罪预防对策的采取就难免片面,难免失之准确。因此,被害问题是犯罪学研究题中的应有之义。

在犯罪学中,被害既是犯罪学体系中一个独特的研究视角,也能极大地推动其他基本问题的研究。基于人文精神的价值倾向及其在犯罪学体系中的独特地位,被害应作为犯罪学的基本研究范畴之一。

三、犯罪学中的犯罪原因

(一)犯罪原因的核心地位

一个社会为什么存在各种犯罪现象,一个人为什么实施犯罪行为?从犯罪学的发展历史来看,正是人们对犯罪原因的研究和探索,推动了犯罪学的产生和兴起。从早期的犯罪人类学理论、犯罪生物学理论、犯罪精神病理学理论和犯罪心理学理论到后来的犯罪社会学理论,学者们所关注的核心问题差不多都是犯罪是如何发生的。正是对犯罪原因的探讨促成了众多犯罪学流派及学说的诞生,促成了犯罪学这一学科的出现。可以说,对犯罪原因的探讨也在一定程度上壮大了犯罪学的学术共同体,提升了犯罪学的理论水平,为今后犯罪学的进一步发展奠定了基础。关于犯罪原因的研究在整个犯罪学理论体系中居于中心地位,这一问题与犯罪学的其他所有理论都紧密相关,各种犯罪学理论学派的不同观点,都是由对犯罪原因的理解不同而产生的,甚至可以毫不夸张地说,传统的犯罪学就是犯罪原因学。

众多学者均将犯罪原因作为关注的焦点,绝不是巧合和偶然,而是源于犯罪原因在犯罪学体系中承前启后的重要性。犯罪、被害与犯罪治理之间离不开犯罪原因的衔接,犯罪、被害只是社会生活中的表面现象,而犯罪原因是犯罪、被害发生的实质推动要素。对犯罪原因的分析,实际就是以犯罪学为视角了解、剖析社会生活,解构个体心理的过程。从犯罪学产生的一般社会原因来看,犯罪与被害是由各种文化冲突的存在、思想道德教育的放松、社会控制机制的弱化等深层社会矛盾决定的。从犯罪产生的个体原因来看,犯罪与被害主要是由具体人的特定气质、性格、年龄、性别及犯罪人的不良心理诱发的。在犯罪原因与犯罪治理的关系上,对犯罪原因的科学分析是开展犯罪治理工作的前提,犯罪原因是犯罪治理的基础。离开对犯罪原因的剖析,就不会形成正确的犯罪、被害、犯罪治理理念。因此,犯罪原因应该是犯罪学的核心范畴之一。

（二）犯罪原因的概念

作为犯罪学的核心范畴之一，学界对犯罪原因的概念多有阐述，并存在一定争议。有学者对犯罪原因的概念进行了归纳，并总结出以下几种犯罪原因的概念：第一，犯罪原因是产生犯罪现象的根源。这类定义多见于 20 世纪 80 年代的一些权威性工具书中。第二，犯罪原因是产生犯罪现象的现象。这类定义多见于犯罪学教科书中。如有的认为，"犯罪原因是从犯罪结果中推知出来的能造成这一犯罪结果的事实"；有的认为，"犯罪原因是指引起犯罪结果的诸多现象"；有的认为，"犯罪原因是引起犯罪发生的社会现象和过程"。第三，犯罪原因是指现实社会中客观存在的，能够使犯罪产生并且能够为人们所克服、改变或避免的因素。第四，犯罪原因是指那些能够对人的心理产生作用和影响，并导致犯罪行为发生的主、客观因素的总称。第五，犯罪原因是指能够引起犯罪发生的诸多因素相互作用形成的系统。[1]

在国外，各国学者对犯罪原因的认识和表述也不尽相同。在英国和意大利，犯罪原因是指导致犯罪产生和影响犯罪变化的各种因素；在美国，犯罪原因多指能够导致个体犯罪行为和整体犯罪现象产生和存在的因素；在日本，犯罪原因一般被认为是引起犯罪发生的素质要因和环境要因；在前苏联，则一般将犯罪原因和犯罪条件加以区别，认为犯罪原因是必然引起犯罪现象的决定性因素。[2]

通过研究和比较上述理论，可以发现上述有关犯罪原因的概念主要是在整体犯罪原因和宏观犯罪原因的意义和语境上使用的。这样在定义犯罪原因时，第一，必须考虑从社会一般意义和整体视角上界定犯罪原因的概念；第二，必须注重犯罪原因与犯罪现象或犯罪行为的因果关系；第三，犯罪原因是由综合因素所组成的，单一因素难以引发犯罪。

故此，本书认为在一般或宏观意义上，所谓犯罪原因，是指引起犯罪现象产生的综合因素。作为犯罪原因的综合因素往往包容一个广阔的问题域，这一综合因素包括特定的社会结构和社会背景环境、经济因素、文化因素、政策因素、习俗因素、气候因素、地理因素、区域因素、特定的社会矛盾与纠纷、个人心理和人格因素等等。对于这一概念，可从以下三个方面理解：

---

[1] 曹子丹：《中国犯罪原因研究综述》，中国政法大学出版社 1993 年版，第 25～28 页。

[2] 陈明华：《比较犯罪学》，中国人民大学出版社 1992 年版，第 185～186 页。

第一，作为整体意义上的综合因素，犯罪原因往往先于犯罪现象存在，并引发犯罪现象的出现。犯罪原因产生犯罪现象，犯罪现象属于犯罪原因的后果或产物。在强调犯罪原因的时间顺序性的同时，我们也必须注意犯罪现象的发生、存续与嬗变往往在一定程度上改变了犯罪原因的内容。以商业贿赂犯罪为例，尽管商业贿赂行为的危害性毋庸置疑，但商业贿赂行为长期普遍的存在正逐渐改变人们对商业活动的认识，为保障商业行为的顺利，人们逐渐认为贿赂在一定程度上是必要的；如果没有贿赂，很难保障商业行为的顺利。这样，相关社会背景和商业文化发生了嬗变，如果说我国 20 世纪 80 年代的商业贿赂行为是在换取商业特权、行政许可以及超常规利润等目标支配下的产物，那么随着贿赂行为的普遍持续存在，在 20 世纪 90 年代和 21 世纪初的十年，我国的商业贿赂行为已经成为维系商业活动的一种必要手段和"商业惯例"啦！可见，犯罪原因与犯罪现象的时间顺序性仅是相对意义上的，从长远看，两者实际上是互动的，即犯罪原因可以引发犯罪现象，特定犯罪现象能够促成特定犯罪原因的嬗变。毕竟，从本质上看，犯罪原因与犯罪现象均属于一种社会事实。

第二，作为一种综合因素，犯罪原因中多元具体因素在犯罪现象产生中发挥的作用是有差异的。如在盗窃犯罪中，经济上贫困和艰难往往起到了较大的作用，主观上贪图享受也是一方面原因；而文化、气候、地理及习俗因素在犯罪发生中的作用则不太明显。又如在性犯罪中，罪犯个人主观、气候、地理及习俗因素往往发挥较大的作用；而经济因素和政策因素在犯罪发生中的作用则不太明显。

第三，犯罪原因中多元具体因素往往是相互影响和彼此互动的。一方面，无论是特定的社会结构和社会背景环境、经济因素、文化因素、政策因素、习俗因素、气候因素、地理因素，还是区域因素、特定的社会矛盾与纠纷因素，这些因素均要通过刺激、推动罪犯个人心理和人格因素产生犯罪动力和欲望来发挥作用。毕竟，犯罪是犯罪人在某种主观心理和危险人格的驱使下实施的，自我控制能力的下降直接刺激犯罪人实施犯罪行为。[①] 如在盗窃犯罪中，经济上的赤贫往往会刺激罪犯主观心理的犯罪欲望。另一方面，除诸多因素对心理因素的刺激外，其他因素之间也是相互影响的。如在重工业和资源产业区，区域因素决定了当地的社会因素、经济因素、习俗因素和文化因素。当资源枯

---

① ［美］戈特弗里、赫希：《犯罪的一般理论》，吴宗宪、苏明月译，中国人民公安大学出版社 2009 年版，第 251 页。

竭时,产业工人大量失业和半失业,社会矛盾和纠纷逐渐增多,经济上贫富分化刺激、改变着失业工人的人生观和世界观,为生存而犯罪逐渐成为一种亚文化,于是围绕生存发生的暴力犯罪、侵财犯罪频繁出现。而犯罪原因中各种具体因素之间的互动和关系往往构成了犯罪发生的规律。

总之,犯罪原因的概念构成了犯罪原因理论研讨的前提和基础,而从犯罪原因概念出发的相关理论研讨也称为犯罪原因论。有关犯罪原因的研讨一直是犯罪学界关注的焦点,并以此为中心形成各派理论学说。

四、犯罪学中的犯罪治理

在刑事科学中,一直存在这样一个问题,就是对于"人类有组织地应对犯罪的措施和实践"的归纳和称谓过于繁多,不同的分支学科常常有不同的阐释,致使学术探讨陷入混乱。

在刑事政策学语境下,将其归纳为犯罪打击或犯罪对策。在刑法学场域中,将其解读为犯罪惩罚或犯罪惩治,这是刑罚报应思想的鲜明体现。在刑事执行学中,将其称为犯罪矫治或犯罪处遇。处遇一词源自日语,由于刑事执行主要就是针对特定服刑人员的改造,故此,处遇与矫治均主要是针对犯罪人的扭曲人格、主观恶性和人身危险性而言的。在社会学中,将其称为犯罪控制。犯罪控制实际上源自美国社会学家罗斯所提出的"社会控制"这一范畴,是社会控制理念在刑事领域的具体延伸。

关于人类有组织地应对犯罪的措施和实践,是一个依托理论、进而指向实践的标准的犯罪学问题。犯罪学的学科价值就是从事实和价值层面提供与犯罪有关的全面知识。因此,对于这个标准的犯罪学问题,我们需要一个标准的犯罪学范畴予以涵盖。

现有的犯罪学研究有的将其称为犯罪预防,虽然预防最为重要,但有失全面;还有称为犯罪防控的,虽全面但过于具体,缺乏研究范畴的特有抽象性。在犯罪学语境下,需要重新提炼出一个学术范畴,以期全面涵盖关于"应对犯罪的措施"的理论和实践。由于"应对犯罪"是一个社会综合治理的问题,因此,对该范畴的提炼不能脱离其他人文社会科学知识而另起炉灶,需要保持知识的延续性。由于"应对犯罪问题"是一个包容广泛的"问题域",牵涉国家治理和社会治理的方方面面,因此,该范畴应该具有一定的抽象性。故此,本书认为,应从国家治理和社会治理等角度加以适当延伸和发展,将该范畴归纳为"犯罪治理"。犯罪治理是一个标准的犯罪学研究范畴。所谓犯罪治理,是指人类有组织地对刑事犯罪和社会越轨行为进行打击、控制和预防的应对措施、策略与实践。

可以说,犯罪治理就是在研究犯罪原因的基础上,综合运用犯罪学所涉及的各学科的研究成果和方法,防止、控制、减少犯罪和被害发生。犯罪治理是犯罪学研究的归宿和目标。回顾犯罪学的发展历程,我们不难知道犯罪学源起于犯罪浪潮的冲击,犯罪学的研究在很大程度上是为了对现实社会中犯罪的威胁所做出的应答。可以说,对于犯罪现象的描述,对于犯罪原因的分析,最终都是为犯罪治理提供指导。在一定意义上说,犯罪学是为了有效遏制犯罪和预防犯罪而存在的,离开犯罪治理,整个犯罪学就失去了其存在的价值,正因为如此,有的犯罪学家将犯罪治理称为犯罪学皇冠上的宝珠。由犯罪治理在犯罪学中的地位所决定,犯罪治理显然也是犯罪学的基础范畴。

第三节　犯罪观解读

上百年来,犯罪学始终关注如何将犯罪问题的理论研究与犯罪治理的实践活动有机结合这一重大现实问题。历经犯罪学在理论和实践之间的反复摇摆与百转轮回,学界和实践部门逐渐意识到犯罪观理论的重要性,尤其是科学犯罪观在犯罪治理实践中的指导和规范作用。正如有学者指出:"基于错误的犯罪观,在解决犯罪问题的时候,其基本策略方法就有可能也是错误的,至少可以说是非理性的。"[1]故此,为犯罪学理论与实践有机结合问题寻求一种也许可行的出路,我们需要沿着犯罪观的知识脉络和学术谱系深入展开。

一、犯罪观概述

学界一般认为,"犯罪观就是人们对犯罪的看法,或者说,是人们对犯罪的认识和评价。犯罪观的基本内容是人们对犯罪本质特征的认识和义理的解释,以及对犯罪从社会、文化、法律的角度所作的评价、谴责与非难。"[2]同时,某些学者指出:"犯罪观是人们关于犯罪的性质、作用和产生、发展、变化的原

---

[1] 卢建平:《需要一种正确的犯罪观》,载《江苏公安专科学校学报》2002 第 3 期。
[2] 李汉军:《犯罪观论》,载《刑法基础论》,北京大学出版社 1999 年版,第 126 页。

因和规律的认识、态度和倾向的总称。"①"犯罪观是指对犯罪属性、犯罪的产生、发展、变化、消亡以及如何同犯罪作斗争的看法。"②可以说,上述论断往往偏好于对犯罪观进行直观界定和把握,随着研究的深入,有学者将犯罪观放到一个更大的背景之下进行考察,该学者指出:"犯罪观作为人们对于犯罪根本属性的基本假定,它与工具性知识框架(即犯罪学的概念系统和科学成果)和犯罪学典范一起都是犯罪学范式——潜在于犯罪学理论中关于研究对象的意象性假定——的表现形式。"③

故此,犯罪观构成了犯罪学的核心范畴与指导犯罪治理的理论基础,犯罪观理论亦是犯罪学基础理论的重要组成部分。在我国犯罪学基础理论研究薄弱、学科建设不足的背景下,解读和梳理犯罪观理论具有重要的理论意义和实践价值。

结合以往研究,同时为了更合理地阐释犯罪观的基本内容,本文对犯罪观的概念重新进行了一定的修正和改造。所谓犯罪观,是指人们基于特定社会文化条件和时代背景所产生的,对于犯罪问题的看法、主张和评价。在微观层面,犯罪观表达了特定个体对于犯罪问题的主观性认识和个殊化思考;在宏观层面,犯罪观体现了国家和社会对于犯罪问题的整体看法和权威评价。具体来说,犯罪观范畴的基本特征主要表现在以下三方面:

第一,在性质上,科学地犯罪观往往是基于特定社会文化条件和时代背景所形成的主观评价和价值观念。

尽管犯罪观往往呈主观色彩浓厚的观念和理念形式存在,但科学地犯罪观并非是单靠主观凭空捏造和杜撰产生的,而是需要依托特定社会客观事实和现实犯罪情势而凝结和提炼出的理论认识。实际上,科学地犯罪观往往是立足特定于社会文化条件和顺应犯罪治理情势的产物。如宽严相济刑事政策所蕴含的处遇犯罪"轻轻重重"的犯罪观。这种犯罪观的提出就是基于我国现阶段治理犯罪的社会成本和司法资源较为有限的前提,以及应将党和政府处遇犯罪的主要力量集中于严重犯罪的打击和预防这一理论预设。

同时,犯罪观并非是一种一成不变的理论抽象,它往往随着社会情势、犯罪状况的变更和人们主观认识水平的提高而发生嬗变。如在改革开放后,我

---

① 梁根林:《刑法改革的观念定向》,载《刑事法评论》,中国政法大学出版社 1997 年版,第 110 页。

② 张明楷:《犯罪论原理》,武汉大学出版社 1991 年版,第 44 页。

③ 李卫红:《当代中国犯罪观的转变》,载《法学研究》2006 第 2 期。

国经历了一个犯罪率逐年攀升的犯罪浪潮,为应对犯罪的挑战,党和政府拉开了"严打"的序幕。此时的犯罪观蕴含了依靠运动打击犯罪的观念;随着国家治理水平的不断提高和犯罪治理策略日趋完善,国家很快修正了单纯依靠"严打"运动治理犯罪的犯罪观,并相应提出了社会治安综合治理的刑事政策和综合治理的犯罪观。

第二,在功能上,犯罪观既是犯罪学的核心学术范畴,能够起到深化犯罪学基础理论研究的学术作用;也是犯罪治理实践活动的基本方略,能够发挥指导犯罪治理实践科学开展的应用价值。

作为学术范畴,犯罪观与犯罪行为、犯罪人、被害、被害人、犯罪原因、犯罪规律、犯罪治理等范畴存在紧密关联,并共同构成了犯罪学理论大厦的柱石与核心。各种关于犯罪行为、犯罪原因、犯罪治理等范畴的理论叙事与话语评说不外乎是某种关于犯罪问题的看法、主张和评价。相对于犯罪学的其他范畴,犯罪观更具有基础性,是一种基础性的核心范畴。实际上,在学术脉络和理论渊源上看,犯罪观的理论往往为犯罪学其他理论问题的研讨提供了丰富的学术资源和智识思想。如"依靠刑事法律治理犯罪"的犯罪观构成了贝卡利亚的古典犯罪学思想的理论内核。再如"最好的社会政策也就是最好的刑事政策"的犯罪观构成了李斯特犯罪治理研究的基本理论预设和研究路径。[①] 故此,也可以说,犯罪观构成了犯罪学其他学术范畴的"上游理论"。

作为犯罪治理的方略,犯罪观往往与政府的各种犯罪治理活动息息相关,并在客观上起到指导、评价犯罪治理活动的应用价值。犯罪学的整合属性与批判属性在犯罪观范畴中表现得尤为明显。犯罪观既是在整合各种犯罪治理活动的经验、策略和措施过程中而形成的,也是在对现实中不科学、不合理地犯罪治理活动进行反思、检讨和批判而历史地凝结成的。如宽严相济的犯罪观和综合治理的犯罪观就是对原有"依靠运动打击犯罪"的犯罪观的反思与超越。

第三,在内容上,作为犯罪学的基本范畴与核心理论,犯罪观主要包括犯罪本质观、犯罪关系观和犯罪治理观三方面内容。

一般来说,犯罪学主要研讨犯罪现象、犯罪原因及犯罪治理等基本问题。出于对上述基本问题的呼应,犯罪观在内容上也主要关注这些基本问题,并对其作出精确的评价和定位。在犯罪现象领域,解读犯罪现象的关键需要把握和界定犯罪本质这一问题,故研讨犯罪现象的基本观念可称为犯罪本质观;在

---

① 吴宗宪:《西方犯罪学》,法律出版社 2006 年第 2 版,第 165 页。

犯罪原因领域,分析犯罪原因的核心在于发现、梳理与剖析影响犯罪发生的基本规律,而犯罪规律往往存在于各种犯罪关系之中,故研讨犯罪原因的基本观念可称为犯罪关系观;在犯罪治理领域,犯罪治理活动科学化与合理化的重点在于分析各种犯罪治理模式的本质特征,故研讨犯罪治理的基本观念可直接称为犯罪治理观。可以说,上述三方面的犯罪观彼此存在紧密地联系,并共同有机组成犯罪观的整体和体系。治理特定犯罪的观念不能依靠主观臆断得出,而需要建立在科学体察特定犯罪的本质属性、全面梳理和分析影响特定犯罪发生的犯罪规律的基础上形成系统性理论认识。囿于犯罪治理实践活动的迫切需要以及犯罪学基础理论研究的不足,目前关于犯罪观的研究,往往大多集中于犯罪治理观领域,如宽严相济的犯罪观、综合治理的犯罪观;而围绕犯罪本质和犯罪规律的犯罪观研究尚显薄弱。

二、犯罪本质观

犯罪本质观强调透过对林林总总的犯罪现象的体察和梳理,界定与把握犯罪的本质,进而以科学的犯罪本质观为指导理性地看待犯罪现象或犯罪问题。

学界通说认为,作为一种社会法律现象,犯罪在本质上是一种具有社会危害性的行为,是一种极端的"必然之恶"。尽管对犯罪本质的理解是固定的,但在不同语境中以同一犯罪本质观看待犯罪问题的倾向和偏好却有所差异。在刑法学语境中,犯罪均由法律规定,故犯罪可解读为一种在刑事违法性限定下的严重危害社会的行为,犯罪的法律属性在刑法学中获得着重发展。在犯罪学语境中,犯罪的范围不仅包括刑法规定的犯罪,还包括各种严重违反社会规范和文化规范的社会越轨行为。法定的犯罪可以视为一种社会越轨行为,除此以外,社会越轨行为也包括不违反刑法规范,但违反社会治安处罚条例等其他法律规范的其他违法行为(如小偷小摸、卖淫、嫖娼、吸毒、婚内强奸等);还包括其他严重危害社会的病态行为(如自杀、同性恋、过早发生的性行为等)。故此,犯罪还可解读为一种严重违反社会文化规范的社会越轨行为。[①]

长期以来,在犯罪治理领域,有关犯罪治理部门往往对刑法和刑罚存在强烈的路径依赖,遇到越轨行为动辄使用刑法手段加以控制。实际上,违法性仅是犯罪的一种属性,法律仅是治理犯罪的一种方式,有时候还不是最为根本的

---

① 单勇:《犯罪的文化研究——从文化的规范性出发》,吉林大学博士论文 2007 年印制,第 71 页。

治理方式。在犯罪学视野下,科学的犯罪本质观要求我们认清犯罪的本质属性,在更多地时候要跳出刑法思维和破除刑罚迷信观念,要全面体察在犯罪之法律属性以外的社会文化属性。

由于犯罪是人类社会必然存在的一种社会现象,故犯罪的社会文化等属性受到犯罪学的特别关注。因此,在犯罪学视野下,犯罪本质观更强调以社会越轨行为作为犯罪的表现形式;而评价行为是否属于犯罪或是否越轨(尤其是在刑事立法和刑事司法解释的制定过程中),不仅需要依靠法律的标准,更需要依靠社会规范、文化规范等方面的标准。很多情况下,犯罪化和非犯罪化的实质合理性往往就蕴藏于该种社会越轨行为的社会文化属性之中。于是,科学的犯罪本质观更注重对犯罪这种社会越轨行为之社会文化等属性的考量和反思。同时,由于不同社会、不同时代的社会文化等因素皆有所差异,故人类社会的犯罪现象在不同场景和条件下往往具有不同的嬗变情势和具体状况,犯罪现象往往处于流变之中。

三、犯罪关系观

犯罪关系观主张在充分研讨犯罪与经济、社会、文化、政治、心理、地理等因素关系的基础上,分析和把握影响犯罪的基本规律。实际上,在我国犯罪学研究的场景和语境下,学界主要存在"现象——原因——对策"与"关系犯罪学"这两种研究模式。"关系犯罪学"模式是对目前居于主流地位的"现象——原因——对策"传统研究模式进行检讨和反思的产物。

实际上,传统的犯罪学研究往往局限于"现象——原因——对策"模式,但该种传统模式过于清晰的逻辑极易导致犯罪学研究的僵化和死板,也容易割裂犯罪与社会等诸多因素的联系,从而隐藏或忽视对犯罪规律的把握和界定。我国有学者由此提出了关系犯罪观或犯罪关系观的主张。"犯罪本质与犯罪原因统一于利益关系,不能将二者人为割裂开来。……犯罪的本质与原因实际上统一于经济利益关系。即使是看上去最无可争议的行为——杀人——其实也不能脱离开关系进行价值判断。……犯罪关系可分为犯罪本质与犯罪现象、犯罪信息与犯罪控制等犯罪的内部关系,还可分为刑罚与犯罪、经济与犯罪、权力与犯罪、文化与犯罪、科技与犯罪等犯罪的外部关系。"[①]

---

① 储槐植:《犯罪在关系中存在和变化——关系犯罪观论纲:一种犯罪学哲学》,载肖剑鸣、皮艺军主编:《罪之鉴:世纪之交中国犯罪学基础理论研究》,群众出版社 2000 年版,第 398 页。

"关系犯罪观,即从关系角度以关系分析方法来研究犯罪。犹如犯罪人类学从生物学角度研究犯罪,犯罪心理学从心理学角度研究犯罪,等等。这里,'关系'作为哲学范畴,以此范畴为基点进行犯罪学研究。所以,也可以视为犯罪学哲学,属于门类哲学。"①这种主张以跨学科的研究方法,关注和研讨犯罪与经济、社会、文化、政治(主要表现为政策)、地理、习俗、气候、心理等因素之间的内在关联和学术机理,从而厘清影响特定犯罪的基本规律。尽管犯罪原因不同于犯罪规律,但犯罪原因往往受隐藏于社会生活深层的犯罪规律的影响和制约。如通过将塞林的文化冲突论进行合理的中国化,从文化的规范性出发,在转型社会的语境下,主文化发生危机,犯罪亚文化大肆蔓延,主文化与犯罪亚文化形成矛盾和对立。正是这种主文化与犯罪亚文化的冲突构成了我国社会的深层犯罪规律。②再如转型中国农村的生活方式在很大程度上影响了农村留守未成年人的犯罪情势。目前,很多农村出现了空巢化的生活方式,成年男女纷纷进城务工,农村仅留下了老人和未成年人。于是,随着控制主体的缺位,各种传统的家庭、宗族、基层组织对犯罪和越轨行为的控制机制日趋弱化或失灵,该种生活方式构成了留守未成年人实施各种社会越轨行为的"酵母"和土壤。尽管留守未成年人犯罪还有心理、生理、教育、管理、家庭、学校等方方面面的原因,但这些原因皆根植于农村空巢化的生活方式土壤之上。

故此,犯罪关系观要求通过把握犯罪与周围事物的关系,挖掘影响犯罪的基本规律,进而从犯罪规律的角度理解引发犯罪的特定原因。

四、犯罪治理观

犯罪治理观不仅关注犯罪治理的举措和内容等问题,更关注如何组织和配置国家、社会及个人的资源,进而选取最优的犯罪治理模式问题。

作为犯罪学研究的出发点和关键所在,犯罪治理是人类有组织地应对犯罪的策略、措施与实践。从模式上看,在现代社会中,各种犯罪治理力量和活动的设计、运作不是毫无章法、任意实施的,国家和社会需要在一定模式下展开治理活动,犯罪治理可归结为不同的犯罪治理模式,一国的犯罪治理模式往往构成其犯罪治理活动的鲜明标志。犯罪治理模式是指基于特定治理需要和根植于特殊社会环境的,各种犯罪治理理念、措施、活动的基本组合方式与实践运作形式。实际上,科学的犯罪治理观首要关注的就是国家如何组织、配置

---

① 储槐植:《刑事一体化与关系刑法论》,北京大学出版社1997年版,第119页。

② 单勇:《犯罪的文化冲突论——基于中国转型社会的分析》,载《法制与社会发展》2008第2期。

相关资源,进而选择最优的犯罪治理模式问题。

从建国后犯罪治理六十年的历史上看,运动式治罪模式和日常性治理模式共存于我国犯罪治理实践中。所谓运动式整治犯罪模式(简称运动式治罪),是指以"运动治理犯罪"为理念、以群体性犯罪治理运动为内容的犯罪治理运作形式和组合方式。"运动"治国的传统在我国长期存在,并在国家和社会生活中刻下了深深地烙印。"运动治理犯罪"属于"运动治理国家"观念的自然延伸和有机体现。我国的运动式治罪模式在实践中表现为由国家发起、社会各界广泛参与的群体性犯罪治理活动,这种治理活动本质上属于一种运动,是一种以打击、控制、预防犯罪为内容的运动,是一种蕴涵社会治理、社会秩序完善意义的运动。运动式治罪发动的背景在于:犯罪率急剧增加、整体犯罪态势严峻、日常性治理不足以有效应对转型时期犯罪浪潮的挑战。可以说,以"严打"为代表的运动式治罪模式是我国社会转型历史巨变时期的非常之举。

所谓日常性治理模式,是指以对犯罪进行日常治理为理念,以国家和社会的正常机制打击、控制及预防犯罪为内容的犯罪治理运作形式和组合方式。日常性治理属于国家和社会对待犯罪问题一般性和惯常性的应对方案。从内容上看,日常性治理中的治理方式涵盖广泛,包括直接反应和间接反应、司法反应和行政反应、官方反应和民间反应,并深入涉猎各种国家管理和社会自治活动。从主体上看,与运动式治罪不同,日常性治理中社会多元力量参与程度和主体地位均有较大提高,社会组织和公民个人在犯罪治理中的作用得到充分的发挥。从手段上看,日常性治理的控制手段既包括共享的价值观念和文化规范,也包括普遍、统一的行为规范,更包括推行上述价值观念、文化规范、行为规范的制度和组织。①

实际上,自新中国成立后,我国政府就是在"运动式治罪"与日常性治理模式之间的摇摆和综合操控中,逐渐熟练掌握了犯罪治理的技术和策略的。

总之,上述三点共同构建了一种科学的犯罪观。在刑事科学理论及犯罪治理实践中,这种科学的犯罪观具有重要的理论意义与实践价值。这具体可表现为以下三个方面:

第一,犯罪观理论的提出丰富和完善了犯罪学基础理论的研究,犯罪观所强调的犯罪本质观、犯罪关系观和犯罪治理观共同型构了犯罪学基础理论的核心部分,并由此成为犯罪学其他理论学说孕育、发展及成熟的前提和基础。

---

① 单勇、侯银萍:《中国犯罪治理模式的文化研究——运动式治罪的式微与日常性治理的兴起》,载《吉林大学社会科学学报》2009 第 2 期。

在犯罪学中,各种有关体察犯罪现象、分析犯罪原因和研讨犯罪防控策略的理论学说,均无一例外地能够从犯罪本质观、犯罪关系观和犯罪治理观中寻找到理论演进的渊源和问题萌生的谱系。

第二,犯罪观理论的提出有助于刑事政策制定和执行的科学化,有助于刑事立法、司法的改良与完善。在刑事科学中,刑法学、刑事诉讼法学等学科更多地倾向于规范研究,而犯罪学属于超规范研究;犯罪学构成了刑法学、刑事诉讼法学的"上游学科"。在知识链的上游,犯罪学(主要表现为犯罪观等理论)通过指引刑事政策的制定和执行,借助刑事政策这一桥梁,为刑法学、刑事诉讼法学等分支学科提供事实和价值层面上的与犯罪有关的知识、方法和智识思想。因此,以犯罪观为核心的犯罪学为刑事政策的制定和执行、刑事立法和司法等活动提供了坚实的理论基础和宝贵的智识思想。

第三,犯罪观理论的提出为我国犯罪治理的改良与完善提供了可资借鉴的发展路径。在"运动式治罪"与日常性治理的摇摆之中,今后我国不应将犯罪治理模式的选择完全倒向哪一边,或是完全依靠某一种模式。毕竟,相关实践表明:一味的"严打"或单纯的日常性治理在犯罪治理领域均是力不从心的。因此,我国有必要将犯罪治理的两种基本模式有机融合,并不断尝试和探索综合治理犯罪问题的新的治理模式。

第四节 犯罪学的学科价值

一、学科价值的含义

"从哲学的意义上讲,价值是与实践密切联系的概念。价值是人类实践过程中客体对主体的意义和主体对客体以及自身的评价。从最一般的意义上,可以把价值与好视作两个大体一致的概念。在任何场合,当人们说'某事物具有某种价值'时,也就意味着该事物具有某种'好'的属性,在主体与客体关系中,客体对主体具有积极的意义。"①西方学界认为,价值是"值得希求的或美好的事物的概念,或是值得希求的或美好的事物本身。……价值反映的是每个人所需求的东西:目标、爱好、希求的最终地位,或者反映的是人们心中关于

---

① 郑成良:《现代法理学》,吉林大学出版社 1999 年版,第 165~166 页。

美好的和正确事物的观念,以及人们'应该'做什么而不是'想要'做什么的观念。价值是内在的主观的概念,它所提出的是道德的、伦理的、美学的和个人喜好的标准。"①

可以说,学科价值就是某一学科对人类的有用性。这种有用性既包括理论上的有用性和实践上的有用性,也包括对个体生活的有用性、对社会自治的有用性和对国家治理的有用性,还包括清晰、具体的有用性和模糊、抽象的有用性,更包括流于表面层次的有用性和隐藏于社会深层机理的有用性。不同的有用性塑造了不同的学科价值,不同的学科价值构成了此学科区别于彼学科的重要标志。有关学科价值的特征,具体有以下三个方面:

首先,学科价值是人类创建、延续和发展特定学科的基本动机和目标,学科价值彰显了人类社会的特定需要。在人文社会科学中,为什么会设立如此繁多的学科呢?这恐怕是源于人类为了更好地认识自身、社会以及未来的需要,源于人类追求知识和思想系统化的需要。而人类的上述需要从根本上体现为人类对某种有用性的渴求和期盼。在追求特定有用性的过程中,特定学科的本质属性和学术传统得以建构。

其次,学科价值也是各个学科得以自足的"前理解"。前理解是哲学解释学中的一个非常重要的理论与概念,没有前理解,也就没有所谓理解,前理解是理解之所以产生的前提和条件。作为理解主体的人来看,前理解是一个前提性的存在,前理解同历史、传统与语言密不可分。"作为解释学中的重要术语,前理解主要是在理解活动发生之前主体就已经具有的对理解有着导向、制约作用的语言、历史、文化、经验、情感、思维方式、价值观念以及对于对象的预期等等因素的综合。前理解有三重含义,一是前在的理解,即主体心灵的能动性、判断力、理解力;二是语言、传统、历史;三是由主体依据当下情况选取出来的当下判断的前提。主体现实的存在方式规定着理解力展开的可能方向。理解就其根本而言,乃是现实与其所负载的可能性的统一。"②由于其深深融入特定学科的历史、学术传统、相关文献和话语中,其学科价值早已成为特定学科研究者理解、判断的前提。不同学科具有不同的"前理解",也可以说,不同的"前理解"型构了不同的学科。

最后,学科价值还构成了特定学科区别于其他学科的鲜明属性和学科个

---

① [美]杰克·普拉诺等:《政治学分析词典》,胡杰译,中国社会科学出版社1986年版,第187页。

② 引自《论审美前理解》,载 http://www.so100.cn/,访问时间:2006年4月1日。

性。不同学科的涵盖领域、研究对象及研究方法不同,导致不同学科的有用性有所差异;不同学科的"前理解"也有所不同,人类对于不同学科的需要更是不同,故此,学科价值构成了此学科区别于彼学科的基本判断标准。

总之,学科价值是一个具有强大解释力的研究范畴。正确把握犯罪学的学科价值,有助于加强犯罪学基础理论的研究。

二、犯罪学学科价值的内容

每一个学科均是一种特定的知识容器。"犯罪学是为了预防和减少犯罪而对犯罪这一社会现象进行辨证研究的科学。"[①]因此,犯罪学这种知识容器主要致力于创造与犯罪现象、犯罪人、犯罪原因和犯罪治理等范畴有关的知识,主要致力于全面认识犯罪,从而控制和减少犯罪。

本文认为,在开放、多元、整合的犯罪学知识容器中,犯罪学的学科价值在于为国家和社会提供与犯罪有关的知识,这种知识主要表现为描述性知识、解释性知识和反思性知识三种形态。

(一)描述性知识

从犯罪学的研究基础来看,犯罪原因的分析与犯罪治理的实践均需要以犯罪现象的体察为基础,于是,全面、理性地体察犯罪现象构成了犯罪学的基础。在体察犯罪现象过程中必然产生出的各种描述性知识,即关于犯罪现象的描述性知识构成了犯罪学所提供的第一种知识。

在刑事科学中,刑法学、刑事诉讼法学和刑事执行法学侧重于规范层面,依靠明确的法律依据进行规范学意义上的刑事立法、司法和执行研究。犯罪学侧重于事实和价值层面,依靠其他人文社会科学知识对犯罪等问题进行跨学科的研究,尤其是事实层面的体察在犯罪学中意义重大。

所谓描述性知识,是指陈述客观事物的特点及相互关系的知识。犯罪学中的描述性知识是指在事实层面体察犯罪现象所形成的知识。这种描述性知识包括对犯罪现象的认识,包括对犯罪特征和趋势的总结和归纳,包括对犯罪人及潜在犯罪人的观察,包括对犯罪数量和犯罪率的统计,等等。在宏观层面,这种描述性知识偏重于把握特定时空犯罪状况的整体态势,陈述犯罪人群体、潜在犯罪人群体、监狱和劳教机构中各种接受处遇群体的基本特征,总结我国被害人群体的生存状况和受司法保护程度,统计国家用于治理犯罪的整体投入和司法成本等。在中观层面,这种描述性知识偏重于对诸如白领犯罪、

---

① 张旭:《犯罪学要论》,法律出版社 2003 年版,第 68 页。

职务犯罪、未成年人犯罪等特定类型犯罪的体察,对特定类罪犯罪人群体的统计,对特定类罪犯罪治理的全面梳理等。在微观层面,这种描述性知识关注个案中犯罪及犯罪人的情况,重视个案中被害人的状况,关注特定个案发生的社会背景和时空条件等。

总之,犯罪学中的描述性知识是根植于特定犯罪和被害事实、现象的陈述、归纳和观察,是解释性知识和反思性知识形成的前提和基础。

(二)解释性知识

所谓解释,无外乎是将一种事物阐述为另一种事物,将复杂的阐释成简单的,将陌生的阐释成熟悉的,将不易理解的阐释成容易把握和认识的。

在世界范围内,起源、发达于欧美国家的犯罪学依次主要经历了实证犯罪学派、犯罪社会学派、犯罪心理学派等学术流派的嬗变。围绕着上述各个犯罪学流派,还衍生出数百种关于犯罪研究的理论学说。在这一演变过程中,各种学派、学说均是围绕着犯罪和被害、犯罪人和被害人等基本范畴而展开诠释和阐述的。可以说,各个学派、学说形成了有关犯罪问题的大量解释性知识,而各个学派学说就是在解释的过程中形成的。

在犯罪学中,对犯罪原因的分析就属于最为典型的解释性知识。人类社会为什么存在犯罪现象,为什么犯罪人群体层出不穷? 为什么中国转型社会犯罪日趋严重,为什么当前我国职务犯罪屡禁不止? 这均需要学者运用经济和政治、社会和文化、心理和精神、思辨和实证、经验和逻辑等视角进行理解和解释。当然,犯罪学所提供的解释性知识不仅仅局限于对犯罪原因的探寻,也包括对特定犯罪特征的深入分析、对犯罪规律的理性把握,还包括对犯罪与社会、经济、文化、心理、政治等事物关系的诠释和理解。

由于采用整合性的跨学科研究模式,犯罪学所提供的解释性知识天然具有开放性,并始终处于流变之中。一方面,由于研究视角的多元和方法的丰富,犯罪学的解释性知识始终处于扩展、开放和膨胀之中。犯罪学能够不断将犯罪融入到人类社会生活中进行理解,能够将解释性知识不断向其他人文社会学科拓展,进而促使犯罪学理论不断推陈出新、不断适应社会发展的趋势和潮流。另一方面,由于知识更新和实践需要,犯罪学的解释性知识就被塑造成一种流变状态下的知识。随着人类人文社会科学整体研究水平的提高,随着社会实践的嬗变,旧的知识不断为新的知识所取代,原有的解释性知识不断由新的解释性知识来替换。

总之,犯罪学中的解释性知识是对犯罪与社会生活中其他事物的关系的解读、理解和分析;这种知识构成了犯罪学理论的骨干,也构成了反思性知识的基础。

（三）反思性知识

为人类社会提供了描述性知识和解释性知识后，犯罪学并未就此止步；在价值层面，犯罪学还能对人类犯罪治理活动进行各种评判、权衡、批判。毕竟，犯罪治理活动主要是一个国家公权力发挥影响的过程，国家公权力的运作不仅必将牵涉社会生活的方方面面，还必将牵涉每一个个体（这是在每一个个体均是潜在被害人的意义上理解的）。

在法治理念下，犯罪治理活动需要在法律的制约下进行，作为公权力代表的犯罪治理主体需要受到法律的严格制约。否则，公民的基本人权实难得以有效保障。除战争以外，失去制衡的犯罪治理活动将是对民主社会和人民自由的最大威胁。在我国，失去制约的犯罪治理活动远有"文革"时期随意出入人罪、动辄体罚殴打抄家等群体性暴力犯罪的泛滥，近有"刑讯逼迫"、"超期羁押"等各种滥用权力行为的肆虐。故此，在我国这个具有悠久人治传统的国度，对犯罪治理活动的反思和制约尤为重要；犯罪学所形成的各种反思性知识尤为必要。

在犯罪学中，反思性知识的对象主要表现为国家犯罪治理活动的合法性和合理性。一方面，在合法性层面，犯罪学关注矫正正义与分配正义的有机统一，犯罪学需要反思与衡量国家治理犯罪活动是否真正运行在法治的理念下和法律的轨道上。司法与执法仅仅是"矫正正义"的体现，仅有法律对犯罪治理活动和治理主体的制约是远远不够的。犯罪学还关注如何在法治理念下设计出体现"分配正义"的善法和良法，关注法律上对犯罪治理活动的理性规制。另一方面，在合理性层面，犯罪学还关注如何提高国家和社会治理犯罪活动的效率，关注以有限的执法投入和社会资源换取社会治安的最大改善与好转，关注各种犯罪治理活动如何设计得更加合理，如何贯彻落实得更加全面。

总之，犯罪学中的反思性知识是对犯罪治理活动中公权力运作的合理性、合法性的批判与反思。权力具有天然的扩张性，离开犯罪学的反思性知识，犯罪治理活动主体就有肆意出入人罪、滥用权力的可能。可以说，犯罪学的理念与思想就是在反思与批判中不断趋于智识化和理性化、不断走向成熟和完善的。

第 二 章

犯罪学的研究方法与研究模式

第一节　犯罪学的研究方法

古语云:工欲善其事,必先利其器。方法在科学研究(无论是自然科学,还是社会科学、人文科学)中长久以来就扮演着重要的分析工具与研究路径的角色。在犯罪学中,探究犯罪问题的方法很多,但主要是实证研究方法、思辨研究方法和跨学科研究方法这三大类。

一、实证研究方法

(一)实证研究方法的语义分析

实证方法在犯罪学中运用范围很广且价值重大,本书在具体阐述之前,有必要对"实证"和"方法"等范畴进行语义分析,为进一步的研讨奠定坚实的基础。

"据学者考察,'方法'源于希腊语言,意味着在给定的前提条件下,人们为达到一个目的而采用的行动、手段或方式。"[①]"人类的活动,包括认识活动在内,都必然包含三个基本要素,这就是目的、前提和方法。目的是行为者拟要获得的结果;前提则是相关的外在条件;方法则是从前提达到目的的途径。"[②]黑格尔深刻剖析了方法的这种工具属性,"在探索的认识中,方法也同样被列

---

① ［德］阿·迈纳:《方法论导论》,王路译,三联书店 1991 年版,第 6 页。
② 胡玉鸿:《法学方法论导论》,山东人民出版社 2002 年版,第 88 页。

为工具,是站在主观方面的手段,主观方面通过它与客体相关。""方法并不是外在的形式,而是内容的灵魂和概念。"①"在最一般意义上说,方法就是人们为了解决某种问题而采取的特定的活动方式,既包括精神活动的方式,也包括实践活动的方式。"②在犯罪学的语境及知识背景中,方法理应属于探索、理解、应用犯罪问题的分析工具与研究路径,方法的上述本体属性在犯罪学中仍然能够得以保留与发挥。

"实证"从语义上看为"实际的证明"。"实证"一词最早是由法国空想社会主义者圣西门提出的。法国哲学家、社会学家奥古斯特·孔德在《论实证精神》一书中对"实证"一词进行了明确界定。他认为,实证主要包括以下四层涵义:一是与虚幻对立的真实;二是与无用相对的有用;三是与犹疑相对的肯定;四是与模糊相对的精确。实际上,"实证"是一种思维方式,它与"思辨"一样是认识事物的渠道和工具,科学的实证和科学的思辨一样是社会问题研究中不可或缺的方法,二者对于保证研究过程和成果的科学性具有同等重要的意义。在社会科学研究中,以实证作为一种思维方式,最根本的要求在于提倡一种从事实出发、就前提发问、不为一般既定理论所束缚的求实精神,力求以自然科学的缜密、系统和严格的理性精神对待所观察的对象,力戒用幻想的联系和玄虚的思辨来代替现实的联系和严密的求证。③

故此,在犯罪学中,作为实际证明的方法,实证研究方法是指,基于价值中立的立场,通过对调查、观察、比较等方式所获得的事实、经验、资料的梳理与分析,以预测、体察和把握犯罪问题的客观态势和基本规律的一种工具与路径。

(二)实证研究方法的意义及其在犯罪学中的应用

长期以来,在社会科学领域中思辨的研究方法占据统治地位,它在学术史上发挥了重要作用,但也存在一定弊端,有时会限制社会科学理论的发展,甚至对理论的发展还会起误导作用,而实证研究方法对社会科学理论尤其是犯罪学理论的发展具有非常重要的意义。

第一,实证研究方法为犯罪学理论的发展开辟了广阔的天地。在思辨方式束缚下,犯罪学研究往往在纯理论圈子内转来转去,跳不出固有的模式,缺

---

① [德]黑格尔:《逻辑学》(下册),杨一之译,商务印书馆 1976 年版,第 142、532 页。

② 张文显:《法理学》,高等教育出版社 2003 年第 2 版,第 43 页。

③ 周路:《当代实证犯罪学新编——犯罪规律研究》,人民法院出版社 2004 年版,第 2、31 页。

乏发展的生命力。而"实践之树是长青的",现实生活中的大量材料经过实证研究方法升华为理论,就可以不断扩展既有理论的发展空间和潜力。

第二,实证研究方法要求研究者排除主观意志干扰,可以保证犯罪学理论的客观性。思辨方式为研究中的主观随意性埋下了种子,而实证方法则强调"事实证明",从而保证了理论的可靠和客观。

第三,实证研究方法要求研究者以批判的精神对待现有理论,从而促进犯罪学理论的新陈代谢。过去被证明正确的理论随着时代的发展是否保持了它的真理性,唯一的办法是进行现实的证明,实证方法具有的这种批判精神可以促进犯罪学理论的新旧交替,淘汰旧理论,发展新理论。

第四,实证研究方法促进包括犯罪学在内的社会科学的定量化发展,从而提高社会科学的精确性。时代的发展要求社会科学实现定性研究和定量研究的统一,思辨方法则无法对事物进行量化分析,它至多只能以含糊的语言对事物进行大致的描述。而实证研究方法则强调研究现实事物的数量特征和事物之间的数量关系,从而为定性分析和定量分析的结合提供可能。[①]

最早将实证方法运用于犯罪学研究的当属 19 世纪末意大利的实证犯罪学派。尽管随着时代的变迁和理论的发展,该学派有关犯罪人类学的理论和观点(如天生犯罪人论)逐渐失去了实际意义,但该学派对后世影响最大的就是实证研究方法。具体来说,实证犯罪学在犯罪学发展史上是通过两条线索展开的:

其一,以观察到的事实为出发点,不以任何预设的理论为指导来研究犯罪现象,龙勃罗梭、菲利等均是以此种方法研究犯罪的;其二,将经验研究和思辨演绎予以统一结合来研究犯罪现象,迪尔凯姆、美国芝加哥学派等都是以这种研究方法研究犯罪的。龙勃罗梭、菲利的实证犯罪学的特点是以观察到的犯罪事实作为研究的出发点,而不是以既有的犯罪理论或虚拟的假设为研究前提。迪尔凯姆、美国芝加哥学派的实证犯罪学同样是注重以犯罪事实作为研究的出发点,但他们也注重一定的理论对研究的指导作用,注重通过思辨的推理对犯罪事实与其他事实的因果关系的揭示。相比之下,龙勃罗梭和菲利的实证犯罪学更多的是对犯罪现象与其他现象的表面联系的描述,而迪尔凯姆和美国芝加哥学派则试图透过犯罪现象与其他现象的表面联系来揭示他们之间的本质联系。

[①] 周路:《当代实证犯罪学新编——犯罪规律研究》,人民法院出版社 2004 年版,第 2~3 页。

当代实证犯罪学与上述实证犯罪学的相同点是同样以观察到的犯罪事实为研究出发点,它不拘泥于既有的犯罪学理论,相反现有的犯罪学理论仅仅是被证实或被修正的对象。但它与龙勃罗梭、菲利的实证犯罪学不同而与迪尔凯姆、美国芝加哥学派的实证犯罪学相同的是重视对思辨演绎方法的采用,从而使犯罪理论的阐述、犯罪规律的揭示既有现实感,又有说服力。[1]

随着犯罪学的发展,实证研究方法逐渐获得学界的普遍认可和践行。正如美国犯罪学家昆尼和威尔德曼说:"在某种意义上可以讲,所有的现代犯罪学在方法和基本阐述上都是实证主义的,大部分犯罪学者在某种意义上都是实证论者。"[2]

可以说,上述迪尔凯姆和美国芝加哥学派将思辨与实证相结合,既注重对事实经验的调查,又注重相关理论的指导。这种对待实证方法的态度和立场值得我们借鉴。毕竟,实证研究方法的运用必须以一定的研究目的为方向,在既有的学术框架下进行。实证研究方法只有与相关犯罪学理论充分融合,才能真正发挥实证方法的价值。正如爱因斯坦指出:"任何一种经验方法都具有其思辨概念和思辨体系;而且任何一种思辨思维,它的概念经过比较仔细的考察之后,都会显露它们所由产生的经验材料。把经验的态度同演绎的态度截然对立起来,那是错误的。"[3]

故此,作为一种研究问题的工具,实证方法必须以一定的理论为指导,在理论框架下对犯罪事实和相关经验材料进行考察、调查和分析。通过实证方法,对犯罪问题的思辨研究就能够更加科学和理性;通过思辨方法,对犯罪问题的实证研究就能够具有目的性和符合基本原则。离开思辨的实证研究不过是对犯罪事实表面现象的归纳和整理;离开实证的思辨研究不过是对犯罪问题脱离实际的玄想和主观肆意。总之,科学的实证研究观主张,单纯的实证方法根本不能有效解释和预测犯罪问题,实证方法的运用需要与思辨方法紧密结合、互相支持与互相补充。

(三)实证研究方法的种类

实证研究方法的种类很多,但大致可以分犯罪调查、犯罪统计和文献分析

---

[1] 周路:《当代实证犯罪学新编——犯罪规律研究》,人民法院出版社 2004 年版,第 5 页。

[2] 《犯罪学概论》(《外国犯罪学研究资料》之二),中国政法大学劳改法教研室编 1985 年印制,第 15 页。

[3] 《爱因斯坦文集》(第 1 卷),商务印书馆 1977 年版,第 585 页。

这三大类进行阐述。

1. 犯罪调查法

犯罪调查是收集犯罪学研究资料和数据的基本手段之一。犯罪调查的种类很多，根据调查目的的不同，可分为工作性调查、对策性调查和学术性调查；根据调查内容的不同，可分为案件调查、人犯调查、损失调查等；根据调查时态，可分为静态调查、动态调查、追踪调查等；根据调查的方式可分为个案调查、典型调查、普遍调查和抽样调查。犯罪调查通常采用社会调查法、观察法、个案分析法等方法。

社会调查法是通过设计问卷，以回答的方式由调查员探寻受访者的意见和态度的一种研究方法。社会调查法可分为问卷调查法和访谈法。所谓问卷调查法，是指研究者根据自身所要关注和研究的内容，设计出各种不同题目供受测者填答的一种方法。它包括开放式问卷与封闭式问卷两种。开放式问卷由研究者提供相关题目，由被测者自由填答。这种方法的优点是受测者可以自由发挥，常常可以获得意想不到的资料。封闭式问卷则是问卷中每一问题皆有固定答案，被测者需要在指定范围内选择答案。这种方法的优点是便于统计。所谓访谈法，是指由访问人员面对面询问受访者问题的资料收集方法，可分为结构性访谈与非结构性访谈。结构性访谈是指在每一个问卷上的词语、设问安排均完全一致，且有严谨的定义解释，受访者也必须从事先安排的题目及答案中选择。非结构性访谈是指有关犯罪问题的设问和回答均比较自由，无须受特定限制的访谈方式。

观察法是研究者以参与者或观察员的身份，对所欲研究的犯罪现象，以肉眼或摄影摄像录音工具直接从事有计划的观察描述及记录的方法。观察法包括参与观察、非参与观察、控制观察、非控制观察等形式。所谓参与观察，是指研究者在自然环境中经由观察社会活动，同时依据不同参与活动的程度去研究该现象，进而获取第一手资料的方法。参与观察包括结构性参与观察和非结构性参与观察。结构性参与观察是指在研究者事先设计的框架中，实际参与观察并计算特定事件发生的频率，询问特定问题，观察特定行为及现象，记录特定语言或行为内容。非结构性参与观察是指研究者事先并无一定的设计和预期，仅针对环境所发生的现象平均或随机地加以观察和记录。所谓非参与观察，是指研究者对犯罪现象的观察并不参与其中，仅是以局外人的身份观察该现象并加以描述记录的方法。所谓控制观察，是指对研究对象的某些活动情况加以控制或制约后，观察该活动的方法。所谓非控制观察，是指对研究对象本身的日常活动均不加以干涉，从中观察该活动的方法。

个案分析法是指对一定对象,包括个体或群体,作一系列深入研究的研究方法。个案研究法的目的在于以下三方面:第一,提供假设来源。个案研究可探求问题行为的结症,了解问题动机或背景因素、个体的人格特质或发展历程。第二,提供犯罪研究的具体实例。第三,解决犯罪的治理和罪犯的矫治等特定问题。个案研究法的特征在于以下三方面:第一,注重个体研究。个案研究以个体或群体为对象,关注个人、团体、家庭、社区等社会单位。第二,注重社会事件。个案研究法资料收集广泛,注重对社会热点犯罪现象进行剖析和解构。第三,注重诊断补救。个案研究多以个体为对象,其目的在于寻找个体犯罪原因,进而有针对性地提出矫治和处遇罪犯的相关措施。①

2. 犯罪统计

犯罪统计是对犯罪数据进行统计学分析和整理、进而发现犯罪现象的各种数量特征和规律的研究方法。犯罪数量范畴是犯罪统计的前提。犯罪是被国家法律规定的行为,从本质上看,在现代国家治理结构中,犯罪数据是算数化了的政治,各种刑事政策均以此为依据制定或出台。在当前社会,犯罪数据已经成为国家犯罪治理的重要媒介,数据可以告知、预测或者模糊各种犯罪风险。因此,"犯罪"和"统计数据"都与国家犯罪治理的运行有着紧密的联系。所谓犯罪数据,是指国家搜集的那些法律规定的、政府机构关注的犯罪行为的数量。犯罪数据是报案人和记录人之间对话的结果,是公民和国家之间对话的结果。

在犯罪统计的主体层面,犯罪数据是由具有法定责任的机构来计算的,这些机构代表国家受理犯罪行为。在英国,美国,加拿大,澳大利亚以及新西兰等普通法系国家里,这些机构往往是指定的法律执行机构。在英国更加普遍的是由对特定管辖区域有司法权的警察机关来计算。在我国,犯罪数据一般由公检法机构进行统计和整理,并定期通过各种媒体向社会公众发布。

将犯罪数据统计作为一种犯罪治理基本环节,这是致力于犯罪统计研究和解释犯罪数据的基本原因。犯罪统计数据的作用就是建立解释模型去解释人们预先认识的一些犯罪现象,并尽力通过犯罪学理论的指导去揭示隐藏各种数据背后的社会矛盾和社会背景。

3. 文献分析

所谓文献分析,是指相关部门通过对各种记载犯罪现象和犯罪人数量特

---

① 黄富源、范国勇、张平吾:《犯罪学概论》,台湾"中央"警察大学出版社 2006 年版,第 82～93 页。

征的调查记录、统计数据以及各种书籍、报纸、刊物、网络资料、档案等进行分析和整理的一种实证研究方法。文献分析的主体一般为理论研究机构和公检法机关等。文献分析的对象包罗广泛,包括书籍、报纸、刊物、网络资料、档案等等。在当代网络社会中,网络资料逐渐成为非常重要的一种文献。政府等有关部门通过政务公开的方式将相关犯罪数据通过网站公布,学术研究机构和研究者就可以直接通过访问相关网站,在短时间内获取大量的资料和信息。

文献分析的优点在于节约时间、财力和精力,资料收集范围广泛、内容全面;但是这种方式的缺点在于很难保障资料的科学性,很多文献属于对以往研究的总结,其中难免会包括先前研究人员自身的局限性和主观倾向,故此,文献尤其是官方资料以外的资料的客观性和科学性存在一定缺陷。

二、思辨研究方法

(一)思辨研究方法的内涵与种类

思辨是抽象推理的方法。在哲学上,思辨是指运用逻辑推导而进行纯理论、纯概念的思考。"以思辨方法建构理论体系的基本程序是,首先叙述那些最简单也是最普遍的抽象规定,作为该门学科的理论出发点,然后使这些最一般的定义和原理在整个叙述过程中不断地深化和丰富,同时又以越来越具体的内容加以充实,直至该理论体系的研究对象得到完整阐述为止。"①

思辨研究方法主要包括演绎、溯因、分析、比较等,其中最为重要的是演绎方法。演绎是指,从前提必然地得出结论的推理;从一些假设的命题出发,运用逻辑的规则,导出另一命题的过程。演绎推理是结论从叫做前提的已知事实"必然地"得出的推理。演绎法,就是从普遍性的理论知识出发,去认识个别的、特殊的现象的一种逻辑推理方法。演绎推理是由普通性的前提推出特殊性结论的推理。演绎推理有三段论、假言推理和选言推理等形式。演绎方法的基本特征是从概念到概念,从判断到判断地进行思维,即从既成的一般性理论中推导出个别性结论。在犯罪学中,诸如特定犯罪的发生原因、特定类型犯罪的治理规律和对策等问题,均需要运用演绎方法从一般性犯罪原因和犯罪治理理论中推导出相关结论。

溯因法或溯因推理,是从推理到最佳解释的过程。换句话说,它是开始于事实的集合并推导出它们的最合适的解释的推理过程。有时使用术语"溯因"

---

① 周路:《当代实证犯罪学新编——犯罪规律研究》,人民法院出版社 2004 年版,第23 页。

意味着生成假设来解释观察或结论,但是前者的定义在哲学和计算二者中更常见。在犯罪学中,对犯罪概念和本质的认识,就是一个溯因推理的思辨过程,我们要通过对诸多犯罪概念观点的比较和分析,从中汲取有益成分,并整合出一个较为适宜的解释和理解。

分析是指,把一件事情、一种现象、一个概念分成较简单的组成部分,找出这些部分的本质属性和彼此之间的关系。分析的意义在于细致地寻找能够解决问题的主线,并以此解决问题。分析方法作为一种科学方法由笛卡尔引入,源于希腊词"分散"。分析方法认为任何一个研究对象都是由不同的部分组成的,是一种机制。在犯罪学中,犯罪类型研究就鲜明地体现了分析机制,将犯罪分成不同的种类和类型,便于人们对犯罪的全面认识和深刻体察以及国家和社会分门别类地打击和预防犯罪。·

比较是确定事物之间相同点和相异点的思维方法,它为客观全面地认识事物提供了一条重要途径。比较要有供比较的对象,也要有比较的共同基础。在犯罪学中,经常需要在不同范畴之间的比较中,把握特定范畴的涵义和本质。如对刑法规定的法定犯罪与社会越轨行为的比较中,把握犯罪学中犯罪的内涵;对犯罪原因和犯罪规律的比较中,把握犯罪规律的基本内容,等等。

(二)传统犯罪学中纯思辨方法的运用

在犯罪学中,贝卡里亚等人是最早运用思辨研究方法思考犯罪学问题的学者。贝卡里亚在其震撼世界的经典著作《论犯罪与刑罚》中,以人类皆有趋利避害的本性这一先验假设为理论基点,在功利主义和社会契约论思想基础上开展有关犯罪与刑罚的具体论述。

贝卡里亚从功利主义学说出发,认为犯罪是个人自由意志的表现,人们是否实施犯罪这是一个自我选择的结果。犯罪人经过利弊得失的计算后,才能决定自己是否实施犯罪。犯罪学家约翰·哈根认为,"贝卡里亚强调犯罪的两个主要原因:经济条件和坏的法律。一方面,他指出财产犯罪主要是由穷人实施的,而且主要是由贫穷产生的。另一方面,他认为对某种犯罪的过于严厉的惩罚,虽然可以遏制一些人犯罪,但同时却通过比较对另一些人更具有犯罪的吸引力。因此,他认为严酷的法律会通过削弱人道精神来促成犯罪。"[①]

同时,贝卡里亚在犯罪预防领域提出了"预防犯罪优于惩罚犯罪"的基本

---

① 吴宗宪:《西方犯罪学》,法律出版社 2006 年第 2 版,第 42 页。

论断。他运用思辨的方式提出了五种预防犯罪的手段。[①]第一,通过立法,即制定明确的法律。他主张,人都有理性,能够决定自己的行为和预测行为的后果,因此,明确的法律可以使人们在打算犯罪时就想到犯罪带来的不利后果,从而打消犯罪念头,预防犯罪的发生。第二,弘扬启蒙思想和自由理念。贝卡里亚认为,知识产生的罪恶与知识的普及成反比,与知识带来的利益成正比。愚昧无知是犯罪产生的重要条件,所以大力开展思想启蒙运动和教育活动,启发人们的理性,使人们在自由状态下自觉地进行符合理性的行为。第三,司法当局应遵守法律。他认为,那种注意遵守法律而不是破坏法律的司法官员越多,合法权力被滥用的危险性就越小,因此产生的犯罪也就越少。第四,奖励美德。他认为,法律忽视了对人们的美好德性的奖励。同其他奖励的效果一样,奖励美德也会使美好的德行不断增加,而犯罪行为也就会相应地减少。第五,改善教育。贝卡里亚认为,预防犯罪的最可靠但也最困难的手段,是改善教育。教育不在科目的繁多,而在于科目的恰当选择和教育的成效;应当向青年人介绍他们所遇到的精神和物质现象;应当利用感情方式引导青年形成美德;应当用说服的方式防止青年去做坏事情。

可以说,在传统犯罪学中,贝卡里亚等学者通过思辨的方式为后世流传下很多宝贵的犯罪学智识思想和理论知识。但是我们更要清醒地看到:思辨研究方法主要运用演绎等方式进行一种纯理性和超越感性经验水平的概念运动,这种思辨方法主要是从纯粹概念中推导出对现实问题的阐释,是以想象的联系代替现实的联系。思辨不是从感性具体到概念的过程,而是概念的自我运动。贝卡里亚对犯罪问题的阐释基本上是一种哲学的演绎推理,其所依赖的人的趋利避害的本性等基本前提更应放入社会环境中具体理解,所以这一前提也不完全是真实的,在贝氏所创建的理论中也包含了一些非科学的因素。

故此,单纯依靠思辨方法进行犯罪学研究具有一定的非理性和非科学性。在犯罪学中,思辨方法也需要与其他研究方法尤其是实证方法相结合,才能最终形成理性和科学的犯罪学理论。

(三)现代犯罪学中的思辨与实证方法相融合

在默顿等学者的努力下,对犯罪现象的社会实证分析与思辨方法相融合,这一思路对现代犯罪学产生了极为深远的影响。

"失范"作为默顿的社会失范理论的关键范畴,可以理解为社会为人们设

---

① [意]贝卡里亚:《论犯罪与刑罚》,黄风译,中国大百科全书出版社 1993 年版,第 104~108 页。

置了共同努力的目标,而部分人群不能够通过社会所认可的方法实现目标时,他们会选择社会所不认可的方法实现目标和内心满足。通过问卷调查、数据分析、验证假设和发展理论等程序,默顿运用了实证分析的方法验证了上述有关失范的假设。具体而言,在美国,金钱是个人事业成功的唯一衡量标准,每个社会成员均接受这一社会主流价值观念。但不同阶层和地位的人很快就会发现,他们没有能力用合法的方式获得金钱或其他成功的标志,于是产生挫折感、愤怒等紧张情绪,这种紧张情绪在那些缺乏合法机会的人中造成一种失范状态,使他们有可能用犯罪的手段去实现目标。也就是说,犯罪是用非法手段去实现合法目标的结果。

于是,默顿认为,个人在面对社会失范的状态时,将试图以遵从、创新、形式主义、退却主义和造反这五种方式来缓解压力或紧张。所谓遵从,是指接受传统的文化目标和使用制度性手段去实现这种目标。所谓创新,是指社会认可的目标,但是拒绝使用制度性手段去实现目标的适应方式。如商人通过逃税和欺诈的方式去实现致富的目标,官员用接受贿赂的方式去聚敛财富,下层人民用抢劫和盗窃等犯罪的方式去发家致富。所谓形式主义,是指人们拒绝传统的文化目标,但是却接受社会认可的制度性手段的适应形式。这类群体不希望获取大量的财富,但却认真工作、为人诚实、克制自己的欲望。所谓退却主义,是指有意识地拒绝社会文化目标和制度性手段,选择逃避、疏远社会生活方式的适应方式。这类人包括精神病患者、酒鬼、吸毒者、流浪汉等。所谓造反,是指人们拒绝接受社会所同意的目标和手段,并以新的社会目标和手段取而代之。如造反者拒绝个人富裕的目标和以资本积累作为实现这一目标的手段,而代之以通过革命的方式达到社会平等的目标。①

在默顿的理论体系中,除了遵从以外的所有适应方式均应被视为越轨,但它们并非都会引起犯罪。只有在社会用反流浪法、反公开酗酒和使用毒品等法律将退却和逃避行为标定为犯罪时,退却主义的适应方式才与犯罪发生联系。创新这种适应方式特别适合解释由于贫穷而产生的犯罪。默顿认为,贫穷本身并不引起犯罪,但是,"在为了社会的所有成员都赞同的文化价值观念而竞争时,如果贫穷和相关的不利环境与把金钱至上的成功作为主要目标的

---

① 〔英〕韦恩·莫里森:《理论犯罪学——从现代到后现代》,刘仁文、吴宗宪、徐雨衡、周振杰译,法律出版社2004年版,第165~168页。

文化观念相结合时,大量的犯罪行为就会自然而然的产生。"①

可以说,默顿的社会失范理论既充分发挥了社会实证方法的作用,又合理借助了思辨研究方法的价值。这样社会失范理论既可以用来解释社会现实犯罪问题,又可以被社会现实经验所反复验证。故此,犯罪学的科学研究要求实证与思辨相结合、将定性与定量有机统一。

三、跨学科研究方法

"跨学科是一种多学科之间相互作用、相互补充的合作研究,是打破学科界线,进行的科研活动。"②"跨学科"一词最早出现于美国,1926 年哥伦比亚大学著名心理学家 R. S. 伍德沃思提出了跨学科范畴。从 20 世纪 50 年代开始至今,对跨学科的研究方兴未艾。犯罪学整合的研究主要就是依靠跨学科的研究方法而开展的。

其实,学科的划分在有助于知识专业化和分化的同时,在某种意义上也有其局限性,即学科划分人为地割裂和掩盖了事物的本来面貌,使事物演变成某种专业槽中的事物。正如有学者指出的:"科学像空间一样,本来是一个整体,但被人为地划分为自然科学和社会科学,社会科学又划分为不同学科,不同学科再划分为不同专业,条条块块地被分割得零零碎碎。而在这些条条块块之间存在着广阔的空间,广阔的空间中又有许许多多未被认识的王国,这些王国往往为各学科所不及或易为各学科所忽视。跨学科研究正可弥补这种条块分割的不足,跨越人为的壁垒。这是科学研究发展的一大趋势。"③诸如犯罪这样的事物是有其自身发展规律的复杂社会现象,单纯的某一学科是无力承担起全面体察犯罪问题的任务的,跨学科研究为体察犯罪问题的"原貌"提供了机会和可能。于是,社会学、心理学、人类学、医学、经济学、政治学、统计学等学科的知识和方法不断涌入犯罪学场域,成为犯罪学坚实的知识基础和理论资源。

纵览犯罪学的发展历程,随着时代的变迁和社会的转型,犯罪学经过上百

---

① Merton, Robert K: *Social Theory and Social Structure*, Enlarged ed. New York: Free Press, 1968, p. 201.

② 《跨学科研究:研究生教育亟待解决的问题》,引自 http://lunwen. zhupao. com/,访问时间:2006 年 2 月 28 日。

③ 张顺洪:《跨学科研究是社科发展的一大趋势》,引自 http://www. zhangshun-hong. com/,访问时间:2006 年 2 月 25 日。转载《中国社会科学院通讯》,1999 年 8 月 17 日。

年风雨历程的曲折发展,已然形成了由犯罪学基础理论、犯罪统计学、犯罪生物学、犯罪心理学、犯罪社会学、被害人学、犯罪文化学等分支学科组成的枝繁叶茂的大家庭。犯罪学的发展史是一个从方法单一到方法多元、从知识储备薄弱到知识储备丰富与复杂、从学说简单到学说分立及百家争鸣的学科成熟历程。在漫长的发展过程中,犯罪学保持旺盛生命力和经久不衰活力的秘诀在于跨学科研究方法的不断创新,它使犯罪学知识通过整合的方式不断得到扩充。而跨学科方法的创新与知识的整合是与犯罪学发展相互伴随、唇齿相依的两个重要方面。新研究方法的运用必然产生出新的知识,同时新的知识被纳入犯罪学研究场域也会带来研究方法上的革新。毕竟,方法与知识密不可分,"知识在本质上是视角性的"①。

可以说,无论是思辨方法还是实证方法,均需要与跨学科研究方法相结合。毕竟,思辨方法属于哲学的研究方法,实证方法属于社会学的研究方法,在某种意义上,这些方法均可以归纳为跨学科的研究方法。思辨的基础是对各个学科知识的充分掌握,实证方法也不过是为了论证和阐释犯罪社会学、犯罪心理学、犯罪文化学等犯罪学分支学科的基础手段。同时,跨学科研究方法的运用也离不开思辨方法和实证方法的配合和协助。本书后面关于犯罪原因和犯罪治理的很多理论均是建立于实证、思辨与跨学科研究方法相结合的基础上。

第二节　犯罪学的研究模式

研究方法对于犯罪学研究具有极其重要的学术意义。可以说,犯罪学理论学说的繁荣与争鸣、学术流派的更迭与交锋皆源于犯罪学研究方法的演进、更新与发展。毕竟,"知识在本质上是视角性的。"②但正如"徒法不足以自行",仅有科学的研究方法还不足以构建科学的犯罪学理论体系;在科学的研究方法与科学的犯罪学理论之间还应存在着科学的研究模式这一桥梁和纽带。也就是说,研究模式构成了各种具体研究方法的使用和组合方案,科学的研究方法需要借助于科学的犯罪学研究模式加以应用和实践。

---

① 冯俊等:《后现代主义哲学讲演录》,商务印书馆 2003 年版,第 414 页。
② 冯俊等:《后现代主义哲学讲演录》,商务印书馆 2003 年版,第 414 页。

目前,学界对犯罪学具体研究方法的论述较为热烈,但对研究模式这一方法论层面的问题则明显关注不够、研究不足且存在误解。实际上,与研究方法相比,研究模式对于犯罪学尤其是对犯罪学基础理论的研讨同样具有十分重要的价值。本文即是研讨我国犯罪学之研究模式问题的一种学术反思和智识努力。

一、犯罪学研究模式概述

(一)犯罪学研究模式的提出

在世界范围内,犯罪学历经数百年的发展和演进,最终形成了由犯罪学基础理论、犯罪社会学、犯罪心理学、犯罪文化学、犯罪经济学、犯罪生物学、犯罪统计学、被害人学等分支学科所组成的枝繁叶茂的"大家庭"。可以说,犯罪学的壮大和发展皆离不开哲学思辨、社会分析、心理分析、文化分析、经济分析、生理分析、实证分析等研究方法的广泛运用。实际上,"科学是随着研究方法的获得成就而进步的。研究方法每前进一步,我们就会提高一步,其后在我们面前就开拓了一个充满种种新鲜事物的、更辽阔的远景。"①

"犯罪学研究方法的科学性,是决定犯罪学研究结论的真理性的关键性要素之一。"②具体来说,我国犯罪学所经常运用的研究方法可通过"犯罪学研究方法概览图"加以展示。但研究方法也仅是犯罪学理论保持科学性的要素之一,研究方法所特有的局限性导致学界对方法论原理关注的持续升温。

一般来说,在刑事科学中,每一种特定的研究方法仅具有有限的解释能力。犯罪学的每一种具体研究方法均是研究者从特定视角出发对犯罪问题某一侧面的认知和解读,特定方法以及该方法对犯罪问题的认知和解读仅仅构成了犯罪学这一知识体系的局部知识。正如博登海默所言,"法律是一间带有许多大厅、房间、凹角、拐角的大厦,在同一时间里想用一盏探照灯照亮每一间房间、凹角、拐角是极为困难的,尤其是当技术知识和经验受到局限的情况下,照明系统不适当或至少不完备时,情况就更是如此了。"③同时,研究方法的适用本身不能体现出关于方法适用的规则和要求。对于研究者来说,究竟应在

① [俄]巴普洛甫:《巴普洛甫选集》,科学出版社 1955 年版,第 49 页。转引自王仲兴、李波:《我国犯罪学研究方法与方法研究》,载《政法学刊》2006 年第 6 期。

② 康树华:《犯罪学通论》,北京大学出版社 2003 年版,第 21 页。

③ [美]E. 博登海默著:《法理学、法律哲学与法律方法》,邓正来译,中国政法大学出版社 1999 年版,第 198 页。

何种情况下应用何种研究方法,方法本身不能给出答案。故此,为弥补研究方法本身的局限,方法论问题逐步为犯罪学界所关注和重视。

实际上,"方法论是对方法的哲学研究,它不应该是对各种具体方法的简单罗列和描绘,而应是侧重解释如何合理有效地使用各种具体认识方法的方法,是'方法的方法'或者说方法论原则。"①可以说,离开方法论的方法是不存在的,各种方法均依附于某种方法论。犯罪学的方法论就是对研究方法原理的说明,重在解决研究活动所应遵循的基本纲领与操作规范,需要回答在何种情况下应用何种方法认识犯罪学问题。犯罪学的方法论是对整个学科分析思路的理性解读,它有机涵盖了犯罪学的理论预设、基本范畴、具体研究方法诠释、研究模式等基本内容。于是,作为犯罪学方法论的基本内容,犯罪学的研究模式范畴被提出来。

犯罪学的研究方法		
思辨方法	实证方法	
哲学研究方法 社会学研究方法 心理学研究方法	资料 收集 层面	观察方法、访谈方法、问卷方法、实验方法、文献方法、量表方法等
文化学研究方法 人类学研究方法 历史学研究方法 经济学研究方法 政治学研究方法 精神病学分析方法等	资料 收集 层面	比较分析方法、理论分析、资料方法、统计分析方法、数分析理分析方法、模拟分析方层面法、构造类型方法等

图 2-1　犯罪学研究方法概览图

(二)犯罪学研究模式的含义

研究模式属于犯罪学方法论的有机组成部分,并对犯罪学的研究方法构成具体的指导。在外延上看,一种完整的犯罪学方法论应包括理论预设或价值判断、基本范畴、具体研究方法诠释及研究模式等内容。由于各种犯罪学理论学说均不同程度上隐含了某种理论预设或价值判断,故犯罪学方法论需以

---

① 欧阳康:《社会认识方法论》,武汉大学出版社 1998 年版,第 19 页。

特定的理论预设为基础和逻辑起点则显得顺理成章。① 由于犯罪学知识体系由各种犯罪学研究范畴构成,故犯罪学方法论理应包括对犯罪学之基本范畴的理解。作为方法的说明,犯罪学方法论也包括了对各种具体研究方法的诠释和理解。同时,作为具体方法的适用原则,犯罪学方法论还应包括对各种具体研究方法的应用准则或使用各种方法的方案,而这恰恰构成了犯罪学的研究模式。

因此,犯罪学的研究模式范畴应在犯罪学方法论的语境和框架下理解和运用。所谓犯罪学研究模式,是指犯罪学方法论对具体研究方法的使用准则和组合方案。对该范畴的理解,需要注意以下三个方面:

第一,犯罪学之研究模式是犯罪学方法论的有机组成部分,故其与犯罪学之具体研究方法有着泾渭分明的区别。研究模式范畴属于研讨运用具体研究方法的原则和方案。

第二,犯罪学之研究模式是犯罪学方法论体系中直接指向学术实践的关于研究方法的应用理论,故研究模式有别于方法论中的理论预设、基本范畴、具体研究方法诠释等基础理论。实际上,研究模式往往在犯罪学方法论(主指理论预设、基本范畴、具体研究方法诠释等基础理论)与具体研究方法之间起到了一种桥梁和纽带的作用。

第三,犯罪学之研究模式往往侧重于在宏观和抽象意义上回答犯罪学应该如何研究或可以怎样研究的问题。有学者曾按照宏观到微观、抽象到具体的思路,将犯罪学的研究方法依次分为研究路径、研究模式、研究手段,并将研究模式作为沟通研究路径和研究手段的桥梁,将研究模式作为对具体研究手段的指导。该学者认为:"学术界关于哲学的、思辨的方法或是定性分析与实证的方法或是定量分析的争鸣,可以看做是探讨研究模式的发端。"②笔者赞同这种将研究模式在宏观和抽象意义上研讨的思维方式,但并不完全认同上文关于研究模式具体内容的界定。毕竟,在方法论与方法的分析框架下,无论

---

① 关于犯罪学是否应"价值无涉"或价值中立的问题,以往单纯的实证主义往往强调"价值无涉"乃是犯罪学研究的铁律;但近年来已有学者反思到在社会科学中实难以回避价值判断和理论预设的问题。有学者指出:犯罪学同样不可能回避价值判断的问题。犯罪学是事实学,以实证研究为主要研究方法,但同样不能忽略的是,犯罪学还要研究犯罪原因和犯罪对策,对于犯罪采取什么样的对策是否也不需要价值判断呢? 答案是否定的。因而,犯罪学的价值判断就是一个不可回避的理论命题。严励:《再论犯罪学研究的路径选择——以中国犯罪学研究为视角》,载《法学论坛》2007 年第 2 期。

② 莫洪宪、叶小琴:《犯罪学研究方法再探》,载《犯罪研究》2002 年第 4 期。

是哲学或思辨式方法还是实证方法均应属于犯罪学的具体研究方法,而非犯罪学的方法论。

实际上,在我国犯罪学研究的场景和语境下,学界主要存在"现象——原因——对策"与"关系犯罪学"这两种研究模式。以往形形色色的犯罪学研究主要就在上述两种研究模式的组织和配置下进行的,各种具体的研究方法也在上述两种模式的指导下运用和实践。

二、"现象——原因——对策"研究模式之评判

我国绝大多数犯罪学教材均是按照"犯罪现象——犯罪原因——犯罪对策(也有称犯罪控制或犯罪防控或犯罪治理的)"来研讨犯罪学问题和组织理论体系的。这种"现象——原因——对策"的叙述方式既构成了犯罪学的学科体系和理论结构,也构成了犯罪学的一种研究模式。可以说,在犯罪学中,各种具体研究方法主要就在这一研究模式的组织和配置下发挥作用的。

(一)"现象——原因——对策"研究模式的确立

一般来说,人们往往承认"现象——原因——对策"模式构成了犯罪学的基本理论体系和知识结构;但却忽视了这种理论体系和知识结构早已内化为学者分析和研讨犯罪学问题的"前理解"这一客观事实。

"作为哲学解释学中的重要术语,前理解主要是在理解活动发生之前主体就已经具有的对理解有着导向、制约作用的语言、历史、文化、经验、情感、思维方式、价值观念以及对于对象的预期等因素的综合。"[①]在犯罪学研究中,"前理解"构成了理解和分析的前提与基础。学者的"前理解"不仅包括研究者自身的能动性、判断力及理解力,也包括语言、传统、经历、历史等因素,还包括研究者面对犯罪学问题进行分析和论证的前提。而"现象——原因——对策"就以分析和论证犯罪学问题的前提的形式影响着犯罪学研究。也就是说,"现象——原因——对策"这一学科体系结构长期潜移默化地影响和制约研究者及其研究过程,该种学科体系结构早以研究者之"先知"的形式内化为研究者的"前理解"。

实际上,除了作为犯罪学的学科体系和理论结构外,"现象——原因——对策"还构成了研究者"前理解"之中的"先知"。海德格尔认为,先有、先见和先知构成理解的先决条件。所谓先有,是指人必须要存在于一个文化中,历史

---

① 廖乐根:《关于"前理解"》,http://www.jcedu.Org/dispfile.Php? Id=1198,访问时间:2006 年 1 月 25 日。

与文化先占有了我们,而不是我们先占有了历史和文化。所谓先见,是指我们思考任何问题都要利用的语言、观念及语言的方式。所谓先知,是指我们在理解前已经具有的观念、前提和假定等。在我们开始理解与解释之前,我们必会将已知的东西,作为推知未知的参照系。① 可以说,这种先知既表现为犯罪学的一种基本观念,也表现为犯罪学的逻辑前提,还表现为犯罪学研究方法的运用方案。也就是说,作为犯罪学"先知"的"现象——原因——对策"体系为犯罪学研究提供了一种先在的基本观念和理论前提,而"现象——原因——对策"体系则演化为犯罪学的一种研究模式。

首先,在犯罪观层面,研究者理解和认知犯罪问题往往需要借助"现象——原因——对策"理论框架,从体察犯罪现象、到分析犯罪原因、再到有针对性寻找犯罪对策,这已经构成了研究犯罪问题的基本套路和固有的犯罪学思维模式。正如有学者指出:"从整体上说,以犯罪行为产生原因为主导的犯罪研究,以及以犯罪原因为基础的犯罪预防策略与措施的研究,构成了犯罪学的基本理论框架。"②

其次,在逻辑前提层面,研究者对于特定犯罪问题的把握和论证往往遵循"现象——原因——对策"这一固有的逻辑结构。从现象到原因、再从原因到对策,这已经成为一种标准的犯罪学逻辑。在我国犯罪学界,目前大多数学者均沿着这一逻辑开展犯罪学研究。

最后,在研究方法的运用层面,研究者往往围绕着"现象——原因——对策"使用各种具体的研究方法。在体察犯罪现象过程中,各种实证分析方法广泛运用;在分析犯罪原因过程中,对特定犯罪的文化原因、经济原因、心理原因、社会原因、精神原因、制度原因等等阐述,则往往充分运用了文化、经济、心理、社会、精神医学等研究方法;在探寻犯罪对策过程中,对特定犯罪的心理对策、社会对策、政策对策、司法对策、经济对策等研讨,则往往也使用了相应的各种研究方法。可以说,"现象——原因——对策"研究模式主要围绕着"现象"、"原因"、"对策"这三大范畴组合和配置相应的研究方法。

总之,作为"前理解"中的"先知","现象——原因——对策"体系或模式既是一种犯罪学研究的知识结构和学科体系,也蕴涵了一种特定的犯罪观和犯罪学逻辑,还逐步演进为犯罪学的研究模式。

---

① 殷鼎:《理解的命运》,生活·读书·新知三联书店 1988 版,第 254～255 页。
② 张筱薇:《比较犯罪学》,百花出版社 1995 年版,第 2 页。

（二）"现象——原因——对策"研究模式的学术价值

由于"现象——原因——对策"模式处于研究者的"前理解"地位，所以导致该种研究模式为学界所广泛应用，但就其本身而言又缺乏应有的重视和反思。实际上，该种研究模式是我国犯罪学最为基础且应用最广的一种研究模式。具体来说，该种研究模式具有以下三方面学术价值：

第一，该种研究模式逻辑性强，并能够以体系鲜明且完整自足的理论结构反映出犯罪学的研究主题和叙事论理的研讨顺序、思维进路。

"现象——原因——对策"模式以逻辑严谨、结构清晰、体系完整自足的风格，强调通过体察犯罪现象和分析犯罪原因，从而探寻犯罪对策的犯罪学思想。该模式关注犯罪现象、犯罪原因、犯罪对策这三个犯罪学基石范畴，以及围绕基石范畴的诸多基本范畴。如在犯罪现象中包含了犯罪分类、犯罪状况、犯罪特点、犯罪人、被害人等基本范畴；在犯罪原因中包含了犯罪根源、犯罪基本原因、犯罪诱因、犯罪条件等基本范畴；在犯罪对策中包含了犯罪预测、犯罪控制、被害预防、犯罪预防、司法治理、社会治理等基本范畴。上述基石范畴和基本范畴共同构成了犯罪学研究的主题，而针对上述范畴进行研究必然要涉及运用各种具体研究方法的问题，各种研究方法也往往围绕着上述犯罪学范畴深入和展开。同时，从现象到原因再到对策的研究模式也基本反映了犯罪学的叙事顺序和思维进路。有关犯罪学问题的研讨，最终均能归结到由现象到原因再到对策的论理基调上来。随着这种模式在犯罪学研究中的普遍化和泛化，目前的犯罪学研究出现了动辄诉诸"现象——原因——对策"模式的主观偏好和研究模式均质化的学术倾向。

第二，该种研究模式注重犯罪原因研究，将犯罪原因范畴作为整个研究模式承前启后的关键和枢纽，并由此借助犯罪原因研究的繁荣带动对犯罪学其他问题的思考。

通过体察犯罪学的学科发展史，我们可以发现犯罪学由狭义犯罪学向广义犯罪学演进和嬗变的历史过程。最初的狭义犯罪学可集中归结为犯罪原因学，时至今日犯罪原因研究在犯罪学中仍然具有举足轻重的地位和作用。"现象——原因——对策"模式以犯罪原因理论为整个研究的关键和枢纽，体察犯罪现象乃是为了从中发现引发犯罪的原因和条件，探寻犯罪对策也需以相关犯罪原因为基础，有针对性地采取措施。在该模式中，犯罪原因研究不仅关注引发个人实施犯罪的个体心理因素，还更多地考量特定社会文化背景下诱发犯罪的经济、文化、社会等原因。成熟的犯罪原因理论需以完善的犯罪现象理论为基础，成熟的犯罪原因理论也是科学的犯罪对策理论的出发点。故此，该模式注重通过犯罪原因研究的成熟和繁荣,从而带动对犯罪学其他问题的深入思考。

第三,该种研究模式以犯罪对策的探寻为犯罪学的目标和价值诉求,从而凸显了注重应用和指导实践的犯罪学理念。

犯罪学流传至今、发展壮大,这得益于其对犯罪治理实践的指导和帮助。该模式将最终落脚点设定为"犯罪对策",乃是希望通过对犯罪现象和犯罪原因的研究,揭示犯罪发生和蔓延的本质规律,从而为制定科学的犯罪对策提供学理参考和专业意见。故此,该模式鲜明地突出了犯罪学的应用价值。

(三)"现象——原因——对策"研究模式的理论缺陷

尽管"现象——原因——对策"模式具有一定的合理性,但该模式制约我国犯罪学发展的弊端已经不断暴露出来。伴随"现象——原因——对策"模式在学界普遍化、泛化和急剧膨胀的嬗变势头,近十年来学界已经开始有意识地检讨和反思该模式的不足、局限和缺憾。有学者曾就由该模式所形成的犯罪学体系进行了深刻批判,他认为,"我国犯罪学理论体系不严整、理论内容不严密、缺少必要的学术范畴和理论抽象不够。"[1]还有学者指出:"传统犯罪学的解释模式使犯罪问题的理解过于简单化。诸如犯罪规律、犯罪人等研究范畴无法得到科学的定位,勉强定位的结果往往造成逻辑上的混乱。传统犯罪学的体系忽视了犯罪研究的一个基本方面,即犯罪与周围事物之间的关系。"[2]

尽管上述学者反思的是犯罪学"现象——原因——对策"的理论体系,但这对于本文"现象——原因——对策"研究模式的考量亦是极为重要的。毕竟,随着反复适用和持续影响,该种理论体系在研究者"前理解"意义上早已内化为一种特定的研究模式;理论体系与研究模式的不足和弊端在一定程度上是相互影响和贯通的。具体来说,"现象——原因——对策"研究模式的理论缺陷主要表现为以下三方面:

第一,该种模式过于清晰的逻辑、完整到有些封闭的结构及被滥用的状况,导致犯罪学研究的僵化、死板、模式化及套路化,从而窒息犯罪学的活力和生命力。

诚如某学者所言:"三段式板块的固化可能抽空犯罪学的活性因素,令其

---

[1] 王牧:《学科建设与犯罪学的完善》,载《法学研究》1998年第5期。
[2] 白建军:《关系犯罪学》,中国人民大学出版社2005年版,第24～26页。

走向庸俗化。"①目前,"现象——原因——对策"研究模式已出现泛化和滥用的趋势。这导致犯罪学研究的模式化和套路化。如对于特定犯罪问题的研讨,往往在整体上动辄分为现象、原因、对策三个部分,最多在文前再列出一个视角解读部分。在现象部分往往分析各种犯罪的特点,相关实证研究大多集中于此;在原因部分往往分别阐述影响该犯罪发生的经济、社会、文化、体制、心理等方面原因,其他学科的思辨研究方法往往介入其中;在对策部分则针对不同原因进行策论式的回应。时至今日,这种犯罪学研究套路竟发展为犯罪学研究的"标准"答案。

实际上,"现象——原因——对策"并非是社会生活网络中孤立存在的链条和片段。正如有学者所言"'犯罪——原因——反应'只是人们认识犯罪问题时的思考顺序,是主观逻辑,'原因——犯罪——反应'更符合犯罪问题的实际,是客观逻辑。"②在社会生活中,体现现象、原因及对策范畴的事物或联系并非均是旗帜鲜明地分成三个部分,等待人们去认识;而是纠缠、糅杂、交织在复杂流变的生活之网中。"现象"可能不是犯罪学研究的起点,"对策"更可能不是犯罪学研究的终点。不适当的犯罪对策和刑事处遇往往是诱发新的犯罪的起点。如监狱行刑中的"交叉感染"导致刑释后行为人重新犯罪;如过于苛重的刑罚可能导致罪犯仇视社会和当局,进而在刑释后以犯罪的形式报复社会;再如对未成年人犯罪人的处遇和管教不当,促使"标签"效应的加重和"邪恶的戏剧化"的产生,导致未成年犯罪人今后实施更为严重的犯罪和再次越轨。此外,也并非是所有的犯罪原因均能够在对策层面获得回应或能够立即应对的。"任何刑法典,无论是和缓的还是严厉的,都不能改变人的自然的不可征服的倾向性。"③如对于诱发某些性犯罪的生理原因和诱发某些暴力犯罪的心理原因,这就不是综合性犯罪治理所能够应对的;对于引发农民工犯罪的"城乡二元结构"、"贫富分化结构"、农民工群体就业不充分、失业农民工"游民意识"的存在等深层社会文化因素,也不是犯罪治理所能应对的或不是社会综合治理所能立刻加以改善的。

可见,"现象——原因——对策"模式清晰的逻辑未必能够严谨且科学地

① 王利荣:《犯罪学理论研究的现实困境》,载《西南师范大学学报》(人文社会科学版)2005 年第 5 期。
② 白建军:《关系犯罪学》,中国人民大学出版社 2005 年版,第 24 页。
③ [意]恩里科·菲利:《犯罪社会学》,郭建安译,中国人民公安大学出版社 1990 版,第 77 页。

反映出犯罪问题的本来面貌;"现象——原因——对策"模式完整的结构也未见得能够全面揭示犯罪规律。"现象"、"原因"及"对策"在实际生活中往往并非是按照"现象——原因——对策"研究模式有机排列组合的,"现象"、"原因"及"对策"(尤其是"现象"与"原因")往往交融于复杂的社会生活中,有时很难厘清各自的庐山真貌。犯罪学研究如果过于拘泥"现象——原因——对策"模式,不陷入死板和僵化的陷阱才是奇迹呢!

第二,该种模式过于强调犯罪现象、犯罪原因及犯罪对策范畴,隐藏和忽视了"犯罪规律"等基本范畴的学术功能,并于无形中割裂了犯罪与周围事物之间的联系。

在"现象——原因——对策"模式下,犯罪学最值得关注的无非就是这三个范畴,其他范畴均可整合进这三大范畴之中;但近年来这一结论似乎得到了证伪。有学者指出:"犯罪规律在现有体系中就难以被合理安置。犯罪往往伴随着某种现象的变化而变化,犯罪与这些现象之间往往存在着相关性、共变性。对这些关系的考察到底应在犯罪现象论中进行呢,还是应在犯罪原因论中分析? 显然,放在哪里都不准确,都不合适。原因可能有两个,要么是'犯罪规律'这个概念有问题,否则,就是'现象、原因、控制'这种三大块体系本身有问题。"①

实际上,该种模式过于重视犯罪原因研究以及围绕原因论的现象论、对策论,但忽视和隐藏了犯罪规律范畴的学术功能。在哲学中,现象与本质或规律共同构成一对分析框架;在犯罪学中,隐藏于纷繁芜杂犯罪现象背后的事物一定包括犯罪规律。可以说,以往犯罪学的各种理论学说和学术观点往往都以揭示特定的犯罪规律为己任,如贫富分化与侵财犯罪的内在联系。在社会生活之网中,犯罪不仅是一种行为,还可视为一种处于矛盾与冲突状态中的社会关系;在社会生活的深层,各种矛盾与冲突往往受各种犯罪规律的影响和制约。各种犯罪规律就如同"看不见的手"推动和催生着各种社会越轨行为的发生和嬗变。犯罪规律存在于犯罪与社会其他事物关系的深层,犯罪规律的特质必将影响和制约特定犯罪原因的特质。尽管犯罪原因往往呈现多元化趋势,但影响特定犯罪发生的综合原因往往受制约于特定的犯罪规律。如尽管诱发职务犯罪的原因多种多样,但缺乏监督和制约条件下的等级社会与职务犯罪必然存在某种内在的关联;再如农村留守未成年人犯罪和被害较为严重,尽管有心理、教育、社会等多元因素,但不可否认的是转型中国农村"空巢化"

---

① 白建军:《关系犯罪学》,中国人民大学出版社 2005 年版,第 25 页。

的生活方式与留守未成年人犯罪或被害之间存在密切的关系。

"现象——原因——对策"模式以对犯罪原因的研究掩盖和忽视了对犯罪规律的重视和研讨,并无形中割裂了犯罪与周围事物之间的联系。"就社会学思维看,罪因体系不过是说明工具之一而非分析基础,罪因理论源自对当下社会复杂关联的观察和分析,因此除传统研究方式得以承袭外,即便经典性的罪因结论也只是具有参照意义。"①而犯罪规律及其所揭示的犯罪与经济、社会、文化、政策、心理、习俗、现代化、社会转型、经济危机等周围事物的联系,才是全面分析犯罪及其原因的基础和支撑。忽视犯罪规律、忽视犯罪与周围事物的关系的后果在于:一方面,这种做法使犯罪原因的研究过于机械和僵化,并局限于社会关系的表层,说来说去犯罪原因不外是社会、经济、文化、心理等因素的综合,而始终不能将研究引向犯罪规律等社会关系的深层。另一方面,这种做法使犯罪学研究陷入简单机械的桎梏,并不易在知识和方法上获得其他社会科学的学术资源。

第三,该种模式以越轨行为为导向,过于突出对犯罪等越轨行为的考察和分析,但缺乏对犯罪人和潜在犯罪人、被害人和潜在被害人等群体的深入把握。

"现象——原因——对策"模式注重对犯罪等社会越轨行为的把握和梳理,但对犯罪人和被害人等群体的研究有所忽视。虽然该模式也需要考量犯罪人等群体的问题,但往往将"犯罪人"理论人为割裂为犯罪现象中的犯罪人特征、犯罪原因中的犯罪人主观心理因素及犯罪对策中的犯罪人控制这三部分内容研讨。这样原本全面的犯罪人理论就被该模式割裂的支离破碎,以该模式研究犯罪人问题往往只能把握到具体现象、原因、对策中的犯罪人问题,而无法体察和梳理犯罪人理论的全貌,导致"只见树木、不见森林"。在犯罪人研究中,学界之所以对潜在犯罪人、潜在犯罪人群体、犯罪生涯等研究的非常薄弱,很大程度上就是受"现象——原因——对策"模式的困扰和阻碍。此外,对被害人的研究同样也存在类似的问题。实际上,越轨行为与行为人是犯罪学不可偏废的重要研究维度和研究对象。作为以越轨行为为导向的研究模式,"现象——原因——对策"模式在重视越轨行为的同时,必然在一定程度上对犯罪人和被害人问题有所忽视。

---

① 王利荣:《犯罪学理论研究的现实困境》,载《西南师范大学学报》(人文社会科学版)2005 年第 5 期。

三、关系犯罪学研究模式之考量

随着学界对居于主流地位的"现象——原因——对策"传统研究模式不断进行检讨、反思,该种研究模式的弊端和局限日益暴露出来。由此,如何完善和改良犯罪学的研究模式成为了一个崭新的课题。

（一）关系犯罪学研究模式的提出

基于对"现象——原因——对策"研究模式的反思,有学者提出了"关系犯罪观",他由此指出:"犯罪本质与犯罪原因统一于利益关系,不能将二者人为割裂开来。……犯罪的本质与原因实际上统一于经济利益关系。即使是看上去最无可争议的行为——杀人——其实也不能脱离开关系进行价值判断。……犯罪关系可分为犯罪本质与犯罪现象、犯罪信息与犯罪控制等犯罪的内部关系,还可分为刑罚与犯罪、经济与犯罪、权力与犯罪、文化与犯罪、科技与犯罪等犯罪的外部关系。"[①]

"关系犯罪观,即从关系角度以关系分析方法来研究犯罪。犹如犯罪人类学从生物学角度研究犯罪,犯罪心理学从心理学角度研究犯罪,等等。这里,'关系'作为哲学范畴,以此范畴为基点进行犯罪学研究。所以,也可以视为犯罪学哲学,属于门类哲学。""当代东方和西方兴起一种哲学理论——关系实在论,亦可称'关系哲学'。其基本观点是:关系即实在,实在即关系。……关系哲学的兴起,抛弃了两千多年来支配西方哲学的'实体本体论'。随着社会发展和人类认识深化,'关系'范畴日益显示其重要性。……犯罪在关系中存在并在关系中变动,犯罪的原因与本质在关系上得以统一。'关系'是最一般的概念,最一般即具有最大共性,因而关系是哲学的一个最基本的范畴。关系犯罪观也就成为犯罪学中最具共性的理论,即最基本的理论,至少可以说关系犯罪观是一种犯罪学基础理论。"[②]于是,一种从关系的角度考察犯罪的研究思路在我国犯罪学中兴起和弥散开来。

在"关系犯罪观"提出不久,有学者将其进一步发展,提出了"关系犯罪学",并将犯罪关系作为犯罪学的本体部分来理解。该学者指出:"所谓犯罪关系就是指,犯罪与周围事物之间的基本联系。在我看来,有四对最基本的犯罪

[①] 储槐植:《犯罪在关系中存在和变化——关系犯罪观论纲:一种犯罪学哲学》,载肖剑鸣、皮艺军:《罪之鉴:世纪之交中国犯罪学基础理论研究》,群众出版社 2000 年版,第398 页。

[②] 储槐植:《刑事一体化与关系刑法论》,北京大学出版社 1997 年版,第 119~125 页。

关系需要研究。第一对关系是犯罪与秩序的关系。犯罪与秩序的关系的核心范畴是'犯罪特性',也即'犯罪性'。第二对关系是犯罪与被害的关系,其核心范畴是'犯罪形态'。第三对关系是犯罪与惩罚权的关系,犯罪与权力的关系,即犯罪是一种对象化的主观存在,其对象化活动的主体就是国家;没有国家的界说,就无所谓犯罪。第四对关系是犯罪与环境的关系,其核心范畴是'犯罪规律'。"①

随着"关系犯罪观"和"关系犯罪学"的提出与发展,犯罪学萌生出一种不同于"现象——原因——对策"的新的研究模式。尽管学界对犯罪关系的内部关系、外部关系及各种基本犯罪关系的内容还存在争议,但这并不妨碍学者尝试运用关系的视角考察犯罪问题,一时间各种对犯罪与其他事物关系的跨学科研究层出不穷,如对犯罪的经济分析、文化研究、社会分析、心理分析等。②于是,在诸多犯罪关系研究的基础上,一种以研讨犯罪关系为核心的犯罪学研究模式逐渐形成。由于"关系犯罪观"和"关系犯罪学"在知识渊源上的深刻影响,本文将该种模式称为关系犯罪学研究模式。

(二)关系犯罪学研究模式的学理意义

所谓关系犯罪学研究模式,是指综合运用经济分析、文化分析、社会分析等跨学科式思辨研究方法和实证研究方法,研讨犯罪与周围事物关系的犯罪学思维进路和具体研究方法的应用准则、组合方案。该种研究模式以犯罪关系为基石范畴,通过体察和分析犯罪与经济、社会、文化、心理、习俗、政治等因素的关系,梳理、把握影响和制约犯罪与犯罪治理的深层本质规律,进而揭示犯罪问题的深层机理和提供治理犯罪的专业意见。具体来说,该种研究模式的学理价值主要表现为以下三个方面:

第一,关系犯罪学研究模式视角独到、内容全面、体系开放,注重从犯罪与周围事物的关系中挖掘和揭示犯罪规律。

关系犯罪学模式围绕犯罪关系展开知识谱系,这不同于以往研究模式从现象到原因再到对策的研究套路和固有模式,其关注的核心始终是犯罪与周

---

① 白建军:《关系犯罪学》,中国人民大学出版社 2005 年版,第 140~141 页。

② 近年来,针对犯罪与经济、文化、社会等关系的跨学科研究主要有:宋浩波:《犯罪经济学》,中国人民公安大学出版社 2002 年版;宋浩波:《犯罪社会学》,中国人民公安大学出版社 2005 年版;吴鹏森:《犯罪社会学》,社会科学文献出版社 2008 年版;李锡海:《文化与犯罪研究》,中国人民公安大学出版社 2006 年版;单勇:《犯罪的文化研究——从文化的规范性出发》,法律出版社 2010 年版;林少菊:《犯罪心理学》,中国人民公安大学出版社 2008 年版等。

围事物的关系。通过对犯罪与经济、政治、文化、社会、心理、习俗等因素的关系研讨，将经济学、政治学、文化学、社会学等学科的知识和方法引入犯罪学研究。这种独特的关系视角能够保障犯罪学研讨内容的全面性。而以往研究模式则侧重于运用社会学资源、知识及方法研讨犯罪问题，更多地体现了社会学等学科的血统；毕竟，"法律的第三维度就是社会学的维度"①，众多犯罪学研究者大多具有一定的法科背景。与以往模式相比，关系犯罪学模式不仅注重犯罪社会学研究，而且更紧靠其他人文社会科学，注重犯罪文化学、犯罪经济学、犯罪心理学、犯罪人类学等交叉学科的研究。于是，在犯罪关系的视角下，犯罪学拥有了一种开放性的知识体系和理论分析框架；关系犯罪学模式有助于各种学科的思想、知识和方法进入犯罪学视野，有助于为犯罪学研究开拓更为广阔的学术空间和积累更为丰富的学术资源。

实际上，在犯罪与周围事物的关系中进行犯罪学研究，更易从多元视角体察和分析犯罪问题，更易促使犯罪学关注我国本土犯罪情势，从而揭示犯罪与周围事物之间的内在关联和学术机理，并厘清和梳理犯罪的基本规律。同时，在特定犯罪规律的指导下，归纳和整合影响特定犯罪的基本原因。如我国转型社会中农村留守未成年人犯罪和被害的情况均很严重，"现象——原因——对策"模式对于该种犯罪和被害现象的分析，往往是根据对现象的体察和归纳而径行提炼出犯罪原因；但关系犯罪学模式往往需要先探究隐藏于犯罪或被害现象深层的犯罪规律，即转型社会农村"空巢化"的生活方式对未成年人越轨行为的影响和对未成年人保护的缺失，而后根据"空巢化"的生活方式分析犯罪发生的具体原因和因素。于是，在关系犯罪学的视角下，犯罪现象与犯罪原因原有清晰的界线被犯罪规律范畴所消解和弥散开来，犯罪规律最终成为体察犯罪现象的目标、把握犯罪原因的关键及指导犯罪治理的理论基础。可以说，在犯罪关系中挖掘犯罪规律构成了关系犯罪学的基本目标。

第二，关系犯罪学研究模式所倡导的跨学科思维能够科学地运用各种具体研究方法，尤其是注重将跨学科式思辨方法与实证方法有机结合，从而做到定性与定量相平衡。

关系犯罪学研究模式提倡从犯罪关系出发的一种跨学科式思辨研究，从而进一步改善了思辨研究方法的运用。跨学科是一种多学科之间相互作用、相互补充的合作研究，是打破学科界线的科研活动。跨学科研究可弥补这种

---

① ［美］唐·布莱克：《社会学视野中的司法》，郭星华译，法律出版社 2001 年版，第45 页。

传统学科条块分割的不足,跨越人为的壁垒,拓展科学的空间。这构成了科学研究发展的一大趋势。① 实际上,对犯罪的经济、文化、社会、心理、政治等因素的跨学科研究不仅需要运用思辨方法,还需要对上述关系进行实证分析。如分析农民工犯罪的规律时,为论证失业和就业不充分的"游民"构成了农民工犯罪的主力军这一论断,除了需要对农民工犯罪问题(尤其是游民及游民群体)进行社会文化分析外,还需要对特定区域和时段的农民工犯罪状况进行实证分析,进而发现在犯罪的农民工群体中处于失业和就业不充分状态中的游民所占比例。实际上,实证分析方法往往构成了相关社会文化分析、经济分析、心理分析等方法适用中不可或缺的配套和协作方法,并与思辨方法有机交融到一起。于是,在跨学科思维中,实证方法与思辨方法组合成一种整体性的分析框架。

第三,关系犯罪学研究模式力求兼顾对各种越轨行为和行为人的研究,与"现象——原因——对策"模式侧重越轨行为导向相比,该模式注重对行为人和特定群体在犯罪事件中所扮演角色的定位与分析。

关系犯罪学模式构建于社会生活之网上,各种个体、团体甚至政府组织分别构成了生活之网的不同网结,犯罪关系就蕴涵于各个网结彼此之间的关系中。由此,关系犯罪学往往主张犯罪之于社会犹如痛苦之于生命,将犯罪视为不同个体及群体之间矛盾、对立及冲突的产物。该种模式往往将越轨行为在流变中的关系中界定和把握,而把握的基础之一就在于分析发生关系的各种行为人和特定群体。实际上,与传统模式更多以越轨行为为导向不同,关系犯罪学模式是在梳理和把握特定犯罪关系的过程中兼顾行为人与越轨行为研究的。

(三)关系犯罪学研究模式的局限性

尽管新兴的关系犯罪学模式为犯罪学研究注入了新的活力,但这种研究模式也并非尽善尽美。具体来说,该种模式的局限性主要表现在以下两个方面:

一方面,跨学科思维往往要求多元学科的知识背景和专业训练,关系犯罪学所倡导的跨学科思维不易被研究者所熟练掌握和运用。这在很大程度上制约了该种模式在犯罪学中的推广和应用。

运用关系犯罪学所提倡的跨学科思维,必然要求研究者对相关涉及学科知识和学术规则有所掌握。如对犯罪的文化研究就需要研究者深入理解文化

---

① 单勇:《犯罪的文化研究——从文化的规范性出发》,法律出版社 2010 年版,第 83 页。

学的基本理论,从而借助文化的视角反思犯罪与犯罪治理问题。再如对犯罪的经济分析往往需要研究者具有深厚的经济学底蕴,并非是仅知道成本、收益分析就能够"拿来"进行犯罪经济学研究。对于研究者来说,这往往是一个长期且艰苦的学术过程,需要多年的学术积累和训练;这远不如"现象——原因——对策"模式使用起来得心应手。故此,相对于传统研究模式,关系犯罪学就如同经典文艺影片一样,往往是"叫好不叫座"。尽管理论魅力四射,但实际应用则显得非常有限。

另一方面,纷繁芜杂的犯罪关系谱系并未能够鲜明地凸显出犯罪治理问题,或是说在面面俱到的犯罪关系网络中,该种分析框架不如"现象——原因——对策"模式对理论应用性的刻意关注。

在犯罪学的研究目标中,犯罪规律的揭示乃是为了更好地指引犯罪治理的理论和实践,故犯罪治理往往构成了犯罪学的终极目标。在关系犯罪学模式下,犯罪与犯罪治理的关系往往淹没于各种犯罪关系的汪洋大海之中。由于犯罪治理作为一种整合性范畴,可以被解构为司法治理和社会治理,也能够分散到国家治理和社会治理的方方面面;故犯罪与犯罪治理的关系往往被解构和分散于犯罪与政策、经济、社会、法律、文化、心理、习俗、宗教、生态、地理、气候等诸多关系之中。对于上述诸多犯罪关系的把握构成了研讨犯罪与犯罪治理关系的前提和基础,在上述关系尚未获得科学地理论阐述的情况下,在关系犯罪学中犯罪治理问题也就暂时缺乏系统性、连续性的关注和阐述。于是,与传统模式相比,关系犯罪学模式对于犯罪学理论应用性的关注就显得十分不足。

四、两种研究模式的整合

"现象——原因——对策"模式和关系犯罪学模式构成了犯罪学的基本研究模式。从整体态势上看,"现象——原因——对策"模式较早获得了推广和应用,并构成犯罪学的传统研究模式;而关系犯罪学模式主要是针对传统模式的某些不足和局限,在近十年来兴起和发展起来的。通过前面两部分的论述,可以发现上述两种模式本身并非尽善尽美,而是各有利弊。这具体可见下表:

	"现象——原因——对策"模式	关系犯罪学模式
学术价值	1. 逻辑性强、体系鲜明、结构完整,能基本反映犯罪学的研究主题和研讨顺序。 2. 注重犯罪原因研究,以其为犯罪学研究的枢纽和关键。 3. 注重指导应用,以犯罪对策的探寻为终极目标。	1. 视角独到、内容全面、体系开放,注重从犯罪与周围事物关系中挖掘犯罪规律。 2. 以跨学科思维促成思辨方法与实证方法的综合运用。 3. 兼顾越轨行为研究和行为人研究。
局限性	1. 过于清晰的逻辑和封闭式结构导致该模式被滥用,导致犯罪学研究的僵化、死板、模式化及套路化。 2. 忽视犯罪规律,无形中割裂了犯罪与周围事物的联系。 3. 以越轨行为为导向,忽视对行为人和特定群体的考量。	1. 基于多元学科背景等因素的制约,跨学科思维不易被掌握和运用,导致该模式的影响范围有限。 2. 不如传统模式对犯罪治理问题的突出和强调。

犯罪学两种研究模式的利弊对比图

通过对两种模式的利弊进行对比分析,能够发现这两种模式各有其特定的合理性与局限性。可以说,一味地固守传统模式并不可取,而以关系犯罪学模式完全对传统模式取而代之亦不可取。一方面,固守传统模式不仅会导致该模式被滥用的状况持续加剧,而且还将以模式化和套路化方式进一步窒息犯罪学研究的活力。实际上,传统模式的反思和改良已然势在必行。另一方面,关系犯罪学模式是为了弥补和应对传统模式的不足而兴起的,是从犯罪关系的角度对传统模式所进行的补充和改善;如果说传统模式为犯罪学研究提供一种基本的思维进路和理论框架,那么关系犯罪学模式则是针对传统模式不足的改良模式。实际上,这两种模式完全可以共存于犯罪学场域中,单纯地将研究彻底导向哪一边都不是理性地选择。故此,在犯罪学中,合理整合两种模式构成了科学运用两种研究模式的关键所在。具体来说,这两种模式的整合可分别在基础理论研究和犯罪治理实践两个层面加以阐述。

(一)基础理论研究层面的整合

犯罪学是一门理论与实践紧密结合的社会科学,基础理论研究和犯罪治理实践构成了犯罪学研究的两个基本维度。基础理论研究是以理论探索为导向的问题域,具体包括"现象——原因——对策"等基本问题;犯罪治理实践则是以实践应用为导向的问题域,主要是将犯罪学基础理论应用于犯罪治理的实践中。在基础理论研究领域,犯罪学的使命在于通过分析犯罪的基本问题和揭示影响犯罪的深层规律,进而为犯罪治理提供专业意见和学理支撑。实际上,在此领域,"现象——原因——对策"模式和关系犯罪学模式可以并行不悖,能够分别完成分析犯罪的基本问题和揭示影响犯罪的深层规律的基本任务。

"犯罪学的学科价值在于提供与犯罪有关的知识。"[1]考察犯罪学在人文社会科学知识谱系中的地位和作用将有助于更加合理地配置犯罪学的两种研究模式。这具体可见下图:

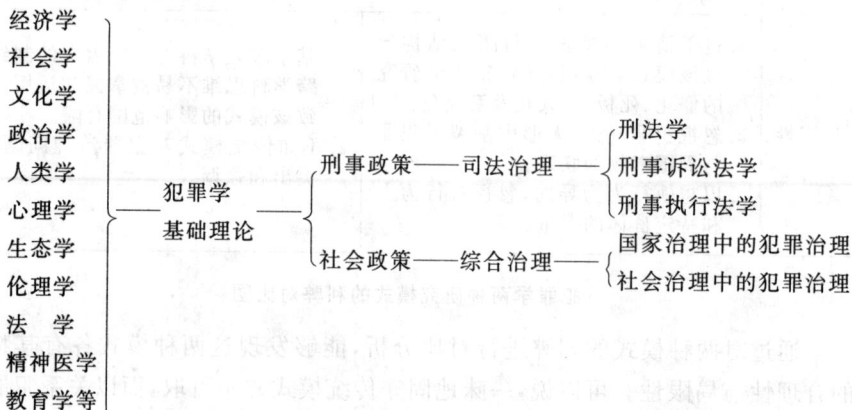

图 2-2　犯罪学在人文社会科学知识谱系中的地位和作用图

实际上,上图可分为左中右三部分来理解,左边部分体现了以跨学科思维研讨犯罪与诸多因素关系,进而挖掘与揭示犯罪规律的内容;中间的犯罪学基础理论部分能够提供有关犯罪现象、犯罪原因、犯罪对策等基本问题的知识;右边部分主要描述了犯罪学基础理论在犯罪治理实践中的运作过程,即通过科学指导刑事政策与社会政策的制定和执行,进而完善犯罪的司法治理与综合治理。上图右边部分更多地将涉及犯罪治理的应用内容,故将在下一部分详细研讨;在此仅针对图表其他两部分进行分析。

上图中的中间部分主要是对犯罪学中的基本范畴进行解读和分析,需要借助"现象——原因——对策"模式进行展开和应用。这部分内容构成了传统犯罪学理论的研究重点。上图的左边部分主要是以研讨犯罪与经济、文化、政治、心理、习俗、社会等周围事物的关系为核心内容,通过对各种犯罪关系进行

---

[1]　张旭、单勇:《论刑事政策学与犯罪学的学科价值及其连接点》,载《法商研究》2007年第5期。

学理分析,从而逐步构建犯罪经济学、犯罪社会学、犯罪文化学、犯罪心理学、犯罪人类学、犯罪生态学等犯罪学的分支学科。这些犯罪学的分支学科构成了犯罪学的理论基础,并为犯罪现象、犯罪原因及犯罪对策等问题的研究提供智识资源和学理建议。

因此,在犯罪学基础理论研究层面,关系犯罪学模式理应构成"现象——原因——对策"模式发挥作用的前提和基础,关系犯罪学模式与传统模式是先后衔接的逻辑关系。借助关系犯罪学模式的研究,影响和制约犯罪问题的深层本质规律不断被提炼和挖掘出来,传统模式的不足也得以获得有效弥补,传统模式从而能够借助犯罪关系的角度拥有来自人文社会科学更加丰富地学术资源、研究方法及智识思想,犯罪学基础理论的研究由此能够保持持续的活力和生命力。

(二)犯罪治理实践层面的整合

将犯罪学基础理论应用于犯罪治理实践构成了犯罪学研究的实践价值和终极意义。根据图 2-2,右边部分主要描述犯罪治理实践的运作过程。犯罪治理可解构为司法治理和综合治理(此处的"综合"不同于"社会治安综合治理"理念中的"综合",这主要是指司法手段以外的各种治理手段的综合)。一方面,刑事政策构成了犯罪学基础理论与司法治理的连接点,犯罪学基础理论通过推动各种刑事政策的制定和执行,调控各种以刑事法律制度运作为核心的司法治理活动。另一方面,社会政策构成了犯罪学基础理论与综合治理的连接点,犯罪学基础理论通过推动各种社会政策的制定和执行,调控在国家治理和社会治理框架下的各种综合治理活动。

实际上,在犯罪治理实践层面或过程中,在关系犯罪学模式影响下,传统的"现象——原因——对策"模式不是静态的或僵化的,而是动态的和流变的。犯罪关系在实践中既可以由现象到原因再到对策,也可以由犯罪治理实践到犯罪,特别是应在犯罪关系研究中突出犯罪治理与犯罪的关系。很多情况下,犯罪治理活动本身也是产生犯罪的原因之一。

如在以往"严打"等司法治理活动中,由于司法机关持有过于迷信重刑和强调对刑罚的路径依赖观念,导致很多罪犯被判处较为严厉的刑罚,这给监狱行刑矫治工作带来了很大的困难,也导致监狱中罪犯交叉感染现象严重,致使再犯率居高不下。截至 2003 年 12 月 31 日,北京市在押犯的重新犯罪率为 20.1%。据浙江省监狱管理局统计,2002 年 5 月之前的四年中,浙江省在押犯的重新犯罪率为 13.87%。① 有学者预测,"未来十年刑满释放人员的重新犯罪率在 10%～12% 之间,重新犯罪的绝对人数也呈增长态势,增幅在 10%～20% 之间。"②更有学者根据资料主张,近年来我国的重新犯罪率已经达到 30% 以上,许多重大案件都是由"刑释"人员实施的。③ 再如犯罪治理活动通过犯罪化和刑罚化的手段,将很多原来属于严重越轨的行为"法定"为犯罪,这也起到了"标定"和"制造"犯罪的作用。

故此,传统的"现象——原因——对策"模式应获得合理修正,从犯罪关系角度出发,犯罪治理与犯罪的关系尤为值得关注和思考。同时,由于犯罪治理活动本身也能够引发和形成犯罪行为,故传统模式所主张原因和对策的界线在一定程度上得以消解和弥散。可以说,如果还想继续沿着"现象——原因——对策"模式指导犯罪治理实践,就特别需要将传统模式关系化,在关系犯罪学模式的矫正下,深刻反思和考量"犯罪治理与犯罪"的内在关联,进而保持犯罪治理实践活动的科学性。

总之,作为犯罪学方法论的重要组成部分,犯罪学的研究模式构成了连接具体研究方法与犯罪学理论的桥梁与纽带。对我国传统"现象——原因——对策"模式的检讨和反思,对我国新兴的关系犯罪学研究模式的考量,对两种研究模式的整合,这均推动了犯罪学方法论的更新与发展。正如笛卡儿所言:"行动十分缓慢的人只要始终遵循着正道前进,就可以比离开正道飞奔的人走在前面很多。"④

---

① 孔一:《重新犯罪社会原因检讨》,载《中国刑事法杂志》2002 年第 5 期。

② 苏惠渔、孙万怀:《论行刑的合理性与合目的性》,载《人民司法》2003 年第 1 期。

③ 张中友:《预防职务犯罪——新世纪的社会工程》,中国检察出版社 2000 年版,第 158 页。

④ [法]笛卡尔:《谈谈方法》,王太庆译,商务印书馆 2000 年版,第 3 页。

第 三 章

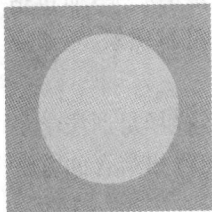

犯罪学与其他相关学科的关系

第一节 犯罪学与其他刑事学科的关系

一、犯罪学与刑法学

刑法学是以研究犯罪、刑事责任和刑罚为内容的一门学科,主要为定罪和量刑提供法律依据。犯罪学和刑法学都以犯罪为研究对象,两者存在天然的联系,同时二者已经形成了自己特定的研究领域、研究目的和研究方法。两者的不同体现在以下三方面:

第一,两者的学科属性不同。刑法学是一门规范学科,它以成文法为依据,对犯罪现象进行规范性研究,注重揭示犯罪的法律属性、犯罪的构成以及犯罪和刑罚之间的应对关系。刑法学的任务就是提出惩罚犯罪的原则,同时也体现刑法的保障人权的机能。而犯罪学是一门事实学科,它以犯罪的发生过程为前提,描述犯罪现象、分析犯罪原因、探索犯罪规律以及预防犯罪的途径和方法。犯罪学的任务是制定预防犯罪的对策和方案。例如,对于故意杀人罪这种现象,刑法学从规范的角度分析故意杀人罪的犯罪构成,在中国传统的犯罪构成理论中,具体分为犯罪客体、犯罪客观方面、犯罪主体和犯罪主观方面四个要件,而在大陆法系国家中,一般从构成要件符合性、违法性和有责性来认定犯罪,同时,还对故意杀人罪要追究的刑事责任规定了相应的法定刑。而犯罪学则从事实的角度分析故意杀人罪这种犯罪现象,分析其犯罪的个体原因、社会原因等,提出预防故意杀人罪的对策等。

第二,两者研究的内容不同。刑法学是以刑法规范为基础,对规范进行合理的解释,为司法机关适用法律提供理论基础。广义的刑法学还包括刑法哲学、刑法应用学等。犯罪学研究的内容不局限于刑法上所规定的犯罪,而包括更为宽泛的越轨行为。它不仅研究犯罪预防对策,还要研究犯罪现象、犯罪原因等。

第三,两者的研究方法不同。刑法学重视对法条的解释,解释是刑法学最重要的方法。此外还包括历史的方法、比较的方法、理论和实践相结合的方法等。而犯罪学更主张应用社会学的方法、统计的方法、实证的方法等。在西方国家,犯罪学是社会学中一个重要的分支学科。

此外,犯罪学和刑法学又具有密不可分的联系。首先,刑法学所研究的法定犯罪是犯罪学的主要研究内容。其次,刑法学中对于犯罪的分类,是犯罪学研究中的基本分类,如刑法分则中类罪的分类,也是犯罪学的分类方式之一。再如未成年犯、老年犯、累犯等,也是犯罪学的基本分类方法。第三,犯罪学的研究成果是刑事立法的重要依据。刑法的废、改、立等立法活动深刻地反映了犯罪学的研究成果。譬如,我国自 1997 年以来通过了八个刑法修正案,无论是增加新的罪名、删除部分罪名,或者修改具体犯罪的罪状,都是或者应当是在对犯罪行为社会危害性认识的基础上进行的。犯罪学的研究对刑事立法具有直接的影响。

二、犯罪学与刑事诉讼法学

刑事诉讼法学是研究追究犯罪的程序法律规范的学科。刑事诉讼法和犯罪学具有深刻的联系。犯罪学和刑事诉讼法学在研究对象、研究内容等方面也具有其联系和区别。

犯罪学、刑事诉讼法学都与犯罪现象具有直接的联系,但二者具有不同的特点:

第一,从学科属性来说,刑事诉讼法学跟刑法学一样,也是规范性的法学学科,也是以成文法为基础的,它规定的内容是如何追究犯罪人刑事责任的一套程序,是国家机关侦查犯罪、起诉犯罪、审判犯罪并对犯罪人执行刑罚的一系列活动的总和;而犯罪学则属于事实学科。

第二,从研究内容来说,刑事诉讼法学的研究内容侧重于程序的研究,现代刑事诉讼一方面要体现打击犯罪的目标,另外一方面也要体现保障人权的目标;犯罪学的研究内容则为犯罪现象、犯罪原因和犯罪预防等。

第三,从学术交流来看,刑事诉讼法学往往具有本国的地域特色,是和本国的法律紧密联系一起的,所以有中国刑事诉讼法学和外国刑事诉讼法学等子学科的分类,而就外国刑事诉讼法学而言,有多少个外国,就有多少个具有其本国特点的刑事诉讼法学。而犯罪学则具有一定的普适性,对于犯罪现象的描述、犯罪原因的分析、犯罪对策的提出更多的具有普遍性的特点。当然,一个国家的犯罪学研究,往往更注重本国的犯罪现象的研究,从某些方面而言,也具有一定的地域性特征。

犯罪学和刑事诉讼法学也具有深刻的联系。犯罪学的研究成果对于刑事侦查、刑事起诉、刑事审判和刑事执行具有重大的分析意义。犯罪学对犯罪原因的多元分析,在刑事侦查中提供侦查思路,在刑事审判合理适用刑罚等均具有启示意义。刑事司法活动不是简单机械地适用法律的过程。法律规则不仅仅是一种规则体系,同时亦为一种意义体系。规则背后蕴含道德期待和信仰。而犯罪学就是要探索事实背后的信仰的基础学科。因而,刑事诉讼法虽为程序性的规则体系,也不可忽视任何犯罪学研究对于犯罪原因、犯罪预防等的研究。

三、犯罪学与刑事执行法学

刑事执行法学包括监禁刑执行和非监禁刑执行的知识体系。监狱学是研究监禁刑罚执行的学科。监狱法学是以监狱法为研究对象的学科,主要探讨如何执行刑罚。监狱学的主要研究的范围包括:监狱在惩罚与改造罪犯中的主导地位及其作用;罪犯的构成状况及其在一国中的法律地位;监禁刑罚的运行机制;监禁刑罚执行的保障体系。犯罪学对于监狱刑罚的执行,惩罚和改造罪犯具有指导意义,要改造罪犯,就必须探讨罪犯之所以犯罪的原因,对罪犯进行管理和改造,就必须要有针对性地进行矫正活动,包括管理活动、教育活动和劳动技能的培训以及进行心理治疗。反之,监狱学所研究的如何惩罚和改造罪犯,也是预防罪犯再犯的重要方面,是预防犯罪的一项重要内容,也是监狱学要研究的重要内容。① 此外,非监禁刑罚的执行也是刑罚执行的重要组成部分。在中国,以社区矫正为内容的制度已经纳入到刑法的范围,即对判处管制、缓刑以及裁定假释的服刑人员在社会内服刑。这也是刑事执行法学的重要组成部分。

刑事执行法学与犯罪学的联系十分密切,犯罪学作为刑事学科的上游学科为刑事执行法学提供了丰富的理论支持和知识积累。行刑是将刑事判决和

---

① 邵名正:《监狱学》,法律出版社 1996 年版,第 1 页。

裁定所确定的刑罚付诸实施的刑事司法活动,行刑也是对罪犯进行矫治和改造的过程。为了防止服刑人员重新犯罪,需要开展个别化的行刑处遇活动,这就需要在行刑过程中全面考察服刑人员的犯罪原因和个人性格、家庭、职业、社会背景、心理因素等,犯罪学中有关犯罪原因、犯罪人格等理论知识对刑事执行法律规范的贯彻具有十分重要的意义。同时,刑事执行法学在预防罪犯重新犯罪领域,还需要借助犯罪预防中的特殊预防理论。

刑事执行法学对犯罪学也具有十分重要的影响。犯罪学的多种研究需要通过对已经犯罪的服刑人员的情况进行调查和研究,监狱和社区矫正的服刑人员为犯罪学提供了丰富的实证资料。20世纪30年代犯罪学家严景耀就自愿扮作志愿囚对监狱进行调查,获得相当丰富的实证资料,为其撰写《中国的犯罪问题与社会变迁的关系》的博士论文提供了丰富的资料。台湾学者张甘妹所著《再犯人身危险性研究》就是以监狱服刑人员为研究对象的。

总之,作为刑事科学的上游学科,犯罪学为刑事执行学这一下游学科的研究提供了丰富的知识思想和理论资源。而刑事执行法学的知识则为犯罪学提供了丰富的实证资料和研究资源,刑事执行本身也是犯罪预防的重要方法和重要研究内容。

四、犯罪学与犯罪心理学

犯罪心理学是刑法学、犯罪学和心理学相交叉而形成的一门综合学科、边缘学科。具体而言,犯罪心理学是运用心理学的基本原理和方法来研究与刑事犯罪有关的心理现象和心理规律的学科。即具体探讨行为人在何种心理状态下,受哪些心理因素的影响而实施的严重危害社会的行为才构成犯罪;在整个犯罪过程中的心理活动机制和转化规律;从心理与行为的关联性出发,根据心理演变的一般规律,具体探讨犯罪行为着手或者既遂前的种种心理和行为征兆,探讨刑罚的心理效应以便为刑事政策的制定提供理论依据,探讨罪犯心理的转换与矫治以提高罪犯的教育改造质量预防重新犯罪等。[①]

由此可见,犯罪心理学是研究犯罪人犯罪过程中的"心理活动及其规律"的科学。而犯罪学则是研究"犯罪的行为及其规律"。犯罪心理学是心理学的分支学科,而犯罪学一般认为是社会学的分支学科。犯罪的行为是外显的,而犯罪心理是隐藏在行为后面的心理因素。二者具有显隐的关系。在犯罪学

---

① 梅传强:《犯罪心理学研究对象新论——从刑事一体化视角考察》,载罗大华、胡一丁:《犯罪心理与矫治新论》,中国政法大学出版社2003年版,第39页。

中,对于犯罪原因的探讨即包括对犯罪心理的探讨,在犯罪学的学派中,犯罪心理学派就是其中之一。这个学派更是借助于犯罪心理学的知识寻求犯罪的原因及预防犯罪。犯罪心理学的知识丰富和发展了犯罪学的学科知识。另一方面,犯罪学的知识也推动犯罪心理学的发展。

五、犯罪学与刑事侦查学

刑事侦查学是以犯罪侦查的策略和技术为研究对象的学科,研究如何发现已然犯罪。刑事侦查学是借助于法庭科学中的化学分析、毒物检验、痕迹鉴定、光学研究等专有知识和科学技术,以侦查刑事案件和收集犯罪证据的学科。犯罪学是研究犯罪原因和犯罪预防的科学,它的主要任务是研究犯罪现象产生的原因及其发展、变化的规律,探求预防、减少以至消灭犯罪的途径。刑事侦查学也是研究犯罪现象的科学,它的任务是研究如何有效侦查的措施、手段和方法,及时、准确地侦破犯罪案件,抓获犯罪人,以实现保护人民、惩罚犯罪与预防犯罪的目的。由此可见,刑事侦查学与犯罪学二者之间存在着密切的关系。犯罪学的研究成果,诸如犯罪人个性特征、犯罪环境的特点、犯罪的动机等等,为刑事侦查学提供了丰富的事实材料和理论依据。另一方面,刑事侦查学在研究各类案件侦查方法时所形成的各种典型案例和经验总结等,也为犯罪学提供丰富的实证资料。因此,两者可以相互借鉴和运用对方的研究成果,促进两个学科的共同发展。

第二节　犯罪学与其他人文社会学科的关系

一、犯罪学与哲学

哲学是研究自然、人类社会和思维的学科。任何学科都要受到哲学的影响。犯罪学作为一门以研究犯罪现象、犯罪原因和犯罪预防的学科,在如何认识犯罪,如何探究犯罪的原因和如何预防犯罪上,需要哲学思想的指导。

从知识体系上来说,早期的哲学著作中就有大量的犯罪学思想。如古希腊、古罗马时代的犯罪学思想,基督教的教义《圣经》中就有关于犯罪的认识;奥古斯丁·阿奎那、托马斯·莫尔、康帕内拉等思想家的著作中,阐述相关问题时就提到犯罪问题;自然法学派的霍布斯、温斯坦莱、孟德斯鸠、伏尔泰、卢梭等哲学家和思想家中,均有对犯罪问题的阐述,这也是他们分析哲学命题的材料。

从思维方法上来说,哲学思维对于犯罪学的研究具有十分重要的方法论意义。哲学方法在犯罪学的研究中具有重要地位,它对犯罪现象的认识和预防提供了理论依据,并为创新的方法提供了思路。犯罪现象不仅仅局限于个体的生理、心理因素,必须将之放在整体的社会环境中加以认识和判断。系统科学的思想对于认识犯罪现象尤其是整体的犯罪现象十分重要。系统论、信息论和控制论与新三论(耗散结构论、协同论、突变论)等对犯罪学的研究十分重要。譬如,系统论是研究系统共同规律的理论,是由美国籍奥地利生物学家贝塔朗菲于 20 世纪 30 年代提出的。系统方法是指从系统与要素、系统与外部环境的相互关系、相互作用、相互制约的关系出发,综合地、精确地考察对象,以实现最佳的处理问题的一种方法。按照系统论的方法,对于犯罪现象的研究,就必须从犯罪人及其影响该犯罪人发生的各种影响因素出发,寻找犯罪发生的原因,而预防也必须考虑综合性的因素,比如中国政府提出的"社会治安的综合治理"就自觉运用了系统论和控制论的思想。

二、犯罪学与伦理学

伦理学是一门古老的学科。它是关于道德及其起源和发展、人们的行为准则、人们相互之间和人们对社会、国家等义务的学说。它旨在研究如何评价荣辱、善恶和正义与邪恶的道德规范,调整人们之间以及个人与社会之间的关系,并依靠社会舆论来维持人们的行为规范。在社会生活中道德规范比法律规范更为广泛。不道德行为并非都是犯罪行为,但一切犯罪行为都是不符合社会主流道德并受到社会舆论谴责的行为。因此,伦理学和犯罪学的关系十分密切。犯罪学要借用伦理学的原理去评价人们行为的社会政治意义和客观社会效应。比如,意大利犯罪学家加罗法洛提出的自然犯罪概念,就借助了伦理学的概念。自然法中对犯罪的评价也是从道德概念中来的。从某种程度上说,伦理中恶等概念是阐述犯罪的重要思想基础。

三、犯罪学与社会学

社会学是以社会现象、社会行为、社会心理为研究对象的一门社会科学。社会学对犯罪学具有重大的影响。就犯罪学而言,国外有专门的犯罪社会学学科。

社会学研究一切社会问题,也研究社会的病态现象——犯罪。但社会学研究的方法基于社会学的立场。社会学分析基于各种不同的社会因素对犯罪的影响,包括社会整体的因素如婚姻家庭、社会组织、工作环境、失业等,也分析包括犯罪人的年龄、性别、生理特征、个人生活习惯等个体原因。这种整体原因和个体原因的分类甚至是区分整体论犯罪学和个体论犯罪学的重要思维方法。有学者认为,犯罪学理论始终存在着两种不同的思想对立,这就是个体主义和整体主义之间的对立。整体主义以犯罪现象作为其研究对象,而个体主义则以个人的犯罪或犯罪行为作为研究对象。并进而区分了整体论犯罪学和个体论犯罪学。① 犯罪学也研究犯罪原因,其中包括犯罪的社会原因,这与犯罪学具有交叉性。同时,社会学的理论和调查方法,是犯罪学重要的理论和方法来源,在西方发达国家,大多是将犯罪学作为社会学的重要分支学科。

四、犯罪学与文学

文学是指以语言文字为工具形象化地反映客观现实的艺术,包括戏剧、诗歌、小说、散文等,是文化的重要表现形式,以不同的形式(称作体裁)表现内心情感和再现一定时期和一定地域的社会生活。犯罪通常是文学创作的重要题材。特别是小说、戏剧等的创作,很大程度上必须借助于人与人的冲突,而犯罪则是人与人冲突的最高情景。《基督山伯爵》(大仲马著)、《悲惨世界》(雨果著)、《威尼斯商人》(莎士比亚著)等文学作品就是犯罪题材的代表作品。犯罪学可以从文学作品中获取有关犯罪问题的材料,尽管这不是主流的研究方法,但亦有学者作过这样的尝试,如苏力所著《法律和文学》即为此种尝试。

---

① 谢勇:《犯罪学研究导论》,湖南人民出版社 1992 年版,第 109 页。

第四章

犯罪学的理论学说与在中国的发展

经历了二百多年的发展,西方犯罪学已然形成一个由众多学派、理论学说及研究成果所组成的较为成熟的学科体系。在学者们的不懈努力下,西方犯罪学的演变和发展蕴含了丰富的研究经验和思想。从整体与宏观的角度上看,西方犯罪学最为鲜明的特色在于学派众多、学说林立,而学派众多与学说林立皆源于西方学者考察犯罪问题视野的广阔。西方学者不单纯将犯罪视为一个法律问题,还在更为广阔的道德、宗教、社会、自然环境、风俗习惯、教育、心理、气候、人口、文化、生物、经济、政治等各个领域考察和分析犯罪问题。由于犯罪学的研究者具有不同学科的研究背景和学习经历,以致西方犯罪学理论整体上呈现为百花齐放、百家争鸣的局面。围绕着不同的犯罪学流派,衍生出数百种关于犯罪研究的理论学说。在这一过程中,犯罪学的理论不断推陈出新、不断适应社会发展的趋势和潮流,犯罪学的研究不断向其他人文社会学科拓展、不断将犯罪融入到人类社会生活中进行理解,犯罪学的思想在反思与批判中不断趋于理性化、不断走向成熟和完善。我国的犯罪学研究虽然起步较晚,但也取得了一定的成就,沿着特定的轨迹曲折地向前发展。

第一节　西方犯罪学的理论演进

西方犯罪学理论根据其理论基础的不同,总体上可归为古典犯罪学派和实证犯罪学派。古典犯罪学派认为理性是人类的基本特征,是解释人类行为的基础。人类具有理解自己的能力,具有为促进自己利益最大化而行为的能力。每个人都是自己命运的主人,拥有行动的自由。因此,犯罪被认为是个人自由选择的产物,人们在实施犯罪的时候会估算犯罪的潜在收益和成本。社会对犯罪的理性反应应该是增加犯罪成本并减少犯罪收益,以引导个人选择不实施犯罪。

实证犯罪学派则认为行为是被个人不能控制的因素决定的。人类不是可以自行决定的行动者,不能自由地依照他们的愿望和理性去指引行为。换句话说,人类仅能依照已经被决定好的情形去行为。思考和推理实际上只是个人在实施已被决定好的行为的过程中,证明自己行为正当性的过程,而不是个人自由地选择他们想要实施的行为的过程。在此基础上,犯罪学家试图识别出产生犯罪的原因,最初主要考察生物因素,而后将重点转向心理因素,再后来是社会因素。此外,还有犯罪学家采用多因素的研究方法,认为多元因素可以增加或者减少人们实施犯罪的可能性。

一、古典犯罪学派

古典犯罪学的出现正是唯心主义方法受到社会契约论思想挑战的时代。在此之前,唯心主义方法曾经统治了欧洲思想长达 1000 年,这种唯心主义的方法对犯罪做出了唯心主义的解释,这种解释成为大部分欧洲刑事司法政策的理论基础。犯罪的唯心论解释的诸多重要理论渊源之一是托马斯阿奎那(1225—1274)的"自然法"思想。他认为,世界上存在一种上帝赋予的"自然法",这种自然法可以通过观察而发现,刑法就是以这种自然法为基础的,实施犯罪的人 crime(违反了刑法)因此了犯下了罪孽 sin(违反了自然法)。因此,阿奎那认为,犯罪不仅侵害了受害人,还侵害了犯罪人自己,即罪行侵害了他们本质上的人性——行善的自然倾向。也正是因为罪行被视为违反自然法的罪孽,因而国家拥有了道德上的权力,对犯罪人施加恐怖的肉刑,而且是以上帝的名义在实施。实际上,"只要犯法被理解是违抗上帝意志的过错和着魔,就不可能产生一种研究犯罪的成因及其预防的犯罪学。"[1]

从托马斯·霍布斯(1588—1678)开始,社会契约论的思想逐渐取代了阿奎那等人的唯心主义观点,区别于阿奎那的人天生向善的观点,霍布斯认为,人们天然要追求自己的利益,而不关心是否伤害他人(人性本恶),"一个人与一切人的战争",在这种战争状态下,没有人是安全的,因而所有人都只为自己

---

[1] 〔德〕汉斯·约阿希姆·施奈德:《犯罪学》,吴鑫涛、马君玉译,中国人民公安大学出版社 1990 年版,第 100 页。

着想。而人人都是理性的,人们都认识到,这种状态不符合任何人的利益,所以人们允诺,只要其他人也放弃自己的自私行为,他人也会做出同样的选择,这就是社会契约。每个人都会签署这样的契约,因为人人都厌倦了一个人与一切人的战争。但是,假如个别人欺诈,开始追求自己的私利而不顾其他人的时候,社会契约需要一套制约机制,这就是国家机构。任何同意这个社会契约的人,也自然而然地同意授予国家适用强制力维护社会契约的权力。后来,洛克、孟德斯鸠、伏尔泰、卢梭等人都遵循并发展了霍布斯的思想,在自然和理性的基础上解释犯罪行为和国家对犯罪的反应。18世纪中期,贝卡利亚在写就他的著作之前,这些思想已经众所周知,并被广泛接受;但这些思想不代表当时统治欧洲的强权政治集团的思想,他们仍然沿用犯罪的唯心论解释。后来,1776年美国革命和1789年法国革命都受到了社会契约论哲学家的思想的指引,对于这些革命者来说,贝卡利亚的著作代表了这一思想,因而被作为建立新的刑事司法体系的理论依据(1791年法国刑法典的理论依据)。然后,经过美国和法国,贝卡利亚的思想传播到了其他国家。

早期以贝卡利亚等人为代表的犯罪学思想可以被称为传统古典主义犯罪学,而20世纪50、60年代出现的以自由意志论为理论基础的犯罪学理论则被称为新古典主义犯罪学或者当代古典主义犯罪学。

(一)传统古典主义犯罪学代表人物及主要观点

1. 贝卡利亚

贝卡利亚1738年出生于米兰,其祖辈是帕维亚的统治者,有着侯爵的称号。他祖母去世的时候,留下了丰厚的遗产,依靠遗产和其他家庭收入,贝卡利亚在出生后一直过着贵族的生活。8岁的时候,贝卡利亚被送到帕尔玛的一家耶稣教会学校,但他厌恶宗教课程,在数理课程中表现出天赋,绰号"小牛顿"。后来,贝卡利亚进入帕维亚大学攻读法律专业,1758年毕业,回到米兰,加入了当时很时髦的一个文人俱乐部"被改造者学社",在这个学社,他认识了对他产生了重要影响的人——韦里兄弟(亚历山德罗和彼得罗,前者是米兰监狱的狱官,后者是具有强烈民主自由思想的经济学家)。彼得罗韦里后来自己成立了一个社团,"拳头社",贝卡利亚当然也是其中一分子。1763年,团体分派给贝卡利亚一项作业,要求其写一篇关于监狱刑罚学的文章,在韦里兄弟的帮助下,贝卡利亚于1764年完成了《论犯罪与刑罚》,并于同年在一个小镇匿名出版。

贝卡里亚的这本小册子虽然篇幅不大,但影响却极为深远,并被誉为刑法学与犯罪学领域最为重要的学术文献和经典著作。贝卡里亚在《论犯罪与刑罚》中用大段篇幅揭露了封建刑法及司法体制的落后与残酷,并阐述了罪刑法定原则的基本思想,还在该书中阐述了很多自己关于犯罪预防的观念与思想。

在犯罪学中,贝卡里亚等人是最早运用思辨研究方法思考犯罪学问题的学者。贝卡里亚在其震撼世界的经典著作《论犯罪与刑罚》中,以人类皆有趋利避害的本性这一先验假设为理论基点,在功利主义和社会契约论思想基础上开展有关犯罪与刑罚的具体论述。

贝卡里亚从功利主义学说出发,认为犯罪是个人自由意志的表现,人们是否实施犯罪这是一个自我选择的结果。犯罪人经过利弊得失的计算后,才能决定自己是否实施犯罪。犯罪学家约翰·哈根认为,"贝卡里亚强调犯罪的两个主要原因:经济条件和坏的法律。一方面,他指出财产犯罪主要是由穷人实施的,而且主要是由贫穷产生的。另一方面,他认为对某种犯罪的过于严厉的惩罚,虽然可以遏制一些人犯罪,但同时却通过比较对另一些人更具有犯罪的吸引力。因此,他认为严酷的法律会通过削弱人道精神来促成犯罪。"[①]

同时,贝卡里亚在犯罪预防领域提出了"预防犯罪优于惩罚犯罪"的基本论断。他运用思辨的方式提出了五种预防犯罪的手段。第一,通过立法,即制定明确的法律。他主张,人都有理性,能够决定自己的行为和预测行为的后果,因此,明确的法律可以使人们在打算犯罪时就想到犯罪带来的不利后果,从而打消犯罪念头,预防犯罪的发生。第二,弘扬启蒙思想和自由理念。贝卡里亚认为,知识产生的罪恶与知识的普及成反比,与知识带来的利益成正比。愚昧无知是犯罪产生的重要条件,所以大力开展思想启蒙运动和教育活动,启发人们的理性,使人们在自由状态下自觉地进行符合理性的行为。第三,司法当局应遵守法律。他认为,那种注意遵守法律而不是破坏法律的司法官员越多,合法权力被滥用的危险性就越小,因此产生的犯罪也就越少。第四,奖励美德。他认为,法律忽视了对人们的美好德性的奖励。同其他奖励的效果一样,奖励美德也会使美好的德行不断增加,而犯罪行为也就会相应地减少。第五,改善教育。贝卡里亚认为,预防犯罪的最可靠但也最困难的手段,是改善教育。教育不在科目的繁多,而在于科目的恰当选择和教育的成效;应当向青年人介绍他们所遇到的精神和物质现象;应当利用感情方式引导青年形成美德;应当用说服的方式防止青年去做坏事情。[②]

---

① 吴宗宪:《西方犯罪学》,法律出版社 2006 年版,第 42 页。

② [意]贝卡里亚:《论犯罪与刑罚》,黄风译,中国大百科全书出版社 1993 年版,第 104~108 页。

同时，该书还包含了关于犯罪原因、刑罚的起源和刑罚权、刑事法律的特征、法官的作用、犯罪的衡量、罪刑相适应、刑罚严厉性和及时性等问题的阐述。

2.边沁

边沁于 1748 年出生于英国伦敦一个富有的律师家庭，自幼被誉为神童。13 岁上大学，16 岁毕业。1776 年写就《政府片论》，1780 年完成为其赢得巨大声誉的《道德与立法原理导论》。边沁是功利主义哲学的创始人，他有一个著名的功利主义经典公式"最大多数人的最大幸福"。功利主义理论认为行为和实践的正确性与错误性只是取决于这些行为和实践对受其影响的全体当事人的普遍福利所产生的结果；所谓行为的道德上的正确与错误，是指该行为所产生的总体上的善或恶，而不是行为本身。边沁关于犯罪学的主要思想包括：

（1）犯罪原因论。边沁认为，求乐避苦是一切道德行为的原因和动力，也是一切不道德行为包括犯罪行为的原因和动力。

（2）犯罪类型论。边沁将犯罪分为私罪，即侵害他人的犯罪；准公罪，即侵犯某个邻里和特定阶级的犯罪；自我犯罪，即对自己造成损害的犯罪；公罪，即侵犯不特定的多数人和社会的犯罪。

（3）犯罪预防论。边沁认为，应该通过以下途径预防犯罪。首先，要通过良好的立法预防犯罪。其次，要通过恰当适用刑罚预防犯罪，刑罚产生的痛苦要大于犯罪带来的快乐。再次，要通过完善警察制度预防犯罪。最后，法律制裁在整个社会制裁体系中，只是其中一种，对犯罪来说，制裁也不是唯一的，补救方法是多元的。

边沁的犯罪补救方法可以分为四种：其一，预防方法。包括直接预防和间接预防。犯罪行为在实施之前，可能有许多犯罪临近的预兆，犯罪经过一系列的预备活动，往往会在产生危害结果之前得以制止。这种对特定犯罪的适用措施，就是直接预防法。边沁还用大量篇幅论述了间接预防法，为了实现预防犯罪的目的，绝大多数的手段在于引导人们弱化萌发恶念的欲望，不具有惩罚性的间接方法能对人们的主观意图发生作用，使其避免受到邪恶的诱惑，从而进行自我约束。其二，遏制方法。对于正在发生，尚未完成的犯罪适用的方法。边沁研究了持续犯罪的各种情况，认为对不同类型的持续犯罪，应采取不同的遏制方法。其三，补偿方法。由赔偿和保障构成以保护那些受到犯罪侵害的人。有六种类型的补偿：金钱补偿；实物返还；宣誓补偿，如果犯罪由做虚假陈述所致，采取依法宣誓澄清真相的补偿方法；名誉补偿，为他人维护或重新树立曾遭受犯罪侵犯或者践踏的名誉；惩罚补偿，给罪犯造成痛苦的措施，满足被害人的报复感;替代补偿,第三者补偿,在经济上为罪犯所造成的损害承担责任。其四,刑罚方法。需要防止出于同一罪犯或者其他罪犯的类似的犯罪,有两种途径,一种是制止犯罪意图,一种是消除行为能力。即改造和剥夺。在这个体系中,刑罚只是一种最后不得已而采用的手段,是一种必要的恶。①

3. 费尔巴哈

费尔巴哈是不同于贝卡利亚的刑法思想家。费尔巴哈对实定刑法进行深入研究,也同贝卡利亚一样被称为近代刑法学之父。费尔巴哈的贡献主要在于狭义的刑法学领域,他首先将孟德斯鸠、贝卡利亚等人的罪刑法定思想转化为实定刑法的原则,并用拉丁文对这一原则进行了经典的表述:无法律则无刑罚;无犯罪则无刑罚;无法律规定的刑罚则无犯罪(法无明文规定不为罪、法无明文规定不处罚)。其次,他从罪刑法定出发,提出了犯罪本质的权利侵害说。在犯罪学领域,他提出了著名的心理强制说(威吓论)。受边沁的影响,费尔巴哈也认为预防犯罪的根本性方法就是让犯罪人知道其犯罪行为只能引起利小于害的结果,从心理上强制个人求乐避害的本能冲动。至于对人们的心理强制,历来的做法是采取报复性的刑罚,惩一儆百;但费尔巴哈反对这种做法,认为刑罚的目的在于保障人们的权利,不能用破坏某人的权利去达到别的目的。因此,其提出应该通过法律明文规定犯罪与刑罚的方式来实现心理强制的作用。

费尔巴哈的威吓论指的是立法威吓论,不同于格麦林等人的行刑威吓论。后者主张利用刑罚的执行,使社会一般人知道刑罚的恐怖而不敢犯罪,即凭借对犯罪人行刑威吓未犯罪的人以预防犯罪。行刑威吓论为了追求威吓的效果,不免追求使用残酷的刑罚,而无视法律的规定,不利于对个人权利的保护。立法威吓论强调了威吓的心理依据和法律依据,心理依据就是心理强制说。即刑罚的威吓能够起到心理强制的作用,实现一般预防的目的。关于威吓的法律依据,则是罪刑法定主义。费尔巴哈认为,心理强制是通过法律威吓来实现的,只有基于法律的威吓,才能使刑罚不成为专制的和残暴的。罪刑法定原则也使威吓的对象限于刑法明文规定的范围之内,因而是一种正义性的威吓。

4. 传统古典犯罪学的基本观点

其一,关于犯罪原因的观点。(1)人性自私。古典主义接受霍布斯的人性恶学说,认为犯罪是人本性的表现,任何人都有可能将这种本性表现出来,所

---

① 吴宗宪:《西方犯罪学史》,中国人民公安大学出版社 2010 年版,第 126 页。

以任何人都有犯罪的可能。预防犯罪的途径就是阻止人们表现其邪恶的种种条件(刑罚是最重要的条件)。(2)意志自由。古典学者认为任何人有同样的意志自由,都能根据自己的意愿作出行为选择,犯罪行为也是个人自由选择的结果,也正因为如此,犯罪人应当对其自由选择的犯罪行为承担责任。(3)功利主义。具有自由意志的人为什么会选择犯罪行为而不是选择守法行为?古典学者认为这是由人的功利主义倾向决定的,即人都想用最小的代价获得最大的利益,而与守法行为相比,犯罪行为符合这样的要求。

其二,关于犯罪预防的观点。(1)刑罚是预防犯罪最重要的手段。刑罚可以抵消因犯罪获得的利益或者快乐,从而预防犯罪。适用刑罚的根据是社会契约,标准是人的客观犯罪行为。(2)法律控制论。只有依靠制定法律、遵守法律并在执行法律中贯彻人人平等的原则,才能预防犯罪。法律应该简明扼要、通俗易懂,要公布于众,要明确。(3)心理强制。一个人知道实施犯罪之后可以得到一定的快感,同时也知道实施犯罪后受到惩罚的痛苦,权衡利弊之后,为了免受痛苦,他就可能放弃要实施的犯罪。因此,心理强制可以使人们放弃犯罪从而达到犯罪预防的目的。行为前要有明确的法律,处罚的痛苦要大于犯罪的快感。

在古典主义的模式下,法官只是适用法律的工具,实践中的问题是忽略不同环境下特定情况的差异,因为在决定刑罚的时候考虑的因素只有行为,而不论意图,法典对每个人的处遇几乎相同,第一个犯罪人与后来重复行为者同样处理,未成年人和成年人同样处理。法典的这些不近人情的特征成为改革派的攻击目标,他们支持刑罚的个别化以及有差异的判决以适应特殊情况的需要,这些观点导致了后来法典的修改,修改之后的法典中,法官可以考虑年龄、精神状态而行使自由裁量权。古典主义犯罪学在实践中的这些改革者,被称为新古典主义学派。

(二)新古典主义犯罪学的主要理论

自从 19 世纪初期,犯罪学家已经抛弃了古典主义犯罪学(刑事司法体系没有抛弃)并从导致犯罪人实施犯罪行为的因素进行实证考察。但经过了一百多年的发展,实证主义犯罪学也没能起到减少犯罪的效果,古典主义的观点在犯罪学中再次出现。

1. 理性选择理论

古典主义假设,犯罪人会理性计算犯罪的成本和收益。有学者根据这一假设研究了潜在犯罪人发现进行理性计算的成本和环境。这一理论发现,实施犯罪的人往往是那些被提供了犯罪机会的社会一般人。例如,当发生洪水、地震的时候,很多人因灾难逃走,财产处于无人保护的状态下,而警察的紧急事务是拯救生命。通常不会实施犯罪的人可能会利用这一机会盗窃动产,因为在这种环境中,其因犯罪被抓的风险很低。

这种理论主要考察的是在一定的环境之下犯罪人达到犯罪目标的容易程度、不被发现和抓获的可能性、预期得到的利益。但由于这一理论考察的前提是特定的环境,因而这一理论也被称为"环境选择理论"。根据其理论,犯罪预防的建议是改变环境以增大实施犯罪的难度、增加犯罪风险、减少实施犯罪带来的利益。例如,机场的安检就是增加犯罪实施的难度。

2.惯常行为理论(生活方式理论、日常活动理论)

有人认为被害风险的差异与不同的生活方式具有联系,如年幼者、男性、未婚者、穷人、美国黑人相对来说具有更高的被害风险,是因为这些群体的人们具有较强的离家活动倾向,尤其是在晚上的时候,出门参加公共活动的倾向较强,因而与罪犯接触的可能性就越大。

科恩和费尔森认为人们的某些惯常行为为带有犯罪动机的犯罪人提供了犯罪机会。他们认为多数暴力犯罪和财产犯罪是因为被害人的惯常行为给犯罪人提供了机会,使其成为合适的被害人。在惯常行为理论中,犯罪显然不能包括所有的犯罪,而只能限于犯罪人与被害人有一定接触或者联系的犯罪,如强奸、抢劫、入室盗窃等,否则被害人的惯常行为无法影响犯罪人的行为选择。因此,该理论使用的一个前提条件是"特定的犯罪",这是惯常行为理论分析犯罪的模型的基础。

在这些特定的犯罪中,犯罪的发生至少需要三个要素结合在一起。其一,有犯罪动机的犯罪人的存在;其二,有合适的犯罪目标;其三,遏制犯罪发生的防卫因素的缺乏。缺乏其中任何一个要素,犯罪都不可能发生。[①]

首先,对于第一个要素来说,有犯罪动机的犯罪人必须愿意并且能够实施特定的犯罪。以往的犯罪学研究主要集中于犯罪人的动机,从犯罪人实施犯罪的原因入手,寻求遏制犯罪的对策。但惯常行为理论仅仅将这一因素作为犯罪发生的条件之一,而且这一条件并不能对犯罪率产生影响。或者说,惯常行为理论主要考察有犯罪动机的犯罪人是什么样的人?其行为如何?而不是研究其犯罪的动机。即考察的是有犯罪动机的犯罪人选择了什么样的侵害对象,而不是为什么要侵害。有学者认为,带有犯罪动机的犯罪人数量的变化影

---

① 李希慧、廖梅:《当代西方理性选择犯罪学思想介评》,载《公安学刊》2004 年第 4 期。

响了犯罪率的变化。但惯常行为理论认为,有犯罪动机的犯罪人数量的变化是由于可侵害的目标的增多和社会防卫能力的减弱所造成的,只要能够减少目标和增加社会防卫能力就能减少犯罪人,降低犯罪率。因此,惯常行为理论并没有针对犯罪人提出预防犯罪的对策。

其次,对于第二个要素来说,是惯常行为理论分析犯罪,提供预防措施的核心要素。该理论认为,合适的犯罪目标的出现是导致犯罪的主要原因之一。在持惯常行为理论的学者看来,犯罪人也是具有理性选择能力的人,在其自由意志的支配下,犯罪人可以基于趋利避害的本能选择实施或者不去实施犯罪。而犯罪人之所以会做出这样的理性选择,一个非常重要的原因在于现实社会中可侵害的目标的增加。而在惯常行为理论看来,这种可侵害的目标的增加,是被害人的"日常活动"的变化引起的。例如,现代生活使得人们长期四处奔波,这意味着很多家庭将成为入室盗窃的合适目标。再如,现代青少年,尤其是大学生的一些生活方式,如酗酒、参加聚会甚至吸毒,增加了他们被害的风险。

最后,仅仅有合适的犯罪目标还并不必然导致犯罪人选择实施犯罪行为。对于理性的犯罪人来说,其通常还需要考察犯罪目标是否有保护因素的存在才能决定是否实施犯罪。有犯罪动机的犯罪人通常选择没有保护因素的目标作为犯罪对象。这里的保护因素可以分为自然的因素和人的因素。对于前者来说,一个装有报警装置的空房子,其被盗的可能性要远远小于没有报警装置的房子;对于后者来说,一个有邻居注视的房子,比没有邻居关注的房子被盗的可能性要小。

在惯常行为理论犯罪分析的模型下,犯罪原因的分析和犯罪预防对策的提出主要是针对后两个犯罪发生因素而言的。其理论可以总结为,人们的日常行为存在一定的可预测性和重复性,这些具有惯常行为的人通常会被有犯罪动机的人选择成为合适的犯罪目标,一旦当时的环境缺乏足以阻止犯罪的保护因素,犯罪就会发生。因此,如果能够减少合适的犯罪目标或者增加可能的犯罪目标的保护因素可以减少犯罪的发生。

科恩和费尔森用这一理论解释了美国 1947 年到 1974 年间犯罪率的变化,认为 1947 年人们花费更多的时间居家生活,拥有的财物主要是家具之类的很难移动的东西,因而掠夺性犯罪相对较少;而 1974 年,人们花费较多的时间离家活动,拥有的财物是汽车、电器等可移动之物,因而犯罪率有所上升。因此,尽管有动机的犯罪人的数量可能没有增加,但由于犯罪目标的增多和犯罪机会的加大,犯罪率必然呈上升趋势。

二、实证犯罪学派

贝卡利亚的理论改变了各国的刑事司法政策,使人们对犯罪将迅速减少产生了强烈的预期。但实际上,对于犯罪是否减少,人们根本没有确认的方法,因为当时并没有关于犯罪数量的统计来测量犯罪。1827 年,法国第一次公布了国家年度犯罪统计,此后的数据非常有规律,一般案件的犯罪率和特定案件的犯罪率(谋杀和强奸)年复一年地保持着相对稳定的状态并处于上升通道;更为突出的现象是累犯也在增加。如果按照贝卡利亚只要改革刑罚政策就能减少犯罪的观点,这些现象都是不应该出现的,尤其是累犯问题。这些统计数据揭示了古典主义刑罚政策的失败,同时说明其他社会因素可能影响犯罪率。这给新型犯罪学理论的产生提供了契机,实证犯罪学在这种背景下诞生。其目标是研究犯罪产生的原因,要么在社会层面进行,要么在个人层面进行。

实证犯罪学认为,行为是被个人不能控制的因素决定的。人类不是可以自行决定的行动者,不能自由地依照他们的愿望和理性去指引行为。换句话说,人类仅能依照已经被决定好的情形去行为。思考和推理实际上只是个人在实施已被决定好的行为的过程中,证明自己行为正当性的过程,而不是个人自由地选择他们想要实施的行为的过程。在这种基础上,犯罪学家试图识别出产生犯罪的原因,最初主要考察生物因素,后来的犯罪学家将重点转向心理因素,再后来是社会因素。还有犯罪学家采用多因素的研究方法,认为很多因素可以增加或者减少人们实施犯罪的可能性。

实证犯罪学理论众多,大体上包括早期的统计学派、以龙勃罗梭为代表的犯罪生物学理论、犯罪心理学理论和犯罪社会学理论。其中的犯罪社会学理论包括社会结构理论和社会过程理论。由于在本书犯罪原因的论述中将会具体介绍实证犯罪学理论,在这部分,我们只介绍实证学派创始人龙勃罗梭的生来犯罪人理论与早期的统计学派,其代表人是法国的格雷和比利时人凯特勒。

(一)龙勃罗梭与生来犯罪人理论

切萨雷·龙勃罗梭(1835—1909)是意大利精神病学家、犯罪学家、犯罪人类学或实证犯罪学的创始人。"龙勃罗梭是犯罪学史上最重要的开拓性研究者之一,被许多犯罪学家称为'犯罪学之父'、'近代犯罪学之父'、'生物实证主义学派的创建之父'、'意大利学派之父'。龙勃罗梭与菲利、加罗法洛三人被看成是实证学派的主要代表人物,有学者把他们称为'犯罪学三圣'。"①

1876 年,龙勃罗梭的代表作《犯罪人:人类学、法理学和精神病学的思考》(简称为《犯罪人论》)诞生。此后该书不断再版修订,该书第一版仅有 252 页,到 1897 年第五版时共有三卷 1903 页。龙勃罗梭在《犯罪人论》一书中最为重要、最有争议和影响的犯罪学理论是"生来犯罪人"(born criminal)理论。

1. 生来犯罪人理论的思想渊源与发现过程

龙勃罗梭在 19 世纪末提出且深入发展"生来犯罪人"理论并非是研究中的巧合和偶然现象。实际上,经验主义哲学、进化论、犯罪统计学的智识思想、方法和知识共同构成了龙勃罗梭的"前理解"以及生来犯罪人理论的思想渊源。

19 世纪上半叶,经验主义哲学所主张的知识来源于经验,"观察优于想象、观念服从事实,观察包括纯粹观察、实验、比较三种形式"②等观点构成了龙勃罗梭实证研究犯罪人的哲学基础。19 世纪 70 年代,达尔文的进化论主张不同生物之间存在进化地位高低之别以及返祖遗传的观点是"生来犯罪人"理论的直接思想来源。17 世纪到 19 世纪,西方统计学尤其是以经济因素对犯罪的影响、犯罪制图学、自然因素与犯罪关系为代表的犯罪统计学研究蓬勃发展,这为龙勃罗梭的研究提供了较为科学的方法。

1906 年,龙勃罗梭在都灵犯罪人类学大会上回顾了"生来犯罪人"理论的发现过程:1870 年,我在帕维亚的监狱和收容所从事研究工作。12 月的一个上午,我突然在一个强盗的颅骨上发现了一串返祖现象的畸形物,首先是枕骨上有个大凹,而且小脑蚓部肥大,这些类似于在低等无脊椎动物头部发现的情况。在我看来,犯罪者与犯罪真相的神秘帷幕终于被揭开了,原因就在于原始人和低等动物的特征必然要在我们当代重新繁衍。③

而后龙勃罗梭运用人类学理论和统计学方法,通过对 383 个罪犯的颅骨和 7000 多名罪犯的身体差异、精神状态进行分析,仔细对比研究士兵和被处死罪犯的尸体。他发现犯罪人与正常人在身体、生理、行为等方面特征尤其是颅相上有很大不同,罪犯在上述生物特征上表现出一种"隔代遗传"或"返祖现象"(atavism)。他认为,"犯罪是一种返祖现象,是进化地位相对较低的动物

---

① 转引自吴宗宪:《西方犯罪学》,法律出版社 2006 年版,第 99 页。

② 欧力同:《孔德及其实证主义》,上海社会科学院出版社 1987 年版,第 46 页。

③ [美]理查德·昆尼等:《新犯罪学》,陈兴良等译,中国国际广播出版社 1988 年版,第 49 页。

的野蛮属性在现代社会某些个体身上的再现。"①"犯罪人是一种自出生时起就具有犯罪性的人,他们的犯罪性是与生俱来的,是由他们的异常生物特征决定的,这种生物特征则是通过隔代遗传而来的。"②

2.生来犯罪人理论的研究方法与研究内容

为分析犯罪人生物特征的异常,龙勃罗梭在《犯罪人论》一书中综合运用了观察、归纳、定量分析等研究方法。通过观察法,收集生来犯罪人身体或生理方面的异常特征;通过归纳法,梳理犯罪现象之间的因果关系;通过定量分析法,比较和界定罪犯与正常人的差异。

在大量观察研究的基础上,龙勃罗梭认为生来犯罪人一般具有身体、心理及行为等方面异常特征。第一,生来犯罪人身体特征异常。生来犯罪人在头部、面部、眼睛、耳部、鼻部、嘴部、牙齿、毛发、四肢、脚部等,都与正常人有所差异。例如,犯罪人的头部面积和形状与正常人不同;面部不平均,牙床及额骨过分宽大;眼部有缺陷或长相特殊;两耳特大或特小;鼻子不正,有的上翻或扁平;嘴唇多肉,肿起而凸出等。犯罪人的身材比较高,胸廓比较宽,头发的颜色比较暗,体重比一般人重,比精神病人的也重。他们出现一系列亚小头畸形的特点,是正常人的两倍,但少于精神病人的。头骨的指数一般与种族相吻合,但比较多地表现为短头畸形,尤其是在抢劫犯中。犯罪人当中长着栗色或暗色眼睛的比正常人和健康人更常见。头发浓密乌黑,尤其是抢劫犯,等等。③第二,生来犯罪人心理特征异常。龙勃罗梭认为,就智力而言犯罪人与精神病人不同,"犯罪人只为了对自己有直接好处的事情而劳动,而且经常是为了不好的目的;犯罪人很不讲逻辑。"④第三,生来犯罪人行为特征异常。文身和用暗语交流在犯罪人之间很普遍,生来犯罪人的复仇欲望往往体现在文身图案和暗语之中。

借助归纳研究,龙勃罗梭把握到诸多犯罪现象之间的因果关系。如龙勃罗梭概括出情感冲动型犯罪人的 20 个特征,冲动性是生来犯罪人所具有的、几乎是病态的特征;开展了暴力罪犯和盗窃罪犯的笔迹研究;通过犯罪人感觉的研究,归纳出生来犯罪人往往感觉迟钝和罪犯的道德感觉麻木的结论,生来

① 白建军:《关系犯罪学》,中国人民大学出版社 2005 年版,第 80 页。

② 吴宗宪:《西方犯罪学》,法律出版社 2006 年第 2 版,第 103 页。

③ [意]切萨雷·龙勃罗梭:《犯罪人论》,黄风译,中国法制出版社 2000 年版,第52~53 页。

④ [意]切萨雷·龙勃罗梭:《犯罪人论》,黄风译,中国法制出版社 2000 年版,第 162 页。

犯罪人性情残酷、缺少悔恨和自责、智能低劣,对别人遭受的痛苦漠不关心。①

龙勃罗梭坚持"人类学需要的是数字,而不是孤立的、笼统的描述"②的观点。通过定量分析,龙勃罗梭把握到罪犯中头骨变形者的分类描述、职业对犯罪的影响、杀人犯与正常士兵的颅骨异常情况、各类罪犯的体重偏离平均体重的方向和比例、意大利不同地区罪犯与士兵头发颜色的比较、英法两国侵犯人身犯罪发案率的周期性描述,等等。③

实际上,随着研究的深入和受弟子菲利、加罗法洛的影响,生来犯罪人理论后来也发生了转变,龙勃罗梭逐渐认识到自然因素和社会因素对犯罪所起的作用。在《犯罪人论》第五版中,龙勃罗梭用较多的篇幅论述了文明程度、人口过剩、新闻媒介、生活状况及宗教、教育等对犯罪的影响;它也把天生犯罪人在全部犯罪人中的比例从原来的66%降到40%。④ 但龙勃罗梭的基本思想一直没有改变。在龙勃罗梭死后两年出版的《犯罪原因及其矫治》一书中,龙勃罗梭指出,生物返祖现象不适合所有的犯罪人,许多犯罪并非生物因素所致,而与环境因素相关。龙勃罗梭按照罪犯是否具有生来特质及主观恶性程度将犯罪人分为四类:生来犯罪人、精神病犯罪人、激情性犯罪人和偶发性犯罪人。他认为,前两种人是真正的犯罪人,主观恶性大,激情犯和偶发犯不具有生来犯罪人特质。

3.生来犯罪人理论的评价

生来犯罪人理论构成了龙勃罗梭犯罪人类学研究的出发点。由于他过分重视犯罪人个人的特征而忽略社会因素,用以个别代一般的方法进行研究,结论显然易引起争议和质疑;但龙勃罗梭作为实证犯罪学的创始人,直至现在他的学说还对犯罪生物学、犯罪心理学等学科发挥着影响。

龙勃罗梭首先以科学的方法研究犯罪人,阐明犯罪发生的原因,将刑罚理论自原来的行为本位移至行为人本位上,因而激起了各国学者对犯罪人和犯罪原因的研究,开创了犯罪学研究的新时代。

龙勃罗梭的研究引发了犯罪学研究方法的革命。创造性地将科学的、实

---

① 〔意〕切萨雷·龙勃罗梭:《犯罪人论》,黄风译,中国法制出版社 2000 年版,第 105、173、73 页。

② 〔意〕切萨雷·龙勃罗梭:《犯罪人论》,黄风译,中国法制出版社 2000 年版,第 39 页。

③ 〔意〕切萨雷·龙勃罗梭:《犯罪人论》,黄风译,中国法制出版社 2000 年版,第 30、240、12、22、40、202 页。

④ 〔意〕切萨雷·龙勃罗梭:《犯罪人论》,黄风译,中国法制出版社 2000 年版,第 87 页。

证的方法运用到犯罪学的研究当中,从而开辟了一条认识犯罪问题的新途径。有国外学者曾评价到,"龙勃罗梭是一个先驱者,他的创始性和天才掀起了一个伟大的运动——将现代科学实证与归纳的方法运用到犯罪问题上来,他促使犯罪学得到发展。"[①]

(二)格雷、凯特勒与犯罪统计学

格雷(1802—1866)是一名法国律师,对 1827 年出版的法国国家犯罪统计有很大的兴趣。他利用地图对法国一些地区侵犯人身犯罪和财产犯罪的犯罪率进行了分析研究,用地图上的不同颜色表示与不同的社会因素有关的犯罪率,在他的领导下,从 19 世纪 20 年代中期开始,整个欧洲的研究人员都在利用制图学方法进行犯罪统计。1829 年,格雷发表了初步研究成果,1833 年将研究成果扩充成书,题为《法国的道德统计》。

格雷检验了人们认为的犯罪与贫穷之间的存在关联的观点,却发现法国最富裕的地区有很高的犯罪率,而在那些最贫穷的省份,诈骗和盗窃犯罪的发案率最低。他认为,贫穷本身并不直接引起财产犯罪,影响财产犯罪的主要因素在于作案机会。在比较富裕的省份,可以偷窃的东西更多。因此,引起犯罪的主要原因是犯罪的机会和居民的道德败坏。

格雷还抨击了人们普遍认为的缺少教育与犯罪之间存在关联的观点。他通过对法国各地区受教育程度的考察,结合犯罪率,得出结论认为受教育水平最高的地区暴力犯罪率最高,而暴力犯罪率最低的地方受教育的水平也最低。他还发现,气候和犯罪也有联系。通过统计发现气候暖和的地区人身犯罪率高,气候寒冷的地区财产犯罪率高。人身犯罪和性犯罪在夏季达到高峰。此外,他还认识到年龄与犯罪之间的关系,确定了犯罪行为的年龄分布特征,发现犯罪率在 20～30 岁之间达到高峰。

凯特勒(1796—1874)是比利时的统计学家、数学家和天文学家,被誉为统计学之父。凯特勒对法国、比利时、卢森堡和荷兰的犯罪率进行了统计分析,于 1831 年发表了初步研究成果《对不同年代的犯罪倾向的研究》,这本书标志着利用统计资料研究犯罪的开始。

凯特勒发现,有些人比其他人更容易犯罪,特别是那些年轻人、男性、穷人、失业者以及未受良好教育的人。年轻男性比较多的地方往往会发生更多的犯罪。但实际上比较穷的和失业人数多的地方犯罪比较少,穷人和失业者在那些有很多富人和有工作人的地方比较容易犯罪。因此,穷人和失业者较

---

① 转引自吴宗宪:《西方犯罪学》,法律出版社 2006 年第 2 版,第 116 页。

少的地方犯罪率高,但这些犯罪通常是由生活在那里的穷人和失业者实施的。因此,和格雷一样,凯特勒也用作案机会来解释这种情况。同样,卡特勒也发现,教育程度的提高并没有减少犯罪,受过较多教育的人趋向于较少的犯罪,但他们趋向于犯更多的暴力犯罪。受教育少的人犯罪较多,但所犯之罪更多的是财产犯罪。因而,受教育程度的提高本身不能减少犯罪。

通过对法国犯罪统计中的研究,他发现犯罪率与犯罪人被逮捕、监禁和绞死的比率每年都是相当稳定的,这使其认识到,犯罪的这种规律性与贫穷、年龄、性别、气候、职业、教育等社会、自然因素有关,由此提出了一个著名的论断"年复一年都有人实施犯罪,看来是我们的社会组织的必要结果,社会制造犯罪、犯罪人仅仅是社会制造犯罪的工具。"即,他认为犯罪和刑罚在一个社会总是稳定的。这一观点在当时被看做是异端邪说。

在研究气候与犯罪的关系时,他也得出了和格雷相似的观点,被称为"犯罪的热定律",他认为道德随季节的不同而有所变化,在南方和温暖的季节中,侵犯人身的暴力犯罪盛行,而在北方和气候寒冷的季节中,侵犯财产犯罪盛行。

凯特勒还认为,犯罪倾向实际上是道德品质的反映,年轻的男性通常不具有理性与温和的习惯、比较稳定的情绪的美德,所以他们容易犯罪。同样,穷人和失业者周围都是富人的时候,这些美德会遭到破坏。所以,他的主要政策建议是加强道德教育,改善社会条件来提高人们的生活水平。凯特勒一生都坚持了犯罪本质上是由道德缺陷造成的,他后来认为,生物特性特别是头和脸的相貌,会透露人的道德缺陷。这使他成为龙勃罗梭的直系前辈,后者著名的《犯罪人论》出版的时候,凯特勒去世才两年。[①]

实证犯罪学的基本观点包括:1.人的意志是由个人原因和社会原因决定的,受自然法则的支配,人们没有平等的意志。2.责任的判定应该以行为人的性格为标准,而不是以行为的结果为标准。3.犯罪大多是由社会原因造成的,消灭犯罪应该从改良社会政策入手。4.刑罚是保卫社会的方法之一,但不是预防犯罪的唯一方法,也不是最有效的方法。

三、实证犯罪学和古典犯罪学之间的关系

实证犯罪学和古典犯罪学之间并非对立的关系。在过去,古典犯罪学家认为刑罚的确定性和严厉性能够影响犯罪人的行为,而其他环境因素则不能,但也有学者认为"贝卡利亚的立场并没有排除对犯罪的社会经济背景的考虑,

---

[①]　刘灿璞:《当代犯罪学》,群众出版社 1986 年版,第 29 页。

也没有让他只关注刑罚的威慑作用。"这意味着其实传统的古典主义犯罪学者也并非绝对地排除环境因素对犯罪的影响。

在过去,实证主义犯罪学家以为生物学、心理学以及社会学的因素能够影响犯罪行为,而刑罚的确定性和严厉性则不能,但有学者认为"古典模式中的变量或许可以解释犯罪的一些变化,如果能够解释,则这些变量也应该包括在实证主义模式中。"这意味着在实证犯罪学者的观点中,也并非绝对地否认刑罚对于犯罪遏制的作用,从而绝对地排除刑罚的适用。[①]

第二节　我国犯罪学的发展

"由于法律虚无主义和'左'的指导思想的影响,新中国犯罪学研究刚刚起步,即被迫处于停滞状态。新中国成立以后,30 年内竟然没有成立过一个专门研究犯罪问题的机构,更没有一所高等院校开设犯罪学课程,偶尔可见的几篇研究文章也是侧重于分析犯罪的阶级根源,而缺乏对犯罪原因客观而系统的分析。"[②]我国的犯罪学主要是在改革开放和社会转型后发展起来的。在这段时期,我国历经多次犯罪浪潮的冲击,整体犯罪态势亦是逐年趋重。迫于严峻的犯罪压力,犯罪学获得了发展契机,取得了较大的发展。一般认为,我国的犯罪学研究起步于 20 世纪 80 年代初期对于青少年犯罪的研究,经历了近30 年的发展,我国的犯罪学研究取得了长足的进步,获得了可观的成果。一些犯罪学者在借鉴西方犯罪学理论的基础上,提出了一系列有关犯罪问题的主张。但是,我国的犯罪学研究仍存在很多问题,这些问题的解决需要我国犯罪学者的进一步努力。

一、我国犯罪学的代表性理论

1. 远正近负效益论

该理论主要观点为:现代化进程这样一场深刻的社会变革,不可能不对包

[①]　关于古典犯罪学和实证犯罪学之间的关系,参见乔治·B.沃尔德、托马斯·J.伯纳德、杰弗里·B.斯奈普斯:《理论犯罪学》,方鹏译,中国政法大学出版社 2005 年版,第 35 页。

[②]　许章润:《犯罪学》,法律出版社 2007 年第 3 版,第 61 页。

括社会治安秩序在内的社会生活带来重大影响。这种治安效益应必须从效应的不同种类和效应的不同时间这两个方向上去把握。效应分为正、负两类，又划分远近两种。中国目前这场社会变革对于社会治安的近期效应来说，正、负效应兼而有之，但整体上呈现负效应突出的态势；而从远期效应上说，则呈现正效应突出的态势。具体而言，现代化进程对于社会治安的近期效应，有搞活经济、冲突传统的社会控制等积极的一面；近期负效应首先表现在社会变革使某些社会机制一时失调，使外在社会控制力量减弱。另外，近期负效应还表现在社会变革使一些社会成员思想失衡，使社会内在控制能力下降。之后，该论者在此基础上先后提出了"双重效应理论"、"社会控制中介论"，并进行了丰富与发展。

2. 社会震荡及代价支付论

该理论认为，实现由产品经济向有计划的商品经济"转轨"的改革，一方面从根本上高速发展着社会生产力，调整着生产关系；另一方面则由于社会商品化倾向的"经济热潮"造成社会生活张弛失度，紊乱多变，势必引起一定程度上的社会震荡，从而不可避免地造成犯罪的局部加剧，这种因经济发展过速所带来的我国犯罪现象在一定历史阶段的局部加剧，是改革目标实现、改革胜利完成所必然要付出的一种必不可少的补偿，一种代价。

3. 利益多元、差异及矛盾论

该理论通过对新时期多元利益结构的剖析，论证由利益差异引起的矛盾冲突而构成现阶段犯罪急剧增长的罪因理论。改革开放必然带来社会利益结构的巨大变化，打破原有的产品经济结构下的社会利益结构，而形成新的利益格局。现在改革使得个人与个人、个人与集体、个人与国家、集体与集体、集体与国家的各种利益差别明显化了，使得社会利益关系多样化与复杂化。而调和利益的矛盾冲突有许多困难，建立一种新的合理的利益格局需要有一个过程，因此也就造成了利益冲突引起的犯罪增多。

4. 犯罪成本理论

成本论认为，犯罪人在犯罪行为和非犯罪行为这两类行为中之所以选择了犯罪行为，是因为犯罪人认为实施犯罪行为给自己带来的效益（犯罪效益），大于他从事非犯罪行为所能获得的效益（合法效益）。某项犯罪行为的犯罪率与犯罪效益成正比关系，即某项犯罪的犯罪效益越高，该项犯罪行为的犯罪率也就越高，而犯罪效益与犯罪成本和犯罪收益有关。由于在一定时期，某项犯罪行为的平均犯罪收益基本不变，因此犯罪效益与犯罪成本成反比关系，亦即犯罪率与犯罪成本成反比关系，犯罪成本越低，犯罪率越高。其中，犯罪成本分为现实成本和预期成本。对于犯罪人来说,现实成本与预期成本相比几乎可以忽略不计,而预期成本是否需要付出,与犯罪行为是否被发现并被定罪有关,即与定罪率有关。所以定罪率高低,对犯罪成本的高低起决定性作用。以此,论者论证了我国改革开放以来的犯罪率上升有其必然性。①

二、我国犯罪学研究存在的问题

(一)外部的困境

1. 政府重视不足与司法体制的制约

外部的困境是指由各种具体影响犯罪学学科发展的外在因素所构成的问题。在范围上,外在因素包括除犯罪学研究自身存在的问题以外的一切因素。它涉及国家对犯罪学的基本认知和态度、体制因素、历史因素及现实因素等,

一方面,国家对犯罪学的重视程度不足,这是困扰犯罪学发展的主要外部因素。虽然不能说国家忽视了犯罪学的学科建设,但是与刑事科学中的刑法学、刑事诉讼法学等分支学科相比,犯罪学的受重视程度明显不够。国家的这种潜在态度直接导致对各门学科在体制层面的安排有所偏颇,犯罪学学科定位的现状就充分说明了这一情况。

根据我国高校专业设计目录,“法学”为一级学科,“刑法学”和“民法学”等学科为二级学科,二级学科以下的学科被列为研究方向,也称三级学科。犯罪学就属于“刑法学”之下的三级学科。我国有学者指出:“把犯罪学列为刑法学之下进行学科管理,不仅限制了犯罪学学科的发展,而且削弱了它对刑法学的宏观指导作用。”②其实,在近十年的犯罪学研究中,越来越多的学者坚持犯罪学在刑事科学中的独立性。他们普遍认为,“犯罪学——独立的、跨学科的、国际的、经验型与联系实际的科学”③。因而,当前国家所认可的学科定位在一定程度上必然会限制国家对犯罪学研究的支持力度,也势必会从宏观上影响犯罪学的理论研究与犯罪学对社会生活的指导。以我国当前的国情看,一个学科的发展不仅取决于社会生活的需要,更取决于政府的重视与大力支持。

另一方面,在我国现行的刑事司法体制中,刑法学、刑事诉讼法学因具有

---

① 关于我国犯罪学的代表性理论,参见王燕飞:《论犯罪学理论及其建设》,载陈兴良:《刑事法评论》(第 25 卷),北京大学出版社 2009 年版,第 257~260 页。

② 王牧:《论犯罪学的学科定位及其属性》,载《中国大学教育》2004 年第 8 期。

③ [德]汉斯·约阿希姆·施奈德:《犯罪学》,吴鑫涛、马君玉译,中国人民公安大学出版社、国际文化出版公司 1990 年版,第 165 页。

实在的基本法律支撑和明显的应用性而处于"显学"地位;犯罪学在刑事司法体制中还未获得稳定的立足之地。犯罪学在现行刑事司法体制中的边缘化(或称在刑事司法体制中的"失语"),也导致犯罪学难以通过司法制度的路径在社会生活中发挥较大的影响和作用,导致犯罪学的理论成果和智慧结晶长期囤积于学术圈难于传播,也势必限制犯罪学的发展空间。

2.我国犯罪学发展遭遇历史的断裂

在外部困境中,我国犯罪学发展的历史断裂是正视当前困难所不容忽视的重要方面。在新中国成立前,我国犯罪学已经取得了一定程度的发展。学界翻译了大量的外国犯罪学著作,并涌现出严景耀先生等杰出的犯罪学学者。在新中国成立后,犯罪学的发展遭遇了历史性的断裂。由于法律虚无主义和"左"的指导思想的影响,新中国的犯罪学研究刚刚起步就被迫处于停滞状态;新中国成立后的三十年内竟然没有成立过一个专门研究犯罪问题的机构,更没有一所高等院校开设犯罪学课程;有关犯罪学的学术论文数量较少,对犯罪问题的研讨尚未脱离阶级分析的限制。

严格说,我国犯罪学从刑法学中分离出来成为独立的学科仅有二十几年的时间。尽管在此期间犯罪学发展较快,并取得了显著的成绩,但犯罪学研究曾存在过三十年的空白,这至少耗费了一代至二代学者的学术生命。历史的断裂所造成的损失是巨大的,我国当代犯罪学研究为此付出的代价也是高昂的;在很多情况下,我们的犯罪学研究都是在重续历史,在补因历史原因落下的课。

3.社会转型中犯罪浪潮的挑战

在外部困境中,我国犯罪学研究所面对的社会结构性转型和社会急剧变迁也是当前研究陷入困境的原因之一。与改革开放前相比,中国在追求现代化的道路上快速发展,中国社会结构不断分化,市场经济下的贫富分化在不断加剧;就个人来说,个体意识觉醒,个人主义等多元的文化观、价值观指引着个人做出个性化的选择。总的来说,社会生活中的矛盾、紧张、失范[①]以及不可预期的偶然因素在增多。

尽管对转型社会来说,社会矛盾与犯罪率攀升几乎是不可避免的,但这一切足以使犯罪发生的环境和原因变得更加错综复杂,也导致犯罪控制和预防

[①] "失范"作为默顿的犯罪行为紧张理论的关键术语,可以理解为社会为人们设置了共同努力的目标,而部分人群不能够通过社会所认可的方法实现目标时,他们会选择社会所不认可的方法实现目标和内心满足。

工作难以有效开展。可以说,我国犯罪学主要研究的就是转型社会的犯罪问题,而转型期中国社会的犯罪问题又是一个广泛的"问题域"。毫无疑问,对于地广人多、犯罪总数与涉案人数较多的中国社会,此时的总体犯罪规律将更加难以把握,我国当前犯罪学研究所面对的现实外在环境相当复杂。

（二）内部的困境

内部的困境主要是指我国犯罪学理论研究中存在的不足和问题,其主要涵盖犯罪学基础理论研究的薄弱、方法的不足和资源的狭窄等因素。

1. 犯罪学基础理论研究薄弱

关于我国犯罪学基础理论研究薄弱、学科建设不足的问题,有学者曾将其理性地概括为,"我国犯罪学理论体系不严整、理论内容不严密、缺少必要的学术范畴和理论抽象不够"[①]。在犯罪学研究中,这种基础理论的薄弱较为常见,而且给犯罪学的发展带来致命的打击。一方面,尽管犯罪学界就犯罪学与刑法学关系的问题已取得一定共识[②],认为犯罪学并非隶属于刑法学,而是独立的刑事科学分支学科;但犯罪学中犯罪含义的理解一直未获得理论上的突破。犯罪学主流的观点坚持犯罪学中的犯罪定义不同于刑法中的法定犯罪,犯罪的概念包括犯罪的法律概念和犯罪的社会学概念。[③] 笔者本人也赞同这种主张,这样,在坚持犯罪的社会学概念的前提下,就必然得出犯罪学中的犯罪除了包括法定犯罪以外,还包括从社会学意义上的社会越轨行为。我们可以列举诸如吸毒、卖淫、轻微违法行为等社会越轨行为,但是目前却缺乏限定社会越轨行为的标准。因此,犯罪学中社会越轨行为理论研究的不足直接导致犯罪学中犯罪的含义长期得不到完整、严谨和科学的论证。

另一方面,西方犯罪学理论的中国化严重不足。如前所述,犯罪学理论基本上是由实证犯罪学派和社会犯罪学派所领衔的数百种理论、学说及思想构成的知识体系。这些犯罪学理论基本上是由外国人创建,并基于欧洲和美国的社会实践产生、发展的。它们立足于对犯罪规律的深层考察,无疑具有一定

---

① 王牧:《学科建设与犯罪学的完善》,载《法学研究》1998 年第 5 期。

② 关于犯罪学与刑法学的关系,曾存在三种争议。第一,辅助学科说,认为犯罪学是刑法学的一个分支学派。第二,辅助独立统一说,认为犯罪学既为刑法学服务,其研究对象和方法又有别于刑法学。第三,独立综合说,认为犯罪学拥有自己独特的理念与研究范式,犯罪学是一门具有独立性和综合性的科学。目前第三种观点得到了广泛的赞同。严励:《犯罪学研究的路径选择——兼论犯罪学的学科地位》,载《犯罪研究》2004 年第 4 期。

③ 王牧:《犯罪学中的犯罪概念》,载肖剑鸣、皮艺军:《罪之鉴:世纪之交中国犯罪学基础理论研究》,群众出版社 2000 版,第 319~320 页。

的普世性;但它们也具有浓厚异国文化基调和社会背景,因此也是一种"地方性知识"。对于普世性与地方性交织、融合的犯罪学理论显然不能直接采用"拿来主义";为解决中国的犯罪问题,必须对上述理论进行中国化。中国化也称本土化,是在借鉴理论地方性的基础上,将理论中的普世性原理与中国社会具体的犯罪情况和社会结构相结合。目前,我国犯罪学研究中的相当一部分精力还集中于根据中国国情借鉴西方理论,进而发展出有中国特色的犯罪学理论体系,显然对于国外理论的中国化我们才刚刚上路。

2. 实证研究方法运用不足

古语云:"工欲善其事,必先利其器。"方法在科学研究(无论是自然科学,还是社会科学、人文科学)中长久以来就扮演着分析工具与研究路径的重要角色。犯罪学的研究方法包罗广泛、种类繁多,如社会分析方法、文化分析方法、心理分析方法、经济分析方法等等,在这些方法中,实证分析是最为基础的研究方法。然而,我国犯罪学研究在实证方法的运用上还存在较大的问题。

刑事人类学派的一个历史贡献就是实证研究方法的应用。正如菲利所说,"实证犯罪学和古典犯罪学两者相比,他们各自说的是两种完全不同的语言。"[①]菲利所指的"语言"就是指两个学派采用了不同的研究方法。我国的犯罪学研究既需要理论上的思辨,更需要方法上的革新。其实,理论思辨与实证研究两者是密不可分的,实然犯罪态势需要理论的归纳和总结,而实证研究能为理论思辨反映真实的犯罪状况和提供有力的论据。当前的情况是理论上的思辨较多,而实证研究较少,从而导致理论研究脱离实践。离开实证方法的理论就是空洞的说教,实证方法应用范围的狭窄和运用质量的低迷也是导致我国犯罪学研究总体水平不高的原因之一。

3. 学术资源与知识储备欠缺

从学术资源的汲取上看,犯罪学的困境也与犯罪学学术资源和知识储备薄弱有关。古典刑事学派所遵循的以法律控制犯罪的思想,导致犯罪学的学术资源长期以来均投入到法律、刑罚和司法机构之中。实证犯罪学派为犯罪学打开了面向实践的研究路径,促使犯罪学的知识域开始逐渐扩大,并逐渐包括犯罪统计学等。以犯罪社会学派为代表的当代犯罪学研究最终使犯罪学的学术资源处于开放状态,并能够联合人文社会各学科的知识和方法对犯罪学展开研究。

当前我国的问题在于,不仅运用实证方法的犯罪统计学不发达,而且犯罪

---

① 吴宗宪:《西方犯罪学史》,警官教育出版社1997年版,第183页。

学研究缺乏一种联合人文社会各学科的跨学科研究模式。犯罪学的学术资源和知识储备严重不足,经济、政治、文化、地理、心理、社会等多学科的知识一直被排斥在犯罪学的学术资源之外,这直接导致我国犯罪学关于犯罪与经济、犯罪与政策、犯罪与文化、犯罪与心理、犯罪与社会等理论极度不发达,也严重影响了我们对中国犯罪规律全面而深入的体察。

4. 研究者专业化程度较差

谈到犯罪学理论及学术流派的发展,就不能不提及各位享誉中外的犯罪学大师。正是诸多杰出犯罪学家的不懈努力与天才思考,犯罪学才能够发展到今天的程度。可以说,犯罪学的研究最终是要依靠研究者来推进的,在学术研究中研究者发挥关键性作用。

经历多年的发展,尤其是改革开放三十年来的发展,我国犯罪学研究取得了长足的进步。这离不开我国学者的长期努力。尽管我国学者为犯罪学的完善付出了很多心血和精力,但仍不能忽视研究队伍中存在的问题。我国的犯罪学研究者当前存在的问题是专业化程度不高,进而影响了犯罪学研究的总体水平。"我国犯罪学研究者的构成广泛散布于社会各阶层各部门。不仅大专院校、科研部门、政法实际部门,而且工会、共青团、妇联、教育部门也介入其间,使研究队伍具有广泛的群众性特点。这种情况造成了犯罪学成果大量地低水平重复。"①研究者专业化程度不高的直接后果就是犯罪学研究向"对策犯罪学"方向片面发展。这种片面的对策犯罪学表现为:往往还未来得及认真观察某类犯罪的现状、深入分析它的社会深层原因,就径直得出具有结论性的对策建议。这种片面的对策犯罪学蒙蔽了犯罪学真正的问题,限制了犯罪学强大的理论解释力,妨碍了人们对犯罪问题客观而全面的认识。

5. 对学术共同体的支持有限

学术共同体是学术发展和成熟的坚实推动力量。犯罪学的发展,既需要学者个人的努力,更需要学者所组成的学术共同体发挥决定性作用。我国犯罪学的学术共同体主要是指犯罪学的各种研究机构。我国的犯罪学研究机构在获得外部资助方面明显处于窘境。我国的犯罪学研究机构大致分为两类,一类是隶属于高校的研究中心或研究所,另一类是政法部门下辖的研究犯罪问题的专门机构。两者都是依靠国家极为有限的财政支持,但是犯罪学的实证研究与调查、犯罪学理论发展和学术交流都需要经费的支持。囿于经费的有限,我国犯罪学研究机构对有些实证研究与大型的犯罪调查实际上是无能

---

① 许章润:《犯罪学》,法律出版社 2004 年第 2 版,第 60～61 页。

为力的。

总之,面对困境,需要我们勇于探索犯罪学新的发展路径。对于研究者而言,犯罪学发展所遭遇的外部困境是我们所无力改变的,但在解决犯罪学发展的内部困境方面我们还是可以有所作为的,尤其是在充分移植和借鉴西方犯罪学理论基础上,立足于中国本土的犯罪情势,运用跨学科研究模式完善犯罪学基础理论、更新犯罪学的知识形态等方面。

三、我国犯罪学的发展路径

面对我国犯罪学发展中所遭遇的诸多困境,我们需要加强犯罪学基础理论的研究,需要完善犯罪学的学科体系、丰富犯罪学的研究方法。为了走出前述犯罪学的发展困境,我们需要合理地借鉴西方犯罪学理论和发展经验,需要立足于中国国情和犯罪现实状况加强犯罪学自身的知识积累,反思以往理论和实践工作的不足,推进研究方法的更新。具体来说,这需要着力做好以下两个方面:

(一)推进西方犯罪学理论的中国化

当前,我国需要继续推动和促进西方犯罪学理论和发展经验的中国化进程,在"西学东渐"的大潮中为中国犯罪学尤其是犯罪学基础理论的研究汲取营养和储备资源。

在借鉴西方犯罪学理论发展经验的过程中,我们需要注意这一问题的两个方面内容。一方面,西方犯罪学某一种成熟的理论和研究往往都经历了许多学者较长时段反复的分析与实证研究,通过确立理论假设、实证研究,建构理论的基本范畴,在犯罪原因与治理层面确立分析模式。以社会控制理论为例,该理论的代表人物赫希提出了相关的理论假设,做了大量的实证调查,设计了基本的研究范畴,进而提出了相关犯罪控制的理论与方法。而后该理论经过众多学者的质疑、反思、检讨,又历经几十年社会实践的考验,才最终成为犯罪学中最具影响力的理论学说之一。可以说,西方理论与学科发展经验对我国犯罪学尤其是基础理论的研究具有极大的帮助和影响。故此,西方理论本身所提供的知识与智慧值得我们学习,西方犯罪学的研究历程与发展经验更值得我们重视和借鉴。另一方面,我们也必须看到西方犯罪学理论主要是根据西方特定社会的犯罪情势而发展起来的,适应西方社会发展起来的西方理论未必能够直接适应中国转型社会的犯罪治理工作,因此,西方理论需要经过中国化的过程,才能对我国相关研究和工作有所裨益。

由于犯罪问题的一般性,西方犯罪学的知识和经验值得我们重视和研究;

由于犯罪问题的本土性和区域性,西方犯罪学的理论与学说本身还要与中国国情相结合,进行适当的中国化。西方犯罪学理论和发展经验的中国化是一个长期渐进的历史过程。这是中国犯罪学与国际社会交融和接轨的过程,也是中国犯罪学的自我反思和改良的过程,还是中国犯罪学基础理论研究走向成熟和理性的过程。在西方理论中国化的过程中,全面了解和体察西方犯罪学的理论成果和发展经验,理性把握西方犯罪学的最新发展趋势,这是西方理论中国化的前提和基础。而将西方理论成果与中国犯罪学本土知识的积累和经验的增长紧密联系起来,以中国特定的犯罪问题为对象、以中国转型社会的综合环境为场域和语境、以坚实的实证研究为基础,进而将西方理论有机体察、筛选、梳理、运用,这是西方理论中国化的发展模式。

(二)促进有中国特色犯罪学理论的成熟与完善

在建设有中国特色的犯罪学理论过程中,我们需要着力做好以下三个方面:

第一,重视科际整合模式及跨学科研究方法在犯罪学理论研究和学科建设中的应用,促进方法创新和知识整合的整合型犯罪学的形成。

纵览犯罪学的发展历程,随着时代的变迁和社会的转型,犯罪学经过上百年风雨历程的曲折发展,已然形成了包含犯罪学基础理论、犯罪统计学、犯罪生物学、犯罪心理学、犯罪社会学、被害人学、犯罪文化学等分支学科组成的枝繁叶茂的大家庭。犯罪学的发展史是一个方法单一到方法多元、知识储备薄弱到知识储备丰富与复杂、学说简单到学说分立及百家争鸣的学科成熟历程。在漫长的发展过程中,犯罪学保持生命力和活力经久不衰的秘诀在于研究方法的不断创新和犯罪学知识通过整合的方式不断得到扩充。而方法的创新与知识的整合是与犯罪学发展相互伴随、唇齿相依的两个重要方面。新型研究方法的运用必然产生出新的知识,同时新的知识被纳入犯罪学研究场域也会带来研究方法上的革新。故此,我们应注重科际整合的研究模式及跨学科研究方法在犯罪学中的运用。

一方面,整合研究的基础在于学者对单个学科专业化的理解和掌控,所以对社会学、经济学、文化学、政治学、统计学、心理学、医学等等学科的精准掌握是犯罪学学者的基本要求,尽管单个学者难以掌握上述全部学科,但是掌握其中某一种学科还是力所能及的。只有充分体察和理解上述学科的知识、思想和方法,才有可能形成跨学科的反思与研讨。另一方面,整合研究的发展模式在于以合作研究的形式,运用多学科的知识和方法联合研讨特定的犯罪问题。这需要学者提炼出跨学科研究的连接点,以特定的连接点为研究范式梳理、提炼其他学科中有益于犯罪研究的内容,进而打破不同学科之间的界线和学术壁垒,弥补以往学科间条块分割的不足,拓展犯罪学的知识空间。

第二,将犯罪学理论研究与中国本土的犯罪治理实践相结合,面向犯罪治理实践的需要大力发展犯罪学的应用理论,推动犯罪学理论更好地应用于犯罪治理实践。

"犯罪学的学科价值在于提供与犯罪有关的知识,全面地认识犯罪,进而指导实践中的犯罪治理工作。"[1]于是,犯罪学也需要更好地服务于犯罪治理的实践,进而发展出有意义的应用型犯罪学理论。这种应用理论是以犯罪学基础理论为指导的,并直接影响着犯罪治理的实践。该理论主要表现为对具体类型犯罪的防控,如职务犯罪、农民工犯罪、未成年人犯罪的预防理论等。在当代中国社会转型与变迁的过程中,随社会变迁犯罪情势亦发生较大的嬗变,不同时期的社会整体犯罪态势亦不相同。转型社会为犯罪治理工作提出了很多新问题和新挑战。一方面,犯罪学的应用理论需要更加贴近中国社会的发展脉络与整体环境,更加关注社会中产生及诱发犯罪的新因素及新的犯罪趋势,更加重视对具体犯罪态势和潜在犯罪人群体的把握。另一方面,犯罪学的应用理论需要更加注重对犯罪学基础理论的依靠,更加重视对犯罪原因与犯罪规律、犯罪人与被害人、犯罪现象与犯罪类型、犯罪对策与刑事政策等犯罪学基本范畴和理论的理解。

第三,提倡、践行实证研究的学术传统,将实证研究作为犯罪学理论发展的基石,扩大实证犯罪学研究的影响。

犯罪是一种社会法律现象,其涉及大量的社会事实,所以从事实出发调查、整理和分析相关经验资料,有助于犯罪问题事实真相的揭示。同时,犯罪学理论的科学性往往也需要经过实证研究的验证与考量。故此,中国犯罪学需要向实证性研究发展。实证研究的最大问题就在于资料收集的困难,以及开展实证研究的长期性和艰巨性。故此,开展我国实证研究需要从以下两方面努力:

一方面,实证研究资料的获取需要得到国家有关部门的帮助与支持。在我国涉及犯罪问题的数据与统计资料往往由国家有关部门整理和收集,离开国家有关部门的支持,大面积且长时段的实证研究根本无法展开。另一方面,实证研究需要讲究技巧与方法。如前所述,实证研究的方法包括个案研究、犯

---

① 张旭、单勇:《论刑事政策学与犯罪学的学科价值及其连接点》,载《法商研究》2007年第 5 期。

罪统计研究、比较研究、追踪研究等等。在运用上述方法时,需要讲究技巧,这包括需要合理地观察犯罪、需要通过各种灵活多样的形式调查犯罪、需要在收集的资料中进行选样、需要科学地测试选样等等。

　　总之,我国犯罪学的发展既需要科学地借鉴西方犯罪学理论与发展经验,也需要立足于中国转型社会的本土情势,更需要在借鉴西方经验与体察中国现实的基础上发展出一种"知行合一"的犯罪学,一种整合型、应用型及实证型的学术理论与学科体系。

第二编
犯罪现象与被害问题

　　犯罪现象与被害问题如同一枚硬币的两个面，两者紧密相连，并构成犯罪原因与犯罪治理理论的研究前提与基础。实际上，犯罪学基本理论及其学术体系的构建与发展，均离不开对犯罪现象和被害问题的客观、精准描述与理性、全面剖析。

　　本书第二编主要研讨犯罪现象、犯罪人、被害以及发达国家和我国的犯罪现象状况等问题。

第 五 章

犯罪现象研究

第一节　犯罪现象的概念与特征

尽管在个体层面，个人通过适当的被害预防措施可以减少自身遭受犯罪侵害的几率；但在一般意义上，犯罪却是国家、社会和民众所无法避免的社会法律现象。同时，体察犯罪现象也是犯罪学研究的逻辑起点。

一、犯罪现象的概念

犯罪现象是指一定社会所存在的社会法律现象，是某个国家或地区在特定时期内一切犯罪的总和。犯罪现象既有它量的属性，也有它质的属性，研究犯罪现象主要是要做到定性与定量的结合。犯罪现象是由大量的社会事实所构成的有机整体。可以说，犯罪现象不单纯指向个别和具体的犯罪行为，而更多的是指向一种群体犯罪现象或宏观犯罪现象。关于犯罪现象概念的理解，需要注意以下两个问题：

第一，犯罪现象是与犯罪问题有关的诸多社会事实的集合。

犯罪现象中最为基本的经验事实包括一定时空内犯罪的发生情况、比率、类型、危害程度、时空分布、罪犯的情况（年龄、性别、职业、出身、民族、所在地区、文化程度、人格、性格、价值取向等），乃至于被害人的构成情况等。对于上述社会事实的体察构成了犯罪学研究的基础。

例如，特定区域内未成年人犯罪的研究，首先需要考察特定区域内未成年人的犯罪率、犯罪类型、犯罪数量、危害程度及社会负面影响、未成年犯罪人和潜在未成年犯罪人的各种情况等犯罪状况。只有详细收集和整理上述资料、数据,才能对未成年人犯罪的特征和规律有一个全面的认识,才能进一步透过上述资料分析这些资料所暴露出的未成年人犯罪的经济因素、家庭因素、教育因素、社会因素、自然因素等情况的发展与嬗变,进而总结与提炼出未成年人犯罪的原因和影响因素,有针对性地制定出相关犯罪治理对策和措施。这样,考察和整理犯罪状况不仅能够有助于犯罪学学术研究的深入开展,还有助于刑事政策的合理制定和犯罪治理实践活动的有效展开。

第二,作为社会法律现象,犯罪现象首先是一种社会现象,然后才是法律现象。

法律规范来源于社会事实。犯罪首先是以各种社会越轨行为的形态存在于社会生活之中,然后才被国家以法律和法定犯罪的形式加以明确。刑法关于犯罪圈的历次扩张与缩小往往是出于特定社会情势而做出的立法调整。特定的社会事实构成了理解和把握犯罪问题的语境。于是,犯罪现象的体察必须借助实证研究方法的科学运用,如文献分析、比较分析、社会调查、访谈、数据挖掘等方法。

二、犯罪现象的特征

犯罪现象的特征,是指各种犯罪现象、各类犯罪行为所共有的基本属性。尽管不同类型的犯罪可以表现出迥异的外在形式,但在现象层面各种类型的犯罪还可是以归纳出一定的共同之处。具体来说,犯罪现象的特征主要包括以下五个方面:

第一,犯罪的法律特征。所谓法律特征,是指犯罪不仅是具有社会危害性的行为,而且具有违反刑事法律规范的性质。犯罪实质上是对统治秩序的破坏,统治者为了维护其统治,就要把严重危害其利益的行为以法律形式规定为犯罪,并加以一定的处罚。虽然犯罪学中所研究的犯罪是以法律规定为基础,以其他社会越轨行为为补充的,但其仍是危害统治秩序的行为,仍主要需以刑事法律为其判断标准。其他各种社会越轨行为尽管不违反刑法,但仍违反治安管理处罚条例等行政法律法规。故此,犯罪现象的法律性为犯罪现象研究提供了一个大致的基准和圈定了一个主要的研究领域。

第二,犯罪的区域特征。在不同地理方位和生态环境中,犯罪情况也是存在较大差异的。如城市与农村的犯罪状况有较大差异。一般来说,都市的犯罪率均明显高于乡村。"1981 年,都市犯罪的比率,美国为 82%、英国为

86.4%，联邦德国为 86%。"①在我国社会转型期的农村,当前针对留守妇女儿童的侵财犯罪、暴力犯罪及性犯罪整体多发、态势严峻。城市中的治安盲点、城市死角、城乡结合部与其他社区相比,是传统的治安高危区域。这些治安盲点包括立交桥桥洞、地下过道、地下停车场、地铁、转角、厕所、狭小的胡同、贫民窟、公园、流动人口聚居地等特殊空间。②此外,交通沿线的犯罪率要大大高于偏僻山村。

第三,犯罪的时间特征。作为人类的一种越轨行为,犯罪和其他行为一样也有周期性波动的规律,夜晚、周末和假日均是犯罪高发期。我国的传统节日春节之前的一个月左右也是各类侵财犯罪的高发期;而春节从三十到初六几乎是一年中犯罪率最低的时期。各种材料表明,在北半球国家中,性犯罪每年从三四月开始递增,六七月达到顶峰,八九月逐渐下降,十一月后降至最低。此外,各种经济危机导致失业率升高,故经济危机周期也是犯罪高发期。

第四,犯罪的相对特征。犯罪现象的相对特征是由其法律特征所派生出来的。犯罪现象的评价以一定社会的法律为标准。虽然法律的制定不能不打上一个国家、民族的经济、文化等的烙印,但是,确定犯罪行为的法律评价标准最终取决于统治者的价值观。因此,对于什么是犯罪行为的评价,在不同的社会经济形态里,在某个社会发展的不特定阶段上,会有所不同。此时此地认为是犯罪的,彼时彼地则可能被认为是英雄壮举。犯罪概念会因时间、空间地域之不同而含义有所差异,每一时代的犯罪现象并非一成不变的,每一社会的犯罪现象也并非完全相同。

例如,掠夺、海盗等行为,在今天虽是各国公认的犯罪行为,但在古时,很多国家却将其视为谋生的方法。再如古代斯巴达会奖励杀害畸形或虚弱婴儿,但当时雅典城邦则禁止此类行为。古代犹太人如父亲不能牺牲自己的婴儿,则此父亲被视为不诚实的男子,而目前则视为犯罪。重婚罪也不适用于一夫多妻或多夫一妻的地方。而现在法律规定的劫持航空器、危害环境等犯罪在古代根本不存在。更容易理解的例子则存在于我们的现实生活中,如单就杀人行为而言,故意非法剥夺他人生命要构成犯罪,而国家对死刑犯执行死刑、正当防卫、医生在特殊情况实施安乐死及战争中的杀人等则不构成犯罪。可见,犯罪的界定要随着一定社会对特定行为的法律评价而变化。

第五,犯罪的亚文化特征。犯罪亚文化是引发特定犯罪发生的深层次社

---

① 许章润:《犯罪学》,法律出版社 2007 年第 3 版,第 191 页。

② [日]伊藤滋:《城市与犯罪》,夏金池、郑光林译,群众出版社 1988 年版,第 6 页。

会文化原因,很多犯罪都流露出大量的亚文化特质,如职务犯罪中的潜规则、黑社会性质犯罪中的"暗语"、仪式等。如人们发现了美国、意大利等地黑手党有组织犯罪集团能够存续至今且不断膨胀的原因。不仅在于特定的社会因素和环境,在于依托血缘、地缘、宗教等因素维系的组织严密的等级秩序,还在于各地黑手党组织已经形成了一种处于隐秘状态中的犯罪亚文化。从丰富的"行话"、"暗语"到黑手党严格且诡异的入会仪式,从犯罪集团内部复杂严密的家谱到各个犯罪组织之间合作与冲突,无时无刻不渗透着亚文化的力量。这种犯罪亚文化就像空气一样,虽然很难抓到,但它无处不在。直到 2007 年 11 月,某黑手党头目落网,意大利警方在他的家中搜到了一份名为"权利与义务"的"成员守则",至此,黑手党鲜为人知的"十大戒律"①才曝光。而这"十大戒律"正是黑手党组织之犯罪亚文化的文化规范,为黑手党成员的犯罪活动提供"合理性"支撑和行为准则,为犯罪组织的生存与发展提供规划和指引。在很多案件中,警方均是根据黑手党的犯罪亚文化及其文化规范,才把握其犯罪规律,进而将某些黑手党犯罪集团连根拔起和彻底扫荡的。

再如腐败犯罪的潜规则等亚文化标记亦十分明显。我国对待腐败犯罪一直强调加强法律惩处力度、"制度反腐",但既有的反腐败制度和法律常常被虚置,看上去不错的制度在执行中总是被扭曲和"打折扣",实际上"制度的失败,有时不是因为制度本身的问题,而是由于制度运作以之为条件的基础秩序出了问题。"②而"文化是制度之母"③,正因为当前社会的主文化出了问题,各种反腐败制度才会失灵,腐败犯罪亚文化及其潜规则才能大行其道。故此,治理腐败犯罪,究其根本还是一个文化问题,必须将视线投注到如何控制特定犯罪亚文化层面才能触及问题的实质。

---

① 关于"十大戒律"的内容,可参见《黑手党"教父"、"帮规"大揭秘》,引自北京广播电视报社网站 http://www.bgtv.com.cn,访问时间:2010 年 3 月 1 日。

② 孙立平:《中国社会的腐败扩散令人心惊》,载《经济观察报》2006 年 9 月 27 日。

③ 〔美〕塞缪尔·亨廷顿、劳伦斯·哈里森:《文化的重要作用——价值观如何影响人类进步》,程克雄译,新华出版社 2002 年版,第 2 页。

第二节　犯罪现象的结构与规律

一、犯罪现象的结构

犯罪现象的结构是指按照一定原则确定的各种犯罪要素之间的比例关系。犯罪现象结构可以分为群体犯罪现象的结构和个体犯罪结构。个体犯罪结构指刑法中的犯罪构成要素及其间的关系,属于刑法学研究的范围;群体犯罪现象的结构关注的是犯罪现象中的各要素及各要素之间的关系与层次,是犯罪学研究的重点。通过研究犯罪现象的结构,我们可以掌握特定时期存在的犯罪的主要类型与犯罪人的主要特征,分析这种情势出现的特殊原因,可以了解犯罪的发展趋势,明确惩治与防范重点。

(一)犯罪主体的结构

犯罪主体是指实施犯罪的人。犯罪主体的结构是指以主体为基点所确定的各要素之间的对比关系。从犯罪学的角度看,以犯罪主体为视角可确定诸多要素,如年龄、职业、性别、犯罪经历、生理与心理特征、受教育程度等等。依据犯罪主体确定的各要素又可以进一步划分,使之包含不同的层次,如选取年龄为视角,又可将年龄分为未成年、中青年和老年;选取职业为视角,又可将职业细化为工人、农民、国家工作人员;选取犯罪经历为视角,可将初犯、累犯与惯犯作为犯罪主体结构研究的要素;选取生理与心理特征为视角,可将性格、气质、血型、体型、遗传基因等作为犯罪主体结构研究的要素;选取受教育程度为视角,可将文盲、小学毕业、中学毕业、大学毕业、研究生毕业等作为犯罪主体结构研究的要素。上述确定的每一个要素又可以进一步细化,如将国家工作人员按工作性质和职责范围再分为权力机关的国家工作人员、行政机关的国家工作人员、审判机关的国家工作人员等等,而就某一个特定机关的国家工作人员来说,仍可以再进一步细化,如行政机关的工作人员又可再细化为税务系统的国家工作人员、教育系统的国家工作人员等等。总之,以犯罪主体为视角确定的要素是多样的,有层次的。在弄清犯罪主体所包含的要素后,就可以根据研究需要,找出具有某种特点的犯罪人在一定时间、一定区域的犯罪总体中所占的比例。而把握了犯罪主体的结构及其变化,就可以明确特定区域、特定时期犯罪现象的特点和趋势,从而为制定有针对性的防止犯罪措施提供依据。

　　长久以来,年龄与犯罪的关系就是一个重要的犯罪学课题。不同年龄段的犯罪人实施犯罪的数量有很大差异,并有着不同的犯罪倾向和犯罪特点。随着现代化的演进,世界各国均形成了犯罪低龄化的趋势,25 岁以下的青少年构成了犯罪人的主体。据《不列颠百科全书》统计,严重罪行的实施者大多为 25 岁左右的青年人;在逮捕的人犯中 11 岁至 17 岁的青少年占 1/2,18 岁至 25 岁的青年人占 3/4;在杀人犯中 25 岁以上的占 2/3。① 在我国,自 20 世纪 70 年代末 80 年代初以来,青少年犯罪率也大幅度上升,目前从整体上看我国青少年犯罪占犯罪总数的 50％以上。随着年龄的增长,犯罪率一般呈逐步下降趋势,而 25 岁则构成了犯罪率下降的"拐点"。

　　有学者以天津市为范围,通过选取相关年份为样本,对犯罪人的年龄分布进行了实证研究。该学者将全体犯罪人分为三个年龄组:14～25 岁为青少年组,26～50 岁为中年组,50 岁以上为老年组。这具体如下表:②

表 4-1　天津市犯罪人年龄分布情况

单位:％

年度	青少年	中年	老年	合计
1990	63.1	34.7	2.2	100
1993	56.5	41.5	2.0	100
1996	50.1	48.2	1.7	100
1999	41.3	56.4	2.3	100
2002	36.2	61.5	2.3	100

　　由上表所示,青少年在犯罪人整体中的比重出现逐年下降趋势,可见在我国尽管青少年犯罪人占犯罪人总数的 50％以上,但特定地区有特定的人口分布趋势和特点(天津市的情况有生育高峰影响已过的问题,还有人口老龄化的问题),决不可绝对地认为我国所有地区青少年犯罪人均占犯罪总人数的 50％以上。

　　由于犯罪学不仅关注刑事法律规范的犯罪,还要研究其他社会越轨行为,

① 许章润:《犯罪学》,法律出版社 2007 年版,第 121 页。
② 周路:《当代实证犯罪学新编——犯罪规律研究》,人民法院出版社 2004 年版,第 114 页。

故此越轨行为人的年龄分布亦是一个需要关注的重要问题。以"网络成瘾"①这种社会越轨行为为例,随着互联网技术的发展与个人电脑的普及,网络已然成为诱发未成年人犯罪的新诱因。作为一柄双刃剑,互联网络既是人类工作的助手、生活的福音,但控制不当也可能成为社会问题的发源地、释放洪水猛兽的潘多拉魔盒。根据第 15 次《中国互联网络发展状况统计报告》调查结果显示:我国当前总上网人数为 9400 万,18 岁以下的网民占总数的 16.4%。根据《2005 年中国青少年网瘾报告》显示,目前我国网瘾青少年约占青少年网民总数的 13.2%。在非网瘾群体中,另有约 13% 的青少年存在网瘾倾向。其中,男性青少年网民上网成瘾的比例(17.07%)约比女性青少年网民(10.04%)高出 7 个百分点。在具有网瘾倾向的网民中男性青少年比例同样高于女性。从下图可发现:13~17 岁的青少年网民中网瘾比例(17.10%)最高,从总体趋势看,随着年龄的增长,上网成瘾的比例逐渐降低,30~35 岁的青少年网民中网瘾比例(12%)最低。

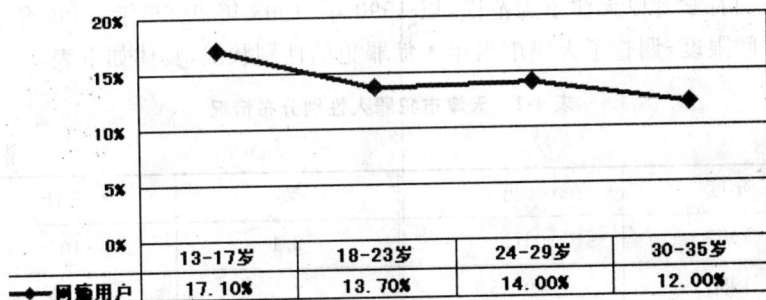

	13-17岁	18-23岁	24-29岁	30-35岁
网瘾用户	17.10%	13.70%	14.00%	12.00%

图 4-1　网瘾在不同年龄上的分布

如图 4-1 所示,处于 13~18 岁年龄段的未成年人是网络成瘾的重灾区。我国 9000 万网民中 82% 为青少年,其中未成年网民就有 1650 万。而这 1650

---

① "网瘾"的概念,最初由美国心理学家格登博格(Goldberg)提出,随后,匹兹堡大学的金伯利·扬博士发展完善了他的这一概念。"网络成瘾"(internet addiction,简称 IA)、"网络成瘾症"(internet addiction disorder,简称 IAD)或"病态网络使用"(pathological internet use,简称 PIU),指在无成瘾物质作用下的上网行为冲动失控,表现为由于过度使用互联网而导致个体明显的社会、心理功能损害。在当代中国,网络成瘾现象严重地危害了青少年的健康,很多青少年在网络黄色、暴力信息的影响下,走上了犯罪道路。因此,网络成瘾不仅是一种不良社会现象,还是一种严重的社会病态行为。

万未成年人中的 14.8％,也就是说有近 245 万未成年人不仅爱上网,而且着迷上瘾,难以自拔。当前,未成年人在网络中沉迷于网络游戏、网上聊天以及通过网络浏览色情文献、图片与视频的现象十分严重。互联网络中的暴力、色情、反动等垃圾信息损害着我国上千万未成年网民的精神健康,潜移默化地影响、腐蚀与控制着未成年人的心理世界,并在现实生活中诱发未成年人实施自杀、卖淫、不正当性行为等社会病态行为和越轨行为,更严重地甚至促使未成年人实施刑法所规定的刑事犯罪。

此外,犯罪统计表明,在世界范围内,大多数犯罪都是由男性实施的,犯罪又被称为"男性的工作"。1986 年,美国被捕人犯中男性占 80％。日本 1974 年被捕人犯中男性占 84％,1983 年被捕人犯中男性占 81％。在我国,犯罪人中男女之间的比例更为悬殊。尽管西方国家自 20 世纪后半叶以来,我国自改革开放以来,女性犯罪数量有显著的上升趋势,但犯罪主要由男性实施仍是最为基本的犯罪现象。

我国有学者以天津市为范围,以 1990 年、1993 年、1996 年、1999 年、2002 年为时间限度,调查了天津市当年入狱罪犯的性别状况,具体如下表:①

表 4-2　天津市犯罪人性别分布情况

单位:％

年度	男	女	合计
1990	97.9	2.1	100
1993	97.5	2.5	100
1996	97.3	2.7	100
1999	96.3	3.7	100
2002	93.9	6.1	100

从社会发展演变趋势上看,随着工业化的不断深入,女性在社会中的活动范围不断扩大,社会地位提高,作用越发明显;同时女性犯罪的机会和诱因也在不断增多。但从整体上看,女性在社会中的活动能力和范围尚远远落后于男性,故男性仍是犯罪人的主体。

---

①　周路:《当代实证犯罪学新编——犯罪规律研究》,人民法院出版社 2004 年版,第 102 页。

(二)犯罪行为的结构

犯罪行为的结构是指以行为为基点所确定的各要素之间的对比关系。以犯罪行为为视角亦可确定诸多要素,如犯罪名称、犯罪类型、犯罪方式、犯罪的时间与地点等。犯罪行为结构是犯罪现象结构研究的重要组成部分,是我们了解不同犯罪发生、发展及变化情况的主要手段,也是预测犯罪的发展趋势,正确地制定犯罪对策的基础。

1. 犯罪行为类型结构

犯罪行为类型结构是指依一定标准确定的不同类型犯罪之间的对比关系。在群体犯罪现象中,包含着林林总总、形态各异的犯罪。这些犯罪依据不同的标准可以划分为不同的类型。不同犯罪类型,在产生原因、表现形式、社会危害等诸方面都具有明显差别。考察这种差别所在,并分析差别形成的原因,需要借助犯罪行为类型结构的分析。选取行为类型为视角时,我们可以依据不同的原则确定不同的要素,如以犯罪的严重程度为基点,考察犯罪现象中严重犯罪、较重犯罪和较轻犯罪的对比;以犯罪侵害的法益为基点考察侵害国家政权犯罪、危害公共安全犯罪、妨碍市场经济秩序犯罪、侵犯公民权利犯罪、侵犯财产犯罪及危害国家机关正常活动犯罪的对比;以犯罪的性质为基点,考察暴力犯罪、智能犯罪和性犯罪的对比等等。同时,犯罪行为类型结构又具有层次性,即在依一定标准对整体犯罪现象进行类型划分的同时,每一种类型又可以进一步划分,并依次划分形成下位层次的犯罪行为类型结构。如侵犯公民权利犯罪中有侵犯公民人身权利犯罪、侵犯公民民主权利犯罪和侵犯公民婚姻家庭权利犯罪的对比;在侵犯公民人身权利犯罪中又有杀人罪、伤害罪、强奸罪等的对比;杀人犯罪中又有故意杀人和过失致人死亡的对比;故意杀人罪中又有偶发杀人罪和预谋杀人罪的对比等等。具体选择什么要素作为研究犯罪行为结构的视角,完全取决于研究者的研究目的和研究需要。

2. 犯罪行为方式结构

犯罪行为方式结构是指依一定标准确定的各种实施犯罪的方式在犯罪行为中所占的比例。犯罪行为方式是确定犯罪行为要素的又一个重要视角。犯罪行为方式主要是指实施犯罪行为的手段和形式。以犯罪行为方式为视角时,我们也可以依据不同的原则确定不同的要素,如以犯罪手段为基点,考察杀人、伤害、强奸等传统的暴力性犯罪与利用计算机、利用科技手段等现代智能性犯罪的对比;以犯罪方式为基点,考察单个人犯罪、有组织犯罪间的对比等。犯罪行为方式结构也具有层次性,即在依一定标准对某一地区的整体犯罪现象进行划分的基础上,再选择某一要素对划分出的部分进一步划分。而且，以犯罪行为方式为视角的要素确定，可以采用混合标准，即同时以两个或两个以上的要素为基点进行犯罪行为方式结构的研究，以更好地认识和把握犯罪行为方式的变化，分析犯罪的未来走势，进而探求犯罪行为方式结构演变的原因。

二、犯罪现象的规律

所谓犯罪规律，是指犯罪状况的变化、犯罪行为的实施和犯罪主体的条件等诸多关系的内在的、本质的联系，包括犯罪数量的增减起伏、犯罪人群体的构成及其变化、犯罪类型的分布与更迭、犯罪手段的更新与升级、犯罪发展的条件与转换等，同社会政治、经济、文化生活的背景以及具体时空环境的内在的、本质的关系。[①]

根据所关注的犯罪现象的不同，犯罪规律可以分为宏观、中观和微观层面三种。宏观犯罪规律是指犯罪现象发展变化的基本规律及其在某一社会的较长时期内的体现，属于某一社会由其历史渊源与现实冲突的交叉互动而产生的政治、经济、人口、社会、人文环境等多方面的致罪因素同宏观犯罪变化之间的本质联系。如社会经济发展与特定犯罪类型、数量嬗变之间的内在关联。在改革开放之前，我国犯罪现象所展示出的犯罪类型较为单一；在改革开放之后，随着我国经济与社会结构的变迁，诸如经济犯罪、金融犯罪、网络犯罪、白领犯罪、有组织犯罪等新型犯罪层出不穷。

中观犯罪规律是指某一区域的较短时期内的犯罪规律，属于特定区域与时期内各种致罪因素的综合作用同相应范围内的犯罪变化之间的本质联系。如某些国家在举办足球世界杯、奥运会期间往往是犯罪的高发期，此时大量的人财物高度集中于大型活动举办城市，各种侵财犯罪、有组织犯罪甚至恐怖主义犯罪增幅明显。

微观犯罪规律是指某一类型犯罪乃至具体个案的发生、运行过程之间的本质联系。如传统的黑社会性质有组织犯罪往往从事赌博、走私、性产业等"地下经济"，但随着黑社会组织对政府的渗透和对不法官员的腐蚀，这些犯罪组织和首要分子在特定腐败官员的庇护下出现"漂白化"趋势，这些犯罪组织纷纷进入房地产、公交运输、零售、建材等合法领域，并在腐败官员的保护下大肆扩张；这些犯罪组织的首要分子纷纷摇身一变成为公益事业的楷模和各级

[①] 周路：《当代实证犯罪学新编——犯罪规律研究》，人民法院出版社 2004 年版，第40~42 页。

政协委员、工商联代表。故此,与不法官员相勾结成为新时期黑社会性质有组织犯罪的犯罪规律。

实际上,犯罪规律是对犯罪现象最为本质的认识和理解。犯罪原因的探寻和犯罪治理对策的提出,均需要把握特定的犯罪规律。故此,犯罪规律是犯罪现象最为深层和本质的客观发展趋势,在对犯罪现象的体察中,犯罪结构、犯罪规律大致构成了一个由浅入深、由表及里、由分散到系统的认知过程。

第三节　犯罪现象的测量与犯罪黑数

一、犯罪现象的测量

体察犯罪现象需要对犯罪现象进行调查、统计,对犯罪现象的结构和规律进行分析、归纳和解读。这就涉及犯罪现象的测量问题。

犯罪现象的测量是指通过对各种犯罪数据和资料进行调查、统计的方法对一个地区或国家犯罪现象进行的测定与分析。其以犯罪定义和犯罪分类为基础,主要任务是用数字说明犯罪的实际状况及其变化,准确、客观地反映犯罪现象的基本态势。故此,犯罪现象的测量就是用定量的方法说明犯罪状况及其动态。[1]

根据测量的不同需要,犯罪现象测量的对象包括犯罪数量、犯罪类型、犯罪人数量、犯罪人类型、犯罪率、犯罪与相关因素的内在关联等。犯罪现象测量的手段包括访谈、犯罪调查、犯罪统计、文献分析等,其中官方层面的犯罪数据调查与统计是最为权威的犯罪现象测量手段。我国每年通过最高司法机关工作报告的形式公布相关数据,但有关犯罪数据的公布情况仍不容乐观。

美国的犯罪现象的测量开展较早,拥有较为成熟的测量方式。具体来说,美国的犯罪测量主要包括统一犯罪报告、全国犯罪受害调查、自陈报告等方式。[2]

第一,由联邦调查局提供的统一犯罪报告是美国犯罪统计的主要来源。

---

[1]　刘广三:《犯罪现象论》,北京大学出版社 1996 年版,第 89 页。

[2]　[美]斯蒂芬、巴坎:《犯罪学:社会学的理解》,秦晨等译,上海人民出版社 2011 年第 4 版,第 64～77 页。

从 20 世纪 30 年代开始,统一犯罪报告囊括了美国几乎所有地区的犯罪数据。该犯罪报告将犯罪分为"一类犯罪"和"二类犯罪"分别报告,其中"一类犯罪"的报告内容最为广泛和翔实。但是在 20 世纪 60 年代和 70 年代,犯罪学研究者开始质疑这些数据的准确性,由于漏报犯罪数量、对被捕者特征的误导性数据、各地对犯罪界定的差异等问题,该种犯罪测量手段尽管使用程度较高但饱受争议。

第二,由美国司法部提供的全国犯罪受害调查是全球较为成熟的被害调查机制。该种犯罪测量手段系从被害人的角度体察犯罪的实际情势。这种调查以三年为一个周期,每隔六个月,从随机抽取的家庭中采访个人。应答者被问到他们或他们的家人在过去半年内是否为下列犯罪的受害者:重伤害和一般伤害、强奸和性骚扰、抢劫、入室行窃以及机动车盗窃。通过被害调查,我们发现大量被统一犯罪报告所遗漏的犯罪黑数的存在,大约占被害调查总数 41% 的案件未向警方报告过。

第三,通过询问受访者供认的在给定时间段中的犯罪情况,这是自陈报告。自陈报告可以用来论证犯罪流行率,回答者中有多大比例承认了在研究指定的时间段中出现了至少一次特定的犯罪行为,以及犯罪发生率,并研究每个人的平均犯罪次数。该种自陈报告最主要的争议在于,它主要集中于轻微和琐碎的违法和违规行为上,对严重犯罪的自陈不足;同时它往往忽视对白领犯罪的研究。

无论如何,美国的犯罪测量方式值得我国借鉴,犯罪测量往往构成犯罪治理的基础工作。实际上,随着科技的发展,在我国的交通要道、路口、重点保护区域、治安高危区域等已经出现了利用计算机信息网络系统控制的摄像头监控等智能卡口,这些先进的犯罪测量和监控手段有利于某些严重犯罪的侦破。

二、犯罪黑数

犯罪黑数亦称隐案或潜伏的犯罪现象的范围,它是指由于各种原因而没有记载在刑事统计中的犯罪的数量。从前面内容的介绍中,我们已经了解到官方获悉并记录在案的行为只是实际发生的犯罪行为的一部分。因此,还有相当一部分实际已经发生的犯罪由于没有觉察和识别或者虽为侦查当局发现,但未被侦破或未被审判的犯罪行为作为犯罪数而隐藏起来。可以说,官方的犯罪统计并无法真实地展示实际的犯罪状况,很多犯罪案件并未出现在官方的犯罪统计之上。这样,我们在使用犯罪数量和犯罪率时,也应该考虑到犯罪黑数的存在和其范围,从而对某一地区特定阶段的实际犯罪情况作出正确估计。

犯罪黑数在各个国家都存在,而且犯罪黑数的大小因不同的犯罪类型、不同的国家和地区而有所差别。在学者们的研究中,犯罪黑数通常被分为绝对犯罪黑数和相对犯罪黑数。前者是指没有被察觉和举报的实际已经发生的犯罪数;后者则是指已被刑事侦查部门发现或获悉而没有被最终侦破的犯罪数。① 这种划分可以通过被察觉和举报的案件与虽被察觉和举报但没有被最终侦破的案件之间对比,帮助人们了解犯罪侦查机关的效率,分析犯罪没有被最终侦破的原因并寻求缩小二者之间差距的有效措施。

从犯罪学研究之初,犯罪黑数就是一个棘手的难题。因为无论进行多么深入细致的调查,无论采取如何科学的犯罪统计方法,犯罪数量和犯罪率计算所依据的原始数据与现实生活中的实际犯罪数目都不可能绝对一致。有学者对导致犯罪黑数的原因加以总结,认为产生犯罪黑数的原因主要表现为以下几个方面:第一,行为人或被害人根本不知有犯罪发生。行为人或被害人可能不知法律,不认为有违法的事情发生,尤其是过失犯罪和诈欺犯罪。第二,当事人为庇护犯罪人或出于投鼠忌器的心理,而不愿提出告诉。第三,被害人可能担心遭到报复或难堪,而不敢提出告诉。第四,被害人可能对司法机构缺乏信心,而不愿提出告诉。第五,社会大众缺乏正义感,而不会举报犯罪。第六,警察机构的"吃案",即虽然受理第三者或被害人的报案,但加以隐匿而不予登录。第七,警察机构不能破案,而使犯罪案件成为悬案。②

根据 1967 年美国总统执法与司法行政咨询委员会对美国犯罪状况加以分析研究,结果发现犯罪报案数字为逮捕数字的 38 倍,逮捕数字又为正式起诉的 4.1 倍,正式起诉又为宣判数的 1.1 倍,宣判数又为最后发监执行的 2.5 倍,这种犯罪统计的耗损现象称为"漏斗效应"。下图即为我国台湾地区 1999年犯罪状况司法耗损漏斗效应图:③

可见,基于上述因素的影响,加之没有专门的、规范的犯罪统计机构、犯罪统计方法不当等因素,均对犯罪黑数存在影响,也共同导致了犯罪统计司法耗损漏斗效应的形成。大量犯罪黑数的存在,会严重影响对犯罪状况的正确分析和评价,影响刑事立法和司法。因此,犯罪数量和犯罪率只能作为认识一定

---

① 王牧:《犯罪学》,吉林大学出版社 1992 年版,第 129 页。

② 林山田等:《犯罪学》,台湾三民书局 2005 年增订 3 版,第 181～182 页。

③ 黄富源、范国勇、张平吾:《犯罪学概论》,台湾"中央"警察大学出版社 2006 年版,第 103～104 页。

？ ？ ？ ？ ………………	犯罪未知数
179 597人 ………………	警察机关受理刑案嫌疑犯人数
365 543人 ………………	地方法院检察署终结刑事侦查案件人数
142 172 人 ………………	地方法院检察署侦查起诉案件人数
	地方法院检察署执行判决确定有罪人数
105 900人 ………………	
40 235人	地方法院检察署执行有期徒刑人数
22 790人 ………………	入监人数

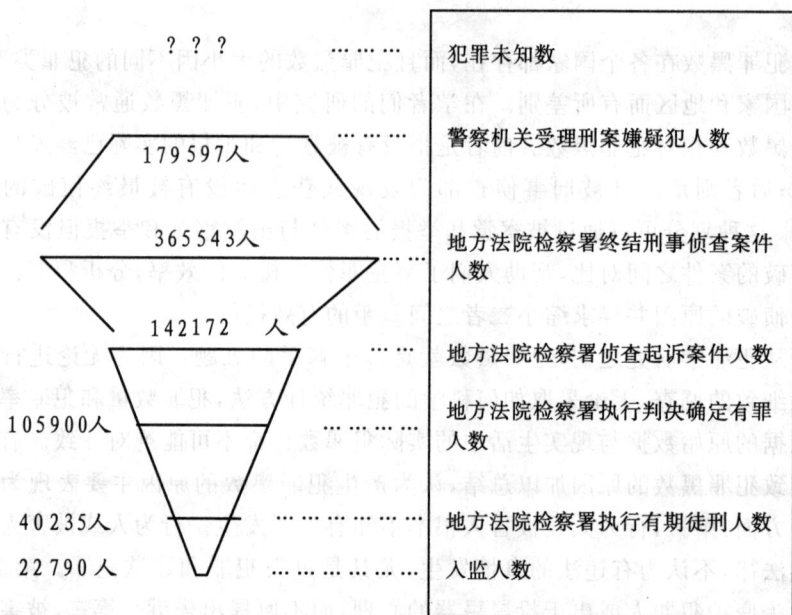

图 4-2　中国台湾地区 1999 年犯罪状况司法耗损漏斗效应图

地区、一定阶段、一定种类的犯罪的认识依据,而不能作为社会上实际存在的犯罪数量的标志。在分析犯罪数量和犯罪率的时候,要注意犯罪黑数的存在,考虑可能存在的犯罪黑数的范围,而不能把犯罪统计的犯罪数量和犯罪率当成绝对的依据。

第六章

犯罪人研究

作为犯罪学研究的基本范畴,犯罪人既是犯罪行为的发动和实施者,也是对被害人造成损害的直接施害者,还是国家和社会治理犯罪问题的对象。随着 19 世纪末实证犯罪学派的勃兴,当时各种犯罪学理论和学说基本上围绕着犯罪人展开研讨。随着包括犯罪社会学及新古典犯罪学派的兴起,犯罪学的研究重心又重新回到犯罪行为领域,但犯罪人仍是一个非常重要的犯罪学问题。同时,在犯罪人研究中,犯罪人的分类是一个颇为重要的理论问题。所谓犯罪人的类型,是指依据一定的标准对犯罪人进行体察、分析与比较,进而根据其相似特征进行的犯罪人分类。

第一节　犯罪人概述

一、古代哲学家对犯罪人的理解

在欧洲中世纪以前,对犯罪的解释充满着唯心论色彩。人们将人世间的很多事件看成是"另一世界力量"运行的结果,用违背上天的力量、违反上帝的意志甚至邪魔的诱惑来解释犯罪,把惩治犯罪的希望寄托于另一世界,相信上天、神明或上帝会帮助无罪一方,用宗教仪式、决斗或神明裁判来辨别犯罪人和惩罚犯罪人。当时的人们以为:犯罪是由恶魔引起(鬼神论)的,犯罪人是恶魔附身。从 16 世纪到 19 世纪初期,人们普遍认为:犯罪人同另一世界的力量有无形的关系。①

与此不同的是,古希腊哲学家柏拉图、亚里士多德等对犯罪现象进行研究之后,认为世间事物源于其本身之属性。柏拉图在其著作《国家》中指出"人的金钱欲是引起众多犯罪的原因";亚里士多德在《政治学》一书中指出"贫困引发暴乱和犯罪"。特别是 16 世纪、17 世纪以霍布斯、斯宾诺莎等为代表的文艺复兴先驱,将犯罪看成是源于人本性的行为,这种思想经贝卡利亚、边沁等人发展,成为刑事古典学派的思想基础。

二、近现代犯罪学对犯罪人的解释

1. 早期古典刑事学派的基本观点

早期古典刑事学派反对当时刑法执行的不一致及不公平,强调从国家的法律结构来看待犯罪问题,建议从人性的角度进行刑罚改革。该派主要代表人物是意大利的贝卡利亚、英国的边沁、德国的保罗·费尔巴哈等。

1764 年,意大利学者刑事古典派的创始人——切萨雷·博尼萨纳·贝卡里亚出版了《论犯罪与刑罚》一书,这标志着近代意义上刑法学的形成。贝卡利亚的犯罪原因观可归结为"自由意志"说。具体来讲,人达到一定年龄,均有以理性行动的自由意志,即能够决定自己的行为和预测行为的后果;再若有人自甘违法乱纪,便有违社会契约和社会道义,应当根据社会契约给予惩罚。在此基础上,还有两个影响犯罪的重要因素,即经济条件和坏的法律。经济条件主要是指贫穷——盗窃犯罪主要是由一贫如洗的不幸者实施的,产生于贫穷;抢劫和杀人犯罪是由于穷人和富人之间的贫富差别以及一些人不甘心过贫穷生活;走私犯罪是由于牟利的动机而产生。坏的法律是指法律过于严酷:对犯罪的过于严厉的惩处,虽然可以遏制一些人犯罪,但同时对另一些人则更具有犯罪的吸引力。换句话说,就是过于严酷的法律会通过削弱人道精神来促成犯罪。

边沁认为,人类的行为都受两种基本动力的驱使,即追求快乐和避免痛苦,这是人类一切行为的原因和动力。所有的人都是在对多种因素加以理智的思考后,才决定追求其目标和实施其行为的。犯罪行为同样是行为人在追求快乐和避免痛苦力量驱使下的理性选择的结果。由于犯罪人的犯罪行为破坏了别人的快乐,给别人造成了痛苦,因此构成了对别人的侵害,为此犯罪人要受到惩罚。

---

① 〔日〕藤本哲也:《犯罪学原论》,日本加除出版社 2003 年版,第 3 页。

在费尔巴哈看来,人生活在感性的世界里,受到自然规律的支配而没有自由,犯罪的原因不是自由,而是感性的冲动。人具有追求快乐、逃避痛苦的本能。正是追求犯罪时获得的快乐的感性冲动才促使人犯罪,为了防止犯罪,就需要遏制这种冲动,即先制定出作为恶害的刑罚,并使人们预先知道受刑的痛苦大于犯罪所能带来的快乐,从而遏制犯罪的冲动。

2. 近代新古典犯罪学派的基本观点

近代新古典犯罪学派是 19 世纪中期修改 1791 年法国刑法典的过程中出现的,是在修正早期古典刑事学派基本理论基础上产生的。尽管古典犯罪学派理论在整个刑事科学发展史上产生了一定的影响,随着该理论在实践中的应用,它存在的缺陷也暴露无遗。近代新古典犯罪学派的理论,就是在学者们批判这些缺陷的基础上产生的。主要代表人物是佩尔兰诺·罗希、奥特兰、加洛德、宾丁、科勒等。他们认为,人类是受理性支配的动物,人类有意志自由,故应对自己的行为负责,并且也可以被刑罚产生的恐惧所控制,刑罚造成的痛苦必须超过犯罪中获取的快乐。只有这样个人才能选择进行合法的行为。近代新古典犯罪学派认为,人的自由意志并非绝对相对的,个人的意志自由在某些情况下会受到限制,使个人不能完全按照自由意志行动,如未成年和精神病人。[1]

3. 实证犯罪学派的基本观点

1876 年,意大利精神病学家、犯罪学家、实证主义犯罪学学派创始人和主要代表人物——切萨雷·龙勃罗梭出版了《犯罪人论》,由此为现代犯罪学研究奠定了基础。

龙勃罗梭多年从事犯罪人研究,以人类学观点探讨犯罪人的生理特征与犯罪行为之间的关系,提出一些独特的见解。其中最著名的就是"天生犯罪人"学说。

天生犯罪人是指在生理上及精神上具有多种人类异常的退化特征的犯罪人,这是隔代遗传的结果。此种犯罪人身上具有类似猿猴或原始人的特征,因而无法接受社会规范的约束,容易实施犯罪行为。龙伯罗梭的"天生犯罪人学说"是其最重要、最有影响、最富创新精神的犯罪学理论,也是其引起争论和批判最为广泛的理论观点之一。龙伯罗梭从身体特征、感觉和功能特征、感情特征、道德感、心理特征及其他智慧表现等六方面,对天生犯罪人的特征进行了全面描述。

---

[1] 吴宗宪:《西方犯罪学》,法律出版社 2006 年版,第 57 页。

"天生犯罪人学说"的意义不在于它对犯罪原因的阐释正确与否,而在于它从根本上否定了犯罪人在实施犯罪时存在自由意志这一古典学派的先验论断,古典犯罪理论所赖以建构的基础面临被连根拔起的危险。支持龙勃罗梭学说的还有菲利、加罗法洛等。

犯罪人虽然具有一系列先天或后天形成的不良人格特征,但不能把犯罪学中的犯罪人理解为内心或先天注定要去犯罪的"天生犯罪人"。龙勃罗梭关于"犯罪人是天生的"这一观点,早已为后来的犯罪学研究所否定。现代犯罪学普遍认为,犯罪是不可能仅用个人的生理学或遗传学方面的特点来加以说明的。因此,在理解犯罪人这一概念时,一定要注意与"天生犯罪人"的观点划清界限。①

19 世纪下半叶以来,学者们运用经验的、实证的科学研究方法,通过对犯罪人的生物学、心理学和社会学等多学科深入研究,极大地推进了刑事科学的发展。可以毫不夸张地说,犯罪人研究是刑事科学发展的原动力。②

三、我国学者对犯罪人概念的解释

迄今为止,我国学者对于什么是犯罪人,仍未达成共识。③概括起来,主要有以下几种观点:

1. 狭义犯罪人

从刑法学角度界定犯罪人,认为犯罪人是实施了刑法禁止的,应受刑罚惩罚的危害社会行为的人。简言之,所谓犯罪人,是指"犯了罪的人"。其涵义,相当于刑法学犯罪构成中的"犯罪主体"。持这类见解的,以刑法学者居多。刑法上的犯罪人是狭义的犯罪人,它与各国刑法的规定一致,范围明确,易于分类和统计、分析,但其范围失之过窄。④

2. 广义犯罪人

这主要从社会学角度界定犯罪人,认为"犯罪人是指实施了违法犯罪行为以及其他严重社会越轨行为,应受法律和道德责罚的自然人和法人"。⑤社会

---

① 张远煌《犯罪学》,中国人民大学出版社 2011 年第 2 版,第 69 页。

② 张文、刘艳红:《犯罪人理论的反思与重构》,载《中外法学》2000 年第 4 期。

③ 阴家宝:《新中国犯罪学研究综述(1949—1995)》,中国民主法制出版社 1997 年 1 月版,第 63～71 页。

④ 周东平:《犯罪学新论》,厦门大学出版社 2004 年版,第 13 页。

⑤ 储槐植、许章润等:《犯罪学》,法律出版社 1997 年版,第 104 页。

意义上的犯罪人,是指违反行为规范,实施了危害社会行为的人。该类犯罪人概念的外延,大大宽于狭义犯罪人概念,即犯罪人不仅包括刑法意义上的犯罪人,还包括实施一般违法行为和严重社会越轨行为的人;不仅包括达到刑事责任年龄、有刑事责任能力的人,还包括无刑事责任能力的或者未达到刑事责任年龄的人。持此类见解的,以犯罪学者为主。

3. 本书的观点

犯罪学中的犯罪人,是指实施了刑法规定的犯罪行为和其他严重社会越轨行为,应当受到国家和社会以法律、道德等手段加以矫治和处遇的人。在理解这一概念时,需要注意以下几个方面:

第一,犯罪人的范围不仅包括刑法规定的法定犯罪的实施者,还包括其他严重社会越轨行为的实施者。

犯罪人的范围需要与犯罪学中犯罪人的范围相一致。具体来讲,犯罪学中的犯罪人主要包括以下几类人:(1)实施了刑法所规定的法定犯罪的人;(2)实施了吸毒、卖淫、通奸、同性恋、自杀、乱伦等社会病态行为和越轨行为的人;(3)实施了违反治安管理行为以及其他行政、经济、民事违法行为的人。(4)实施犯罪或社会越轨行为的精神病人和变态人格者;(5)达到送交工读教育或少年劳动教养年龄、实施了违法犯罪行为或越轨行为的未成年人。

犯罪学意义上的犯罪人,不同于刑法意义上的犯罪人。刑事法律意义上的犯罪人,或叫犯罪主体,一般是指具备刑事责任能力,实施犯罪行为并且依法应受到刑罚处罚的人。这一概念与犯罪学中的犯罪人概念具有明显的不同:(1)刑法意义上的犯罪人,必须是具备刑事责任能力的人。因年龄、精神状况等因素而不具备刑事责任能力的人,不能成为刑事法律意义上的犯罪人。而犯罪学意义上的犯罪人,却不受刑法上类似规定的限制。(2)刑法规定的犯罪人,必须是实施了现行法禁止的行为的人;而犯罪学意义上的犯罪人,则不仅包括实施了犯罪行为的人,也包括实施一般违法行为的人,甚至还包括某些具有不良行为的人。(3)刑法意义上的犯罪人,必须是依据刑法规范应受刑罚处罚的人;而犯罪学意义上的犯罪人,则不仅包括应受刑罚处罚的人,也包括应接受教育改造及其他矫治措施的人。

第二,犯罪学中的犯罪人既是具体的,又是抽象。犯罪人既可以指具体犯罪的个别行为人,也可以指宏观或群体犯罪现象中的犯罪人整体或某一类型的犯罪人。

犯罪人是具有生物学、心理学和社会学诸特征,可以进行经验描述的犯罪行为的实施者。犯罪人是一个供科学"解剖"的标本,可以被具体化或者分解为有关生理、心理和社会学特征的一系列经验数据和资料,这些经验数据和资料的总和或者说由这些经验数据和资料所描述的犯罪人,是犯罪现象的内容之一;说是抽象的,意即对犯罪人可以进行一般抽象和概念性把握,这种一般抽象和概念性把握属于犯罪学研究者的犯罪观和人生观的一部分,它在经验研究的基础上生发和提炼出来,反过来又对关于犯罪人的经验研究具有指导作用。[①]

第三,犯罪人包括犯罪的自然人和犯罪的法人两大类型。

犯罪人的范围不仅包括自然人,还应包括法人、其他社会组织及各种类型的单位。毕竟,我国刑法中规定了单位也可以作为犯罪的主体,单位也是我国法定的犯罪实施者。公司、企业等法人作为犯罪人,在刑法规定之前就已经成为犯罪学的研究对象。现代关于法人犯罪问题的研究表明,法人犯罪人中的绝大多数是惯犯,它们故意地、有组织地实施犯罪,有能力雇用各种专家维持自己的守法形象,对社会具有更大的破坏性和欺骗性。但是,犯罪学中的犯罪人研究,始终是以犯罪自然人为基本标本的。其原因之一是法人犯罪行为最终需由自然人来策划和实施,关于犯罪自然人的结论同样适用于犯罪法人。当然,对于犯罪法人区别于犯罪自然人的独有特征,犯罪学也应当予以必要的关注和揭示。[②]

四、犯罪人概念的范围

如何确定犯罪人概念的范围是一个有争议的问题。这一争议牵涉到犯罪学中关于犯罪定义问题的争议,在犯罪学中,一直存在着关于犯罪的法律定义与犯罪的非法律定义的两分,与此相关的,如何划定犯罪学中的犯罪人的范围也就自然成为一个有争议的问题。

研究犯罪人,应当区分刑法学中的犯罪人与犯罪学中的犯罪人是正确的,但是这种区分的内容应当正确把握。

犯罪学中的犯罪概念不同于刑法学中的犯罪概念,犯罪学中的犯罪人概念也不同于刑法学中的犯罪主体概念。犯罪学中的犯罪概念和犯罪人概念的范围均宽于刑法学中的犯罪概念和犯罪人概念。即犯罪学中的犯罪人不仅包括触犯刑法应受刑罚处罚的刑事意义上的犯罪人,而且还包括一定范围内严重违法或者越轨、应受法律和道德责罚的人;不仅包括具备承担刑事责任能力

---

① 张绍彦:《犯罪学教科书》,法律出版社 2001 年版,第 81 页。
② 张远煌:《犯罪学》,中国人民大学出版社 2011 年第 2 版,第 69 页。

和达到刑事责任年龄的犯罪人,而且包括不具有上述特征但实施了违法犯罪或者越轨行为的未成年人、变态人以及精神病人;不仅包括经过正当审判或者行政程序而受到一定处罚的"已决犯",而且包括还未受到追究的"未决犯"。

显然,犯罪学上的"犯罪人"概念较之刑法上的"犯罪主体"概念在范围上已有所扩展,这种扩展是由犯罪学的学科性质和特点所决定的。即犯罪学不是一门规范法学,它的任务不是进行规范注释和探讨法的适用,而是采用一种批判和进取的态度,对现实社会以及现行法律和司法制度加以审视和批判,并就社会政策和法制建设等问题提出设想和建议。因此,犯罪学在犯罪以及犯罪人概念的使用上不可能、也无必要因循于法律规定。

此外,犯罪人概念范围之所以扩展,还有以下具体理由:那些不属于法定犯罪的其他严重违法和越轨行为,其发生原因和心理机制与法律意义上的犯罪行为不存在质的区别;从病源学上讲,精神病人及变态人格的发生与法律意义上的犯罪行为的发生在文化背景上可能具有同源性,因而犯罪学理论中关于社会改革和预防犯罪的建议对于防止和减少精神病人及变态人格的出现,同样适用。在犯罪学研究中,只要"犯罪人"概念同刑法上的犯罪主体概念严格区分开来,在概念的使用上适当超越法律规定,就不会导致对法制的破坏和法律适用上的混乱。

具体来讲,犯罪学中的犯罪人主要包括自然人和法人(单位)两大类。在过去一段时间里,犯罪学一直将自然人作为主要研究对象,未将法人犯罪纳入其研究领域。但随着此类犯罪的增多,犯罪学者们开始将这种"特殊的犯罪人"纳入其研究范围,可以说这是时代发展和刑事法制发展的需要。

五、研究犯罪人的意义

犯罪学之所以要研究犯罪人,有其历史必然性。因为犯罪学作为一门独立的学科就是从研究犯罪人发展起来的。虽然人类的先哲们很早就对犯罪现象尤其是犯罪原因进行了研究,但多是将犯罪视为某种超乎人类之外的意志的体现。直到启蒙运动开始、人文科学兴起之时,犯罪人才渐渐地为学者们所重视。但一开始,人们只注意研究罪犯的某些身体特征,继而又从病理学的角度研究罪犯。

1876 年,龙勃罗梭的《论犯罪人》一书的出版,标志着刑事科学的重心已经由古典学派的犯罪的法律概念转移到了罪犯研究上,也使犯罪学得以脱胎于刑法学而成为一门独立的学科。虽然犯罪学诞生时的印象(即"天生犯罪人"理论)遭后人摒弃,但犯罪学先驱们毕竟强调了这样一个观点:犯罪行为的意义是第二位的,犯罪学首先应当研究犯罪人。这一观点为后来犯罪学众多学派的形成、发展奠定了基础。

研究犯罪人,可以使我们在总括个别的犯罪行为的原因和性质的基础上找出一般的产生犯罪的因素,阐明由于犯罪人特征的变化而反映在犯罪程度、犯罪结构、犯罪动态中所发生的许多变化,这无疑对研究整个犯罪现象或各种犯罪现象的预防措施,具有十分重大的基础性意义。具体地说,犯罪人研究在犯罪学中的意义可以概括为以下几个方面:

(一)犯罪人研究对犯罪现象论的意义

首先,犯罪现象的评价不仅决定于犯罪侵害的种类、手段和社会后果,也决定于实施犯罪的主体的个人情况。关于实施犯罪的人的资料总结,犯罪人的类型化,使得有可能准确地预报犯罪现象的动态趋势以及这种趋势对其他社会现象和过程的影响范围。科学的决定论的观点要求重新认识犯罪人的材料,要求以新的观点对待研制适用于犯罪的措施问题。那种把犯罪行为视为无限制的"自由意志的表现"的观点和犯罪现象是由客观因素不可避免地决定的现象的观点都是不科学的。它们或者忽视了产生犯罪行为的外部情况,或者轻视主观因素在犯罪原因方面的作用,或者在犯罪行为的产生和犯罪人个人特征的确定中忽略了社会环境的作用,从而出现了把主观因素与客观因素、个人情况与社会环境的相互作用机械割裂的倾向以及社会现象生物学化的趋势。

其次,犯罪人是犯罪行为结构中必不可少的和重要的组成部分,犯罪人的反社会心理特性的各种情况,使以前那些具有因果规律性和因果依赖性的环节得以体现和实现。因此,犯罪人的个人情况特征,实质上决定着整个犯罪现象和具体犯罪行为的特点。因为犯罪现象是一种社会现象,对它的研究必须注意社会决定论的特点,社会中的一切联系和关系都表现为人们之间的关系。正是社会环境形成了个人,它是人的意识和行为的第一的、决定性的因素,所以个人不仅是社会关系的客体,而且是具有意识和意志的、能够进行有目的的活动的积极主体。而社会环境本身又是由人创造的,人不仅反映客观世界,而且又反作用于它。个人与社会环境、社会条件发生相互作用。一些情况之所以会被不同人作不同的认识和理解,是因为每个人都是从其所积累的个人经验、观点、价值取向、要求和利益出发的。个人与环境相互作用有助于产生相对稳定的个人特征,它们反映着过程和相互作用的结果。社会条件的间接影响总是同直接影响相互作用,它可以在无论是个人还是环境方面产生新的状况。

最后,研究犯罪人个人情况对预测、预报犯罪行为开辟了新的可能性。必须看到社会情势(情况)与个人情况之间对犯罪行为的不同影响与相互作用。如果把决定性作用赋予社会情势的直接影响,而不考虑处于特定社会情况下的个人特征,那么,很难预见一定的可能的情势会促使引起什么样的后果,这种预报就无多大价值。承认作为社会条件、犯罪行为体系的中间环节的个人情况的意义,预报的根据就可能更为科学,预报的结论就可能更为可靠。[1]

(二)犯罪人研究对犯罪原因论的意义

犯罪原因研究的核心在于寻找犯罪赖以产生、存在的原因和条件。如果不认真研究犯罪人个人的各构成方面,不研究犯罪人天生的或后天取得的各种特征以及犯罪人与外界环境的相互作用,那么犯罪学对犯罪现象的确切内容和实质了解就是非常有限的。因为这样的犯罪学终究没有能够揭示出各种犯罪因素如何作用于个人并使之成为罪犯的一般规律。因此,现代犯罪学主张多方面地研究犯罪人。除了运用社会学原理外,还要运用解剖学、形态学、生理学、心理学、遗传学、精神病学等知识和方法,综合地研究犯罪人的内在人格。只有透彻地研究犯罪人,才有可能全面地了解犯罪现象。

具体来说,犯罪人研究在犯罪原因论中的意义体现在以下几个方面[2]:

1. 研究犯罪人的个人情况,其意义首先是分析单个犯罪行为的原因,不仅从客观因素(社会条件与外部环境),而且从实施犯罪行为的具体犯罪人的个人情况(主观因素)进行分析,从客观因素与个人情况的复杂的相互作用中研究单个犯罪的原因,研究制定个别预防的措施。

2. 通过研究犯罪人的情况来总结单个犯罪行为的原因和性质,并以此为基础分析整个犯罪现象。这对于研究复杂的社会关系体系中的个人的社会类型有重要意义。为了有效地组织同犯罪现象作斗争,必须弄清不同类型的个人同一定社会环境类型的相互作用中产生犯罪行为的普遍程度。研究个人的这一特征在犯罪学上是很重要的。这里的个人不是被看做主体,而是被视为社会的联系与关系的客体。个人的本质是人的社会化的结果,它是特殊的"窗户",可以反映在实施犯罪时已不存在或者已变化了的外部环境的一些情况,帮助确定犯罪与社会环境之间特殊的相互影响以及犯罪与个人的各种因素结合的情况。犯罪人可能是一定的否定情况的集中、某些典型条件同特殊条件

---

① [苏]兹维尔布利等:《犯罪学》,曾庆敏等译,群众出版社 1986 年版,第 112~114 页。
② 《比较犯罪学》编写组:《比较犯罪学》,中国人民公安大学出版社 1992 年版,第230~231 页。

的结合或不良作用的中心。

3.研究犯罪人有助于深入研究同犯罪行为、犯罪现象有关的社会现象和过程,厘清它们之间的联系。同犯罪现象作斗争的有科学根据的体系,应当认为存在着两个相互联系的分支体系,即社会环境的良性变化与犯罪人个人情况的良性变化,这是在环境与个人的最佳相互作用予以保障的条件下才有可能的。承认个人情况在犯罪行为产生中的相对独立作用,有利于把注意力集中到对违法者适用的措施及成效的研究上,从而使个人情况良性变化得以保障。

(三)犯罪人研究对犯罪治理论的意义

犯罪学的社会功用决定了犯罪学必须应用于社会,以指导社会的反犯罪斗争实践。而对犯罪的各种社会反应措施通过犯罪行为的中介最终都落在犯罪人的身上。为使各种社会反应措施协调、有效并发挥强有力的整体功能,就必须在科学研究犯罪现象与犯罪人的基础上制定科学的刑事政策,使各种社会反应措施尽可能地个别化,尽可能地适应每个犯罪人(或可能的犯罪人)。鉴于此,为了有效地预防犯罪、打击犯罪、治理犯罪,不仅犯罪学要加强对犯罪人的研究,而且刑法学、刑罚学、刑事诉讼法学、刑事政策学等也都应重视吸收和利用犯罪学有关犯罪人方面的研究成果。

第二节　犯罪人的本质属性

在探讨犯罪人的本质属性时,首先面临的是犯罪人与普通人(非犯罪人)之间是否存在本质区别的问题。对此,古典刑事学派、实证犯罪学派、犯罪社会学派有截然不同的理解。

古典刑事学派认为犯罪人与非犯罪人具有共同的本质——都具有理性和自由意志,犯罪人选择犯罪行为,是出于自由意志的选择,即主张犯罪人是自然人,是一种基于自由意志支配的"理性人"。

实证犯罪学派认为,犯罪人与非犯罪人存在着本质的区别,这种区别近乎人类和动物的区别,是一种类与类之间的区别,犯罪人实施犯罪行为,主要是由其生物遗传因素所决定的。即主张犯罪人是一种具有遗传特质和返祖现象的特殊的"生物人",犯罪人不同于社会守法的一般人,犯罪人或是"天生犯罪人",或是在生理结构上特殊的人。

犯罪社会学派主张犯罪人与社会一般人没有本质区别，只不过是犯罪人受到了特殊社会环境与因素的深刻影响，犯罪人是一种"社会人"。

面对将犯罪人归纳为自然人、理性人、天生犯罪人、生物人、社会人等理论学说，我们必须回答这一问题，即犯罪人与社会一般人有无差别；如果有那么与社会一般人相比，犯罪人的特征何在？本书认为，犯罪人与社会一般人并无本质差别，犯罪人仍然具有人类的一般属性；但与一般人相比，犯罪人的特征在于其具有较为强烈的反社会性。

一、犯罪人的一般属性

犯罪人与社会一般人并无本质差别，犯罪人也是社会生活中的有机个体，并具有人类的一般属性。

1.犯罪人也是具有人性的社会一般人

基于对人性概念的不同理解和对人性善恶的不同假设，哲学家、社会学家、心理学家、宗教学家以及生物学家对上述问题进行了反思。弗洛伊德把人的攻击行为归因于人的"死的本能"和人的内驱力不断释放的结果。奥地利动物学家、现代行为学的创始人康罗·洛伦兹认为，人的攻击行为出于人的动物根源，攻击性是高级动物包括人这种社会动物的基本本能之一。[①]美国心理学家埃·弗洛姆认为，不存在一种或善或恶的作为实体的"人的天性"，所谓人的本质实际上是"人固有的矛盾"，由于这种矛盾的存在，人既有可能发展为善（"成长综合征"），也有可能发展为恶"衰败综合征"。[②]美国社会生物学家认为，人不存在一种普通的攻击性本能，人类攻击性是遗传和环境互相作用的产物，遗传与学习对于人的攻击性的形成均有影响。[③]

与社会一般人一样，犯罪人也是特定自然属性、社会属性和文化属性相融合的产物。正如李泽厚先生所言："人性应该是感性与理性的互渗，自然性与社会性的融合。这种统一不是二者的相加、拼凑或混合，不是'一半天使、一半魔鬼'，而应是感性（自然性）中有理性（社会性），或理性在感性中内化、凝和、

---

① ［奥］康罗·洛伦兹：《攻击与人性》，王守珍等译，作家出版社 1987 年版，第 51 页。

② ［美］埃·弗洛姆：《人心：人的善恶天使》，犯瑞平等译，福建人民出版社 1988 年版，第 24 页。

③ ［美］E.O.威尔逊：《论人的天性》，林和生等译，贵州人民出版社 1987 年版，第 136 页。

积淀,使二者合二为一,融为一体。"①故此,犯罪人人性中的自然属性、社会属性和文化属性是交互渗透、难以分离的。人在出生时并无善恶之分,但在后天的社会化进程中会形成不同的生活道路和遭遇不同的社会环境,于是,人就有了向善或向恶的可能和变数;但不论有怎样的变数,人都会保持一种基本的自然属性、社会属性和文化属性。犯罪学界普遍认同这样一种预设:"犯罪人与非犯罪人并无本质区别,犯罪人属于人类总体的一部分,他们与非犯罪人并无生物学或人种学意义上的类的差异,他们仍然具有人类的一般属性。他们的情感和行为方式符合人类情感发展和行为发生的一般规律。犯罪人和非犯罪人之间的区别是一种文化上的后果,即是按照某种价值标准进行的人为区分。犯罪人并非是先天注定或者生物遗传的,也不存在所谓注定使人犯罪的'犯罪人格'或者'犯罪心理结构';陷入犯罪的不是特定的人群或者种群的固有现象,而且任何(或者说绝大多数)已经实施犯罪行为的人也都有重新向善、回归社会的可能。"②

2. 包括犯罪人在内的一切人都是一种具有自由意志的精神性存在

人是按照自己的意志进行选择和行动,还是人的一切都是由上帝所安排、为环境或者遗传所决定?在这些问题上,哲学史上有着长期的争论并且至今纠缠不清。对此,本教科书认为:人不仅具有本能和直觉,而且具有理性、自我意识和自由意志。具有理性、自我意识和自由意志,是人之为人和人区别于动物的根本。总的来说,这里所说的理性、自我意识和自由意志,是指与上帝意志、生命本能或者外在环境相观照、甚至相对立的人所特有明辨善恶、自我省察和自决自律的能力。由于它们的存在,使人成为自主的、自为的和有道德的人,成为大自然的"超出者",而不再是听任上帝或环境摆布的玩偶——在环境制约面前人们有能力按照自己的意志做出相对自由的选择;人们的种种欲求总是要在理性的"过滤"和监督下,并通过一定的方式(即文化)来得到满足,而不再是本能的赤裸裸的表达。当然,需要指出的是,承认人的理性和自由意志,并不意味着主张唯理论和非决定论。我们承认人具有理性和自由意志,意在指出人在具体的环境下具有相对的自主和自律能力,而不是否认人的感性和经验性的一面,否认环境以及人自身的生理因素的影响和制约。

---

① 李泽厚:《批判哲学的批判——康德述评》,人民出版社 1979 年版,第 423 页。
② 许章润:《犯罪学》,法律出版社 2007 年版,第 111 页。

二、犯罪人的特殊属性——反社会性

（一）犯罪人反社会性的概念

与社会一般人相比,犯罪人的特征在于其具有较为强烈的反社会性,并非全部的潜在犯罪人均能转换、蜕变为犯罪人,只有在主观上具有较强反社会性且在特定社会背景和诱因之下,才能实现潜在犯罪人向犯罪人的转化。

犯罪人之所以实施犯罪行为和社会越轨行为,是因为在主观方面一般具有较为强烈的反社会性;这种反社会性是犯罪人不同于社会一般人的特征。犯罪人的反社会性,是指犯罪者人格呈现出的与社会法律规范和伦理准则相悖的品质或倾向。反社会性与亲社会性相反,是一种恶的、破坏性的人格品质,它是犯罪人选择反社会行为的内部驱动力量。因而又称之为'主观恶性'或人身危险性。犯罪行为是犯罪人具有严重反社会性的外部呈现和外在标志。这种反社会性是犯罪者人格结构的整体性或综合性倾向,包含着两层意思:一是犯罪人的反社会性不是指也不完全取决于犯罪者人格结构中的某一种或某几种单个因素的性质,而是取决于具有一定特质的各种人格因素的综合配置,并且表现为这种综合配置的整体倾向。二是犯罪者人格结构中不仅包含着反社会性,也包含着亲社会倾向。犯罪人的人格结构是一个反社会性与亲社会性的混合体,两种倾向相融而不可分,并结合特定的外界环境而影响犯罪人的行为选择。[①]

（二）犯罪人反社会性的具体表现

犯罪人的这种反社会性在具体犯罪中的表现还是非常明显的,主要表现为:

其一,犯罪人的反社会性有时会通过极度凶残的暴力犯罪行为释放出来,犯罪人为了实现自己的目的往往不择手段,置他人生命、健康于不顾,以犯罪泄愤。

2003 年,中国河南省平舆县爆出一起特大连环杀人案。犯罪人黄勇,29岁,出身于农民家庭。他的犯罪生涯应当从 13 岁时算起,他从 2001 年起开始真正实施杀人行为。他设计了一种冲关游戏"神奇木马",连续杀害 25 名男性少年。所谓"神奇木马"实则是一个用 4 只脚支撑的案板。冲关游戏分为三关。第一关是让冲关者躺在案板上面,案板不倒就算过关;第二关是将冲关者四肢绑在"神奇木马"的四只脚上,绑上即算过关;第三关是让冲关者躺在案板

---

① 许章润:《犯罪学》,法律出版社 2007 年版,第 115 页。

上数数,数到 1000 就算过关全胜。实际上,往往在第二关时,犯罪人就将冲关者杀死。犯罪人黄勇 13 岁时在一次庙会上看了一场录像片《自由人》,讲的是一个杀手独来独往的故事。在黄勇看来,杀手很酷,与众不同,自此,黄勇便梦想成为一名杀手。2001 年,黄勇父母外出打工,黄一个人在家住,于是开始实施杀人计划。他觉得,如果杀女人,不够英雄,便决定专杀男性少年。第一次杀人之后,先是有一种喜悦感,接着产生一种恐惧感。他说,"第一次杀人时比较匆忙,没在真正感受到杀手的感觉"。"在杀了第二个人后,感觉自己成为一个真正的杀手了。但人家那种杀手很利索,我在这方面还不行,与他们还有差距,还想练练"。此后便接二连三地杀人。在杀了第 17 个人后,黄勇感觉杀人技术娴熟了。"我已经掌握杀人技术,但是腻了,不想再杀人了。那时,思想开始转变。为练杀人技术,杀了那么多人,想去自首,也没勇气,不敢面对现实。就想办法,想利用一个人去报案。可能会好点。"2001 年 11 月 7 日,黄勇将第 18 个被害人放走,那是黄勇系列杀人案中唯一逃生者。

其二,有时这种反社会性不仅是单个犯罪人的反社会性,还在共同犯罪的犯罪人群体中有所表现。这种反社会性在特定的犯罪人群体中逐渐形成了一种较为稳固的犯罪亚文化,在犯罪亚文化的不良文化规范支配下,犯罪人获得了实施犯罪行为的精神支持和错误的信念。比如,日本暴力团组织内部的禁止事项有以下几项:(1)不能违抗头目或长辈的命令,也不能做不利于头目或长辈的事;(2)不得出卖朋友;(3)内部成员之间不能发生冲突;(4)不能贪污组织的钱财;(5)不能与内部成员的妻室有不正当关系。[1]对破坏暴力团的组织纪律,跟普通居民发生冲突而被捕或被判刑的,或做了对组织不利的事情的,将取消探监、迎接出狱、(为出狱者)接风洗尘等仪式,也有可能不负担律师费或不支付家属的生活费等。受到这种亚文化的影响,暴力团成员普遍认为:"蹲监狱时没有人来探监并送礼盒(一般送饮食),或者出狱时没有人来迎接,或是出狱后没有接风洗尘仪式是很丢面子的事情"。[2]

其三,有时这种反社会性往往通过行为人身上的某种特殊的癖好、习惯及不良嗜好表现出来。偷窃癖、暴露癖、纵火癖、病理性的赌博等都是反社会性的特殊表现。如"偷窃癖"在心理学上属于"习惯与冲动控制障碍",行为人会把偷来的物品扔掉或隐藏起来,这种偷窃冲动有一定的周期,当冲动的紧张度上升到一定程度,偷窃行动即带来满足。偷完之后会后悔,却又重复去做。

---

[1]　[日]《平成元年版 警察白书》,1989 年第 30 页。

[2]　[日]加藤久雄:《有组织犯罪研究》,成文堂 1992 年版,第 112 页。

董某结识了部队高级干部子弟 H 先生,如愿嫁到声名显赫的高干家庭。丈夫还为她在北京找了一份让她满意的工作单位。但爱虚荣、品行不端的董某,未能改掉恶习,经常与他人乱搞两性关系,最终导致婚姻破裂。在单位,也无法忍受同事的冷眼和议论,辞去了工作。经济上的拮据和强烈的虚荣心,驱使她走向冒险的路。董某开始出入北京的各大宾馆、公寓,进行盗窃活动。由于董某不俗的装束和漂亮的容貌,当她投石问路敲开有人居住的客房时,没人将她同理念上的贼头贼脑的梁上君子联系在一起,使她频频得手。盗窃数十次没有失手的董某,享受的是一种"盗瘾",从策划踩道、撬锁、翻找财物,每个程序的实施她都会有一种莫名的快感,一日不偷难忍难熬。

其四,犯罪人反社会性的形成往往深受社会多元因素的影响和制约,各种社会不良因素通过影响犯罪人的主观世界、精神及意志,从而形成特定的反社会性,并最终通过反社会性刺激、催生和推动犯罪人实施犯罪行为。在未成年人犯罪中,各种社会不良影响在未成年人的成长和生活中的负面影响是非常严重的。在我国当代,互联网络中的网络游戏及黄色、暴力不良信息对未成年人反社会性的形成有较大影响。

第三节　犯罪人的类型

一般来说,犯罪人的分类标准是多元和开放的,根据学术研究、刑事政策和犯罪治理实践等方面需要,这些标准包括性别、年龄、文化程度、人格类型、精神状态、婚姻状况、财产状况、社会阶层、犯罪生涯、反社会性程度等。在很多情况下,犯罪学中对犯罪人的分类往往是建立在原因论基础之上的。由于犯罪原因的解释纷繁众多,对犯罪人的分类也是五花八门。

一、犯罪人类型的概念与研究意义

(一)犯罪人类型的概念

犯罪人的类型是指依据一定的标准对犯罪人进行体察、分析与比较,进而根据其相似特征进行的犯罪人分类。

犯罪人分类是基于一定的目的和标准对犯罪人加以鉴别,进行类型划分的过程和结果。对犯罪人类型的分析和归类,是研究主体根据犯罪人的某些相似性而进行的人为抽象。对犯罪人可以根据不同的标准进行分类,标准的确定取决于研究的目的。例如,在刑法上,可以根据罪犯的罪行,分为杀人犯、抢劫犯、强奸犯、盗窃犯、贪污犯等,也可以根据罪犯在犯罪中的地位和作用,分为主犯、从犯、胁从犯、教唆犯等。刑法对犯罪人的分类主要是为了解决犯罪人的刑事责任问题。犯罪学对犯罪人进行分类,是为了研究犯罪原因,探索预防和矫治犯罪的措施,针对不同犯罪人的情况制定不同的刑事政策。在犯罪学上,犯罪人的年龄、性别、人格类型、婚姻状况、受教育程度、社会阶层、犯罪生涯等,都可作为犯罪人分类的标准。

一般来说,犯罪人的类型可分为经验型分类和理论型分类两种。前者是司法部门根据常识和实际需要对犯罪人进行的分类,后者是理论研究者根据学理认识和理论研究需要对犯罪人进行的分类。在具体犯罪类型的建立上,两种分类方法并不总是非此即彼和泾渭分明的,彼此之间完全可能出现相同或交叉。然而,不论按照何种标准进行犯罪人分类,以下要求是普遍适用的:合于目的(有用)、具有可操作性、涵盖面尽可能广。[①]

(二)研究犯罪人类型的研究意义

划分犯罪人类型的标准是多元的。犯罪人的年龄、性别、人格类型、婚姻状况、受教育程度、社会阶层、犯罪生涯(既往犯罪情况)等都可以作为犯罪人分类的标准。对于犯罪人类型的划分是一种科学认识和科学操作活动,具有一定的理论和实践意义。

首先,科学的犯罪人分类反映了对犯罪人的本质以及犯罪现象内在结构的理性认识,反过来,对于犯罪人和犯罪现象的进一步认识和研究又具有指引作用。其次,建立科学的犯罪人类型体系,为犯罪调查、统计和精确描述犯罪状况提供了基本指标。最后,科学的犯罪人分类,有利于犯罪预防和罪犯矫正工作的顺利进行。

二、犯罪人类型

(一)早期意大利学者的犯罪人分类

从犯罪学诞生之日起,人们就试图对犯罪人进行分类。最早对犯罪人进行分类的,当推意大利学者龙勃罗梭。他将犯罪人分为五种:先天性犯罪人、习惯性犯罪人、精神异常犯罪人、激情性犯罪人和偶发性犯罪人五种。龙勃罗梭又把上述五种犯罪人划归两类,认为后两种人的精神和身体与正常人没什么差别,前三种人才是真正的罪犯。所谓先天性犯罪人,又称天生犯罪人,是

[①] 魏平雄等:《犯罪学教程》,中国政法大学出版社 1998 年版,第 181 页。

指出现了生物返祖现象的犯罪人,这种人的心理和生理结构都趋向于犯罪,无论所处的社会环境如何,均会成为犯罪人,因此,应对之采用保安处分,以防止其危害社会。

所谓习惯性犯罪人,是指接受了社会环境中的恶性因素,犯罪个性已经习惯化、固定化,以犯罪为职业的犯罪人,这种人作案技巧和作案心态比较成熟,被捕后改过自新的可能性极小,应成为刑事制裁的重点。

所谓精神异常的犯罪人,又称精神病犯罪人,是指精神病态,理智不健全,缺乏对自身行为的正常控制能力的犯罪人。如表现为悖德狂、白痴、暴躁狂、癫痫狂、忧郁症、病理性醉酒等症状。尽管这种人危害社会后往往不需要承担刑事责任,但对其预防和控制是十分必要的。

所谓激情性犯罪人,是指由于受到外界的刺激,产生强烈的情感冲动,以致行为失控而实施犯罪的犯罪人,这种人多具有自控力差、心胸狭隘、思维片面、易受外界影响等个性特征,实施犯罪前一般没有预谋过程,由于其不具有稳定的犯罪意识,因而较易接受改造。

所谓偶发性犯罪人,是指因偶发性事件而实施犯罪的犯罪人,如果没有外界的诱惑或刺激,这种人不会犯罪,可见其主观恶性不深,比较容易改过自新,再犯的可能性较小。

此外,龙勃罗梭的学生菲利将犯罪人分为:(1)天生犯罪人;(2)精神病犯罪人;(3)习惯性犯罪人;(4)偶发性犯罪人;(5)激情犯罪人。龙勃罗梭的另一学生加罗法洛把犯罪人分为自然犯和法定犯,其中自然犯又分为谋杀犯、暴力犯、财产犯和风俗犯。龙勃罗梭的学生加罗法洛将犯罪人分为自然犯和法定犯,其中自然犯又分为谋杀犯、暴力犯、财产犯和风俗犯。[①]

上述早期的犯罪人分类中,有许多内容已无实际意义。

(二)德国学者的犯罪人分类

德国学者李斯特早期将犯罪人分为机会犯人和状态犯人,后期将犯罪人分为:(1)正常竞争能力不足的犯罪人;(2)怠惰与愚昧性犯罪人;(3)社会不良状态的犯罪人;(4)恶癖性犯罪人;(5)社会条件缺乏的贫困性犯罪人;(6)社会环境造成的犯罪人。

在李斯特等人倡导下于 1889 年成立的国际刑事学协会,根据改善的可能性将犯罪人分为:(1)瞬间性犯罪人,属于改善可能的犯罪人;(2)因个人原因

---

① 康树华:《犯罪学通论》,北京大学出版社 1996 年版,第 143～146 页;张远煌《犯罪学》,中国人民大学出版社 2011 年第 2 版,第 73 页。

而适应法律规范的能力明显减退的犯罪人,属于改善困难的犯罪人;(3)已无法适应正常社会生活的犯罪人,属于改善不可能者。

德国学者阿沙芬伯格将犯罪人分为:(1)偶发犯罪人;(2)激情犯罪人;(3)机会犯罪人;(4)预谋犯罪人;(5)累犯;(6)常习犯;(7)职业犯。

（三）美国学者的犯罪人分类

帕森斯受意大利学派的影响,将犯罪人分为六类:(1)精神病犯罪人;(2)天生犯罪人;(3)惯犯;(4)职业犯;(5)偶犯;(6)激情或偶然事件所致的犯罪人。他认为内因对前五类人起作用,外因对最后一类人起作用。

吉邦根据角色——职业理论,将犯罪人分为二十类:(1)专业盗窃犯;(2)专业重罪犯;(3)半专业财产犯;(4)首次伪造支票犯;(5)机动车盗窃犯;(6)财产犯;(7)贪污犯;(8)白领罪犯;(9)专业轻微罪犯;(10)侵犯人身犯;(11)精神变态攻击犯;(12)法定强奸犯;(13)攻击性强奸犯;(14)暴力性罪犯;(15)非暴力性罪犯;(16)乱伦犯;(17)男同性恋犯;(18)吸毒犯;(19)下等地区嗜酒狂;(20)非专业的商店盗窃犯。

（四）日本学者的犯罪人分类

前田信二郎根据社会都市生态学理论将犯罪人分为五类:(1)贫民窟型;(2)无赖型;(3)白领阶层型;(4)病理型;(5)市民型。

高桥根据处遇方法,将犯罪人分为:(1)精神障碍型(医学的处遇);(2)精神薄弱型(按一般精神薄弱型处理);(3)发生特异犯罪的特殊型(集中个人心理治疗);(4)单独攻击型(早期个人心理治疗);(5)集团攻击型(对地区社会做工作及采取集团的心理治疗法);(6)一次性的集团型(忠告,促使其参加健康的集体,可收入收容机构);(7)一次性单独攻击型(社会内生活指导);(8)性犯罪集团违法型(通过短期收容进行教训性的集体疗法);(9)汽车盗窃型(集体心理疗法与家属疗法);(10)单独盗窃型(在收容所进行集中的个人心理疗法与培养其劳动习惯);(11)集团盗窃型(在收容所内,通过集体相互作用,以劳动和娱乐进行治疗);(12)吸毒、癫狂等非社会型(个人心理疗法忠告、参加社会活动)。

山根清道在其主编的《犯罪心理学》一书中,则将犯罪人概括为八种类型:(1)根据犯罪经历的类型;(2)根据身体、生理诊断的类型;(3)根据精神诊断的类型;(4)根据人格形成过程的类型;(5)根据动机决定的类型;(6)根据行为机制的类型;(7)根据社会病理的立场的类型;(8)与处遇相联系的类型。

（五）苏联学者的犯罪人分类

茨维尔布利等认为,犯罪学对犯罪人进行分类的出发点是:第一,犯罪行为的目的、动机的性质和内容;第二,这种目的、动机在个人机制中的地位,以及相应的价值观,精神上、心理上的特性的发展程序、深度与固定的程度。据此标准,可区分以下犯罪人的类型:

第一,以否定、蔑视的态度对待人身及其重大利益者,如杀人、伤害、强奸、侮辱、诽谤及在不少场合下的流氓罪的犯罪人。

第二,具有违背社会主义按劳分配原则的贪利倾向者,这包括实施"职务上贪利罪"和"经济上贪利罪"的人,还包括实施盗窃、抢夺和强盗袭击的人。这可以区分介于两者之间的一定犯罪人,即实施诈骗、敲诈勒索行为的人。

第三,以自我为中心的个人主义违反各种社会制度和要求,违反自己的公民的、职务上的、家庭的和其他义务,如某些经济犯罪与妨害管理秩序、妨害行使司法权的犯罪、军事犯罪等。

第四,以轻率的和不负责任的态度对待各种社会制度和要求,对待自己应尽的义务,如过失犯罪。另外,对故意犯罪的犯罪人,可分为偶然的、情势造成的、不稳定的、作恶成习的和特别危险的犯罪人等。

总之,犯罪分类的标准多种多样,每一种分类方法都适应于、服务于特定的犯罪学理论和特定的社会需要。[①]

三、国内学界对犯罪人类型的划分

在上述犯罪人分类中,有些具有一定的科学价值,有些则仅具有一定的学术沿革意义。我国犯罪学的发展在一定程度上需要借鉴西方犯罪学关于犯罪人类型的研究成果和智识思想。

(一)以犯罪人反社会性的强弱为标准进行分类

以犯罪人反社会性的强弱为标准,通常将犯罪人分为习惯犯与偶发犯。习惯犯是由于犯罪人内部性格原因而犯罪的人。这种内部性格因素主要有遗传、疾病等。对于习惯犯来说,外部的因素仅是他们实施犯罪的诱因。偶发犯是因偶然发生的事实,如恐怖、诱惑、刺激、贫困等而陷于犯罪的人。这类犯人比习惯犯的危险性小,往往施以不起诉处分、缓刑或其他威吓性刑罚即可达到预防犯罪的目的。而对于习惯犯,科以短期自由刑收不到预防再犯的实效,应以不定期刑或保安处分处遇之。

(二)以犯罪人的年龄为标准进行分类

以犯罪人的年龄为标准,通常将犯罪人分为未成年犯与成年犯。成年犯

---

① 康树华:《犯罪学通论》,北京大学出版社 1996 年版,第 143～146 页。

一般是指 18 周岁以上的犯罪人，未成年犯则指 18 周岁以下的犯罪人。这种犯罪分类主要是针对 20 世纪 50 年代以来犯罪日趋低龄化和严重化的状况提出的，目的是对未成年人犯罪予以更多的关注。把未成年犯独立出来进行研究，可以更好地根据其生长发育及心理特点，制定特别的法律，施以突出教育、改造、挽救的矫治措施。

（三）以犯罪人的精神状态是否正常为标准进行的分类

以犯罪人的精神状态是否正常为标准，通常将犯罪人分为常态犯与精神异常犯。常态犯指精神状态正常的一般犯罪人。精神异常犯，是指精神方面存在某种障碍的犯罪人。根据精神障碍的程度，精神异常犯还可以分成无责任能力者与限制责任能力者。对于前者，应施以精神治疗为内容的保安处分；对于后者，通常对之减轻处罚。进行这种分类的目的是要将研究重点放在精神异常犯上。随着社会竞争的加剧和生活压力的增大，犯罪者中有精神障碍者的数目有增加的趋势，因此，更需加强这方面的研究。

（四）以犯罪人的价值意识为标准进行的分类

以犯罪人的价值意识为标准，通常将犯罪人分为普通犯与确信犯。普通犯，是指因缺乏普通的社会意识而陷于犯罪的人。确信犯则是指因具有与普通的社会意识不同的价值意识而导致犯罪的人。确信犯因其所确信的价值意识不同，又分为政治确信犯、宗教确信犯和伦理确信犯。各国对确信犯罪人一般科以特殊的处分，如保护管束、感化教育、不定期刑等，以达到预防再犯、保全社会的目的。

（五）以犯罪人的性别为标准进行的分类

以犯罪人的性别为标准，通常将犯罪人分为男性犯人与女性犯人。这是最古老的一种分类法。由于性别的差异，男性与女性所犯的罪行有所不同，犯罪特点各异。因为男性与女性在生理结构、情感需要、心理特征以及社会地位等方面均有所不同，所以，以性别为标准对犯罪人进行划分，有助于了解性别差异对犯罪的形成、规模、种类等的影响，并对女性犯罪的原因给予特殊的关注，进而在考虑到女性生理及社会地位等特殊情况的基础上，寻求有效的处遇措施。

（六）以犯罪人实施犯罪的手段为标准的分类

以犯罪人实施犯罪的手段为标准将犯罪人分为智能性犯罪人与暴力性犯罪人。暴力性犯罪一般直接侵害公民人身权利、危害社会公众的人身、财产安全，因此，社会公众能直接感知犯罪的严重后果（比如，杀人犯、抢劫犯、强奸犯等）。而智能性犯罪主要是利用专业知识、特殊技能实施犯罪，具有较强的隐蔽性(比如,诈骗犯、贪污犯等)。因此,智能性犯罪人和暴力性犯罪人具有不同的身心特点,因此,对暴力性犯罪人与智能性犯罪人应采取不同的教育、预防措施。

（七）以犯罪人的主观罪过形式为标准的分类

以主观罪过形式的不同将犯罪人分为故意犯罪人与过失犯罪人。犯罪过失是由于缺乏必要谨慎而导致危害结果发生,不是有意犯罪,而犯罪故意是明知故犯,是自觉地犯罪,因而过失犯罪人的主观恶性明显小于故意犯罪人。因此,刑法对过失危害行为的处罚面比故意危害行为控制更严,而且在处罚上也明显轻于造成同样危害结果的故意行为。随着科学技术的不断发展和社会经济、生活的日益现代化,过失犯罪表现出许多新的特点,对社会的威胁和危害日益严重。许多国家的犯罪学理论已经在专门研究新技术革命形势下过失犯罪的情况及有效地与之斗争的方略,因此,区分过失犯罪人与故意犯罪人对预防犯罪有重要意义。

第四节　犯罪人的实证研究

对于犯罪人实证研究的内容包括多个方面,如犯罪人的年龄、性别、种族、社会经济地位等社会人口学特征的研究,犯罪人的犯罪生涯研究,犯罪人的个性特征研究,犯罪人生活方式研究,等等。本节就犯罪人的犯罪生涯研究和社会人口学特征研究予以简要介绍。

一、犯罪生涯研究[①]

所谓犯罪生涯,是个人成为犯罪人的过程以及个体犯罪行为的纵向序列。犯罪生涯研究是犯罪学中犯罪人研究的一个重要方面,它是一种典型的犯罪人个案研究(或曰临床研究)。该研究的意义在于通过对犯罪者个人的生活史以及犯罪经历的深入观察和全方位的显现,为犯罪控制和刑事司法决策提供启示和建议。

对于犯罪人的犯罪生涯,一般从四个方面加以描述:其一,犯罪者身份。即对哪些人更易于、更经常地参与犯罪加以解释,测量个体犯罪行为的累积和

---

① 许章润:《犯罪学》,法律出版社 2004 年版,第 113～114 页。

普遍程度。其二,犯罪频率。即对犯罪人生活史中犯罪的频繁程度以及犯罪高峰期加以描述。其三,犯罪的严重程度。即对个人的犯罪类型和主观恶性加以考察。其四,犯罪生涯长度。即对犯罪者初次犯罪至最后犯罪之间持续的时间长度加以考察。

犯罪生涯是对犯罪人个人犯罪历程和原因所做的纵深研究,它与注重犯罪群体特征的横剖面研究有所不同。犯罪生涯研究的具体方法主要有以下四种:

1. 出生群体研究

具体做法是以某地同时出生的人口群组为对象,收集并分析该群体组成员与警察打交道的记录,从而较为准确地测定该群组内犯罪的流行程度和分布情况。美国的 M. 沃夫冈、R. 菲格里奥和 T. 塞林等人在 20 世纪 70 年代率先进行了这方面的研究。

2. 自我报告研究

即从已经查明的犯罪人中选取一定数量的调查样本,由受试者自填问卷,坦白以往的犯罪经历。J. 皮特希利、P. 格林伍德等人于 1977 年率先进行了此项研究。

3. 对特定区域内的已知犯罪人的个人犯罪史资料(即有关被捕、受控告、被判刑等方面的记载)进行纵向分析。

4. 实地观察

即研究者介入犯罪人的生活领域,全面观察并记录其生活方式与规律。埃德温·萨瑟兰曾经用这种方法对一名职业盗贼进行观察,写出了《盗贼》一书,从而使外界对犯罪亚文化群的生活方式和心态有所了解。

犯罪生涯研究的对象主要是在一定期间内反复实施犯罪行为的人。据 20 世纪 70 年代美国的自我报告研究表明,在美国,大多数人在其一生中至少实施过一次违法行为,但是其中只有 1/3 的人实施了严重犯罪行为,最后只有 10% 的人在一段时期内反复实施了上述犯罪行为。这最后的 10%,就是犯罪生涯研究的对象。

在我国,还没有关于犯罪生涯的较大规模系统研究。

二、犯罪人口研究

这里主要介绍有关犯罪人口分布的情况。

(一)犯罪人的性别

犯罪统计表明,世界各国普遍存在的一个事实是,大多数犯罪都是由男性实施的,犯罪因此而被称为一种"男性的工作"。另据统计,1986年美国被捕人犯中男性占80%,[1] 2008年日本被捕人犯中男性占79.5%[2]在我国,犯罪人中男女之间的比例更为悬殊。西方发达国家自20世纪50、60年代以来,我国自20世纪70年代末80年代初以来,女性犯罪率有明显上升趋势,而且其上升速度和幅度均超过男性犯罪率的增长。不过,犯罪主要是男人所为这一基本状况并未改变。

在具体犯罪类型分布上,男女两性各有其不同的集中分布趋势。在被捕的杀人犯中男女比例为6∶1,袭击犯中男女比例为7∶1,抢劫犯中为22∶1,夜盗犯中为30∶1。据日本法务省2010年统计,被捕的杀人犯中女性占22%,抢劫犯中女性占6.9%,伤害犯中女性6.7%,恐吓犯中女性占6.2%。[3]相反,在卖淫、商店行窃等犯罪中,女性则占绝大多数甚至全部。

男性犯罪人多于女性犯罪人,是一个普遍的事实。但是,需要注意的是,据美国自我报告研究表明,犯罪性别差异实际上并不像官方犯罪统计所显示的那样明显,女性参与犯罪以及其他越轨行为的程度高于一般想象。

(二)犯罪人的年龄

随着现代化的进程,在世界各国均形成了犯罪低龄化的趋势,25岁以下的青少年是犯罪者大军中的主体。据《不列颠百科全书》披露,严重罪行的实施者大多数为25岁左右的青年人;在逮捕的人犯中11至17岁的青少年占1/2,18岁以上25岁以下的占3/4;在杀人犯中25岁以上的占2/3。[4]在我国,自20世纪70年代末80年代初以来青少年犯罪率也大幅度上升,目前我青少年犯罪占犯罪总数的70%~80%。

与犯罪低龄化相映成趣的是,随着年龄的增高,犯罪率呈逐渐下降趋势。据统计,从25岁起犯罪率开始下降,从35岁起犯罪率开始大幅度下降。

三、城市和农村的犯罪人特征

我国经济体制改革后,政府部门将经济发展放在首位,开始大力推进市场经济,使经济领域发生了巨大的变化。首先,我们应该肯定改革开放对我国经

---

① 赵国玲:《1986年美国犯罪情况统计》,载《法学译丛》1988年第6期。

② [日]法务省官方网站:《1-1-1-7表,一般刑法论·检举人员(罪名别·男女别)》,http://hakusyol.moj.go.jp/,访问时间:2012年5月1日。

③ [日]藤本哲也:《刑事政策》,中央大学通信教育部2002年修订版,第361页。

④ 许章润:《犯罪学》,法律出版社2007年版,第115页。

济的促进作用;但经济运行机制的不健全,也引发了各种社会矛盾。比如,失业及贫富差距、城市与农村之间的矛盾、沿海经济发达地区与内地之间的矛盾、不同行业之间的矛盾等。

（一）农村地区犯罪人特点

在社会转型过程中,农村地区的未成年人犯罪和老年人犯罪案件迅速增长,成为突出问题。

1.农村未成年人犯罪增多

以江苏省常州市天宁区法院 2005—2007 年审理的少年刑事案件为研究基点,三年来该院少年庭共审理案件 224 件 329 人,农村未成年人犯罪的案件分别占当年少年刑事案件的 43％,51％和 67％。农村未成年人犯罪具有以下特点:第一,犯罪人的年龄多集中在 16～18 岁,且文化水平普遍较低。该院近三年审理的农村未成年犯中,犯罪时未满 16 周岁的仅占 8.2％,而处于 16～18 岁年龄段的则占 91.8％,文化水平普遍较低,具有小学、初中文化的占总人数的 87.3％,且多数初中未毕业即已辍学,有的成为社会闲散人员到处游荡,有的出外打工过早走上社会。第二,侵财类案件占绝对比重,涉案罪名呈现成人化特征。在农村未成年犯所涉及的犯罪中,以侵财为目的的盗窃、抢夺、抢劫等案件占绝对比重,涉及案犯人数占犯罪总人数的 83.1％,但一些原本多由成年犯实施的犯罪如贩毒、非法经营等,农村未成年人也开始有所涉及。第三,"团体化"特点突出,共同犯罪比例较大。三年来该院审理的农村未成年人共同犯罪案件占案件总数的 61.8％。农村未成年人犯虽然在体力上占有一定优势,但由于心理压力大、缺乏作案经验,在作案时多以团伙形式出现,少则三五人,多则几十人,大多以同学、朋友、老乡等血缘、地缘关系结成犯罪团伙,组合过程简单,往往是临时起意,一拍即合,一哄而上的临时纠合,随着一个犯罪活动的终结而自行解体。第四,在犯罪手段方面,暴力性犯罪案件增多且手段残忍。很多农村未成年犯盲目崇尚武力,暴力化倾向极为明显,在具体实施犯罪时,他们手持棍棒、管制刀具等作案工具,加害被害人时往往不计后果,有的暴力案件情节严重,性质恶劣,社会危害性大。第五,在犯罪目的方面,作案动机单纯,主观恶性不大。农村未成年人犯罪往往犯罪动机简单、盲目,有很大的随意性,没有明确的目标和精心的策划,绝大多数都是初犯和偶然性犯罪,其主观恶性并不深,具备较好的改造基础。

2.农村老年人性犯罪问题突出

近年来,在农村地区,由于多方面的原因,出现了 60 岁以上老年人性犯罪突出的问题,而且他们性犯罪的主要目标是留守幼女和智障妇女,给受害人及其家庭造成了极大的伤害,影响到社会的安定。农村老年人性犯罪具有以下特点:第一,犯罪主体多为60以上老年单身男子。多数犯罪嫌疑人配偶已经去世,其子女也相继成家与老人分开居住或外出打工,只有他独自一人在农村生活;有的从来没有结过婚,长期孤独、寂寞的心理得不到排解,正当的性需求得不到满足,这些老人身边没有子女照顾,得不到应有的关心和安慰,精神感到空虚,心理、生理需求得不到满足。第二,犯罪对象多为幼女和智障妇女。由于老年人攻击能力相对较弱,只能针对反抗能力较差的群体进行,因此幼女和智障妇女就成为了犯罪对象。再加上犯罪分子采取一些引诱、威胁的手段就很容易让犯罪活动不被暴露,而智障妇女根本没有性防卫能力。第三,犯罪手段简单。由于幼女和精神病患者的辨认能力和反抗能力较差,犯罪分子往往采取非暴力手段就能达到犯罪目的。一般采取金钱食物诱惑、语言欺骗威胁,利用被害人性防卫意识的缺失就能实施犯罪。这些因素使得老年人性犯罪不容易被发现,有的犯罪时间长达数年,具有一定的隐蔽性。第四,犯罪后果严重,影响恶劣。对于这类犯罪的被害人来说,其受到的心灵创伤是难以愈合的,可能在今后的一生中都会有心理阴影。被害人多为犯罪分子的邻居,有的还是其亲戚,犯罪分子在犯罪后往往会在很长的时间段内不被发现,造成重复对被害人实施犯罪行为,等到犯罪行为被发现后往往已经对被害人生理、心理造成了很大的伤害。第五,犯罪分子多为法盲或想占点便宜。到案后不能认识到自己的罪行,不愿意积极配合司法机关的工作,始终认为是她们"自愿"的,没有强迫,不是犯罪,不知道只要与她们发生关系就是犯罪;有的认为幼女年纪小、智障妇女呆不会告发,玩了不会出事,有侥幸心理。

此外,目前农村地区的职务犯罪呈现多发趋势。根据第二次全国土地调查,涉及农业或涉及土地的职务犯罪和渎职犯罪引起的群体性事件频发。典型的如2011年9月21日广东省汕尾陆丰市东海镇乌坎村发生的村民聚众滋事及故意毁坏财物事件、内蒙古锡林郭勒盟西乌旗"5.11"事件等。[①]

(二)城市犯罪人特点

中国城市贫困人口约有5000万人,而且这个数字呈现出不断上升的趋势。2011年8月3日,中国社会科学院发布《中国城市发展报告No.4》(以下简称报告),报告指出这一测算结果。此次估算是按照2010年《中国统计年鉴》的数据进行计算的。2010年《中国统计年鉴》显示,中国截至2009年底的城镇人口数为62186万人,城镇居民人均可支配收入为17175元。另外,从国

---

① 李林:《法治蓝皮书(2012)》,社科文献出版社2012年版,第32页。

家统计局、民政部和一些地方政府开展的调研情况看,城市贫困人口比例在7.5%～8.7%之间。根据数据,以8%的比例采用比例法计算,目前中国城镇贫困人口大约为5000万人,是目前低保标准和受保人数的2倍左右。受到区域经济差异的影响,其中东部地区贫困人口比重最小,东北地区和西部地区贫困人口比重较大。报告指出,城市贫困人口自20世纪90年代后就呈现出不断上升的趋势。物价的不断上涨、社会保障措施的不力、房价的频频攀升、就业形势的严峻、贫富差距的不断扩大使越来越多的城市人口陷入相对贫困之中①。

2012年2月20日,中国社科院出版了《法治蓝皮书(2012)》。根据该《蓝皮书》提示的犯罪特点,我们可以对近年城市犯罪人的特点作如下分析。

1.《蓝皮书》特别提示,以传销模式放高利贷、非法吸储的"金融传销"在2011年首次进入金融领域,严重危及金融秩序和社会稳定。蓝皮书警示,"金融传销"如果得不到有效的控制,会造成全国性的灾难。

2.酒后驾驶和醉酒驾驶机动车违法犯罪数量均大幅下降。根据公安部的统计,2011年5月1日至11月30日,全国共查处酒后驾驶机动车201153起,比去年同期下降44.5%。其中,醉酒驾驶机动车33183起,比去年同期下降43.7%;因酒后驾驶造成交通事故死亡人数较去年同期下降23.2%。据公安部交通管理局相关负责人介绍,醉酒驾驶机动车犯罪呈现出以下明显特点:醉酒驾驶的机动车类型主要是摩托车和小型客车,分别占查处总量的41.2%和39.8%;醉酒驾驶机动车行为主要发生在城市道路和普通公路,分别占查处总量的59.4%和27.3%;醉酒驾驶机动车的驾驶人年龄主要集中在20岁至40岁年龄段,占查处总量的65%。

3.从事电信诈骗的犯罪人员增多。2011年,电信诈骗犯罪高发势头得到遏制,但是案件仍处于多发态势,跨境性特征突出。犯罪分子往往将主机设到东南亚各国,再通过网络VOIP电话从这些地区将诈骗电话打到大陆、台湾甚至美国和日本。2011年,公安机关加大了跨境电信诈骗的打击力度,先后与两岸警方和多国警方合作摧毁了四个特大跨境电信诈骗犯罪集团,其中联合港澳台及东盟八国警方破获的特大跨国跨境"9.28案件"抓获犯罪嫌疑人828人,其中大陆532人,台湾284人,其他国家12人。

4.从事非法集资的犯罪人员增多,跨省巨额大案增多。2007年以来,非法集资活动猖獗,案件数量居高不下,非法集资类案件每年以约2000起、集资

---

① 《法制晚报》,2011年8月3日 第A17版。

额度约 200 亿的规模快速增长。2011 年非法集资违法犯罪活动尤为突出。2011 年,全国非法集资案件共立案 1600 余起,涉案金额达 200 亿元。辽宁、江苏、浙江、安徽、福建、江西、山东、河南、广东等地连破亿元以上大案。非法集资案件涉及全国 29 个省区市,涉及全国超过 80％的地市州盟;担保公司、房地产中介公司、投资咨询公司等中介机构非法集资案件增多。一些民间担保公司出现了"挤兑潮"现象。

5. 涉黑犯罪的"公司化"方向发展趋势明显。2011 年,黑恶势力犯罪出现了新的特点:使用"软暴力"手段威胁和恐吓被害人趋势明显;犯罪组织有松散化趋势,组织者、领导者"幕后化"、"隐蔽化",一般成员"临时化"、"市场化";腐蚀基层政权的黑恶势力,从事高利贷、暴力追债等黑恶势力突出;黑恶势力更注重"形象",向"公司化"、"企业化"方向发展,用经营活动掩盖非法活动,用公司利润掩盖非法获利。2011 年 1—11 月,全国公安机关打掉涉黑组织 400 多个,铲除恶势力团伙 3900 多个,抓获犯罪嫌疑人 2.8 万余名。

第五节　犯罪群体研究

一、犯罪群体的概念

犯罪群体不是一个严格意义上的法律概念,而是一个关于犯罪现象的社会学概念。该范畴不仅包括刑法学上的一般共同犯罪,还包括有组织犯罪、集群犯罪和团伙犯罪。根据犯罪人的多少将犯罪人分为单独犯罪人和共同犯罪人。从社会心理学上看,共同犯罪人可视为一个实施犯罪行为的群体,即犯罪群体。群体犯罪就是犯罪群体在目的一致或暂时达成一致的基础上联合实施的犯罪行为。

由于群体犯罪不仅严重威胁人民的生命健康、财产安全,也严重影响社会秩序和社会的和谐,所以深入研究这类犯罪心理,对于预防、减少犯罪具有重要的理论和实践意义。

1. 人数在两人以上,并且犯罪参加者之间具有紧密的联系

参加者通过紧密的交往与联系,促进内部的交流,使群体更加稳固,选择方向更容易达成共识。

2.群体犯罪目的的一致性

群体犯罪的成员一般都具有共同的犯罪目的,容易达到主观上共同的犯罪意图,成为具有共同语言的犯罪行为人。

二、有组织犯罪群体

目前,我国称有组织犯罪为黑社会犯罪。对中国的黑社会的起源,有几种学说。学术界认为,中国的黑社会来源于清朝的"帮会"。清朝时期,帮会是反对清朝统治的秘密结社组织。这些组织是由政治动乱、战争、经济崩溃等原因破产或失业的农民、手工业者、艺人、渔民和个体经营者、无业游民组成,最初以反清为主要目的(政治目的)进行了各种活动。比如1854—1864年的广东天地会起义、1853—1858年的闽南小刀会起义、1853—1857年的闽中红线会起义、上海小刀会起义等都是这些秘密结社、帮会组织进行的。[①] 这种组织的主要成员,即农民、手工业者、艺人、渔民和个体经营者、无业游民等具有革命的一面,也具有反社会的一面(比如威胁社会治安等)。多数学者认为这种两重性,使一部分帮会组织变质为黑社会组织[②]。

(一)有组织犯罪概述

有组织犯罪指多人实施的具有严密固定组织形态的共同犯罪。有组织犯罪群体有以下几个特征:

1.人数多且具有明确的分工

有组织犯罪人数较多,主要成员也较固定,具有明确的分工。比如,20世纪80年代以来,平远黑社会性质组织打着民族、宗教的幌子从事违法犯罪活动,并逐步控制了部分基层政权和清真寺的教权,形成了一个以马会春、林洪恩等人为首的黑社会性质组织。该黑社会性质组织凭借有组织的暴力确立了自己的统治,建立了自己的"社会秩序"和"行为准则",与合法的政府、合法的社会秩序相抗衡,使平远变成为"中国的小西西里"。[③]

2.具有严密的组织形式

有组织犯罪有严密的组织,有长远的计划和目的,其组织是永久性的。比如,许昌市的梁胜利黑社会组织的头目梁胜利本人的合法身份是商人,开办了托运、纺织品批发公司,还经营一家宾馆。虽然梁胜利对外宣称已经"收山",

---

① 何秉松:《有组织犯罪研究》,中国法制出版社2002年版,第1页。

② 李昭:《邪教、会道门、黑社会》,群众出版社1999年版,第382页。

③ 《正义之剑斩妖魔》,载《解放军报》,1993年1月3日。

禁止手下组织打自己的"旗号",但其实梁胜利就是许昌各黑帮的"老大",主要在幕后指挥各集团的活动。该组织是典型的金字塔形结构,组织成员 150 余人。1988 年以来,梁胜利在许昌纠集劳改释放人员和劳教解教人员及社会闲杂人员,组成了以其为首的黑社会组织;该组织中的张红涛、李庆伍等人又仿效梁胜利组成了以自己为首的带有黑社会性质的犯罪组织,这种二级黑帮有数十个。梁胜利每隔两三个月就要召集各"分支机构"首脑开会;黑帮之间发生矛盾,也由他出面调停,对有的黑帮,梁胜利还给提供一定数量的枪支以示支持。[①]

3. 犯罪具有暴力性、疯狂性

有组织犯罪的手段具有暴力性、多样性和疯狂性等特点。恫吓,暴力是有组织犯罪最普遍使用的手段。比如,重庆封曼黑社会组织的发展史就是一个典型的例子。1993 年,封曼开始拉帮结伙(110 余人,多数是刑满释放或解教人员),在重庆市巴南区杀人、伤害、敲诈勒索、寻衅滋事、聚众斗殴、强迫交易,共作案 110 余起,致死 2 人,致伤 80 余人。1998 年,封曼贿赂重庆市巴南区经济技术开发管委会主任肖德友,通过肖德友的关系以虚报注册资金的方法注册了"重庆市聚华贸易有限公司"等多家公司,开始承揽巴南区的各种开发业务。由于肖德友的"照顾",巴南区的土地开发、重要的建筑工程、大型建筑装修和物业管理业务,几乎都被封曼包揽,其他人根本难以插手。到了 1999 年,封曼在巴南区的实力,已经达到了可以左右巴南区政府的一些重要人物的升降的地步。[②]

日本著名犯罪学家菊田幸一认为:所谓的有组织犯罪,通常都具有以下列举的许多特点:(1)多数犯罪人在持续从事犯罪活动时,都有一个永久性或半永久性的组织,它的指挥系统是按照阶级组成的;(2)该组织的成员不仅本身从事犯罪活动,还要暗中掩护商店、艺人及其他特定职业者的犯罪活动;(3)如果组织内部的领导发生变动时,不存在移交领导权的问题,有超过几代掌握组织权力的;(4)由该组织操纵一定地区的所有犯罪活动,或者至少操纵其中全部特定的犯罪活动,而且这种操纵权仅仅掌握在某个首领一人之手;(5)犯罪和犯罪行为,几乎都以每个组织成员的权限为标准而采取的;(6)为了顺利达到犯罪目的,对各种犯罪活动都制定了周密的计划。[③]

---

① 何秉松:《有组织犯罪研究》,中国法制出版社 2002 年版,第 590 页。
② 何秉松:《有组织犯罪研究》,中国法制出版社 2002 年版,第 588 页。
③ [日]菊田幸一:《犯罪学》,海沫等译,群众出版社 1987 年版,第 90～92 页。

（二）有组织犯罪人的特征

1. 帮派思想和亚文化氛围

有组织犯罪人崇尚暴力、血腥，受崇尚暴力欺诈的亚文化影响，认为"老大"才是英雄。帮派思想，哥们儿"义气"成为他们加入组织犯罪的精神支柱以及行为的动力。

暴力团的后备军大部分是青少年，由于有这些青少年的存在暴力团才能保持一定实力。这些青少年参加暴力团，主要是跟他们的懒惰的生活习惯、不健康的生活环境有很大的关系。根据日本科学警察研究所调查表明，暴力团成员的家庭大多数是属于困难家庭（约占 40％），兄弟姐妹多，家庭成员人数平均 7 人以上，父母或监护人一半左右属无职业。有工作的也多数是普通工人或店员，家庭所得水平很低。暴力团成员普遍学历很浅，初中以下学历者占 80％左右。还有，40％左右的暴力团成员，在未成年时就离家出走，60％左右的人未成年时有犯罪经历，参加犯罪团伙的占 20％以上。加入暴力团时这些人半数以上属于无职业，约 20％的人是普通工人或店员，10％左右的人在性风俗行业当过职员，加入暴力团时的年龄大多数在十几岁到二十岁之间。大多数暴力团成员未能适应学校生活和社会生活，加上背负犯罪经历或其他不良习惯（比如打架），使他们认为这个社会没有容纳他们的地方，从而选择加入暴力团的路。加入暴力团之前，这些人第一次与暴力团成员接触的地方多数是娱乐场所和饮食店。与暴力团成员接触时，半数以上人处于失业或离家出走、逃学、逃工等非正常状况。对那些因失业等原因生活陷入困境的失业者，暴力团成员慷慨解囊出手相救，使这些生活没有着落的人心甘情愿地加入暴力团组织。离家出走、逃学、逃工者在寻找玩伴，寻找刺激徘徊于娱乐场所时，暴力团成员伺机给他们好处，并介绍他们加入暴力团组织。

对日本青少年加入暴力团的理由可以总结如下：（1）衣着、发行等很帅，可以享乐生活；（2）重义气；（3）接受像自己这样没有本事的人；（4）没有什么特别的理由。而这些人继续留在暴力团组织的理由是：（1）可以享乐生活；（2）已经习惯这种生活，不习惯做体力活；（3）留在暴力团做事方便；（4）不愿意离开同伙；（5）没有什么特别的理由。①

2. 恶性膨胀的金钱欲望

君子爱财取之以道，然而对于有组织犯罪人恶性膨胀的金钱欲，正常的渠道无法满足，他们转而寻找捷径，有组织犯罪正好可以满足他们的欲望，因为

① ［日］林则清：《组织暴力的一个断面》，立花书房 1996 年版，第 14～16 页。

有组织犯罪大都是以获取金钱和物质利益为目的。

3.对首领的绝对服从和等级观念

有组织犯罪内部具有森严的等级制度,下级必须无条件地服从首领,甚至为了表示对首领的忠诚去文身,刻字;违反纪律,心甘情愿按照规矩接受惩罚。这种严格的等级制度和纪律约束,是有组织犯罪得以巩固并延续其生存的重要心理要素。

4.强烈的罪责扩散感

由于是有组织犯罪,参与者对于组织有强烈的归属感,使得参与者敢去做平时一个人不敢去做的事情。由于责任的扩散,犯罪人的责任感会大大地降低,这样会促使他们做出极端凶残的行为。

三、集群犯罪群体

(一)集群犯罪概述

集群犯罪是指人们在互动中自发产生的无指导、无明确目的、不受正常社会规范约束的由众多人的狂热行为导致的犯罪。绝大多数成员之间并不认识,只是由于偶然事件而聚在一起,具有很强的情景性和情绪色彩。集群犯罪的常见表现是聚众哄抢财物、普通泄愤的集群犯罪,尤其是近年出现较多的因拆迁征地而引起的泄愤事件。

(二)集群犯罪人的特征

1.社会矛盾的积聚导致泄愤情绪

随着经济的发展,人们生活水平的不断提高,贫富差距也在近一步的拉大、腐败滋生、社会分配的不公造成社会矛盾的积聚和社会心理的躁动。这样的心理一旦沉淀,在遇到适时的机会时,就会爆发发泄内心的不满,具有同样心理的人很容易就聚到一起从而引发集群违法犯罪活动。

2.群体效应、责任感的扩散导致责任感的缺失

同有组织犯罪一样,由于人数众多,各参与人即使犯极端严重的罪,也会觉得不全是自己的责任,有责大家分摊的心理,甚至会存在侥幸的心理,认为查不出是谁所为,导致参与者可以肆无忌惮的为所欲为,所以集群犯罪会产生严重的后果。

3.西方不良文化的影响

由于现在媒体的开放,网络的发达,使以往较封闭的民众可以更多的接触到国外民众的暴力事件、反对种族歧视等群体事件的直接形象,受此影响,早已心生不满的民众仿佛找到了泄愤的出口,开始模仿,并以此为豪,觉得自己

就是民族英雄。

四、团伙犯罪群体

(一)团伙犯罪概述

团伙犯罪是指三人以上,以青少年为主体,以结伙型的松散结构为特征的违法犯罪,是一种潜在的有组织犯罪。近年来,团伙犯罪呈上升的趋势,尤其是学生团伙的数量在不断地增加,犯罪成员低龄化的趋势让我们担忧。团伙犯罪以财产型犯罪为主,作案手段凶残、工具智能化、高科技化是其特征。

(二)团伙犯罪人的特征

1.逆反心理

青少年处于身心发展的阶段,容易受到外界的影响,加上处于逆反的成长阶段。如果不加以正确的引导,青少年很容易走上歧途。

2.自我表现欲膨胀

青少年无论是人生阅历还是犯罪经验都不丰富,大多青少年年轻气盛,喜欢标新立异,表现自己以吸引别人的注意。正是基于这样的表现欲望,甚至不惜用违法犯罪行为来实现。

3.盲目地崇拜和模仿

在团伙犯罪中,成员的年龄相仿,兴趣爱好相似,很容易相互吸引,结成各种亲密的关系。对于头目的行为,"英雄气概"产生崇拜和羡慕的心理,并以"老大"的形象和行为作为自己追求的目标,在此心理的作用下模仿。

4.寻求刺激冒险的心理

青少年在缺乏正确生活导向的情况下,生活无所事事,精神空虚,为寻求刺激,与具有共同兴趣爱好、年龄相仿的人聚集到一起,倚仗人多的优势,肆意妄为,进行一些暴力犯罪以追求精神的刺激。

第 七 章

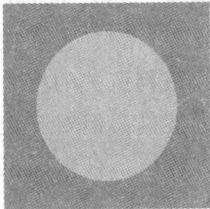

被害问题研究

学术界对被害人的关注要远远晚于对犯罪人的关注。直到 20 世纪中期，学术界对被害人的研究才逐渐开展起来。直到 1956 年，以色列学者门德尔松才第一次将被害人学作为一门系统的学科加以研究并创设了被害人学。虽然被害人学是一门新兴学科，但其受到国际社会的关注越来越多。开展被害人学的研究，可以使我们对犯罪现象和犯罪原因有更周全和更深入的了解，并通过被害调查评估整体犯罪趋势。通过对被害原因的分析，对犯罪预防和被害预防做出贡献；可以预知加害者与被害者之间可能的互动关系，如犯罪模式、场所、时间和手段等，有利于犯罪侦查的进行。对被害者进行调查，可以探明犯罪黑数的实际状况，从而掌握真正的犯罪数字、发展趋势以及分布情况，作为评估社会治安的指标。为被害立法提供依据，从而能更好地保护被害人的权利。

第一节　被害人学的发展

一、被害人地位的变迁

在氏族社会，实施血亲复仇制度，当氏族内的成员收到本氏族其他成员侵害时，被害人或其近亲属有权向加害者或其近亲属进行复仇。但随着社会的发展，氏族内部成员之间的联系变得松弛，各氏族之间的联系变得日益频繁，以血缘为基础的复仇关系逐渐变为以命偿命、以牙还牙等对等的复仇方式，亦即由被害者所属氏族实施惩罚转变为由被害者个人实施惩罚。此时，被害人扮演刑罚执行者的角色,居于刑事司法的核心地位。

随着国家组织的产生,执行刑罚的司法权成为国家主权的一部分,被害人不再是刑罚执行者,但仍有较大的权利,处于犯罪起诉者的地位。如果犯罪不是侵害国家法益,则是否将犯罪诉诸国家司法机关取决于被害人的意志。在中世纪欧洲封建社会中,大陆国家采用纠问式诉讼制度,国家审判机关的权力极度膨胀,法官集侦查、起诉、审判于一身,法官有权主动侦办案件。但对于大多数侵害公民个人法益的案件,被害人仍处于犯罪起诉者的角色。直到国家公诉制度建立之后,被害人才丧失对重大犯罪的起诉权。

在现代刑事诉讼制度建立之后,犯罪不仅被认为是对个人法益的侵害,而且是对整个国家和社会也造成了侵害,除了少数轻微的案件仍保留被害人的自诉权外,对犯罪者的惩罚成为国家权力,犯罪人是否受到追诉不再取决于被害人的意志,且似乎与被害人无关。

被害人权利长期受到忽视,刑事司法体系一味强调被告以及犯罪人的权利的情况,逐渐引起世人的反思。美国等西方国家发起"恢复法律及秩序"运动,抨击传统刑事司法体系对犯罪者过于软弱,并组织全国性被害人组织,希望建立以被害人为核心的刑事司法体系,使得被害人对定罪、量刑、审前保释及假释等更具影响力。

二、被害人学的发展

1941 年,亨悌(Hentig)首次发表加害者与被害者之间互动的文章。最早专文论述被害人问题,被认为是奠定被害人学成为专门学科的基础。

1947 年,门德尔松首创被害人学(victimology)一词。对被害人的研究开始受到重视。

1963 年,新西兰通过世界第一部犯罪被害人补偿法。

1965 年,美国加州最先成立一个特别基金会补偿被害人因受犯罪影响而遭受的损失。

1973 年,首届国际被害人学学术研讨会在耶路撒冷召开。

1979 年,在召开第三次国际被害人学学术研讨会时,创立被害人学的世界性社团。

1984 年,美国国会通过一个犯罪被害者法案,此法案提供联邦津贴去支付被害赔偿和被害者协助计划。

1987 年,美国司法部门在马里兰州的洛克威尔(Rockville)创立一所国家被害人资源中心。

1989 年,联合国要求各会员国首次举行国际性的被害人调查。

1995 年,中国大陆首次参与国际被害人状况调查。

三、犯罪人与被害人的互动模式

(一)可利用的被害人模式

可利用的被害人模式,又称为"单向利用"的加害模式。[①] 被害人无意出现的行为举动,可以对犯罪人产生诱惑性,使得犯罪人认为其可以利用被害人的这一特征实施犯罪行为。如被害人公开自己中奖券,炫耀自己家中的财产,可能对财产犯罪的犯罪人产生诱惑性,从而为潜在的犯罪人选择成为合适的被害人。

(二)冲突模式

被害者与犯罪者之间长期累积社会互动的有利与不利因素都达到冲突临界点时,犯罪者和被害者容易产生角色移位,并发展成为一方最终成为被害者的社会互动过程。如家庭成员之间的暴力行为容易导致一方成为受害者。

(三)被害人催化模式

被害人因实施某些煽动、诱惑、暗示、挑逗、刺激等行为,促使犯罪人遭受刺激或者产生过当反应,导致犯罪行为的发生。如在伤害案件中,被害人首先挑起争端容易导致其被害,妓女的性挑逗容易导致其成为性犯罪的被害人等。

(四)斯德哥尔摩模式

这是一种特殊的犯罪人——被害人互动模式。这一模式起源于 1973 年发生在瑞典斯德哥尔摩的一桩抢劫银行案,两名抢劫者将部分银行职员扣押在银行的金库里,其中一名女性职员竟然与一名抢劫者彼此相互产生赞赏、喜爱、结成友好的关系。即,犯罪人和被害人双方从敌对、冲突状态逐渐转化为积极的结盟关系。斯德哥尔摩模式,是指在被害人与犯罪人的互动中,被害人逐渐对犯罪人产生感情,进而支持、帮助犯罪人的一种互动模式。有学者从四个方面分析了该现象发生的原因:(1)面对挫折时合理化保护机制的启动,使得被害人不愿强化悲惨境遇,反而将之美化,从而降低内心焦虑和恐惧。(2)人在面临死亡时,会表现出服从的本能反应。(3)人类的英雄崇拜情结,使加害人在被害人心目中不再是匪徒而是类似的英雄。(4)将上述三个心理机制进行总结,以动态的方式展现被害人求生的心理变化过程。其中包括观察、讨

---

① 张建荣:《论被害人与犯罪人之间的相互关系》,载《青少年犯罪研究》1996 年第 8 期。

好,否认恐惧和愤怒,加大加害者的无所不能感,对加害人的依从,高度焦虑降低思维的灵活性和多元性,将注意力完全集中在加害人的仁慈上。[①]

第二节　被害人学的理论学说

一、生活方式暴露理论

该理论说明一个人之所以被害,因其本身具有某些特征,导致被害危险增加,直至成为犯罪被害人。生活方式是指个人日常的生活活动,包括职业活动与娱乐休闲活动,一些特殊的生活方式常与个人被害有十分密切的关系。

二、日常活动理论

日常活动理论是美国犯罪学家 Lawrence Cohen 和 Marcus Felson 于1979 年提出来的。该理论认为,犯罪的动机和犯罪人是一个常数,换言之,每一个社会总有某些百分比的人会有特殊的理由而犯罪。直接接触暴力犯罪的总数和分布与被害人和犯罪人的日常生活及生活方式有关。日常活动包括正式的工作形态及食物、性、休息、社会互动、学习及育婴等不同方式。[②]

该理论从职业活动、学校活动及休闲活动等方面探讨日常活动理论的有效性。研究对象为有直接接触的掠夺性暴力犯罪。分析模型包括三个方面,即有犯罪倾向的犯罪人、合适的犯罪目标以及可靠防卫的缺乏。

三、个人被害因素理论

该理论对某些人何以会重复被害因素加以研究,认为个人或团体之所以会重复被害,有许多导致其被害的相关因素,这些因素包括个人特征、社会情境、居住环境以及被害者与加害者的关系等。其归纳的被害因素有:激发或挑惹因素;煽动或加害因素;促进因素(被害者的某些无知、愚蠢、态度暧昧或者疏忽行为);弱点或诱发因素(其属性、身体、行为态度或社会环境上有某些弱点);合作因素(被害人经由两相情愿的犯罪而成为共犯,即对犯罪行为持同意

---

① 李玲:《浅谈斯德哥尔摩综合症》,载《科教文汇》2007 年第 12 期。
② 张旭、单勇:《犯罪学基本理论研究》,高等教育出版社 2010 年版,第 212 页。

态度。如赌博、同性恋、嫖妓、吸毒以及性被虐待狂等);机会因素(以导致加害者犯罪的明显标的,如状似富有的住宅容易招致盗窃和勒索);免罚因素(被害者不愿报案,或因破案率低,使得犯罪人认为没有遭受刑事处罚的压力,便肆无忌惮地对被害者施以恐吓等暴力行为)。

四、暴力循环理论

该理论认为暴力行为与日常生活压力相关,其产生是有阶段性地循环出现除非犯罪加害者接受各种治疗,学习如何应对生理和心理上的压力,否则该行为必然会重复出现,此理论主要用于解释家庭和婚姻暴力行为。

暴力行为的发生有三个阶段:(1)引发阶段。在情绪上紧张程度增加,加害者与被害者之间可能潜伏各种争吵因子,加害者开始有一些异常举动。(2)暴力行为发生阶段。加害者为了降低压力或控制情绪,对被害者实施殴打。(3)后悔、和解和蜜月阶段。当加害者压力转移或者减轻时,生理和心理比较缓和,加害者开始觉得后悔,出现道歉、温柔等行为。此时被害者如果没有做适当的调适或者寻求协助服务,暴力情况会循环发生。

暴力行为循环阶段:(1)第一阶段循环。与前述第一阶段类似。(2)第二阶段循环。与前述第二阶段类似。(3)第三阶段循环。认为后悔和和解阶段,只是加害者的后悔程度越来越低,同时会逐渐失去后悔或者愧疚感。(4)连续循环。如果对加害者前两次暴力行为无法得到有效遏制暴力行为会因此不断循环下去。

五、无助学习理论

该理论来源于心理学上对狗类化反应的实验。当狗处于无可避免及无法逃脱的电击情境中,久而久之会习得对控制中的不同电击情境不逃脱的行为。该理论的主要内容是个人期望或相信被害者的反应将不会影响事件结果,即其认为对暴力反应将徒劳,如被害人可能认识到离开家庭会失去子女及经济来源,况且周围其他女子在家中受到的遭遇可能比自己更加严重,于是会学习到忍耐以及无奈,这种习得的无助感助长了暴力行为的连续发生。

该理论指出,当个人遇到挫败时,会寻求一个合理的外化或者内化的解释,如果被害者采取内在的内化解释,将原因归于内在的、稳定的以及普遍的解释,则被害者便容易将此种挫败情境归结于自己的无能。此时,其被害可能性比他人要大。

六、一般系统理论

一般系统理论认为,系统是指由多数客体所组成的一个整体,包括这些客体及其特性间的关系。被害的系统特征由被害人相关的个人因素、学校因素以及社会因素等所形成,亦即一个人的被害结果是各种被害特征的结合。如被害人与加害人之间的互动关系、被害人与亲人及关系人的关系等,彼此透过持续不断的沟通循环过程,彼此产生一种回馈现象。在某一关系中,一个人之行为表现蕴涵着对另一个人行为之影响,且是互为影响。[①]

七、特质理论

特质是指推论实体特征倾向的属性与认知的过程。该理论主要描述个体找寻并获得稳定特质倾向的一种过程。许多被害人之所以被害,除环境对该被害情境的客观容忍外,被害者本身认知也非常重要。被害情境与个人认知之间常有差距存在,特质理论主要关注内在与外在因果关系的差异,亦即被害者的特殊属性会决定一件事件是否为被害事件。如应召女郎拿着千元大钞兑换零钱,当银行职员告知其为假钞时,其认为自己被强奸了。这一被害认知并非情境本身,而是其与周围环境互动后的结果。

八、防卫空间理论

防卫空间是一种机械式(包括实体的或形式的阻绝体)犯罪预防措施的代名词,以产生影响或者促进监控力量(结合环境与居民控制力量)的机会与重点。它是一种借助城市规划与建筑设计减少犯罪发生空间的理论学说,该理论对于城乡结合部、城中村等犯罪高发社区的犯罪治理活动具有较强的现实意义。

第三节　被害人补偿与救助

一、被害人补偿的理论基础

1.国家责任论

宪法保障人民生命、财产不受侵犯,而国家对其国民有防止犯罪发生的责

---

① 张旭、单勇:《犯罪学基本理论研究》,高等教育出版社 2010 年版,第 215 页。

任。因此,国家若未能尽其责任而发生犯罪,应该对被害者所受的损害负起补偿责任。

2. 宿命论

任何人即使对被害加以预防,也不能保证其免受被害的风险,因此,被害者之所以被害,是因为其是被选择出来的不幸者。被害人并无理由独自承担此事件的后果,所以犯罪被害者的补偿,只是社会上未遭此不幸者向被害者表示责任的分担而已。

3. 社会福利论

认为被害者已经因为他人的犯罪而遭受身心创伤以及财产损失,在诉讼程序中又是检察官和被告论证的牺牲品,是社会中亟待伸出援手的弱势团体。当社会成员因犯罪招致被害时,社会应当予以适当的援助。该理论认为,保护被害者是政府在行善,是立法或行政上的一种恩惠或施舍,并非被害人的权利。

4. 社会契约论

认为政府禁止人民持有或者携带枪械作为防卫武器,而独占一切防卫力量,自应确保人民不受各种犯罪侵害。此种确保人民财产和生命安全的责任,源于人民与政府间自然缔结的社会契约。因此,保护犯罪被害者是政府责无旁贷的义务。被害人所遭受的损害,无论是财产还是精神上的,政府均应有赔偿责任。

5. 政治利益论

该理论认为民众因为犯罪行为会对政府产生不满,从而形成严重的政治问题。从政治利益方面考量,政府应该正视这一问题,积极改革制度,使大家感觉到政府以及制度是为民众服务的,并非少数人谋取利益的工具。该理论认为,保护被害人的立法应该注重建立政府与犯罪被害者之间的公共关系,致力于赢取犯罪被害者对政府的认同和拥护。

6. 社会防卫论

认为现行制度如果漠视被害人的存在,无法提供及争取充分合作以追诉加害者的诱因,造成被害者对制度的不合作。因此,保护被害者即是提供被害者司法合作的诱因,增进其对司法的认同感借以赢得充分合作,保障对被告人以绳之以法,增强和巩固社会防卫功能。

7. 司法改革论

认为现行司法制度的运作,只是一味地赋予犯罪加害者各种诉讼权利,却完全忽视被害者在程序上应有的地位,造成司法上的不公。因此,对被害者保护的立法,应着重现行司法制度的改革,力求对加害者与被害者权益的平衡。[①]

二、被害人救助

(一)单纯的经济救助的局限

对被害人的经济救助方式虽然对于安抚被害人的受害心理,恢复正常的社会秩序有一定的作用,但这种单纯的发放补偿金的救助方式是不够的,它并不能完全实现对被害人救助的目的,即被害人在单纯经济救助下并不一定就能顺利地复归社会,从而恢复原先正常的生活状态。单纯的经济救助有如下缺陷:

首先,经济救助的短期效应不能满足被害人的长期需求。例如,对于有些伤害案件来说,如果被害人丧失了劳动能力,并且其近亲属处于无经济来源的境况时,一次性的经济救助并不能满足受害家庭的长期需要。补偿金很可能会被用于被害人的治疗或者用于其他目的,而被害人的生活来源却失去了着落。再如,对于环境犯罪的被害人来说,很可能会出现污染区域的耕地无法继续种植,水面无法养殖的情况,此时,单纯的经济救助并不能解决农民的生存问题。

其次,经济救助的物质性不能有效弥补被害人的精神创伤。对于强奸等侮辱型犯罪来说,被害人能及时弥补心灵的创伤,顺利融入社会比单纯的经济救助的效果要明显得多。就像电影《秋菊打官司》里所反映的,当秋菊将村支书送上法庭,使其得到应有的惩罚之后所表现出的茫然一样,传统的刑事司法模式并没有考虑被害人的心理感受,其实秋菊更需要得到的是心理上的安慰,但实际上她什么也没有得到。我们可以推想,即使秋菊得到了经济上的补偿,可能也并不是她最想要的。因此,对于这类犯罪来说,经济补偿具有一定的局限。

再次,经济救助不能满足对所有被害人的有效救助。据开展工作试点的10个高级人民法院统计,全年共为378名刑事案件被害人及其亲属发放救助金780.24万元。但全国法院仅爆炸、故意杀人、抢劫、强奸、绑架等就审结犯罪案件245254件,判处罪犯340715人。假设一个罪犯对应一个被害人,那么仅就这几类犯罪来说,就会有近35万被害人,当然,并不是所有的被害人都需要经济补偿,但显然一年仅为近400名被害人发放救济金是不够的。虽然我

---

① 李伟:《犯罪被害人学》,中国人民公安大学出版社 2010 年版,第 135~136 页。

国的救济制度还没有广泛实施,但仅由政府部门单方开展对被害人的经济救助显然不能满足社会的需求。

最后,经济救助实施程序的限制可能造成无法对被害人进行救助或者救助不及时。就现有的经济救助程序来说,只能是案件审理完毕之后才能实施对被害人的经济救助。而事实上,一些无法破获的案件以及一些尚未审结的案件的被害人同样需要经济上的救助,此时如果按照现有程序的要求,则无法实现对被害人的救助,造成对被害人经济救助的不全面。

(二)被害人救助的途径

对被害人救助就不应该仅仅限于经济上的补偿,而应该从更宽泛的范围,多层次地对被害人进行多方位的救助。

1.扩大救助范围

现有的救助方式仅仅限于讨论对被害人输血式的经济补偿,对被害人救助的范围仅仅停留在对被害人财物的损害赔偿和人身医疗药费赔偿等常见性问题上,而忽视了对被害人自身的造血功能与对被害人真正的复归社会的考虑。例如,对于伤害案件中丧失劳动能力的被害人来说,除了对其进行一次性的经济补偿之外,还应该考虑对其无经济来源的近亲属进行工作技能的培训,为其提供就业机会等,使其有长期稳定的收入,从而解决其生活困难的问题;对于环境犯罪的被害人来说,对其进行其他的劳动技能培训以及帮助其创业要比直接对其发放补助金来说要实惠得多;对于强奸之类的侮辱型犯罪的未成年被害人来说,可以考虑将其转入其他学校学习,从而避免知情者的歧视对其心理造成的不良影响。也就是说,对被害人的救助范围,要注意能够促使其真正的复归社会,而不能使其一直处于待经济援助的弱势群体之列。

2.增加救助内容

除了对被害人的物质补偿,还要有精神抚慰制度。在有些犯罪中,对被害人的精神抚慰比经济补偿更为重要,对被害人的心理疏通有利于被害人及时复归社会。在现阶段,我们应当为被害人提供心理健康方面的服务,例如,可以指定心理医师对被害人进行开导。将来,我们应该鼓励、支持专门针对被害人救助而设立的非政府组织和机构,由专业的机构针对被害人的心理特征进行矫正。尤其是对于青少年被害人以及女性被害人来说,更应该重视对其精神上的抚慰和心理上的治疗。

3.扩大救助主体

对被害人的救助单靠国家的力量还不够,还需要社会力量和个人力量的协助。国家的公共资金有限,不可能实现对所有需要救助的被害人进行充分有效的救助,这时需要民间组织采取社会捐助等途径来弥补这方面的不足。在国外的救助制度中,慈善捐款是被害人救助基金的重要来源之一。而在我国,慈善捐款由于配套制度不完善,慈善捐款还没有普遍化,自然无法设立慈善基金来实现对被害人的救助。因此,要扩大救助的主体,首先需要完善慈善捐款制度。例如,可以考虑借鉴美国的制度,对于捐助的款物可以抵消部分个人所得税,对于捐助的企业,在一定程度上免除其税收,以刺激捐助者的积极性。同时,可以通过广泛的宣传,树立捐助企业的良好形象,促使企业和社会救助资金保障双赢局面的出现。相信通过配套制度的完善,社会慈善资金参与被害人的救助是可行的,并且必将成为被害人救助最为重要的主体。何况,对于被害人的心理救助来说,如果采用行政命令或者指定的方式开展的话,会使救助流于形式,很难达到心理救助的效果。所以,应该制定相关的激励机制,鼓励具有专业知识的志愿者主动参与到救助中来,使被害人得到积极主动的心理救助。

4.完善救助程序

救助程序的完善是救助及时性的要求。如果案件无法侦破,或者案件可能会长期诉讼时,在现有的救助制度下会影响对被害人的救助,实际上造成被害人一直处于贫困之中,甚至由于无法结案而不能得到救助。此时,应该考虑不必一定等到结案后才救助,只要能够证明被害人的生活困境是由于犯罪侵害所致,就不论犯罪人归案与否,也不论案件进展到哪一阶段,都应该予以救助。只有这样,才能充分体现救助的目的。

第八章

发达国家和我国的犯罪现象状况

作为特定时空下整体或宏观犯罪情势的概貌,犯罪现象的状况是指构成犯罪现象基本内容的犯罪状况、犯罪特点和犯罪规律的侧重情形、演变轨迹和发展趋势。[①] 在阐述了犯罪现象的概念、特征、研究价值等基本理论后,全面体察与重点描述世界上主要政治共同体内犯罪现象的状况,有助于人们将对犯罪现象范畴的理性分析与感性认识相融合。出于研究的需要,本书下面分别选取发达国家和我国的犯罪现象之状况加以阐述。

第一节 发达国家犯罪现象的状况

自工业革命开始,发达国家不断经受较为剧烈的社会变迁和转型,社会阶层多元且利益相互对立,贫富分化较为严重,城市化、工业化逐渐改变了社会的结构和人们的思想,犯罪亚文化日益泛滥,文化冲突激烈。工业化的影响,市场经济、人口学的变化使城市成为人口中心,地方政府的重组,新的国家管理模式都在这个时期联结并产生了犯罪和应对措施的新变革。[②] 在 19 世纪,发达国家的犯罪主要表现为由于贫困、失业和社会剧烈转型而不适应导致的暴力犯罪、财产犯罪。犯罪的实施者和潜在犯罪人群体主要集中于社会下层成员。城市的犯罪率明显高于农村,这主要是因为快速的城市化进程导致非

---

① 许章润:《犯罪学》,法律出版社 2007 年版,第 80 页。

② Heather Shore: History of crime, in Chris Hale, Keith Hayward, Azrini Wahidin, Emma Wincup(ed.), *Criminology*, Oxford, 2005, p. 35.

宗教的价值观念、共同的情感和约束的减弱,压力和忧虑不断增加,使城市缺乏社会内聚力,当人们离开传统的、固定的家庭生活而进入非人情关系、变化无常的城市时,伴随着工业化、城市化所带来的就业不充分、教育不良、医疗保障欠缺、住房拥挤以及一味追求金钱、财富而日渐堕落的道德文化环境,使城市居民长期处于一种紧张和失范的状态。正是这种"城市病理学状态"造成了"街道、车间和街垒的暴行"。①

一、发达国家传统犯罪状况

20 世纪尤其是"二战"结束后,各主要发达国家经历了一系列的社会、经济、政治改革,同时在网络信息时代背景下发达国家进入了后工业社会,发达国家的社会和犯罪情势出现了新的状况和趋势。在犯罪类型上,除了一些传统的"自然犯罪"以外,还出现了很多后工业社会的新形态犯罪。所谓传统的"自然犯罪"主要包括暴力犯罪和财产犯罪,暴力犯罪主要表现为伤害、杀人、抢劫、盗窃、强奸等社会越轨行为。财产犯罪不单是盗窃或者抢劫,它还包括拿取、分发、购买盗窃物品。② 可以说,时至今日,暴力犯罪和财产犯罪仍然是发达国家最为基本的两种犯罪类型。

在美国,犯罪率呈现出一种周期波动的规律。根据美国司法部 2004 年最新报告显示,美国近十年来的犯罪率一直呈下降趋势。在过去 10 年间,暴力犯罪率下降了 55 个百分点,财产犯罪率下降了 49 个百分点。尤其是据美国司法部 2003 年公布的数据,2003 年为美国近 30 年来犯罪率最低的年份。位于华盛顿的美利坚大学司法、法律和社会科学系教授詹姆斯·林奇认为,造成犯罪率下降的原因很多,近期有两大可能原因:一是美国监狱囚犯人数达到创纪录的 210 万人,二是反恐战争抑制了街头犯罪活动。美国司法部数据分析师尚南·卡特罗纳说:"去年的犯罪率是最近 30 年来的最低水平,犯罪率已经保持稳定。"2003 年,在每 1000 名 12 岁以上美国人中,平均有 22.6 人沦为袭击、性侵犯和武装抢劫等暴力犯罪(不包括谋杀)的受害者,163 人成为入室行窃、偷盗和偷车等财产犯罪的受害者。而 1993 年和 2002 年,每 1000 人中分

---

① 〔美〕路易丝·谢丽:《犯罪与现代化——工业化与城市化对犯罪的影响》,何秉松译,群众出版社 1986 年版,第 32 页。

② Mike Presdee: Volume crime' and everyday life, in Chris Hale, Keith Hayward, Azrini Wahidin, Emma Wincup(ed.), *Criminology*, Oxford, 2005, p. 187.

别有 23 人和 50 人成为暴力犯罪的受害者。①

随后在 2006 年美国的犯罪率又重新升高,美国联邦调查局 2006 年公布的年度犯罪报告,2005 年美国暴力犯罪增长率为 2.5%,创近 15 年来最高纪录。犯罪司法专家却认为,这是美国打击犯罪骄傲自满的结果。联邦调查局当天说,根据全美将近 12500 个执法机构提供的数字,2005 年暴力犯罪案件比 2004 年增加 140 万件。其中,以谋杀、抢劫和人身侵犯案件增加为主。报告中说,谋杀案件增加 4.8%,增长率也创 15 年来新高;抢劫案件增加 4.5%,而人身侵犯案件增加 1.9%。各种暴力犯罪中,只有强奸案数量降低了 1.9%。全美四大地区暴力犯罪均有不同程度增长,其中中西部最为明显,增长率为 5.7%,其次是西部 1.9%、南部 1.8% 和东北部 1.4%。犯罪案件增长在中型城市更为严重,以谋杀一项为例,在 5 万至 50 万人口城市中,增长率在 9.4% 和 12.5% 之间,而在人口超过 100 万的大城市中,这一增长率仅为 0.5%。②

其实,仅通过犯罪率一项指标是很难判断出美国社会整体安全水平的。由于美国枪支管理混乱,美国人几乎人手一支枪,枪支助长了犯罪的气焰。在美国犯罪率较高的地区存在的普遍情况是,少数族裔人口较多,失业率较高,受教育程度较低,人均收入低。尤其是黑人聚集的贫民窟治安环境较差。与贫苦街区对应,美国所谓高尚社区或富人区的治安状况较好。

在欧洲,根据联合国与欧洲执行委员会 2007 年公布的最新调查报告,英国是欧洲犯罪率最高的国家。不仅房宅遭窃率居冠,汽车遭窃、抢劫及性侵害等案件,也都"名列前茅"。在这份"欧洲犯罪与安全"的报告中,对 4 万名欧洲国家居民进行调查,调查时间在 2004 年,调查单位未采取欧洲国政府提供的官方犯罪统计资料,完全根据自行调查的结果,被视为是欧盟对犯罪、安检及安全最完整的分析。该报告指出,5% 的英国民众曾遭遇暴力攻击威胁,比例占欧洲最高位;而在整体犯罪率部分,英国仅次于爱尔兰,这两国的五分之一以上民众都曾经历过犯罪案件。调查中所列出违法的行为包括:车辆被窃、或其他物品被窃、偷窃、闯空门、抢劫、强暴、性侵害、攻击、仇恨犯罪、欺骗消费者、贪污、贩毒等。欧洲国家平均 15% 的民众曾是这些违法行为的受害人,爱

---

① 《美国犯罪率下降》,引自 http://news. tom. com/1003/20040913-1311646. html,访问时间:2008 年 5 月 1 日。

② 《美国犯罪率创十五年最高》,引自 http://news. sina. com. cn/w/2006－06－14/03159196046s. shtml,访问时间:2008 年 5 月 1 日。

尔兰则高达22％，英国排名第二，比例达21％。虽然英国的犯罪案件相对偏高，但是政府与企业的贿赂案的概率极低，消费者的欺骗案例也很少。[①]

有资料显示，在北欧四国中，芬兰是世界上犯罪率最低的国家之一。芬兰人均收入4万美元左右，社会福利保障有力，教育医疗体系完善。据统计，芬兰全国的犯罪率持续下降。目前芬兰一共只有2700名罪犯在监狱内服刑，比率是每10万人中仅有52人入狱，而美国每10万人就有720人入狱。

二、发达国家的犯罪新情势

与传统的"自然犯罪"相对应，近几十年来发达国家出现了一些犯罪嬗变的新趋势，诸如白领犯罪、智能犯罪、环境犯罪、恐怖主义犯罪、有组织犯罪、跨国毒品犯罪等犯罪日趋严重。

（一）白领犯罪

著名犯罪学家埃德温·萨瑟兰教授于1939年在向美国社会学协会的一次会长发言中创造了"白领犯罪"这个新词。他认为，白领犯罪是指"一种由具有体面的社会地位和很高的社会身份的人，在其职业活动过程中所实施的犯罪行为"。在萨瑟兰开始研究白领犯罪以前，犯罪学家几乎把所有的注意力都集中在由工人阶级的成员们实施的"街头犯罪"或"蓝领犯罪"上，似乎其他社会阶层的成员不进行犯罪活动一样。某位英国犯罪学家曾经指出，如果诺贝尔奖设有犯罪学奖的话，萨瑟兰将以其白领犯罪理论的贡献而肯定获奖。美国国会在其1979年制定的《改进司法体系管理法令》中，第一次给白领犯罪做出了一个官方定义："白领犯罪是一种或一系列通过非体力性的手段，采用隐蔽的方法或诡计，避免付出或损失金钱财物，非法获得金钱财物，或者取得商业上或个人的利益的行为。"[②]

在市场经济高度繁荣和发达的西方国家中，这种由社会上流阶层实施的白领犯罪包括欺诈、贪污、虚假广告、操纵股票交易和各种金融衍生产品交易、偷漏税、政府官员的权力滥用、出具虚假的公司财务报表和意见书、出卖经济情报等等犯罪行为。据20世纪90年代的统计，美国每年因白领犯罪造成的

[①] 《联合国与欧盟调查：英国是欧洲犯罪率最高的国家》，引自 http://news. sina. com. cn/o/2007—02—06/100611177388s. shtml，访问时间：2008年5月1日。

[②] 杨敦先、谢宝贵：《经济犯罪学》，中国检察出版社1991年版，第65页。

经济损失超过 400 亿美元,而当时传统犯罪造成的损失仅为 40 亿美元。① 在西方社会,白领犯罪充斥于各国的商界、法律界和政界,可以说是司空见惯、纷繁芜杂;但由于这种犯罪的犯罪人拥有各种社会特权而较少受到法律处罚,故而成为"所有犯罪中最被低估乃至于人们常常对它熟视无睹和无动于衷"的犯罪。例如美国安达信会计事务所曾在六年内为某客户公司虚报 14 亿美元的收入,事后安达信事务所吐出了 2.2 亿美元给投资人以"封嘴",三位安达信的合伙人仅受到 3 万~5 万美元的罚款,他们甚至不用在家闭门思过,而是继续上班、危害乡里。

(二)智能犯罪

有别于暴力犯罪和一般的财产犯罪,智能犯罪,是指一类非暴力性的智慧型犯罪,它泛指犯罪分子利用现代科技手段或所精通的专业知识,经过精心策划而在一些特殊领域实施的一类犯罪。②

这类犯罪主要包括窃密犯罪、伪造假冒犯罪、欺诈犯罪、计算机犯罪等主要类型。有关窃密犯罪涉及窃取、刺探、收买、非法提供国家秘密或情报犯罪和侵犯商业秘密犯罪等。有关伪造假冒犯罪包括伪造犯罪和假冒犯罪,其中伪造犯罪包括伪造货币、伪造金融票证、伪造有价证券和有价票证、伪造金融机构经营许可证、伪造公文证件印章和单位团体印章、伪造居民身份证等犯罪;假冒犯罪包括假冒商标、假冒他人专利以及利用某种技术手段生产、销售各种伪劣产品犯罪等。欺诈犯罪包括集资诈骗、贷款诈骗、金融票据诈骗、信用证诈骗、信用卡诈骗、国库券或者国家发行的其他有价证券诈骗、保险诈骗、合同诈骗以及洗钱犯罪等。计算机犯罪包括以计算机网络为犯罪对象的犯罪和以计算机网络为犯罪工具的犯罪。

各种智能犯罪给世界各国造成了较为严重的损失,其危害已遍及世界各国和社会生活的方方面面,危害十分巨大。据统计,当今世界,平均每 20 秒就有一起黑客事件发生,仅在美国每年因此造成的损失就超过 100 亿美元。在英国,平均每 40 秒钟就发生一起计算机诈骗案件。据统计全球每年在网络上发生的投资诈骗金额高达 10 亿美元,平均每小时损失上百万美元。③ 越是损害程度大、隐蔽性强的犯罪,犯罪人的技能越丰富,作案的手段也越高明,必然

---

① [美]约翰·W.汤姆林:《白领犯罪的被害人》,载[德]汉斯·施奈德:《国际范围内的被害人》,许章润等译,中国人民公安大学出版社 1992 年版,第 42 页。
② 唐磊:《论智能犯罪及其侦查》,载《犯罪研究》2000 年第 1 期。
③ 康树华:《犯罪学通论》,北京大学出版社 1992 年版,第 331 页。

导致侦查工作的困难。比如美国 80 年代初到 90 年代最臭名昭著的黑客米特尼克,美国联邦调查局调动干员,跟踪追捕 3 年多,都未有线索,直到 1995 年他闯入一位计算机科学家的电脑,联邦调查局才在受害者的帮助下,设计当场抓住了这个在网络世界从事黑客生涯最长、危害性最大的网上幽灵。即使如此,也只能以 25 宗非法窃取电话密码、盗用他人信用卡号码和闯入他人网络的罪名起诉。事实上,他自己也承认,这些罪名相对于他的所作所为是微不足道的。①

由于实施智能犯罪需要一定的高技术知识和技能,所以该种犯罪的行为人一般具有高智商和高学历;由于该种犯罪的手段高智能和多样化,故而,该种犯罪不易被发现,犯罪黑数相当大,犯罪人一般具有较强的反侦查能力。据美国商务部透露,100 例计算机犯罪案件中,只有 1 例被发现,其中又只有 70％被披露。因此,面对上述局面,近年来西方国家比较重视对这种新型犯罪进行研究、控制及预防。②

（三）环境犯罪

著名经济学家科斯认为,环境污染是外部副经济的结果。曼昆（N. Gregory Mankiw）在其《经济学原理》（Principles of Economics）一书中写道:在现代社会里,同样重要的是清洁的环境和高收入水平之间的权衡取舍。要求企业减少污染的法律增加了生产物品与劳务的成本。③ 故而,作为一种经济人的逐利行为,环境犯罪在西方国家工业化的进程中也愈演愈烈。西方很多公司和企业在经济行为中造成了空气污染、水污染、噪音污染、土地污染、核事故、化学药品污染等等危害人类生存环境的行为,诸如 1952 年英国伦敦的烟雾事件、1955 年日本四日市燃烧重油引起的气喘病事件、1968 年日本九州、四国等地发生的米糠油症事件等。

近几十年来,西方国家逐渐重视到环境犯罪的严重危害,开始采取各种积极的国际合作和国内措施治理环境犯罪。在西方国家加强对环境犯罪管制的同时,很多西方企业纷纷将污染严重的资源密集型、劳动密集型产业转移到中国等广大发展中国家。"根据绿色和平组织的一份调查报告,目前发达国家正以每年 5000 万吨的规模,向发展中国家运送危险废物,致使这些国家环境污

---

① 常远:《计算机犯罪的回顾和预测》,载《法律科学》1998 年第 5 期。

② 许章润:《犯罪学》,法律出版社 2007 年版,第 84 页。

③ ［美］理查德·A. 波斯纳:《法律的经济分析》,蒋兆康译,中国大百科全书出版社 1997 年版,第 292 页。

染加剧。"①可以说,环境犯罪的危害已不仅局限于西方国家,广大发展中国家也深受其害;治理环境犯罪应是全世界各国政府和人民的共同责任。

(四)恐怖主义犯罪

作为国际社会一大公害,如英国学者哈利戴指出的,"恐怖主义是指战争或内战以外,出于某种政治目的而采取的个别暴力行为。"联合国社会发展研究所在一项研究中则把恐怖主义看做是政治暴力的三种形式之一,认为恐怖主义是"指政府、受害人和社会都感觉到难以控制的隐蔽性暴力活动——其目的是扰乱正常生活并迫使政府考虑该运动的目标。"②从犯罪学的角度看,恐怖主义犯罪是指在恐怖主义旗帜之下,由个人、团体乃至政府实施的足以引起恐怖气氛的反人类的暴力行为或暴力胁迫行为,具有动机政治化、犯罪组织化、影响国际化等特征。③

恐怖主义犯罪主要包括绑架、爆炸、劫持人质和车船及暗杀等行为。现代意义上的恐怖主义出现在 20 世纪 60 年代末期,国际上以 1968 年作为现代恐怖主义的起点,20 世纪 80 年代日益严重,90 年代恐怖主义犯罪出现高峰,进入 21 世纪有增无减,反而更加猖獗。从 2001 年美国发生的"9.11"事件,到 2004 年俄罗斯北奥塞梯共和国别斯兰市人质事件,恐怖主义犯罪频频发生,它严重地危害世界和平与安全、经济发展与社会进步,已获得了世界各国和社会各界的广泛关注。恐怖主义犯罪的危害特别巨大。恐怖主义犯罪的危害体现在两个方面,一是恐怖主义犯罪的直接危害,二是恐怖主义犯罪造成的间接影响。仅 1960—1970 年间在欧洲、拉丁美洲、亚洲地区就有 4455 人死于恐怖主义事件。1975—1985 年又有 5000 人死于恐怖主义,这其中绝大部分是无辜的平民。1999 年 8 月 31 日开始的俄罗斯系列轰炸中,车臣分离恐怖主义分子炸毁了 4 栋居民楼,造成 300 名无辜居民丧命。随着高科技手段的广泛运用和恐怖主义攻击目标的日益扩大,恐怖主义犯罪造成的生命财产损失越来越巨大,仅"9·11 恐怖事件"就直接造成了数千人死亡。此外,恐怖主义犯罪往往使政局动荡,延缓经济发展和社会进步;恐怖主义犯罪还起到了加剧民族、种族、宗教矛盾的恶劣后果。

---

① 赵秉志、王秀梅:《国际环境犯罪与国家刑事责任的承担》,载《法学》1998 年第 4 期。

② 联合国发展研究所:《全球化背景下的社会问题》,北京大学出版社 1997 年版,第 87 页。

③ 童伟华:《论恐怖主义犯罪的界定》,载《甘肃政法学院学报》2002 年第 4 期。

可以说,当代的恐怖主义犯罪早已不限于单个刺客、行为人的个人行为,已经发展到有组织、有预谋、跨国化、职业化、多样化、现代化的恐怖组织的集团行为。如本·拉登资助的恐怖组织在沙特、苏丹、埃及、也门、索马里、巴基斯坦和阿富汗等国全力开展活动,这些恐怖组织分散到世界各地,能分能合,协同作战。本·拉登的恐怖组织在世界各地至少有 4000~5000 人,经过在阿富汗基地的专门培训,分别在 50 多个国家建立了基地组织。

（五）有组织犯罪

有组织犯罪是世界各国普遍关注的社会问题。在 20 世纪以前,有组织犯罪主要是以家族自卫的形式出现的。在 20 世纪以后,随着家族的解体,有组织犯罪逐渐演变为以经济利益为纽带,并受社会、政治、经济因素制约和影响的职业化犯罪。

所谓"有组织犯罪"主要是指那些有一定规模、组织严密、等级分明的犯罪集团所从事的非法活动。人们通常也把这些犯罪集团称为"黑社会"或"有组织犯罪集团"。当前国际上有组织犯罪集团主要有:以意大利黑手党为主的欧美地区与国家老牌犯罪集团;南美、金三角以及金新月新兴毒品犯罪集团;日本暴力团、港台澳三合会等亚裔帮派;西非新起的国际诈骗集团、南美绑架集团;以俄罗斯为首的前苏联地区新型黑手党等。

冷战结束十几年来,俄罗斯有组织犯罪发展迅猛。据俄官方统计,1994 年俄犯罪团伙有 2600 多个,比 1991 年增加了 10 倍,成员 300 多万,"黑色经济"占俄 GDP 的 25%。1999 年,犯罪团伙又增至 8000 多个,并控制了大量银行、商业及合资企业,犯罪所得占 GDP 达 40%。在这些犯罪团伙中,大约有 200 多个已发展成典型的黑社会组织,犯罪活动扩展到美国、以色列和欧洲、南美等地共 58 个国家。

虽然各个有组织犯罪集团在国内经常为争夺"地盘"而火并,但在国际上它们往往是分工合作,共同进行犯罪活动。1994—1998 年,国际犯罪集团先后在法国巴黎和捷克布拉格举行过三次会议,2000 年又再次聚首对犯罪领域进行了分工,俄罗斯黑手党主要从事大规模的敲诈勒索和色情活动,活动范围包括北欧、德国、意大利、荷兰、比利时等国;日本暴力团则以经营色情、洗钱、非法移民和制造假钞等活动为主,触角可延伸至英国、荷兰、比利时和法国;哥伦比亚的两大毒品组织——卡利和麦德林集团可在美国及欧洲的意大利、德国贩卖毒品,或从事与贩毒相关的其他犯罪活动;意大利黑手党主要活动在南欧,以走私军火、毒品及诈骗等活动为主要"业务"。①

在有组织犯罪非常严重的美国,有组织犯罪集团多以种族、文化背景为基础形成犯罪组织或帮派,这些组织的成员大多具有移民(甚至是非法移民)的背景。最早进入美国的有组织犯罪(指 20 世纪初期)是爱尔兰、意大利及东欧的一些犹太人,其犯罪的主要内容是走私酒类。至 1920 年左右,在墨索里尼执政期间,意大利的黑社会开始向美国转移。以后又逐渐出现中国台湾、香港及大陆(主要为广东、福建等地)过去的帮会,还有从日本、墨西哥迁移过去的赌博业等活动。近十年来,俄罗斯的黑社会组织向美国境内转移现象也越来越突出。犯罪方式也越来越复杂多样,其内容包括贩毒、洗钱、金融诈骗以及绑架人质等。② 正如一位研究者所言:"既然移民通常没有可能在高度官僚化的当代社会中获得发展,因此,利用有组织犯罪网来代替把他们排斥在外的合法商业组织和社会组织,便是缺乏高度复杂的经济所要求的技术和技能不能获得合法的进取机会的社会成员的必然反应。"③

当前,有组织犯罪又出现了一些新趋势,人口走私犯罪已经是增长最快的有组织犯罪之一。当前人口走私主要是发展中国家向发达国家的非法劳务流动;其次是东南亚各国间的非法劳务流动。这一非法流动主要表现在两个方面:一是涌向美国和加拿大,主要是来自南美国家、非洲各国,以及亚洲一些国家的非法劳务;二是流向西欧国家,主要是来自东欧、非洲与亚洲一些国家的非法劳务。据英国内政部估计,每年国际犯罪集团在全球组织上百万的非法移民进入欧洲,仅在英国平均每月就截获大约 500 名偷渡者。在过去的 10 年里,人口走私集团以提供"性服务"和为血汗工厂输送劳工为目的,在东南亚范围内或从东南亚向外国贩卖了 3000 多万妇女和儿童;东欧国家和前苏联被贩卖的人口比率同样很高。④ 随着对有组织犯罪的日益重视,西方国家加强了相关法律的制定,设立了专门的治理机构,并重视有组织犯罪情报的收集和整理工作。同时,西方国家还从经济活动中加强对有组织犯罪的控制和预防,如加强对有组织犯罪集团洗钱活动的控制等等。

(六)跨国毒品犯罪

当犯罪行为跨越国境或边境时,当犯罪行为、犯罪交易违反一个以上国家

---

① 李伟:《国际有组织犯罪的发展趋势》,载《现代国际关系》2001 年第 3 期。

② 李玫瑾:《对美国有组织犯罪的考察》,载《政法学刊》2000 第 2 期。

③ [美]路易丝·谢丽:《犯罪与现代化——工业化与城市化对犯罪的影响》,何秉松译,群众出版社 1986 年版,第 86 页。

④ 李伟:《国际有组织犯罪的发展趋势》,载《现代国际关系》2001 年第 3 期。

的法律时，犯罪学家将其称为跨国犯罪（Transnational Crime）。世界各国经济及社会发展的不均衡，为跨国犯罪的兴起提供了广阔的犯罪机会与空间；同时全球化进程的持续深入，也为犯罪群体和犯罪集团的世界流动提供了诸多机会。正如著名经济学家赫尔曼·戴利（Herman Daly）所言："全球化并不总是提供一个美好的未来"。[1] 当前，跨国犯罪正在全球蔓延，尤其是跨国毒品犯罪大肆蔓延、危害严重。

跨国毒品犯罪造成了全世界 5000 万人上瘾，带来了繁多的社会问题与矛盾。"当今世界，全球化的毒品问题已对人类的生存和发展构成重大威胁。据 1998 年联合国有关资料显示：全世界有 2100 万人遭受可卡因和海洛因之害，有 3000 万人因滥用苯丙胺类兴奋剂而受害。"[2]跨国毒品犯罪消耗了巨大的社会成本与资源，制造了人类社会和谐发展的重大障碍。"全世界的毒品交易额高达 8000 亿至 10000 亿美元，相当于世界经济贸易总额的 9%。"[3]非法种植毒品的行为严重破坏了种植地的生态系统，造成了森林消失、土壤枯竭与侵蚀、化学废物的排放、农药的毒害，对毒品的密集耕作还严重排挤了人口存活所必需的粮食生产。

国际贩毒集团为了建立覆盖全球的毒品网络还裹挟了大量的人力资源，造成了空前规模的涉及犯罪的人数。"据世界卫生组织估计，目前世界上至少有 100 万人专门从事国际贩毒活动。"[4]国际贩毒集团还刺激了有组织犯罪的进一步恶化，为需求保护伞，极力向政府部门渗透，造成了严重的腐败问题。同时，毒品毒害了众多的年轻人，促进了艾滋病、性病等传染性疾病的蔓延，以毒品亚文化破坏主流文化的权威性，显然种族和人类的未来已经被蒙上了毒品的阴影。

为了掩饰毒品犯罪的犯罪收益，毒品犯罪集团纷纷实施各种洗钱犯罪，洗钱犯罪与毒品犯罪紧密勾连。据金融行动特别工作组专家评估，每年有数千亿美元进入洗钱系统，洗钱已威胁到全球经济的发展，跨国洗钱与其所维持的

---

[1] Herman Daly, "Fighting the dark side ofglobalisation requires a united effort", UNDCP Regional Centre for EastAsia and the Pacific PRESS COLLECTION, 14 Dec. 2000.

[2] 中华人民共和国国务院新闻办公室：《中国的禁毒》白皮书，2005 年公布，第 1 页。

[3] 赵秉志：《现代世界毒品犯罪及其惩治》，中国人民公安大学出版社 1997 年版，第 2 页。

[4] 赵秉志：《现代世界毒品犯罪及其惩治》，中国人民公安大学出版社 1997 年版，第 8 页。

有组织犯罪和其他跨国犯罪交织在一起,对国际社会的政治、经济和社会结构造成了严重威胁和危害,成为国际社会面临的严峻挑战。① 而根据国际货币基金组织调查计算,目前全球黑钱金额"在 7 千亿~1 万亿美元,年增长额为 800 亿~1000 亿美元"。近十年间,贩毒者在欧洲和北美的投资额即他们的洗钱金额可能已达近 1 万亿美元。② 同时,跨国洗钱犯罪不仅妨碍司法机关对上游犯罪的打击和控制,而且实施上游犯罪的犯罪集团在得到"黑钱"的资助后实力大增。实力壮大后的犯罪集团为扩大影响和巩固现有地位,往往向政治领域谋求更大的发展,需求政治上的"保护伞",即"腐败保护洗钱,洗钱滋养腐败"③。可以说,全球任何一个角落都逃脱不了跨国毒品犯罪的侵袭。

总之,除了上述介绍的犯罪新趋势以外,西方国家还存在严重的女性犯罪、少年犯罪等问题。根据美国《统一犯罪报告》的官方统计:1958 年美国大约每 12 名犯罪人中就有一名女性,而在 1974 年这个比例降为 4.7∶1。同时,在西方国家流行的上述新型犯罪也开始在发展中国家出现和肆虐,可以说,目前上述西方国家的犯罪新趋势正逐渐在世界范围内蔓延和滋生。

第二节　我国犯罪现象的状况

我国是一个正处于快速发展中的社会主义国家,辽阔的国土和众多的人口决定了我国拥有着庞大的潜在犯罪人群和犯罪规模。在改革开放之前的三十年间,我国的犯罪现象可以从社会主义初创时期和文革时期两个阶段内体察;在改革开放之后的三十年间,我国的犯罪现象状况可以称为现阶段犯罪现象状况或当代犯罪现象状况。

一、社会主义初创时期犯罪现象的状况

社会主义初创时期是从 1949 年新中国成立到 1965 年"文革"爆发之前的一段时间。在该时期,国民党反动政权刚刚覆灭,新中国建立伊始,各项工作百废待兴,中国正在经历剧烈的社会变迁。此时,保卫和巩固新生人民政权、

---

① 邵沙平:《跨国洗钱的法律控制》,武汉大学出版社 1999 年版,第 2 页。
② 赵秉志等:《跨国性地区犯罪的惩治与防范》,中国方正出版社 1996 年版,第 9 页。
③ [法]蒲吉兰:《犯罪致富》,李玉平等译,社会科学文献出版社 2001 年版,第 81 页。

开展社会主义建设事业成为全国各项工作的重心。在上述社会环境和背景下,此阶段犯罪现象的状况表现为以下三个方面:

第一,犯罪率保持在新中国成立60年来的最低水平。据统计,1950—1965年这十五年间,年均犯罪率不足十万分之四十六。其中,犯罪绝对数和犯罪率最高的年份为1950年,1950年全国刑事案件为51万起,以当时的全国人口测算,犯罪率为十万分之九十三。究其原因,新中国是在推翻国民党暴政的基础上建立起来的人民政权,但国民党退守台湾后,在大陆遗留下60万特务、60万三青团等反动骨干、200万土匪武装;同时,旧社会还遗留下大批的地主、恶霸、反动会道门骨干分子、流氓帮会头子、地痞无赖及其大量的犯罪分子。当时的社会秩序较为混乱,治安形势非常严峻,反动分子对新生人民政权实施了大量的破坏活动。同时,新中国在全国范围内取缔贩毒、吸毒、卖淫及赌博等违法犯罪活动,这也导致建国初期犯罪率较高。

可以说,新中国成立初期的这次犯罪高峰主要是国内战争的历史遗留问题和阶级斗争的复杂性造成的,这与新中国的社会自身因素并无多大联系。这种犯罪现象的特殊历史原因,曾长期成为我国分析社会主义条件下犯罪现象的一种标准模式。每当论及社会主义的犯罪现象,习惯于将其归结为"历史的残余"与"外部敌对势力的破坏",忽视对社会自身存在的致罪因素进行理性分析。这种反理性思维定式至今仍然未获得彻底清算。

第二,犯罪的政治色彩浓厚,暴力性突出。此时针对国家政权和社会主义制度的政治性犯罪十分突出。据统计,1955年全国逮捕的各类犯罪人中,反革命分子占42.2%;同时,武装抢劫、杀人、纵火、绑架等犯罪所占比例很大,犯罪手段的暴力性十分突出。

第三,犯罪类型结构比较单一。此时最主要的犯罪就是反革命犯罪和财产犯罪。财产犯罪的范围也比较小,并具有明显的时期性。在公私合营时期,偷工减料、偷税漏税、盗窃国家经济情报以及投机倒把等犯罪活动突出;而在因自然灾害、政治冒进等原因导致社会生产力下降时期,与获取基本生活资料相关的盗窃犯罪大量增加。从整体上看,此时的犯罪类型结构较为单一。①

二、"文革"时期犯罪现象的状况

1966—1976年,是我国社会主义建设事业遭受挫折和异化的时期。在这

① 谢望原、卢建平等:《中国刑事政策研究》,中国人民大学出版社2006年版,第108~109页。

十年中,我国爆发了文化大革命这场重大的政治运动。"文革"运动对于我国犯罪现象状况的影响主要表现在两个方面:

其一,在暴风骤雨般的政治运动中,法律虚无主义盛行,在江青等反革命集团大肆鼓吹的"彻底砸烂公检法"错误思想的影响下,阶级斗争扩大化、群体性治罪活动泛滥,各种所谓的"革命群众组织"随意出入人罪、抄家体罚、定罪量刑。而正式的犯罪治理体制和相关机构不可避免地遭受了毁灭性打击。

其二,错误的政治思想与反人性、不人道的政策共同催生了打着"革命"和"造反"旗号的犯罪行为。这种犯罪行为表现为群体性的大规模破坏法律,表现为大批流氓分子和"打砸抢"分子肆意横行,表现为人民群众的正常生活秩序和基本人权得不到有效保障的纷纭乱象。诸如"武斗"、残酷的审查、下放牛棚和五七干校、"清队"、体罚、红卫兵打人抄家等等倒行逆施都是这种犯罪行为的表现。这种非正义的犯罪活动导致了各种悲剧的发生,牵连了数以百万计的无辜群众,导致他们长期丧失人身自由、财产被无理剥夺、尊严扫地,导致他们沦为政治上的贱民和背负屈辱的罪犯。"文革"几乎影响了当时所有的中国人。"'文革'中究竟死了多少人? 说法不一,无从确定。正如 1980 年邓小平对意大利女记者法拉奇所说的那样:'永远也统计不了。因为死的原因各种各样,中国又是那样广阔。总之,人死了很多。'"[1]

正如有学者所言:"从犯罪生成的社会条件看,'文革'理应成为新中国成立以来犯罪涉及面最广、犯罪危害最为严重和犯罪率最高的时期。"[2]

三、现阶段犯罪现象的状况

中国于 1978 年开始了改革开放的历史巨变,在追求现代化的进程中,中国社会发生了剧烈的社会转型。这一社会转型包括了从传统经济向市场经济、传统农业社会向现代和谐社会、传统政治向现代政治、传统文明向现代文明的全面转型。在现代化与社会转型的历史进程中,我国社会整体上获得发展的同时,社会生活中也酝酿了大量的矛盾和纠纷。

与改革开放之前相比,我国的犯罪总量呈现出逐年上升的趋势,犯罪率也不断攀升,尤其是 20 世纪 90 年代以来,犯罪快速增长,我国也由此进入持续性犯罪高发期。具体参见下表:

---

[1] 引自 http://www.wiki.cn/wiki,访问时间:2007 年 3 月 30 日。

[2] 谢望原、卢建平等:《中国刑事政策研究》,中国人民大学出版社 2006 年版,第 109 页。

表 8-1　全国公安机关刑事案件立案统计表

年份	立案（起）	年份	立案（起）
1981	890281	1993	1616879
1982	748476	1994	1660734
1983	610478	1995	1690407
1984	514369	1996	1660716
1985	542005	1997	1613629
1986	547115	1998	1986068
1987	827594	1999	2249319
1988	1971901	2000	3637307
1989	2216997	2001	4457579
1990	2365709	2002	4336712
1991	2365709	2003	4393893
1992	1583659		

资料来源：中国法律年鉴。

　　如上表所示，除了 1987—1988 年间犯罪急剧增多以外，在 1981—1997 年之间，我国的犯罪数量整体上呈"小幅上涨、稳步攀升"的态势。自 1998 年起，我国的犯罪数量和犯罪率出现了急剧增长的状况。在 2001 年立案数已突破了 400 万大关，短短四年增长了两倍。这反映了社会治安形势的日趋恶化已是不争的事实。下面本书通过犯罪类型、犯罪人、犯罪方式、犯罪地域及犯罪危害等五个方面来分别介绍我国现阶段犯罪现象的状况：[1]

　　第一，从犯罪类型上看，我国现阶段多发性暴力犯罪总量持续上升，盗窃、抢劫、诈骗等传统财产犯罪仍然在全部犯罪中占有相当大的比例，同时新型犯罪层出不穷。

　　现阶段对一般民众安全感威胁最大的恶性暴力犯罪数量增长较快，由于受各界压力警方一直对该种犯罪保持了强大的打击力度，所以该种犯罪的犯罪黑数相对较小，并且严重暴力犯罪在全部犯罪中所占的比例则呈现下降趋

　　————————————

　　① 谢望原、卢建平等：《中国刑事政策研究》，中国人民大学出版社 2006 年版，第 112～145 页。

势。这具体可见下表：

表 8-2 多发性暴力犯罪的总数及其在全部犯罪中的比例

年份	立案数（万起）	所占全部犯罪比例（%）
1996	29.8	18.61
1997	28.5	17.66
1998	33.3	16.79
1999	36.7	16.3
2000	52.0	14.2
2001	56.7	12.73
2002	56.8	13.09

盗窃、抢劫、诈骗等传统财产犯罪在我国现阶段犯罪现象中仍居于主导地位；而在这三种犯罪中盗窃罪一直占全部犯罪的 65% 左右。关于上述三种犯罪在全部犯罪中的主导地位可见下表：

表 8-3 盗窃、抢劫、诈骗等传统财产犯罪在我国全部犯罪中所占比例

年份	立案数（万起）	所占比例（%）
1996	126.5	79.01
1997	127.8	79.19
1998	155.5	78.30
1999	173.9	77.32
2000	256.2	70.3
2001	346.8	77.79
2002	340.8	78.58

同时，随着社会的转型，我国社会结构发生了深刻的变化，社会阶层趋于多元，开放程度更加深入，很多过去不曾发生的犯罪开始大量出现，犯罪人通过地下经济获取了非法利益后，为了逃避打击也在不断寻求为"地下经济"披上合法的外衣。由此，计算机犯罪、白领犯罪、洗钱犯罪、恐怖主义犯罪、有组织犯罪大肆蔓延。以计算机网络犯罪为例，1986 年我国发现第一例计算机犯罪，1989 年全国该种犯罪发案 100 起左右，而 1993—1994 年间全国发案就达

到 1200 起。当前,这种计算机网络犯罪又增加了不少花样,如网络赌博、网络诈骗、网络盗窃、网络洗钱等;而利用计算机网络制作、传播计算机病毒和色情信息的案件也逐年增加。

此外,现阶段我国毒品犯罪、赌博犯罪及色情犯罪也呈泛滥之势。以毒品犯罪为例,随着改革开放的进行,我国与"金三角"毒品产地毗邻的地理特征被国际毒品犯罪集团所利用,毒品犯罪大肆蔓延。据统计,我国 1990 年官方公布的吸毒人数是 7 万人,1992 年为 14.8 万人,1993 年为 25 万人,1995 年为 52 万人,到 2003 年我国累计登记在册的吸毒人员已经达到 105.3 万人。我国已从毒品犯罪的过境国转变为毒品过境与消费并存的毒品受害国。毒品犯罪日益与其他犯罪交织在一起,据统计,男性吸毒人员中的 80% 有其他违法犯罪行为,女性吸毒人员中的 80% 从事卖淫活动;毒品犯罪的波及地域也在不断扩散;女性、青少年涉毒案件增长较快;毒品犯罪出现地方化、家族化趋势;毒品犯罪案件呈直线上升趋势,并向恶性方向发展。据有关资料显示,1991—1995 年全国破获的毒品犯罪案件年平均增长率为 51%。

第二,从犯罪人特征看,青少年犯罪、女性犯罪、职务犯罪、单位犯罪日益严重,农民和社会闲散人员居于犯罪人群的多数地位。

有资料显示,尽管青少年犯罪在全部犯罪人中所占的比例有所下降,但仍然比较严重。1990 年青少年犯罪人在全部犯罪人中所占比例为 57.31%,1991 年为 52.88%,1993 年为 50.74%,1994 年为 49.12%,1995 年为 45.54%,1996 年为 40.53%,1997 年为 37.85%,1998 年为 39.89%,1999 年为 36.7%,2000 年为 34.5%,2001 年 34.0%,2002 年为 31.0%。青少年犯罪的低龄化趋势明显,2000 年以来,14～16 周岁的未成年人犯罪率持续增高。据统计,该年龄段未成年人犯罪比例从 1999 年的 11.42% 逐年递增至 2003 年的 15.09%。同时,学生犯罪日益增多。其中最受社会各界关注的就是大学生犯罪。据统计,大学生犯罪的犯罪人数自 1999 年起开始上升,2001 年比 1999 年增加了 54.5%,2002 年比 2001 年又增加了 97.1%。这些大学生犯罪不仅包括传统的财产犯罪案件和伤害案件,还涉及很多智能犯罪。大学生所实施的传统犯罪比较典型的有云南大学学生马加爵故意杀人案,而 2005 年吉林省公安厅侦破的吉林某高校硕士研究生王某经营赌博网站的案件则是智能犯罪的典型案例。

尽管男性罪犯是犯罪现象的主力,但当前女性罪犯也呈不断增加之势。以山东省为例,近二十年来,山东省女性犯罪增长较快。2001 年全省女性犯罪人数已经达到 1114 人,比 1986 年增长了 1.87 倍,在当年判处罪犯总数中所占的比重已高达 2.6%。据统计,女性的犯罪增长率远远高于男性犯罪,1999、2000、2001 年女性犯罪分别比 1998 年增加了 25%、37%、43%。再如,根据广州市中级人民法院研究室统计,2000 年法院审理的女性罪犯为 289 人,2001 年猛增至 466 人,2002 年为 518 人,2003 年为 579 人,这一数字仍在逐年上升。同时,女性犯罪也出现了低龄化趋势。据有关专家调查,女性在被收押时年龄在 25 岁以下的占 42.3%,26 岁至 35 岁的占 26.1%。她们初次犯罪的年龄在 25 岁以下的占 62.8%。据我国司法部门统计,我国 20 世纪 60 年代女性犯罪年龄高峰为 24 岁,1970—1976 年为 21 岁,1977—1985 年为 18 岁,而最近几年又降为 17 岁。[1]

此外,职务犯罪和单位犯罪现阶段也比较严重。当前职务犯罪不仅大案、要案比例高;国家工作人员犯罪案件也趋于上升,占职务犯罪案件总人数的 50%以上;而且涉案金额明显增大,犯罪金额上百万上千万的案件屡屡出现。单位犯罪也增长迅速,不仅犯罪数量多,而且涉及领域也极为广泛。

农民工和社会闲散人员居于犯罪人群的多数地位。1992 年江西省抓获的农民犯罪分子占全部案犯的 54.6%,1993 年为 55.2%,1995 年为 56.1%,而在 1997 年上半年该省逮捕的人犯中,农民犯罪分子就占了 57.6%。[2] 根据浙江省统计,该省 2000 年共抓获涉嫌犯罪的社会闲散人员 17865 名,同比上升 11.6%,占全部作案成员的 20.4%,犯罪率仅次于农民犯罪,而且恶性犯罪突出。在抓获的社会闲散人员中,侵犯财产型犯罪占 74.7%。实施杀人、伤害、爆炸三类恶性犯罪的社会闲散人员 933 名,同比上升 72.6%。而抓获农民作案成员 56901 名,同比上升了 12.8%,占全部作案成员的 65%,农民作案成员是刑事犯罪活动的主力军。从查获的爆炸、投毒、放火、杀人作案成员看,农民作案占 73.7%。[3] 在全国范围内,根据 2007 年《最高人民法院工作报告》的统计,该年人民法院判处罪犯共计 889042 人,其中农民罪犯占 55.19%,无业人员为 26.13%,两者合计占全年全部犯罪人的 81.32%。

第三,从犯罪方式上看,团伙犯罪、有组织犯罪增多,跨区犯罪突出,犯罪智能化程度明显提高。

作为共同犯罪的高级组织形态,有组织犯罪既包括团伙犯罪,更包括集团

---

① 毛欣娟:《对当前女性犯罪的思考》,载《人民公安》2000 年第 3 期。
② 康树华:《论农民犯罪》,载《贵州政法管理干部学院学报》1999 年第 2 期。
③ 倪春江:《2000 年浙江省刑事犯罪特点分析》,载《浙江公安高等专科学校学报》2001 年第 1 期。

犯罪和黑社会组织犯罪。我国现阶段犯罪方式的显著特征就是团伙犯罪大量出现,犯罪的组织程度不断提高,带有黑社会性质的有组织犯罪有增无减。据统计,1988 年全国查处犯罪团伙 5.7 万个,成员 21.3 万人;1990 年查处犯罪团伙 10.5 万个,成员 36.8 万人;1993 年查处犯罪团伙 15 万个,成员 57.3 万人;1994 年查处犯罪团伙 20 余万个,成员 90 余万人。以武汉市为例,2000 年全市共查处犯罪集团 411 个,涉案人员 1776 人;2001 年查处犯罪集团 608 个,涉案人员达到 2454 人,其中具有黑社会性质的犯罪集团就有 7 个。[①]

有学者指出:改革开放以后,黑社会(性质)犯罪重新出现,大体上每 10 年为一个阶段。第一个阶段是从改革开放初期到 80 年代末。此阶段,在大量犯罪团伙出现和不断增加的同时,有相当一部分犯罪团伙转化为黑社会性质的组织。犯罪的组织化程度提高;犯罪活动范围扩大,不再局限于某一地区,出现了跨县区、跨省、跨境的犯罪;犯罪活动多样化;暴力化程度提高,不再满足于冷武器,涉枪支弹药(爆炸物)的犯罪组织增多;开始注意筹集和扩大犯罪组织的资产,增加财力,并向经济领域进行渗透;向地方政权特别是政法部门渗透,拉拢腐蚀干部,寻求保护,甚至互相勾结。

1990 年"严打"时,哈尔滨市公安机关摧毁了以宋永佳、王伟范和郝伟涛为首的,横行达六、七年之久的 3 个犯罪集团,抓获集团成员 47 人(内有被拉下水的公安干警 5 人),收缴猎枪、小口径枪 26 支,匕首、尖刀等凶器 12 件,查破绑架、行凶、伤害、强奸、抢劫、盗窃、赌博、行贿等重大案件 131 起,缴获赃款赃物折款 151 万余元。

第二个阶段是从 1990 年到 2000 年。此阶段,团伙犯罪向黑社会性质犯罪急速转化以及黑社会性质的组织加速了自身的成熟化和向黑社会组织转化,出现了个别的黑社会组织。仅在 1996 年,全国公安机关共打掉各类犯罪团伙 136225 个,抓获犯罪团伙成员 495878 人,共破获团伙犯罪案件 422389 起,占全部刑事案件的 23.8%;1998 年,全国共打掉各类犯罪团伙 102314 个,抓获犯罪团伙成员 361927 人,破获团伙案件 338772 起,占全部破获刑事案件总数的 26.8%。

1998 年初,长春市一举挖出了以梁旭东(又名梁笑溟)为首的,集杀人、抢劫、敲诈勒索、绑架、聚众斗殴、设赌抽红、组织卖淫等多种犯罪于一身的特大犯罪组织,共抓获涉案人员 59 人,收缴枪支 8 支、子弹 2000 余发,各种刀具

---

① 叶益民:《当前我国有组织犯罪的现状、发展与成因分析》,载《湖北省社会主义学院学报》2003 年第 3 期。

10 余把,缴获车辆 10 台。该犯罪组织自 1994 年以来,先后疯狂作案 70 余起,杀死 4 人,杀伤 33 人,抢劫、敲诈、诈骗财物总计人民币数百万元。捣毁了梁笑滇犯罪组织后,初步查清了 9 起案件,共涉及党员干部 35 人,其中处级以上干部 12 人。这个案件,被公安部列为"98 第一号黑社会案件"。

2000 年以后的 10 年,是黑社会(性质)犯罪发展的第三阶段。黑社会性质的组织不断成熟并向黑社会组织转化,是该阶段的特征。与此同时,犯罪团伙将继续大量出现,并将继续向黑社会性质组织转变。出现了犯罪团伙、黑社会性质组织和黑社会组织三者并存和同时向高一级转化的局面。[①] 同时,各种犯罪组织洗"白"趋势明显,不仅向合法经济领域渗透,自身经济实力显著增强,而且还大肆向政治领域渗透,寻求政治上的"保护伞"。

刘涌犯罪集团的主犯刘涌依靠各种不法手段巧取豪夺、贿赂官员,经营房地产、百货等多种行业,最后聚敛了大量财富。刘涌能够长期横行乡里是因为其拥有强大的政治"保护伞"。沈阳市和平区劳动局副局长高明贤是其"干妈",沈阳市中级人民法院原副院长、后担任沈阳市政协副主席的焦玫瑰则是其情妇,沈阳市中级人民法院院长、后担任沈阳市人民检察院检察长的刘实是其"干爸",甚至还有当时的沈阳市市长慕绥新、副市长马向东等人。

此外,我国现阶段犯罪的机动性不断增强,跨区犯罪严重。随着我国社会的不断开放和多元,大规模的人口流动已成社会常态。据国家人口计生委发布的最新数据,2004 年全国流动人口规模达到一亿四千万左右。在全部流动人口中,因为"学习培训"、"投亲靠友"、"随迁"等各种原因而流动的仅是少数,略占 30% 左右;流动人口的主体是外出寻求就业机会的打工农民,他们在整个流动人口中所占的比例约为 70% 左右,全国外出的农民工应有一亿二千万左右。[②] 在如此庞大的流动人口中,犯罪出现了跨区域明显的流动性特征。2003 年侦破的杨新海系列杀人、强奸案就充分地印证了这一特征。

杨新海,男,河南正阳县人,曾因盗窃、强奸被判刑一次,劳教两次。1999 年出狱后,不思悔改、恶性大发,自 2000 年起接连在河南、山东、安徽、河北四省十余个县市疯狂作案 26 起,杀死 67 人,伤 10 人,强奸 23 人,在社会上造成了极其恶劣的影响。

---

① 何秉松:《中国大陆黑社会(性质)犯罪的演变过程、规律及其发展趋势》,载《政法论坛》2001 年第 1 期。

② 翟振武、段成荣:《农民工问题现状和发展趋势》,载国务院研究室课题组编:《中国农民工调研报告》,中国言实出版社 2006 年版,第 524~525 页。

随着社会的进步和科技的发达,我国现阶段犯罪的智能化程度也在不断提高。一些犯罪人开始有意识地钻法律漏洞、打政策的擦边球,并逐渐积累出一定的犯罪技能和犯罪经验。于是,利用高智能和高技术的犯罪开始层出不穷。这类高智能犯罪主要有经济犯罪尤其是金融犯罪、计算机犯罪、洗钱犯罪以及利用高科技进行的传统盗窃、诈骗等犯罪。调查显示,在我国被揭发的高技术犯罪以每年40%的速度逐年递增,网络技术在中国的迅猛发展,也使得欺诈、盗窃罪犯瞄准的目标正从企业、政府机关移向普通百姓,从而引起社会各界的重视和警惕。除了日渐增多的网上诈骗案外,网上销售违法商品的网站也为数不少,其中最具代表性的是销售毒品、麻药以及各种黄色音像制品等。信息革命给人类带来福祉的同时,也造就了一批全新的高智商罪犯。

上海某信息网的工作人员在例行检查时,发现网络遭到不速之客的袭击。经过警方的周密侦查,犯罪嫌疑人杨某因"破坏计算机信息系统罪"被依法逮捕。经查明,杨某先后侵入网络中的7台服务器,破译了网络大部分工作人员和500多个合法用户的账号和密码,其中包括两台服务器上超级用户的账号和密码。此案后被列为1998年世界10大"黑客"事件。

第四,从犯罪地域上看,我国现阶段城乡之间的犯罪状况存在较大的差异,无论是犯罪率还是犯罪类型两者均存在很多不同之处。

一般来说,城市的犯罪率要高于农村。据对全国25个省市的统计,1989年城市的立案率为21‰至28‰,而同年农村的立案率为12‰至23‰。[①] 随着我国现代化和城市化的社会转型逐步深入,在城市中聚集了大量的人口,城市中人与人之间的矛盾和纠纷越发增加,城市中的犯罪也越来越多。

同时,从犯罪类型上看,白领犯罪、经济犯罪、毒品犯罪、色情犯罪等基本发生在城市,城市中的财产犯罪较多,农村中的暴力犯罪和传统财产犯罪的犯罪率较高。由于城市是一个国家经济、政治、科技和文化的中心地带,城市中各种犯罪诱惑大,犯罪机会也很多,所以各种白领犯罪大多发生于城市。在农村,严重暴力犯罪大案不断增多,传统型财产犯罪也十分突出。1996年全国侵犯财产犯罪案件共立案132万起,其中农村地区侵财案件47.6万起,占农村全部案件的78.3%。

此外,由于我国大量农村劳动力外出务工,留守未成年人不断增多。由于

---

① 戴宜生:《关于犯罪与治安问题的一些思考》,载《青少年犯罪研究》1994年第3期。

缺乏基本关爱、教育与监护,"留守未成年人"①极易受外界各种不良思想的影响,从而走上犯罪和越轨的歧途。农村留守少年由于家庭教育的缺失、缺位和受经济、文化以及农村环境的限制,使得他们常常出入电子游戏厅、网吧、录像厅、赌博场所等,他们思想简单,相互结伙,目无法纪,狂妄自大,好吃懒做,小偷小摸,甚至暴力抢劫、敲诈。少年犯罪一般没有事前的充分考虑和酝酿过程,没有预谋,而往往只要受到某种影响和刺激,一时冲动,就可能立即萌生恶意,突发犯罪;而且想干什么就干什么,不计后果,手段残忍,从而酿成恶性犯罪。② 同时,由于无人管教和照料,留守未成年人还极易成为各种违法犯罪活动的被害群体。

2004 年 3 月,四川省富顺县某镇发生了一件令人震惊的事:一个 13 岁女孩被同村人强暴,在无人事先知情的情况下生下了一个孩子。由于父母双双务工在外,作为"留守少年"的这个 13 岁女孩跟着爷爷奶奶生活,老人平时过问不多,造成了悲剧的发生。

第五,从犯罪危害上看,我国现阶段的犯罪现象给社会带来一系列的消极后果和危害,犯罪行为既侵害到被害人的基本权益,造成巨大的经济损失,破坏了社会的管理秩序和妨碍了人民的正常生活,还侵蚀了社会主流文化和道德。

暴力犯罪和侵财犯罪等犯罪行为直接侵犯了特定被害人的人身、财产等权益,给被害人造成了各种身心伤害。经济犯罪则不仅危害国家对经济活动的管理秩序,还给社会造成巨大的经济损失。自 1998 年以来,我国经济犯罪呈现出恶性增加的趋势,由此造成的经济损失数量惊人。1999—2000 年间,仅广东省潮阳、普宁两市,就虚开增值税发票 323 亿元,涉嫌偷骗税 42 亿元;2001—2002 年间,全国公安机关共查获各类经济案件近 13 万起,挽回直接经济损失 368 亿元;近年来,经济犯罪涉案金额平均每年都在 800 亿左右,约占全国国内生产总值的 1‰,相当于 2001 年 360 万起侵犯财产案件涉案价值的

---

① 农村"留守未成年人",是指父母双方或单方长期外出流动到其他地区务工,孩子留在户籍所在地并因此不能和父母双方共同生活在一起并由长辈抚养教育管理的不满 18 周岁的未成年人。2003 年,我国农村流动人口已达到 1.139 亿,比 2002 年增加了 8.8%,即增长了 1000 万农村流动人口。流动人口规模不断扩大,家庭化流动的趋势日益明显,但城乡二元结构使进城务工农民不可能完全将子女带在身边。由于亲情的长期缺失或缺位,留守少年的安全、教育、情感、心理等一系列问题日益突显。尤其是农村留守少年的违法犯罪问题已变成为严重的社会问题。

② 袁纪玮、韩黎:《农村"留守少年"违法犯罪探析》,载《理论观察》2006 年第 2 期。

三倍多。[①]

　　同时,犯罪行为直接威胁着人民最基本的安全需求,破坏社会正常的生活秩序和国家对各项事业的正常管理秩序,降低社会组织的活动效率,侵犯了人民最基本的人权。如环境犯罪给当地社会造成的不仅是眼前的经济损失,还会导致人类长远生存环境的破坏;职务犯罪直接侵蚀国家管理体制,影响政府在人民群众中的形象,威胁国家的权威,侵害了政府的民众基础;有组织犯罪不仅形成了与合法经济相竞争、抗衡的"地下经济",而且还孕育了一种有组织的反社会力量,给国家和社会的长治久安造成了严重威胁。

　　此外,犯罪对社会生活的影响不仅是表层的、直接的和眼前的,这种社会越轨行为还能够间接影响社会的文化、道德、习俗及各种价值观念。如果诸如商业贿赂这样的社会越轨行为长期、反复、持续、普遍发生,当商业贿赂逐渐与正常的商业行为交织纠缠起来难以分割时,不仅社会道德发生潜移默化的下滑,而且主流社会的主文化也在一定程度上认可、接受、默许了这种社会越轨行为。故此,犯罪现象对社会文化和道德的戕害是深远的、长期的。

---

　　① 秦立强:《社会稳定的安全阀:中国犯罪预警与社会治安评价》,中国人民大学出版社 2004 年版,120～122 页。

21世纪

第三编
犯罪原因

第 九 章

犯罪原因概述

作为犯罪学研究的核心范畴,犯罪原因构成了众多犯罪学流派及学说的研究焦点。在具体专论犯罪的文化、社会、经济、个体等原因之前,往往需要对犯罪原因的基本理论做出铺垫性阐述和前提性介绍。这包括犯罪原因的结构和犯罪原因的研究模式等问题。

第一节 犯罪原因的结构

所谓犯罪原因,是指引起犯罪现象产生的综合因素。作为犯罪原因的综合因素往往包容一个广阔的问题域,这一综合因素包括特定的社会结构和社会背景环境、经济因素、文化因素、政策因素、习俗因素、气候因素、地理因素、区域因素、特定的社会矛盾与纠纷、个人心理和人格因素等等。实际上,犯罪的发生往往并非是单一因素或原因作用的结果,而系上述各种因素共同导致。这些致罪因素彼此之间的关系构成了犯罪原因的结构。因此,犯罪原因结构的解读构成了分析犯罪原因的关键点。下面具体分析犯罪原因的纵向结构与横向结构。

一、犯罪原因的纵向结构

学界一般根据致罪因素在引发犯罪过程中所起作用的大小,将犯罪原因分为犯罪根源、犯罪动因、犯罪条件及犯罪相关因素。这又称为系统论的犯罪原因论①。在各种因素作用和影响犯罪的过程中,其对犯罪的影响力是有区别、分层次的,这种区别既有质量上的差别,也有联系远近的不同。

(一)犯罪根源

所谓犯罪根源,是指引起犯罪产生的最深层的终极原因。② 马克思、恩格斯关于犯罪原因的经典论述,往往是这种观点的主要依据。例如,"犯罪——孤立的个人反抗统治关系的斗争,和法一样也不是随心所欲地产生的。相反地,犯罪和现行的统治都产生于相同的条件"③实际上,无论是否存在所谓的犯罪根源,这种思路都是试图从犯罪人或潜在犯罪人之外寻找引发犯罪的深层原因,这种思路的"前理解"或逻辑前提是,在犯罪人之外一定有着某种因素能够决定特定社会的整体犯罪情势。

应该说,是否存在犯罪根源目前无法从实证的角度获得考证,但从犯罪人之外寻找产生犯罪的深层原因的思路是值得肯定的。在我国当前社会转型期,各种纠纷和矛盾较为激烈,这导致社会各阶层的隔阂与分歧不断升级,由城市拆迁、土地征用、贫富分化、经济危机、公权力行使不当等因素引发的各种群体性事件、社会泄愤事件层出不穷。可以说,只要各种社会矛盾和冲突产生、积累和酝酿的土壤存在,那么居高不下的犯罪态势就存在。于是,可以将引发犯罪的社会矛盾和冲突称为转型期的犯罪根源。对于这种犯罪根源,我们仍缺乏药到病除的猛药,只能通过长时期的社会改良与演进逐渐淡化、减弱上述社会冲突和矛盾。

(二)犯罪动因

犯罪动因是指直接引起犯罪行为的因素。犯罪动因具体可分为社会原因与个体原因。社会原因包括行为人与不良群体的差异交往、特定区域内的社会失范现象、社会环境中的消极因素等;个体原因包括盲目追求物质利益和享受的价值观念、个体的病态人格与极端性格、个体或群体的反社会情绪等。可以说,犯罪的社会原因与个体原因往往是交互在一起共同对行为人起作用的。相对于犯罪根源,犯罪动因更为直接和具体的引发犯罪,往往是犯罪根源在不同领域中的具体表现。

(三)犯罪条件

犯罪条件是指影响犯罪发生和变化的外部因素。它包括时间因素、空间

---

① 王牧:《犯罪学》,吉林大学出版社 1992 年版,第 273 页。

② 王牧:《新犯罪学》,高等教育出版社 2005 年版,第 167 页。

③ 《马克思恩格斯全集》第 3 卷,人民出版社 1998 年版,第 379 页。

因素、犯罪对象因素及社会控制机制弱化因素。任何犯罪都是在特定条件下产生的,犯罪条件对犯罪行为的实施起着"犯罪场"的作用。存在犯罪原因并不等于实施犯罪,犯罪条件才是促使犯罪原因从"可能犯罪"变成"现实犯罪"的催化剂。[①] 如城乡结合部等治安高危区域的夜间往往易发生抢劫等某些暴力犯罪;盗窃犯罪的对象往往是防卫能力较弱的妇女和老人;农村针对留守妇女儿童犯罪增多不仅是因为上述群体的被害预防能力较弱,还有农村基层社会控制与治安虚化的原因。实际上,犯罪条件与犯罪原因的区别并不是绝对的,有时犯罪原因与犯罪条件会相互转化,某一犯罪的原因可能是其他犯罪的条件。

(四)犯罪相关因素

犯罪相关因素是对犯罪的发生具有一定影响作用的现象。尽管没有犯罪相关因素犯罪也会发生,但这类因素对犯罪的发生具有一定影响。犯罪相关因素对犯罪发生所起的作用比犯罪动因和犯罪条件要小一些。如行人稀少因素是街头抢夺与抢劫发生的一个相关因素;行为人长期孤独生活缺乏稳定的社会联系,这是行为人实施报复社会犯罪的重要相关因素。

二、犯罪原因的横向结构

犯罪的发生往往是社会、经济、文化、社区、政策、个体等多元因素综合作用的结果,上述各因素在犯罪原因系统中的地位和作用也是有差别的。

犯罪的文化原因是犯罪发生的最为深层次的原因。文化不仅可以从价值观念、习俗和惯例等角度理解,更可被视为人类本质的生存方式。文化具有规范性,文化能够影响、制约个人的人格和行为。相对于其他原因而言,文化原因处于犯罪原因的内在深层,其他原因是文化原因的外在表现。

犯罪的社会原因往往是最容易被人提及的犯罪原因,关于社会原因的理论学说众多、内容庞杂;其他犯罪原因的研讨往往均需要与犯罪的社会原因相结合。社会原因是犯罪原因中最为基本的因素。

犯罪的发生与经济问题息息相关,贫穷、失业、经济危机等因素无不对相关群体的犯罪状况产生深刻影响。我国上世纪 90 年代下岗工人犯罪增多的事实就证明了这一点。而农民工犯罪往往是失业或非正规就业的农民工所实施的犯罪。故经济因素是分析犯罪原因的重要维度。

刑事政策的调整往往直接影响到刑事立法层面犯罪圈的扩大与收缩。刑

---

① 储槐植:《刑事一体化》,法律出版社 2004 年版,第 21 页。

事立法通过修正的方式扩大了犯罪圈，直接导致犯罪率的升高；而刑事立法对某些犯罪圈的收缩和非罪化，也直接影响犯罪率。故犯罪的政策原因也是分析犯罪不容忽视的因素。

犯罪往往发生在特定的社区内，同一城市不同社区的犯罪状况往往存在天壤之别；城市社区与农村社区犯罪情况迥异，工业区、商业区、城乡结合部等区域的社区犯罪情况有较大差别。社区内的生态、地理、规划、人口密度、居民状况、富裕程度、建筑、居民间的组织或关系等因素深深地影响着犯罪的发生。

无论上述哪种原因都需要作用于行为人的个体因素，行为人在个体因素的推动下最终实施犯罪。个体的性格、不良心理、极端情绪等生理心理因素对犯罪何时发生、由谁实施以及实施的程度都有着直接的影响。

第二节　犯罪原因的研究模式

在犯罪学研究史中，不同的学派和众多的学者运用不同方法和模式对犯罪原因展开了丰富多彩的研讨。其中，因素理论与系统论的犯罪原因论这两种研究模式应用最为广泛。

一、因素理论

因素理论主要侧重于对产生犯罪的直接原因和条件进行研究，探讨引起犯罪的因素与犯罪产生之间的关系。[①] 因素理论经历了一个由单因素研究犯罪原因到多因素综合阐释犯罪原因的发展历程。如龙勃罗梭的"天生犯罪人论"，即认为犯罪是由于遗传或返祖现象造成的。而后还有学者不否认犯罪是由综合因素所致，但他们认为其中一定有一项决定性原因。这种决定性原因或是生物性原因、或是生理性原因、或是社会性原因。

随着研究的深入，从多个层面探究犯罪原因成为显学。如菲利将犯罪原因分为社会原因、个人原因及自然原因；李斯特将犯罪原因分为一般社会原因和个体原因；萨瑟兰将引起犯罪的因素分为犯罪的历史因素、直接因素和环境因素；塔尔德将引起犯罪的因素分为犯罪的内生因素和外生因素等。某些学者甚至提出，平均每一个犯罪行为大约受到 3.5 种因素的影响，还有学者统计

---

① 　张旭、单勇：《犯罪学基本理论研究》，高等教育出版社 2010 年版，第 272 页。

出引起犯罪的因素超过170种,而其中主要因素有70种。[1]

实际上,因素理论是一种主要侧重于近因和直接原因的犯罪原因分析模式,该研究模式对特定犯罪行为、犯罪群体的解读比较生动、直观,有助于厘清各种社会事实与犯罪之间的内在机理。此外,因素理论对于整体犯罪态势的深层次原因的剖析就显得不够有力,而这恰恰是系统论的犯罪原因论的优势所在。

二、系统论的犯罪原因论

该理论将犯罪原因视为一个复杂的系统结构,认为犯罪原因是各种因素有机结合在一起的,各因素之间的作用力性质和程度各异,相互影响。在系统中,社会因素与个体因素构成了分析犯罪原因的基本面,社会因素是犯罪产生的决定性因素,个体因素在社会因素起决定作用的前提下对犯罪发生某种影响。[2]

上文提到的犯罪原因纵向结构就是系统论的犯罪原因论的基本内容,即在犯罪根源、犯罪动因、犯罪条件及犯罪相关因素中分析犯罪产生原因。实际上,该种研究模式主要侧重于在全局和宏观的视角下,分析某一社会特定时期的整体犯罪态势成因。如当前社会冲突和纠纷多发期,在风险社会背景下,整体犯罪态势高涨、极端犯罪多发的基本成因。因此,该研究模式更适合解释整体犯罪态势的深层原因。

此外,近年来还有学者提出了犯罪原因的一体论,将犯罪原因分为三部分,即犯罪产生的一般原因、犯罪产生的个人因素以及某类犯罪产生的具体原因。这种一体论追求的是宏观与微观相结合,以及犯罪原因研究服务于犯罪预防的目标。

---

[1] 张旭、单勇:《犯罪学基本理论研究》,高等教育出版社2010年版,第274页。
[2] 王牧:《犯罪学》,吉林大学出版社1992年版,第273页。

第十章

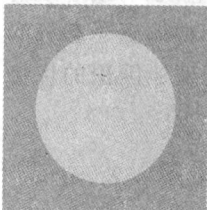

犯罪的文化原因

作为阐释犯罪产生的深层文化原因的一种分析视角和基础理论，文化冲突在犯罪学中具有重要的理论价值和研究意义。在我国，对文化冲突与犯罪关系的理解，长期以来仍停留在美国学者塞林所提出的文化冲突模式之中。由于时代不同、国情有异，这种认识需要获得修正，犯罪的文化冲突理论需要进行中国化。在中国社会转型和追求现代化的背景下，主文化发生危机，犯罪亚文化大肆滋生，主文化与犯罪亚文化形成矛盾和对立。在文化规范性的视角下，这种主文化与犯罪亚文化的冲突构成了我国犯罪之文化冲突的深层本质。

随着犯罪文化学研究的深入，随着对中国本土犯罪问题和相应犯罪学理论的不断重视，为深入体察中国的犯罪问题，文化冲突理论需要进行合理的中国化。这种中国化既需要继承原有理论的精华，也需要在文化学框架下重新审视文化冲突范畴，更需要以"文化规范性"的视角结合当代中国犯罪实践和社会情势进行犯罪学与文化学的跨学科研究。

第一节　塞林的文化冲突论

一、文化学中的文化冲突

文化具有规范性，文化能够影响、制约个人的人格和行为，文化规范性是社会内在的运行机理和社会发展的深层本质。随着全球化与现代化的深入，文化冲突愈演愈烈,文化的意义在近年来逐渐凸显出来。

在文化学中,"文化冲突是某一时期、某一民族占主导地位的文化模式或文化精神由于不再有效地规范社会和个体的行为而陷入了危机,同时新的文化特质开始出现并遇到了旧文化模式或文化精神的排斥和抵制,于是新旧文化模式或文化精神之间展开的对抗。文化模式就是特定民族或特定时代的人们普遍认同的,由内在的民族精神或时代精神、习俗、价值规范等构成的相对稳定的行为方式。文化精神就是一个时代或一个民族大多数人所希望、所信奉、所追求的东西,它体现在大多数人的精神风貌、民族特质、风俗习惯、价值追求以及所有活动之中,是贯穿于其中的原则和灵魂。文化精神是文化模式的核心。文化冲突实际就是不同时代或不同民族的文化模式的对峙和抗衡、文化精神之间的碰撞和对抗。"①

在当代中国社会转型期,传统文化与现代文化的矛盾是当今中国一般意义的文化冲突,换言之,当代中国文化冲突实质是现代工业文明的文化模式与传统农业文明的文化模式的冲突,这种冲突同时又与本土文化和西方文化的冲突交织到一起。② 由此看来,首先,文化学中的文化冲突一般强调的是人类社会宏观层面新旧文化模式的更替,包括人类历史上原始文化与农业文明、农业文明与工业文明、工业文化与新的文化模式的冲突以及后者对前者的超越。

其次,文化冲突不同于一般意义的文化变迁。文化变迁发生于人类历史的常规时期,它更多地意味着各种文化因素在量上的积累;文化冲突发生于人类历史的非常规时期,它更多地标志着文化发展连续性的断裂及文化的深刻嬗变。换言之,文化冲突与社会转型密不可分,人类历史上剧烈的社会转型期往往孕育着文化冲突的风暴。社会转型不仅包括经济转型、政治转型,还涵盖着文化上的转型。而文化的转型一般通过新旧文化的冲突来实现。

最后,文化冲突理论渊源于文化的规范性。新旧文化之间存在冲突根源于新旧文化均具有文化的规范性,规范性都要求人和社会遵从新旧文化各自要求的文化模式和文化精神。因此,在社会转型期,旧的文化从总体上已经开始不能满足人们的需求,并开始逐渐失去效力、走向瓦解;但是旧的文化的某些习俗、观念、行为规范、价值规范依然存在,并发挥指导生活、规范行为的部分效力。而新的文化仍然在形成之中,新的文化中的习俗、观念、行为规范、价

---

① 李庆霞:《社会转型中的文化冲突》,黑龙江人民出版社 2004 年版,第 38～39 页。
② 李庆霞:《社会转型中的文化冲突》,黑龙江人民出版社 2004 年版,第 225～226 页。

值规范并未确立起对社会生活的全面规范。转型社会中的人们不断地受新旧两种文化的规范、影响与控制，人们突然发现自身不知所措，社会也出现了文化认同危机。

二、塞林的文化冲突理论

文化冲突理论较早地受到了犯罪学家的青睐，尤其是美国学者塞林在犯罪学中创立了专门解释犯罪问题的文化冲突理论。他1939年发表了《文化冲突与犯罪》一书，在该书中以文化的视角分析犯罪原因问题。塞林认为，作为文明生长过程的一种副产品，社会中必然存在文化冲突，这种文化冲突是不同社会价值、利益、规范和文化准则的冲突。因而，文化冲突易造成个人行为规范的矛盾和社会的不稳定，文化冲突是犯罪发生的原因之一。

塞林认为，"当一种文化或亚文化区域的规范移入另一区域或与另一文化区域的规范相接触时，文化冲突在所难免。""文化冲突主要发生于以下三种情况中：第一，当这些文化准则在毗连文化区域的边界接触、碰撞时；第二，当某一文化群体的法律规范延伸到另一文化群体的领域时；第三，当某一文化群体的成员迁移到另一文化群体中时。""文化冲突是社会变迁过程的自然结果，社会变迁导致产生无数的社会群体，每个社会群体对于生活情景都有自己的定义，对社会关系也各有各的解释，而对其他群体的社会价值却全然无知或每有误解。"①

塞林的研究一方面将文化冲突与犯罪问题联系起来，意味着犯罪的发生也受文化冲突的支配，标志着文化学的文化冲突根据社会生活的需要还可在犯罪学中获得新的阐释，并为今后的犯罪学研究开拓了全新的发展路径。另一方面，塞林将文化冲突论与当时美国的社会转型和变迁相融合，使文化冲突论对现实犯罪问题的分析具有较强的解释能力，他的某些观点至今仍对当今的犯罪研究具有很大的启示意义。

可以说，塞林的文化冲突论在犯罪与文化关系的研究中具有开拓先河的学术意义，从此学界对犯罪的文化分析不再仅是宏观意义上的泛泛之谈，开始注重对文化学基本理论与智识思想的汲取，开始注重对特定社会场景、结构和情势变更的体察与反思。

---

① ［英］布罗尼斯拉夫·马林诺夫斯基、［美］索尔斯坦·塞林：《犯罪：社会与文化》，许章润、么志龙译，广西师范大学出版社2003年版，第129～136页。

三、塞林文化冲突论的分析限度

应该说,任何一种理论均有其特定的研究对象、适用空间和效力范围,包治百病、无所不能的理论在现实中是不存在的。塞林的文化冲突论尽管具有诸多的积极意义,但在客观上这种理论的解释能力和分析能力也存在一定的限度。

从社会背景上看,塞林的文化冲突论是建立在 20 世纪 20 年代后美国的社会转型与犯罪现状基础之上的,该理论适用于当时的美国社会,但未必能够直接适用于当代中国社会。尽管当时美国社会与当代中国社会均经历着剧烈的社会转型、变迁和犯罪浪潮冲击,由于历史、宗教、经济和政治等诸多因素的不同,当时美国社会的犯罪情势、综合原因与当代中国社会有着很大差异。美国社会的文化冲突很大程度上是美国保守主义的新教伦理文化与外来移民文化的矛盾;而中国当代文化冲突则包容了现代工业文化与传统农业文化、本土文化与西方文化、计划经济文化与市场经济文化等多元文化之间的分歧与争端。塞林的文化冲突论能够解释美国的移民犯罪,但却不能直接应用于中国犯罪问题的分析和研究。

从犯罪类型上看,塞林的文化冲突论主要是针对美国移民犯罪而衍生出的理论模式,所以该理论未必能够直接适用于其他犯罪类型的研究。在美国社会中,尽管移民犯罪比较严重,但这也仅是诸多犯罪类型中的一种。塞林的理论对移民犯罪有较强的说服力,但对毒品犯罪、青少年犯罪、白领犯罪以及大量个别实施的传统型犯罪(如人身和财产型犯罪)的研究恐怕就难以胜任了。

基于前面的论述,我们对塞林的文化冲突论应有一个全面的认识和评价,需要汲取塞林理论的精华,注重文化规范对犯罪发生的影响,沿着塞林所开创的道路走下去;但我们更应清醒认识塞林理论的分析限度,立足于当代中国转型社会的现状,将塞林的理论中国化,从而逐渐发展出关照中国犯罪问题的文化冲突理论。

第二节　文化冲突在我国的运作机理

有关中国犯罪之文化冲突论的形成,需特别考察两个前提:其一,是对当代中国犯罪发生的基本社会场景进行分析;其二,是为文化冲突论选取适当的研究视角,毕竟,"知识在本质上是视角性的"①。这样研究场景和研究视角共同构成了犯罪之文化冲突论的思维起点和知识基础。

一、文化冲突发生的中国场景:现代化与社会转型

文化冲突发生于人类历史的转型时期,社会剧变孕育了它。对犯罪之文化冲突论形成背景的分析,离不开对中国所面临的现代化和社会转型这两个重大历史事件的解读。

中国社会转型的核心内容就是追求现代化。"现代化指工业革命以来人类社会所发生的深刻变化,这种变化包括从传统经济向现代经济、传统社会向现代社会、传统政治向现代政治、传统文明向现代文明等各方面的转变。"②在追求现代化进程中,世界各国先后毅然决然地走上了社会转型之路。社会转型是一个既熟悉又复杂的范畴,它能够导致社会发生深刻而重大的变化。有学者认为社会转型主要包含以下内容:"社会转型与社会常规时期相对应,是社会发展连续性的中断;社会转型也是人们实践活动方式的根本改变;社会转型还是社会基本结构的根本变化;社会转型更是文化模式的变迁。"③

正如美国学者布莱克所言:"现代化所伴随的是人类业已看到的巨大灾难……现代性带来的问题与所提供的机会一样大。必须认识到,现代化是一个创举与毁灭并举的过程,它以人的错位和痛苦的高昂代价换来新的机会和新的前景。"④中国的现代化也存在错位现象,即传统文化因素瓦解速度很快,而现代文化形成的速度则相对迟缓,社会易形成各种制度真空和价值规范真空。

同时,从社会结构上看,我国社会由总体性社会逐渐嬗变为多元性社会。随着改革开放的深入,多元利益主体不断发育,市民社会不断成熟,横跨中国城乡二元结构的交叉性群体和边缘性群体开始出现(如农民工),新的社会阶层逐渐形成,社会分层中的贫富分化开始加剧,不同阶层间的诉求出现冲突、利益形成对立。这样中国社会逐渐嬗变为由不同亚群体和社会阶层组成的多元社会。不同阶层、亚群体拥有不同的生活方式和利益主张,不同阶层、亚群

---

① 冯俊等:《后现代主义哲学讲演录》,商务印书馆 2003 年版,第 414 页。

② 引自何传启:《什么是现代化》,载 http://www.cas.ac.cn/html/Dir/2002/08/21/4717.htm,访问时间:2007 年 5 月 25 日。

③ 李庆霞:《社会转型中的文化冲突》,黑龙江人民出版社 2004 年版,第 21～25 页。

④ [美]布莱克:《现代化的动力》,段小光译,四川人民出版社 1988 年版,第 37 页。

体之间逐渐由此形成了不同的亚文化。不同群体亚文化的冲突、主文化和亚文化的冲突就蕴含在由追求现代化和社会转型所构成的当代中国场景中。可以说,离开这一中国场景,对中国犯罪的文化冲突分析就成了无本之木和无源之水。

总之,在这种中国场景中,日渐多元的社会酝酿了大量的矛盾和混乱。这些混乱与矛盾在文化上造成了文化危机,催生了各种犯罪亚文化,形成了犯罪亚文化与主文化的冲突。中国场景决定了主文化与犯罪亚文化的冲突在现阶段是不可避免的,文化冲突是我国现代化与社会转型的必然代价。

二、文化冲突的研究视角:文化的规范性

文化是人类历史凝结成的生存方式。① 文化具有规范性,能够影响、制约个人的人格和行为,文化规范性是社会内在的运行机理和社会发展的深层本质。中国台湾最有影响的知识分子殷海光先生在《中国文化的展望》一书中,将文化的特征分为四种,即规范特征、艺术特征、认知特征和器用特征。他认为:"一个文化系统中,对文化分子的思想、行为,甚至情感,规定其应当或不应当,善或恶等等预规或应迫,就是规范特征。伦理和道德是规范特征的总汇。宗教有很强烈的规范层面。该种特征常透过社会控制,传统力量,奖励,惩罚,批评等等展布出来。与文化的其他特征相比,规范特征常为主宰特征。不同的文化之核心差别乃规范特征的不同。"②受殷海光先生上述论证的启发,本文归纳与提炼出文化的规范性作为研讨犯罪之文化冲突论的研究视角。

文化规范性是文化对个人和社会的影响,是文化的本质属性;文化规范性广泛存在于各种主文化、亚文化甚至是犯罪亚文化中,从根本上看,文化的规范性主要体现为主文化所要求的文化规范;文化的规范性发挥作用常表现为一种社会控制的过程,这种社会控制拥有法律、道德、宗教、习俗等广泛的外在表现形式。

从文化规范性出发,不同文化间存在冲突的根源在于:每一种特定文化均对特定群体具有规范性,规范性要求人和社会遵从特定文化所要求的文化模式和文化精神。在转型的多元社会中,一方面,传统的主文化从总体上已开始不能满足人们的需求,并逐渐失去效力、走向瓦解;但传统主文化的某些习俗、观念、行为规范、价值规范依然存在,并发挥指导生活、规范行为的部分效力。

---

① 衣俊卿:《文化哲学十五讲》,北京大学出版社 2004 年版,第 19 页。
② 殷海光:《中国文化的展望》,上海三联书店 2002 年版,第 59 页。

而新的主文化仍然在形成之中,新的主文化中的习俗、观念、行为规范、价值规范并未确立起对社会生活的全面规范。转型社会中的人们不断地受新旧两种文化的规范、影响与控制,人们突然发现自身不知所措,社会出现了主文化的认同危机。另一方面,不同亚群体受不同亚文化的影响,犯罪亚群体受亚文化极端表现形式——犯罪亚文化的影响,同时本身并不确定和稳固的主文化还要普遍地指引人们的行为,这样,在特定群体中出现了主文化与犯罪亚文化的冲突和对抗,冲突的实质是不同文化规范之间的矛盾。可以说,在我们这个多元社会中,从文化规范性的视角看,文化冲突几乎是不可避免的。

三、文化冲突是当下影响犯罪的主导因素

近年来,中国学术界开始重视、检讨和反思西方理论、概念在中国的适用及与中国现实问题之间的关系,并开展了反对简单套用西方理论和概念的"社会科学本土化运动"。[①] 将国外文化冲突理论中国化,就符合中国学术的这一发展趋势,并有助于构筑专属于中国犯罪学研究的文化冲突论的理想图景。笔者认为,文化冲突对犯罪的影响可以通过以下几方面获得展示:

(一)主文化的文化危机

文化冲突始于文化的危机,文化危机是文化冲突的第一个环节。所谓文化危机,是指文化遇到巨大的挑战,人的存在受到威胁,主体的文化认同发生动摇,致使现有的文化不再有效地规范人们的行为、满足人们的需要,从而引发人们对该文化的怀疑。[②] 在一般意义上,一个社会的文化危机主要指该社会主文化的文化危机。

当代中国的主文化是国家和主流社会所信奉的一套价值观念、意识形态以及由此衍生的生活方式,它是一个复合、多元、变动的体系。因此,想准确界定其本质含义颇为困难,本书仅指出它包含的大致内容。我国主文化包括现行的主文化和曾经的主文化。现行的主文化包括新中国建立后提倡的社会主义文化和中国传统文化的精华;曾经的主文化是指中国实行计划经济时所形

---

① 邓正来:《中国法学向何处去——建构"中国法律理想图景"时代的论纲》,商务印书馆 2006 年版,第 211 页。

② 李庆霞:《社会转型中的文化冲突》,黑龙江人民出版社 2004 年版,第 125 页。

成的文化。① 追求现代化和实现社会转型的一个必然代价就是主文化面临深刻危机,我国主文化的文化危机主要表现为以下三方面:

首先,中国传统文化已不能满足个人与社会的发展需要;社会主义文化正处于形成与完善阶段;而依附于计划经济的"左"的一套文化和价值观念仍然对个人和社会发挥着现实的影响。

中国几千年绚烂的文明酝酿了丰富的传统文化,传统文化中有许多精华值得我们继承。在当代中国主文化体系中,传统文化一直以各种形式渗透于个人生活和社会运行中;由于我国已开启了现代化的社会转型之路,根植于自然经济、崇尚专制主义和经验主义的传统文化在许多方面自然不能满足人们的需要,同时传统文化与我国现代化事业所必需的法治理念、市场经济、民主政治存在诸多抵触和对立。传统文化及其孕育的生活方式在中国由城市到农村的不断瓦解已然是不争的事实。

我国的社会转型是一个由浅入深的渐进过程,即由建设社会主义市场经济的经济转型,到实现社会主义民主政治的政治转型,再到社会主义文化重建和文化转型。社会主义文化重建和文化转型不同于处于社会表层和中层的经济与政治的转型,文化是社会运行的内在机理和图式,文化转型和社会主义文化处于社会的最深层。只有经历较长的历史时段和反复的社会实践,社会主义文化才能最终完善,并构成中国社会的坚实根基。目前我国文化转型还在进行之中,社会主义文化正处于完善阶段。

尽管计划经济时代已终结,社会主义市场经济体制已初步建立,但依附于计划经济的"左"的一套价值观念并未获得彻底的清算。"该种文化的特征表现为以下两方面:一是社会价值体系的重心高度政治化、道德化。习惯于从政治和道德角度看问题,搞泛政治化。二是价值主体的单一化和价值运行机制的单向化。国家是全社会计划的决策者和代表者,是社会最高的,也是唯一的主体。"②而体现上述文化特征的政策和措施在实践中还时有发生,这个曾经的主文化依然流淌在民族的血液里。由于社会主义文化正处于完善之中、传

---

① 社会主义文化是中华民族的宝贵财富,传统文化的精华记载着民族和国家的历史,这均属于主文化。以往实行计划经济所形成的文化作为存在了三十几年的文化形态对当代中国社会的影响不容忽视。文化作为一种习惯一旦形成就会保持其稳定性和惯性,消除计划经济文化的不良影响是一个长期、艰巨的过程。

② 杨学功:《略论我国社会转型时期的价值观》,载 http://www.studa.net/,访问时间:2009 年 5 月 2 日。

统文化快速瓦解和计划经济时代的主文化未得到彻底清算,所以中国现行的主文化还未完全成熟。

其次,由于现行主文化尚未完全成熟,受西方文化的强烈挑战和社会转型的影响,主文化的文化规范性不断减弱,个人与社会对主文化的文化认同感在降低。

在本土文化与西方文化交流十分广泛的情况下,由于西方国家现代化的先发性,决定了在中西文化交流中西方文化占有优势,除在经济、科技领域需要向西方学习外,在思想和理念方面我国也仍需借鉴其有益成果,如法治精神就是从西方借鉴而来的舶来品。由于国情不同,我国必须在政治等领域保留自身的特色,而西方文化中的许多糟粕须值得我们警惕。在社会转型中,西方文化的各种因素全面涌入我们的生活方式中,并对我国本土文化构成了强有力的挑战。在我国主文化还未完全成熟的情况下,西方文化的冲击势必影响、改变人们的价值观念和行为方式,甚至出现“全盘西化”的激进思潮。在中西文化交流中,西方文化的不合理因素对我国构成了污染和侵袭,西方文化的强势地位也对本土文化的生存空间形成了挤压之势。于是,我国现行主文化的文化规范性遭到削弱,个人和社会对主文化的认同感受到影响。

最后,由于社会转型期主文化的不完善和西方文化的强势挑战,在文化层面出现了主文化的真空与文化认同的混乱。

为了满足新的需要,人们功利地抛弃了传统文化,传统文化理所当然地从人们的生活方式全面退却。传统文化的瓦解速度是空前的,而与传统文化过于迅速的瓦解相比,其他主文化的成熟不能一蹴而就,这往往要经历一个缓慢的文化变迁过程。这样,在主文化中制约和影响人们的价值观念和行为规范就出现了真空地带。主文化的真空意味着在文化认同上混乱的出现。各种西方文化、封建文化、依附于计划经济的“左”的文化迅速占据了主文化遗留下的真空地带,造成了人们在思想和行动上的混乱。于是,人们要么漠视各种规范、要么在生活压力下止步不前;人们有可能做出正确的文化选择,但更有可能接受不良文化的指导,实施社会越轨行为。

文化认同混乱的出现看似是由于道德失控与教化不力造成的,但实际上源于主文化的不完善和西方文化的强势挑战;更源于现代化与社会转型的开展。在社会转型中,社会分化为诸多阶层,贫富分化凸现出来,转型的不平衡导致现代化大多停留于城市之中,并形成现代化的孤岛,城乡间差距由此拉大。这强化了城乡二元对立结构,致使社会趋于多元化和各阶层之间出现断裂,致使文化的多元性逐渐形成,导致不同社会阶层拥有不同的文化、城市与农村分享迥然有别的生存方式,并加剧了主文化的危机。

(二)犯罪亚文化的滋生

人是文化的创造物,也是文化的拥有者和创造者;犯罪亚文化是犯罪亚群体所拥有的生存方式。在现代化与社会转型背景下,犯罪亚文化影响特定犯罪亚群体,对犯罪亚群体的分析有助于透视犯罪亚文化的滋生和蔓延。犯罪亚文化构成了犯罪滋生的温床。亚群体与犯罪亚群体的嬗变将导致亚文化和犯罪亚文化的嬗变;而亚文化和犯罪亚文化一旦形成又对亚群体与犯罪亚群体产生影响和制约。

经过多年的社会转型,中国已由计划经济过渡到社会主义市场经济,由僵化的社会结构发展为流动性与活力较强的社会结构,由封闭的社会变化为开明、开放的社会,由同质性超强的一元社会发展为政治国家与市民社会的分立。多元、多样的社会阶层和社会群体广泛形成,并开始发挥着指引内部成员的作用;源于计划经济时代政府对社会的全面控制开始逐步收缩,个人和社会组织的自由、自治成为趋势。于是,萌发、孕育亚文化的社会条件成熟了。一时间亚文化散布于社会生活的各个角落,如企业亚文化、大学生群体的校园亚文化、青少年亚文化、同性恋亚文化、官员群体的官场亚文化、商业亚文化、监狱亚文化、民族民俗亚文化、农民工群体的农民工亚文化等。

犯罪亚文化是亚文化的极端表现形式,是对主文化的违背和反动。改革开放以来,犯罪亚群体拥有的犯罪亚文化在我国开始凸显出来。具体说来,犯罪亚文化对犯罪发生的影响可以表现为以下三点:

首先,犯罪亚文化与亚文化一样均来源于主文化,它们并不是与主文化完全隔绝的孤立部分,犯罪亚文化至少包含主文化的一些基本特征。犯罪亚文化对犯罪的影响与主文化对合法行为的影响大致经历了相似的历程。

亚文化、犯罪亚文化与主文化的关系如同树叶、树枝和树干的关系一样,只有树干的光秃秃的树木缺乏生机和活力,树木需要树叶和树枝的点缀;但任何树枝和树叶都源于树干、离不开树干所运送养料的支撑;同时,树枝和树叶也不能过分旁逸斜出、妨碍树木整体的健康发展,对影响树木整体成长的树枝和树叶,只能对其施以合理的修剪。因此,我国犯罪亚文化是随社会转型从主文化中分化出来的分支和余脉。虽然犯罪亚文化是对主文化的违背和反动,但犯罪亚文化也不是反对主文化的每一方面,而仅反对主文化中的某些部分和部分规范。如在青少年犯罪亚文化中,青少年人可能会反对主文化所认可的权威(如家长、老师),反对主流教育方式对自身束缚;但他们绝不会全盘否定主流社会的一切,他们不会反感对财富与成功的追求,尽管他们可能采取犯罪的方式来获得成功,其实他们更渴望通过努力获得主流社会认可。实际上,就如同主文化通过文化的规范性要求人们克己复礼、和谐相处、守法文明一样,犯罪亚文化也是通过特定的文化规范性要求潜在犯罪人实施社会越轨行为。

其次,与主文化不同,犯罪亚文化和亚文化仅通行于各个社会阶层和亚群体中;与一般意义的亚文化不同,犯罪亚文化的显著特色在于其拥有不良的价值取向、行为规范和生活方式,包含某些反社会意识。而这些因素构成了特定犯罪人危险人格的核心组成部分。

与主文化广泛流通于主流社会相比,亚文化和犯罪亚文化仅在特定群体内适用,这是构成特定亚群体的显著标志。犯罪亚文化专属于犯罪亚群体和潜在犯罪人,是他们的生存方式。这些犯罪亚群体既包括黑社会性质组织、恐怖犯罪组织等有组织犯罪集团,也包括一般的犯罪团伙和违法人群(妓女群体、吸毒群体),还包括非组织性的犯罪人和潜在犯罪人(如农民工犯罪中的农民工),等等。

犯罪亚文化为犯罪亚群体成员提供在反社会意识基础上缔结成的身份认同。作为犯罪亚群体的精神基础,反社会意识"是指犯罪人通过犯罪而暴露和宣泄的根本对立于社会的精神现象的综合体,主要包括悖逆的价值取向、对于社会主导文化的病态抗拒心理和犯罪亚群体的'同类意识'三要素。"[①]作为犯罪人之犯罪心理的重要组成部分,这种反社会意识能对犯罪亚文化成员的行为方式、身份认同、人格与思想产生影响,能催生犯罪的发生与蔓延。在反社会意识推动下,犯罪亚群体成员在共同的生活方式中形成了一致的行为规范、价值规范、语言符号系统和亚群体专有的禁忌和仪式。这些犯罪亚文化因素构成了犯罪亚群体成员区分我们与你们、我们与政府的根本标准,是犯罪亚群体成员的身份标志,并促成了犯罪亚群体内部的稳定和身份认同。因此,犯罪亚文化能以反社会意识整合犯罪亚群体,影响内部成员的人格、思想和行为,促使群体成员遵循犯罪亚文化而实施犯罪。

最后,主文化的文化危机为犯罪亚文化的沉渣泛起提供了机会和可能,社会转型和社会分层则为犯罪亚群体的滋生提供了现实条件,各种犯罪亚文化的滋生和蔓延客观上刺激和推动了犯罪的发生。

犯罪亚文化是与主文化相对立的一种极端反社会的亚文化形态,两者存在着此消彼长的互动关系。在特定区域、群体中,犯罪亚文化的兴起往往意味

---

① 许章润:《犯罪学》,法律出版社 2004 年第 2 版,第 240~241 页。

着主文化的失效或部分失效;主文化在法律、道德、习俗、宗教等方面的充分体现和渗透将有助于社会秩序的稳定,有助于对犯罪行为的控制。主文化危机在一定程度上造成了文化规范层面的真空、混乱,这为犯罪亚文化的崛起提供了有利条件。一时间社会上出现了封建文化、暴力文化、色情文化、享乐文化、官本位文化等各种影响犯罪发生的不良文化因素,囿于上述不良文化因素的影响,犯罪亚文化的形成条件由此成熟。同时,社会分层、分化导致与主流社会相对应的亚群体陆续出现,主流社会信奉主文化,亚群体往往信奉亚文化甚至犯罪亚文化。信奉犯罪亚文化的群体主要由有组织犯罪集团、犯罪团伙、各种边缘群体和弱势群体构成的社会底层群体等社会群体组成。各种犯罪亚群体是犯罪亚文化的现实载体。

(三)文化冲突对犯罪发生的影响

在中国场景中,主文化与犯罪亚文化的冲突表现为犯罪亚文化通过犯罪等社会越轨行为违背、破坏主文化及其所要求的社会秩序,主文化通过法律等手段否定、制裁由犯罪亚文化催生的犯罪等社会越轨行为。因此,犯罪是主文化与犯罪亚文化之间文化冲突的产物。

实际上,主文化与犯罪亚文化的文化冲突发生于主流社会与犯罪亚群体之间,并直接表现为价值观念、心理及人格的对立,间接表现为犯罪与犯罪治理的博弈;该种冲突归根结底还是人的思想和行为的对立。

文化冲突表现为主文化和犯罪亚文化的对立,还表现为主流社会和犯罪亚群体的矛盾;但在根本上,持主文化的主流社会和持犯罪亚文化的犯罪亚群体的矛盾和对立还是关于人之思想和行为的冲突。这种冲突可表现为以下几方面:

在对待社会所公认权威(如家长、老师、警察、法官)的态度上,主流社会认可和尊重上述权威在社会生活中的地位和作用;而犯罪亚群体往往以各种叛逆的思想和行为对之蔑视和否定。在对待法律和道德问题上,法律和道德往往是主文化之文化规范的具体体现,主文化需要借助于各种法律和道德来得以自足;犯罪亚文化以其独特的反社会意识,对法律和道德的部分内容持排斥和痛恨的态度。在对待犯罪和社会越轨行为问题上,犯罪是对主文化所维系之秩序的否定和破坏,主文化一直重视对犯罪的打击和控制;在犯罪亚群体中,犯罪和社会越轨行为往往由行为人遵循犯罪亚文化而实施,犯罪亚文化从心理、人格、仪式、技术、语言、行为人的经历等方面为犯罪的实施提供支持和帮助。在对待社会生活中某些敏感问题的看法上,两者更是存在明显分歧。如对待富人原罪的态度上,主流社会主要采用税收、社会保障等制度化的方式缓解该问题；而犯罪亚群体往往采取较为激烈、甚至极端的方式对待富人原罪，如对富人进行刑事犯罪。可以说，上述差异均可归结为关于人的思想和行为的冲突，犯罪学的文化冲突在根源上还是不同群体之间的思想和行为的差异与对抗。

此外，主文化与犯罪亚文化的文化冲突由综合因素促成，在特定阶段人类无法将其彻底消灭；人类理性的态度是在促进社会整体和谐发展和完善日常性社会治理的前提下，维护主文化的权威和稳定。

主文化与犯罪亚文化的文化冲突是社会转型的应有代价，只要现代化和社会转型等因素长期存在，那么这种文化冲突就会长期影响犯罪问题。囿于冲突的长期性，文化冲突是无法通过人为手段加以消灭的。对待文化冲突的策略主要应放到对其的合理控制上来。其实，犯罪亚文化的存在也并不仅意味着混乱和威胁，亚文化存在的本身就是主文化具有生命力和活力的标志，主文化的长期稳定易形成僵化、迟滞的局面，所以主文化在应对犯罪亚文化冲击的过程中，需不断反省自身、不断适应社会发展的新形势，在与犯罪亚文化的互动中求得发展与创新。

犯罪亚文化与主文化既是相对的又是互动的，没有亚文化就不存在所谓的主文化，没有主文化也无法界定犯罪亚文化。随着社会发展和社会控制的不断完善，某种犯罪亚文化的文化规范性会随其产生的社会基础的瓦解而自然地减弱和瓦解。但犯罪亚文化不会因此而被消灭，它只是改变了形式，因为造成犯罪亚文化的深层社会因素在某种犯罪亚文化源泉干涸的同时，马上又开辟了新的源泉和新的犯罪亚文化。我国正在进行的现代化建设和社会转型就是犯罪亚文化以及文化冲突存在的深层社会因素。为维护主文化及其所维系的社会秩序，必须通过日常性治理措施和策略合理地控制主文化与犯罪亚文化之间的文化冲突，将犯罪亚文化和文化冲突作为我国社会生活的正常组成部分，在日常性治理、法律制度及社会控制的框架下应对文化冲突。

四、犯罪之文化冲突论的分析限度

与塞林的文化冲突论存在特定理论限度一样，本书所论述的犯罪之文化冲突论也同样存在分析限度。只有明确犯罪之文化冲突论的分析限度，才能有的放矢地应用该理论研讨犯罪问题，发挥该理论的最大效益。

犯罪的文化冲突论属于针对当代中国转型社会场景而发展出的理论模式，该理论主要研讨主文化与犯罪亚文化的对立和矛盾。故此，在社会类型上，该理论适宜分析主文化与亚文化等多元文化并存的转型社会的犯罪状况，如当代中国社会；但对分析同质性较强的社会的犯罪状况却明显不适宜，如对中国古代传统社会和计划经济社会的犯罪问题就缺乏解释力。在犯罪类型上，该理论对分析处于各种犯罪亚文化影响下的犯罪亚群体所实施的犯罪现象是适宜的，如我国当前的未成年人犯罪、农民工犯罪、职务犯罪、白领犯罪等；但对较少或不受亚文化影响的群体或个体所实施的犯罪显然是不适宜的，如偶发性犯罪、激情性犯罪、精神病人犯罪等。在犯罪学体系中，文化冲突属于犯罪原因范畴，是犯罪综合性原因体系中的重要组成部分；从文化冲突出发，有助于解释、分析特定类型犯罪的形成原因。根据社会类型、犯罪类型和学术体系方面的限定，本文所强调的犯罪之文化冲突论主要适用于分析转型社会中犯罪亚群体所实施的特定类型犯罪，并侧重于对上述类型犯罪进行原因性探究。

第十一章

犯罪的社会原因

实证犯罪学家菲利认为,犯罪是由自然因素、个体因素和社会因素综合作用的结果(犯罪原因三元论)。犯罪是这些因素相互作用的结果,在这三种因素中,社会因素的作用最大。纵观实证犯罪学理论,有很多理论都是围绕犯罪的社会因素展开的。我国学者对犯罪原因论采用的是系统论的犯罪原因论,在这一理论中,犯罪的社会原因具有举足轻重的地位。

第一节　西方犯罪学关于犯罪社会原因的理论述评

实证犯罪学认为社会中存在的事实和因素影响着个体的自由意志,进而导致犯罪的发生。一些学者考察了社会结构的因素,一些犯罪学者考察了社会运行过程中存在的问题,从而形成了诸多的犯罪学理论。

一、失范理论

失范理论的创始者是法国学者迪尔凯姆。迪尔凯姆(1858—1917)被称为"最著名和最不容易理解的社会思想家之一"[①]。19世纪的法国长期处于动荡不安之中,动乱之源是1789年的法国大革命和法国社会的高速工业化。19世纪前半叶,由孔德发展起来的社会学主要研究如何应对这两场革命所带来

[①]　Dominick La Capra, *Emile Durkheim: Sociologist and Philosopher*, Ithaca, NY: Cornell University Press, 1972, p. 5.

的影响,其目的是为在毁灭的社会废墟上构建一个新的理性社会,这种重建的主要内容是社会团结,而这种团结在法国当时的社会已经土崩瓦解。

迪尔凯姆在《社会劳动分工论》中将社会变迁描述为社会由较原始的机械形式发展成较先进的有机形式。在机械形式中,每个社会群体与其他所有社会群体都相对隔离,其基础是自给自足。在此环境中,人们生活环境相同,工作相同,价值观相同,不存在社会分工,社会几乎不需要个人才能,社会团结建立在社会成员一致性的基础上。在有机社会中,在高度组织化的社会分工下,社会的不同部分相互依存,社会团结不再建立在个人一致性的基础上,而是建立在社会各个部分功能差异的基础上。迪尔凯姆把所有的社会都看成是从机械社会向有机社会发展的不同阶段,没有一个社会完全是机械社会,即使是原始社会也存在分工,没有一个社会完全是有机社会,即使在最先进的社会中也需要社会成员保持一定程度的一致性。

法律在这两种社会中的作用都是维系社会团结,但在机械社会中,其作用是加强社会群体成员的一致性,其中心任务是压制背离社会规范的任何越轨行为。在有机社会中,法律的作用是规制社会各方的相互作用,当发生错误时使其恢复原状。因为法律在不同的社会中角色不同,犯罪也表现出不同的形式,法律规定的犯罪也不尽一致。在机械社会中,犯罪是正常的,因为没有犯罪的社会将可能受到病态的过度控制。当社会向有机社会发展时,失范的社会病态状况就会发生,这种状况会导致多种社会弊病,当然也包括犯罪。

表 11-1　机械社会和有机社会的不同特征

机械社会	有机社会
人口少	人口多
人员流动性很小	流动性大
社会成分(文化)同质	文化异质性
社会单位是家庭	职业专门化
人们有神圣的宗教信仰	世俗观念比较强
集体意识是团结来源(一致性)	劳动分工(相互依赖)
利他主义或集体精神	情感淡漠
社会紊乱的形式是犯罪	失范
促进团结的法律特征是镇压型法律	赔偿性法律

在机械社会中,社会通过对成员施加一致、反对差异的压力来达到社会团结。将一些行为犯罪化是获得这种压力必需的手段。在有机社会中,法律是调整社会各方的相互作用,如果这种调整不适当,就会导致包括犯罪在内的大量的社会疾病的产生。迪尔凯姆在《社会劳动分工论》中认为,法国社会的工业化以及引起的劳动分工破坏了以一致性为基础的社会团结。但由于这种工业化过于迅速,社会还不能及时形成足够的调整其活动的机制。这种状态就是失范(规范混乱的失范)。[①]

四年后,在《自杀论》中,迪尔凯姆用统计方法对自杀数据进行了分析,结果表明,无论在经济衰退时期还是在经济繁荣时期,自杀率都在增长。[②] 难以理解的是,为什么在经济繁荣时期自杀率也在增长。迪尔凯姆认为,人类的欲望是无穷无尽的,唯一能够限制人类欲望的机制是人类社会,社会制定了道德规范,告诉人们在各种社会环境中合理的预期是什么。但经济繁荣时期,人的欲望也增长了,而社会变迁导致约束人们的旧的标准崩溃,新的标准尚未马上建立起来,就在传统的规则丧失了权威的时候,实现欲望带来的奖赏刺激着人们,使得他们急功近利,对控制不服从,从而导致越轨行为的进一步增加。在法国的工业革命时期,情形确实如此。迪尔凯姆将当时法国社会中的高犯罪率和其他形式的越轨行为的高发生率归因于法国大革命和工业革命引起的失范状态。

失范包括规范饱和的失范、特定规范混乱的失范、实现目标过程中遇到困难的失范(个人在实现自己目标过程遇到挫折的状态也是失范)。[③]

二、社会解组理论

迪尔凯姆认为,高速的社会变迁与犯罪增多之间的关系是由社会控制的崩溃造成的。芝加哥大学的一些学者以此作为考察与犯罪有关的环境因素的理论基础,但研究的不是整个社会的高速变迁。他们在研究中引入了植物生态学的概念,因此被称为人类生态学理论。这是美国首次大规模的犯罪调查,

---

① Emile Durkheim, *The Division of Labor in Society*, Translated by George Simpson. New York: The Free Press, 1984, pp. 370~373.

② 吴宗宪:《西方犯罪学史》,中国人民公安大学出版社 2010 年第 2 版,第293 页。

③ Martin, Randy, Robert J. Mutchnick, W. Timothy, Austin, *Criminological thought: Pioneers past and present*, New York: Macmillan Publishing Company, 1990, pp. 56~57.

他们的数据和发现促成了后来美国犯罪学的很多研究成果。

他们认为,人类社区实际上类似于生物生态形式,在相互联系、相互依赖的社区中,每个人都为自己的生存而斗争,达尔文的理论在这里同样适用。帕克是芝加哥学派的主要成员之一,他认为植物的分布与社会中人类组织形态存在相似性。他提出了两个人类生态学的概念,作为其理论基础。第一个概念是"共生现象",即在植物群落中,所有的物种都能在一起良好地生存,而相互分离时则不能很好地生存。城市是一个有机体,在这种有机体中,有许多生活着不同类型的人们的"自然区"。这些自然区与植物的自然区一样,有他们自己的一致性。有的自然区是由特定的种族、民族的人构成的社区,如美国的唐人街、黑人区等;有的自然区是由从事某种职业或者有一定收入的群体组成,如工业区、商业区。不仅在某一自然区的人们存在共生关系,而且在某一城市的不同自然区之间,也存在共生关系。

帕克的第二个概念与某个区域内的自然平衡的变动过程有关。在生物界,一种新的物种可能会侵入某个区域,进而控制该区域,并将其他生物赶出来,成为该区域的主人。这种过程被生物学家称为"侵入、统治、接替"。在人类社会中,也存在同样的过程,美国历史就是明证。在城市中,某种文化或者种族群体可能会侵入某个区域,最终接替原群体而成为新主人。[1] 有学者对这一过程作了进一步探讨,指出城市的发展不仅在边界上扩张,而且有按照同心圆的模式从中心成放射状扩展,每个同心圆都有逐渐向外移动的趋势。这些同心圆被称为分布带。分布带一为市中心,这里的犯罪率最高。分布带二通常是老城区,不断受到分布带一的侵入、统治和接替过程的影响,房屋比较破旧,人们也放任这种状况的恶化,因为这些房屋在可预见的将来会被拆除而让位给渗透进来的工商业。这里是人们最不愿居住的地区,通常居住着最贫困的居民,新迁入城市的人也通常居住在该区域。分布带三的房屋状况适中,居住着那些为摆脱分布带二的恶劣条件而搬来的居民和他的家人。分布带四基本上是独门独户的家庭住宅或较为昂贵的公寓。在城区界限之外是郊区或卫星城。这五个分布带的每一个都在扩张,并逐渐越过边界,侵入、统治、接替邻近分布带的区域。[2]

---

[1] 吴宗宪:《西方犯罪学史》,中国人民公安大学出版社 2010 年第 2 版,第 1009~1011 页。

[2] 吴宗宪:《西方犯罪学史》,中国人民公安大学出版社 2010 年第 2 版,第 1011~1012 页。

　　有学者将这些理论用于研究青少年犯罪,并取得了一些成果。[1] 首先,从自然状况来看,青少年犯罪率高的区域位于重工业区或商业区内或者与其毗邻的区域。其次,从经济状况来看,青少年犯罪率最高的地区也是经济状况最差的地区。最后,从人口构成来看,青少年犯罪率最高的区域与外国人和黑人高度集中有关。而这些区域一般都集中在分布带二的区域中或与其毗邻的区域中,以及各区域之间的间隙区域。因而青少年犯罪与城市发展中的侵入、统治、接替过程密切相关。当特定区域被新居民侵入时,就将其已经形成的共生关系破坏(社会解组),从而导致犯罪率的上升。在所有区域中分布带二的情况最为严重,它不仅被商业区侵入,还被连续不断的移民潮侵入。

　　这一观点得到了实证考察的支持,即每个群体的青少年犯罪率取决于所调查区域的类型,其犯罪率与整个区域相称。黑人青少年、国外出生的青少年和新移民而来的青少年群体中发现很高比率的青少年犯罪,与该城市的各个地理分布模式之间存在的差别密切相关。即存在少年犯罪区。

　　少年犯罪区的特征:第一,从自然状况来看,少年犯罪率最高的区域位于重工业区或商业区内,或与其毗邻的区域内;(工业侵入导致这部分成为过渡区)。第二,从经济状况来看,经济状况最差地区的少年犯罪率最高;(似乎与社会中享受特权最少的家庭有关,而与作为整体的社会实际经济条件无关)。第三,从人口构成来看,少年犯罪率最高的区域一直与国外出生的父母和黑人家长的高度集中有关。

　　因为相信青少年犯罪是由间隙区域的社会解组造成的,所以芝加哥学派认为对青少年个人采取处遇措施对减少青少年整体犯罪率不会有明显的效果。他们认为,解决这一问题的方法是寻求能有效地改变特定局部社区的生活环境和城市所有不同区域生活环境的发展计划。1932 年,芝加哥学派的代表人物克利福德·肖发起了芝加哥区域计划[2]。这项计划在芝加哥的 6 个区域建立了 22 个邻里中心,该中心的职能主要有两项:一是协调如教堂、学校、工会、资方、俱乐部和其他群体之类的社会资源,宣讲和解决社区问题;二是主办多项活动计划,包括娱乐、讨论小组和社区计划。通过这些活动,发展居民对自己福利的积极兴趣,建立使整个社区都能了解其问题并通过共同行动解

　　[1]　吴宗宪:《西方犯罪学史》,中国人民公安大学出版社 2010 年第 2 版,第1014～1017 页。

　　[2]　Herman Mannheim, *Comparative Criminology：A text book*, Volume one, London：Routledge&Kegan Paul,1965, p.187.

决其问题的当地居民的民主组织。这项计划在芝加哥实施了 25 年,直到克利福德·肖去世,在波士顿,这一计划实施了 3 年。有学者认为该计划十分有效。但通过实证调查,这项计划只对青少年犯罪产生了微乎其微的影响。从这之后克利福德·肖的理论进入衰落期。

1978 年,鲁斯·科恩豪泽的著作使得该理论重获新生。他从克利福德·肖的理论中提炼出"社区控制"模式,其基本观点是,贫穷的人们、居住在多种族和民族中的人们、经常迁居的人们将很难树立、维持正常的社会关系,以及能使居民达到共同愿望和目标的公共机构。因此,在这些人群中有较高的犯罪率和青少年犯罪率。波塞克和韦伯同样认为社会解组是影响青少年犯罪率的主要原因,并且发现 1940—1950 年之间的数据可以支持这一观点。在分布带扩张的过程中,分布带中的人强烈抵制,并进行成群迁徙,在一段时间内,社区的居民被完全替换,原有的社会结构将消失,这个过程就是社会解组,这个过程是导致较高的犯罪率的主要原因。

而后,桑普森回顾了这些研究,发现尽管贫穷和犯罪率关系不大,但贫穷和迁徙结合就与较高的犯罪率相关。社区中的离婚率与暴力犯罪之间也有着稳定的联系。桑普森用社会解组解释这些发现,他将社会解组界定为社区没有能力实现它的共同价值观。如社区居民反对吸毒,但没有能力赶走在社区进行交易的毒品贩子。社区之所以不能实现共同的价值观,是因为社区因为社会解组而缺乏由社会关系构成的"社会资本"。桑普森引入了"集体效应"这一术语来解释这一问题,即只有当社区具有足够的凝聚力并采取公开行动的时候,才能减少犯罪的发生。为了验证集体效应,桑普森和他的同事展开了调查,在分析调查所得数据之后,他们推断"社会结构性缺陷(社会解组)和集体效应的削弱是促进犯罪的因素"。[①]

芝加哥学派的人类生态学理论是犯罪学中十分重要的理论,克利福德·肖的个案研究至今都被奉为经典,他的调查方法也对后来社会解组理论及其他一些理论的产生奠定了理论基础。芝加哥学派关于治理犯罪的对策表现为:减少犯罪的政策应当被直接施加于具有高犯罪率的分布带,而不是施加于其中的居民个人。即"改变场所而不是改变个人"。如监控犯罪频发地点;通过组织活动促进社会关系的生成;通过资助居民购买住宅或管理公寓减少迁徙;分散建设经济适用房而不是集中建设;促进城市公共服务。这些方案可能仅会获得有限的成功,但积沙成塔,微小的成功也能产生质的变化。有学者认

---

① 吴宗宪:《西方犯罪学史》,中国人民公安大学出版社 2010 年第 2 版,第1001 页。

为,一些城区犯罪的减少,可以归功于居民组织。因此,发展居民组织可能是将来刑事政策的主要内容。

三、紧张理论

罗伯特·默顿运用迪尔凯姆的观点分析了美国社会的犯罪问题,他用"社会结构性紧张"这一术语来描述美国社会,因而它的理论被称为紧张理论[①]。

默顿认为,每个社会都有其特有的文化,美国文化的特征就是鼓励所有的个人尽可能地追求最多的财富。美国文化建立在一种平等主义意识形态的基础上,声称所有人都有获得财富的机会,虽然不是所有人都被预期能达到这一目标,但所有人都预期要进行尝试并奋斗。每个人在获得财富的过程中,都需要遵守被认可的规范,这是社会主流文化所要强调的。在美国社会,获取财富的目标被过分强调以至于制度被忽视,遵守制度的人不会因此受到褒奖,除非他人获得了客观的财富。但获得财富的人,即使不是依靠合理的手段,也获得了社会地位。这种情形使得社会制度处于一种严重的紧张状态。这种紧张在整个社会的大多数人身上都存在,尤其在下层阶级的身上更为明显。在下层群体中,获取财富的能力不仅受到个人才能的限制,还要受到社会结构本身的限制。他们中只有最勤奋的人才能通过制度获取财富。而对于大多数下层阶级来说,这是不可能的。相反,在上层阶级中,这种情况要好得多,他们遵守同样的制度,但通过一般努力就能获得相当的财富。这种文化和社会结构之间的矛盾被称为紧张状态。

在美国,下层阶级比上层阶级的犯罪率要高,默顿使用了社会结构性分配来解释。他认为,获取财富合法机会的分配相对集中于上层阶级,在下层阶级中这种机会相对缺失。面对这种状况,有多种应对方式:遵从、创新、形式主义、退却主义和叛逆。在一个稳定的社会环境中,大多数人都会选择遵从这种方式。社会中的大多数犯罪是以创新的形式体现出来,这些人赞同文化目标,但发现不能通过制度性手段获得,因而决定采用创新的手段去获取。如白领欺诈,逃税避税。一般贫民则从事盗窃、赌博、卖淫、毒品交易等行为。形式主义者则拒绝过多地强调获取财富的文化目标,但接受社会制度的控制。在中下阶级中这些人很常见,他们已经通过制度性手段获得了最低限度的成功,害怕失去所得,因而故步自封。退却主义者既不追求文化目标,也不遵从制度,

---

① Robert K. Merton, Social Structure and Anomie, *American Social Review*, 3. Oct. 1938:672~682.

如精神病患者、流浪者、孤僻症患者、吸毒者等等，他们既不能通过合法手段达到目标，也不能通过有效但非法的手段达到目标，因而选择了逃避。叛逆者则通过新的价值观取代原有的价值观来回应在社会中遭遇的挫折，如暴力革命。但新价值观可能只是精神上的。

默顿认为，这一理论可以解释一些犯罪和越轨行为，但不能解释所有的犯罪行为。他认为那些犯罪都是以获取财富为目的，因而他的理论不能解释无目的的犯罪。科恩发展了紧张理论并用来解释了青少年帮伙犯罪[①]。科恩发现，青少年犯罪大多数都是帮伙犯罪，并且大多数这种犯罪都是不带功利目的的反社会行为。科恩从而推断，帮伙中具有与社会主流文化相对隔离的文化，这种文化具有评价个人身份的不同价值观。默顿认为，人类为追求文化目标而生存；与此相似，科恩认为，青少年也追求着在同伙中获得较高地位这个目标。他将社会地位分为成就地位和先赋地位。前者是通过竞争获得的，后者是依靠自己的家庭优势获得的。那些没有先赋地位，同时在竞争中丧失成就地位的青少年，往往会处于一种严重的紧张状态。他们可能会叛逆或抛弃原先的价值观，并建立起一套新的价值观体系，在这种价值下，他们能够获得较高的地位以及实现自我。这些人会形成一个团体以巩固这一价值观，青少年犯罪帮伙就是这样的团体。这种影响对于出生在下层的青少年尤为显著，因为他们没有天赋地位，在学校成就地位的竞争中也往往会处于劣势。因而，青少年犯罪帮伙通常是由下层阶级的孩子组成，他们具有较为强烈的反社会性。

科恩和默顿观点的不同表现为犯罪的目的性解释不同，后者是为了获取财富，前者是为了获得地位。克洛沃德和奥林赞同默顿的观点，认为更多的犯罪是追求金钱而不是追求地位。特别是很多严重的犯罪都是以炫耀性的挥霍消费为目标导向的（豪宅香车美女），这些目标明显地带有经济意味。青少年犯罪帮伙的重心是获取经济利益，如果没有合法机会，则他们会利用非法机会获得利益。合法机会的缺失实际上是社区组织缺乏的结果，而社区组织的缺乏，意味着青少年会受到较小的控制。在这种情况下，青少年会更便利地形成反社会的帮伙，通过实施反社会行为去表达愤怒。[②]

20 世纪 60 年代，紧张理论一度在犯罪学理论占统治地位，对美国的青少年犯罪政策产生了巨大影响。奥林还被邀请制定关于青少年犯罪控制政策。

---

① Ablert K. Cohen, *Delinquent boys*: *The culture of the gang*, Glencoe, IL: Free Press, 1995, pp. 100~120.

② 吴宗宪：《西方犯罪学史》，中国人民公安大学出版社 2010 年第 2 版，第 1048 页。

1961 年美国青少年犯罪预防和控制法案的理论基础就是紧张理论。政策的具体措施包括增强教育、创造就业机会、发展下层阶级的社区组织等。这些措施成为约翰逊总统"反贫穷战争"的基础。[①] 尽管投入了大量的金钱,但这些措施看来只是为没有就业机会的人增加了致富的机会,因而受到了抵制,最终被尼克松总统废止。

约翰逊总统的"反贫穷战争"是建立在紧张理论的基础上,但紧张理论认为犯罪的根源是社会结构性分配不均,因而紧张理论暗含的对策是进行社会结构的变革。反贫穷战争的设计本意也是要变革社会结构而不是仅仅改变个人生活处境。然而这一计划是由扶助贫困机构的官僚们实施的,他们立即想到的是保护和提高自己的利益。结果是当这一计划落实的时候,已被改为改变穷人个人处境的措施。有学者认为,反贫穷战争之所以失败,是因为它的设计初衷已经被颠覆。

经过一段时间的沉寂,紧张理论在 20 世纪 80 年代又有了新的发展。1984 年,卡伦出版了一部重新解释紧张理论的专著。他认为,紧张这一术语既可以指称一种社会特征,即紧张的情境之下社会结构无法为实现文化价值目标提供合法手段。也可以指称个人经历的感受和情绪,即由挫折而产生的紧张性刺激、焦虑、沮丧或愤怒。这包括社会层面的紧张和个人层面的紧张。

在个人层面上,与他人之间的消极关系使人们产生了消极情绪,消极情绪导致了犯罪,这是青少年实施犯罪行为和吸食毒品的原因。消极关系既包括阻止某人获得价值目标,也包括个人处于自认为"有害的"情境中而又不能自拔而产生的消极关系。早期紧张理论重点论述的是前者,后来的学者重点论述了后者。如当一个人被他人用其不喜欢的方式对待的时候,就会产生消极关系,这种方式被该人视为是"有害的"。在青少年群体中,这种情况比较常见,由此他们会产生消极情绪,而青少年犯罪和吸食毒品都是应对和控制这些由消极情绪而产生的紧张的方法,因而犯罪行为和病态行为是其应对人际关系的措施。很多青少年犯罪的增加与消极关系有关,这被大量的研究所证实。[②]

---

① 吴宗宪:《西方犯罪学史》,中国人民公安大学出版社 2010 年第 2 版,第 1053 页。
② 吴宗宪:《西方犯罪学史》,中国人民公安大学出版社 2010 年第 2 版,第 1349~1350 页。

在社会层面上,有学者提出与默顿类似的"制度性失范"的理论①。他们通过分析"美国梦"来解释美国社会的高犯罪率。"美国梦"是一种被广泛接受的文化思潮,以实现物质成功为主要目标,为社会中的大多数人所追求,在公开的个人竞争条件下实现。这种文化思潮以经济成功为目标,产生了严重的文化上的压力。与此同时,美国梦并没有有力地禁止人们使用更为有效的非法手段去获取经济上的成功。

与默顿不同,这些学者强调重新分配获取财富的合法机会实际上只会增加造成犯罪的压力,因为无论机会如何,经济竞争中失败者仍然存在。失败的人会加剧他们的压力而导致犯罪。故应该关注的是改变不公正的制度。此外,美国文化过度强调经济上的成功是造成紧张的重要原因。学校、家庭等地方都严重地受到经济利益的驱使。因而要改变社会的紧张状态,一方面要改变社会分配的不公正现象;另一方面要树立多元的价值观,不应过分强调物质成功。对于青少年来说,尤其如此。

四、社会控制理论

控制理论认为,如果放任人们自行其是,他们都会自然而然地实施犯罪。为什么大多数人不实施犯罪?控制理论通过探讨人们实施犯罪的控制力量来回答这个问题。在特定的环境中,控制力量崩溃会导致犯罪和其他的失控行为。因此,人们实施犯罪是因为抑制他们实施犯罪的力量的薄弱,而不是因为驱使他们犯罪的力量增强。控制理论一般都用来解释青少年犯罪。

虽然赫希之前的很多学者运用控制理论进行了调查和研究,并提出了一些观点,但最受认可的则是赫希的理论。他在 1969 年出版了《青少年犯罪原因论》一书,提出了一种综合性的控制理论。根据这一理论,与家庭、学校、同伴等社会团体之间具有紧密联系的青少年实施犯罪的可能性较小。社会联系的要素有:

1. 依恋

这最重要的社会联系,即个人对他人或群体的感情和感受。依恋在控制青少年犯罪中起着重要的作用。依恋包括:(1)对父母的依恋。没有对父母的依恋,就不可能养成尊重他人的情感,个人就不能感受到家庭的温暖,家庭就失去了控制少年犯罪的作用。(2)对学校的依恋。对学校的依恋可以使个人

---

① 吴宗宪:《西方犯罪学史》,中国人民公安大学出版社 2010 年第 2 版,第1064～1066 页。

顺利地从童年过渡到成年,从而能够控制少年犯罪活动。学校应该要求青少年参加传统的活动,接受传统的价值观。(3)对同辈朋友的依恋。一般认为,对同辈朋友的依恋是引起青少年犯罪的重要因素;但赫希反对这种观点。

2. 投入

这要求将时间、精力用于传统活动内容上。如果人们为了适应传统的生活方式而花费时间和精力,就不大可能从事犯罪活动。相反,如果缺乏对传统价值观的奉献,则预示着个人具有从事犯罪等行为的条件。如果一个人失去了为传统目标而奋斗的机会,就可能随意实施越轨行为,而不会像正常人一样去考虑行为的后果。这涉及所谓的"遵从风险",即所有的青少年都会受到违法的诱惑,当遭遇这些诱惑的时候,一些青少年比另外一些要承担更大的风险。在学校表现良好的青少年不仅要承担因违法而遭受处罚的风险,还要承担危害他们未来职业的风险,因此他们具有较高的遵从风险。反之,则具有较低的遵从风险。在拥有大量较低遵从风险的社区中,越轨行为得到同伴的支持,因此这种社区的犯罪率较高。

3. 参与正统活动

工作繁忙限制了犯罪机会,而游手好闲则是犯罪的温床。正统活动包括传统的工作、运动、娱乐和业余爱好;与学校有关的正统活动。对空闲时间的不合理消耗,是导致青少年犯罪的重要因素。

4. 信念

这是对共同的价值体系和道德观念的赞同、承认和相信。社会或群体中存在着一种共同的价值体系和道德观念,生活在这种社会或群体中的人们通常会相信、遵守这些价值体系和道德观念,如果缺乏这样的信念或者受到削弱,个人就有可能实施越轨与犯罪行为。那为什么具有共同信念的人,有的人犯罪,而有的人不犯罪呢? 这主要是因为:(1)对信念的内化程度不同;(2)对越轨和犯罪行为合理化的程度不同。

赫希通过调查报告验证了自己的理论。他调查了某地区大约4000名初中和高中的学生。他验证了依恋在社会联系要素中的重要地位,无论种族、阶级,无论青少年的朋友是否犯罪,依恋父母多的男孩比依恋父母少的男孩较少实施犯罪。他还发现,实施较多犯罪行为的男孩较少地依恋他的同伴。他认为这也是符合控制理论的,因为只有当青少年的同伴尊崇犯罪的时候,对同伴的依恋对犯罪才会有促进作用。只有具有较小遵从风险的青少年,会遭受来自犯罪同伴的影响。即同伴对犯罪也有控制作用。父母和同伴是青少年依恋要素的重要组成部分。

除此之外,赫希还验证了社会联系的其他要素。他发现青少年犯罪人接受教育的愿望和职业愿望比正常青少年低,这也符合控制理论,因为他们的遵从风险比较小,也就是实施犯罪承担的风险要小。对于什么是正统活动,赫希没有做出解释,但他发现在家庭作业上花费时间少、无所事事,花太多时间闲聊以及驾车到处乱逛的男孩有更多的犯罪行为,这些行为是缺乏参与正统行为的标志。后来很多学者通过研究发现,具有参与正统活动的青少年的犯罪率并不低。赫希还发现,青少年犯罪行为与他们"如果你能侥幸逃避惩罚,打打法律的擦边球没有什么不可以"的信念有紧密的联系。赫希认为这是一种薄弱的正统信念,虽然有学者认为这表征了一种强烈的越轨信念。[①]

虽然赫希的社会控制理论并没有取得很大的成功,但也为哥特弗雷德森等提出"自我控制"理论奠定了基础。赫希的理论是社会控制,很大程度上考察的是个人外部的社会因素。而自我控制被认为是个人的内在因素,这一理论研究的是青少年犯罪还未显露之前的事件。在新理论中,他们认为,社会控制只有达到影响自我控制的程度时才与解释犯罪行为有关。他们认为,不适当的儿童培养是导致低的自我控制的最重要原因,适当的儿童培养会使儿童产生高的自我控制,而只有当儿童的行为得到监控,任何越轨行为被立即识别并实施惩罚时,才是适当的儿童培养。而家庭教育和学校教育是培养其高控制能力的主要渠道。

两人用低的自我控制揭示了青少年犯罪。例如他们发现了青少年犯罪与较差的学校之间的关系,是因为缺少自我控制的青少年在那里没有受到良好的教育,从而使自我控制能力进一步恶化。他们同时认为自我控制在 8 岁以后相对保持不变,因而在 8 岁之前就应该重视培养儿童的控制能力。但还没有实证调查证据证明这一观点。不过即使没有证据证明这一点,在早期培养儿童的自我控制能力也不会有什么负面效应。当然,低的自我控制并不必然就会导致青少年犯罪,只是具有低的控制能力的人在他们的一生中往往会利用犯罪机会,而高控制能力的人即使面对犯罪的诱惑,也不会实施犯罪。[②]

社会控制和自我控制理论都提出了一些政策建议,如在社会控制理论下,可以解释为什么会有宵禁法令,因为这一法令要求青少年在规定的时间之后

---

① 吴宗宪:《西方犯罪学史》,中国人民公安大学出版社 2010 年第 2 版,第1160~1170 页。

② 吴宗宪:《西方犯罪学史》,中国人民公安大学出版社 2010 年第 2 版,第1331~1334 页。

必须待在家里,这可以增加他们对父母的依恋并增强父母对他们的监管。开展大量的课外活动提供给他们参与正统活动的机会,避免其游手好闲。为贫民区的青少年提供工作机会,使得他们有较高的遵从风险,因为投入多,因犯罪被捕失去的就会多。而道德教育课可以增加青少年的守法和道德信念。

自我控制理论的最重大政策影响是对 8 岁以下儿童的自我控制能力的培养。他们建议根据孩子的数量来考虑照料者的数量,预防女性青少年未婚先孕的计划应该被高度重视,因为她们缺乏培养能力。他们还建议提供早期教育和儿童保育措施,以增加父母培养孩子自我控制的能力等等。

五、漂移理论

这是马茨阿在中和理论[①]基础上发展起来的一种少年犯罪理论。其基本观点认为,大多数少年犯罪人是一些漂移者,他们既可能进行犯罪行为,也可能进行守法行为,即在犯罪行为和守法行为之间漂移,他们究竟从事何种行为,取决于行为当时的情境和他们自己的心理、情感。

马茨阿认为,传统的少年犯罪理论强调两点:一是强制,即某些因素强迫青少年进行犯罪行为;二是差别,即少年犯罪人与非犯罪少年之间有差别,这种差别造成了少年犯罪人的少年行为。这种差别或者是生物性的,或者是社会性的。马茨阿认为,这种理论确实可以解释很多类型和数量的少年犯罪,但如果仅依赖这一理论的话,少年犯罪人就应该是一个彻头彻尾的犯罪人,因为这些因素决定了他们会在任何时间内实施犯罪行为。但事实并非如此,因为在大多数时间里,少年犯罪人从事的都是守法行为,就像社会中的其他人一样。

这些理论不能解释为什么随着年龄的增长,一些少年犯罪人不再实施犯罪行为,当其成年之后,就会过着守法的生活。因此,马茨阿提出了对少年犯罪人的另一种描述,即他们享有相对的行动自由,其犯罪行为主要是由他们自己选择决定的,这种选择受到当时情境的制约。实际上,少年犯罪人也不是彻头彻尾的违法者,他们与社会上的其他人相似。基于这两点描述,马茨阿认为少年犯罪人其实是漂移者,在犯罪行为和守法行为之间漂移。这种漂移发生在社会结构的控制已经松懈,少年犯罪人可以自由地受各种犯罪诱因影响的社区。因此,关于少年犯罪的理论不能分析少年犯罪的实际成因,而应当分析

---

① Gresham Sykes&David Matza, Techniques of neutralization: A theory of delinquency, *Amercian Sociological Review*, 22. Dec,1957:667.

少年犯罪人可能发生漂移的条件,也就是社会控制松懈的原因。①

六、亚文化理论

在萨瑟兰的理论中,导致犯罪行为的真正原因是赞同违法的观念,亚文化理论重点研究的也是价值观念在引发犯罪行为中的作用。

最初提出犯罪文化理论的是米勒,他提出了一种文化理论用于解释青少年帮伙犯罪。他认为,下层阶级具有一种与中产阶级不同的文化,历史同样悠久,也有核心信念,如不怕麻烦(经常惹麻烦又千方百计消除麻烦)、强硬、刺激(时刻寻求刺激)、自主(憎恶权威与规则)。米勒认为下层阶级文化是青少年帮伙犯罪的滋生环境。多数帮伙犯罪的性质都体现出犯罪人是以上述思考方式考虑问题的。②

在米勒看来,青少年生活在以中产阶级标准构建的社会中。这些中产阶级标准包括:(1)雄心(志向);(2)个人责任(依靠自己的奋斗获得成功);(3)学习并掌握技能和实际的成就;(4)禁欲主义:为了长远目标而克制享乐的欲望;(5)理智:有意识地计划和安排时间,用最经济和最有效的方式使用资源;(6)风度、礼貌和人格的合理修养;(7)控制身体攻击和暴力行为;(8)有益于健康的娱乐;(9)尊重财产。③

中产阶级用这种标准去衡量所有人的成败、对错。但社会并没有给所有人都提供了获得这种成功的机会,为了克服这种情形带来的消极情绪,一些青少年就对中产阶级的价值观采取嘲笑、讽刺甚至敌对的态度,以发泄遇到挫折后的愤怒情绪。于是,为获得一种代偿性的成功和安慰,他们结成帮伙,一起进行各种少年犯罪活动,并形成了不同于中产阶级价值体系的价值观和行为方式,从而形成了少年亚文化。这种少年犯罪亚文化的特征包括:(1)非功利性。犯罪不是为了获得某种利益,对他们来说,犯罪本身就是目的,从犯罪中获得荣誉和刺激。(2)恶意性。通过给他人造成痛苦来获得快乐。(3)否定性。否定中产阶级价值观。(4)多样性。他们的犯罪活动不具有专门性,而是

---

① 吴宗宪:《西方犯罪学史》,中国人民公安大学出版社 2010 年第 2 版,第955~957页。

② 吴宗宪:《西方犯罪学史》,中国人民公安大学出版社 2010 年第 2 版,第1087~1088 页。

③ Ablert K. Cohen, *Delinquent boys*:*The culture of the gang*,Glencoe,IL:Free Press,1995,pp.88~91.

从事多种多样的行为。(5)及时享乐主义。为了追究短暂的满足和快乐,不顾长远利益。(6)群体自由性。不能忍受外来的压力和限制,完全按照自己的意愿行动。[①]

后来,沃尔夫冈等学者提出了暴力亚文化理论。他在费城对 588 件杀人案进行了系统的研究后发现,发生在下层阶级中的大量的杀人犯罪似乎都是那些被他们看重的琐碎小事所引起的,这些看待问题的方法就是他们的文化。他认为,生活在暴力亚文化之下的人们比生活在社会主流文化下的人们更看重名誉价值,而主流文化更看重生命价值。二者之间存在冲突,那些实施暴力行为的人往往会受到亚文化成员的赞赏和崇拜,而那些以主流文化解决问题的人会遭到嘲弄。因此,在暴力亚文化环境中,每个人都可能用暴力手段解决问题,因为他们预料别人也会这么做。对他们的政策建议是在城市各处分散建造低收入家庭居住的住房,而不是将这些住房集中建造在城市的某个区域,这样可以防止亚文化的产生和传播,并有利于亚文化的分解,促进个体逐渐融入主流文化。[②]

七、社会学习理论

以往学者着重研究萨瑟兰关于犯罪学习过程的论述。萨瑟兰认为,犯罪行为学习的主要部分是在亲密人群中完成的,但后来的学者修正了这一观点,认为在亲密人群中学习是犯罪学习的主要来源之一,但犯罪学习也能通过与社会环境的直接作用而发生,而无须与他人发生交往。[③] 班杜拉对社会学习理论进行比较完整的建构。他试图发展一种解释攻击行为的综合性社会学习理论。他认为,一种完整的攻击理论必须解释攻击模式是怎样发展起来的,刺激人们进行攻击行为的因素,在最初实施攻击行为之后继续维持这种行为的因素。他的理论包括以下几方面内容[④]:

---

① 吴宗宪:《西方犯罪学史》,中国人民公安大学出版社 2010 年第 2 版,第1079～1081 页。

② 吴宗宪:《西方犯罪学史》,中国人民公安大学出版社 2010 年第 2 版,第1093～1094 页。

③ 吴宗宪:《西方犯罪学史》,中国人民公安大学出版社 2010 年第 2 版,第 923、944～949 页。

④ 吴宗宪:《西方犯罪学史》,中国人民公安大学出版社 2010 年第 2 版,第960～968 页。

（一）犯罪行为获得的机制

人们并不是生来就知道攻击行为的全部技能，而必须学习这些技能，一些简单的攻击行为比较容易，但大多数的攻击行为需要复杂的技能，这些技能只能通过学习才能掌握。学习的方式包括：（1）观察学习，是指通过观看他人而习得复杂行为。被观察者被称为示范者。示范者包括：家庭示范，如父母之间激烈的互相攻击性语言和态度，儿童很容易通过父母习得运用攻击来解决问题；亚文化群的示范，一些亚文化群体中保存着许多攻击性的习俗，如少年犯罪亚文化群中，那些最好斗的青少年往往会得到物质和社会地位方面的奖励，成为其他人学习的对象。此外还有一些亚文化群专门传授攻击技能，如军队；符号示范，如广播、电视、电影、报纸杂志和书籍等，这些也具有很大的示范作用，人们很容易从影视镜头中习得攻击方式。（2）通过直接体验学习，个人通过参加犯罪活动而进行犯罪学习。如果犯罪人通过直接体验得到的是一种奖励性的后果时，这种行为方式可能被再次实施，如通过犯罪行为取得财物并未被抓获。但如果其体验到的是痛苦的经历，则会起到阻碍其再次实施的作用。

（二）犯罪行为产生的机制

人们通过上述途径会习得攻击行为方式，但他们为什么会将习得的行为方式付诸实施？社会学习理论认为，一定的环境前提会增加攻击行为发生的可能性，班杜拉称激发犯罪行为的因素为"鼓动者"。包括以下几类：（1）厌恶性鼓动者。这是能够唤起攻击情绪和行为的令人厌恶的刺激因素，包括身体攻击、言语威胁或侮辱、生活条件恶化、有明确目的的行为受到阻挠（挫折感引发的攻击行为）。（2）诱因性鼓动者。当人们期待能从攻击行为中得到好处时，对未来可能得到好处的预期也可能激起攻击行为。（3）示范性鼓动者。看到别人进行攻击行为的人比没有看到过攻击行为的人更容易进行攻击行为，而且攻击的强度大。（4）指示性鼓动者。通常是命令和强迫，在这种情况下，人们会因服从而实施攻击行为。（5）妄想性鼓动者。有人研究了暗杀美国总统的行为，发现这些行为毫无例外的都是由妄想所引起的。

（三）犯罪行为保持的心理机制

犯罪行为的保持心理机制即行为人实施了初次违法犯罪行为之后，这种行为倾向怎样保持下来。班杜拉认为，这是由于外部强化、替代性强化以及自我强化的结果。由于这些强化因素，行为人才可能继续实施新的违法犯罪行为。这主要有以下几类：

（1）外部强化。包括攻击行为获得报酬、社会赞许（亚文化的赞许）、摆脱他人造成的不快感受、被害人的痛苦表现等。（2）替代性强化。看到别人的攻击行为得到报酬或者惩罚,将会增加或者减少其自身进行同样尝试的倾向。通过他人的示范来强化自身的行为。刑罚的一般威慑功能就是建立在这一假设的基础上的。(3)自我强化。个人为了摆脱因攻击行为而产生的内心不安和自责,使攻击行为合理化,从而心安理得地进行后续的攻击行为。它的途径主要有:通过与更加严重或者更加危险的犯罪行为比较,来减轻自己行为的严重性;用一些高尚的动机为自己的行为辩护;将行为的责任转移到一些合法的权威上,如有人认为,我之所以贪污是因为我的上司也这么干的;责怪被害人;分散或开脱攻击行为的责任;通过抹杀被害人具有人的特征而将其非人类化,如性犯罪;低估犯罪行为造成的伤害程度,从而掩饰犯罪的后果等。

(四)犯罪行为的自我调节

班杜拉认为,攻击行为不仅受直接观察或者体验到的外部结果的调节,还受到自我因素的调节。在自我调节的过程中,人们通过接受教诲或者示范,获得一定的行为标准,并对自己的行为进行惩罚或者奖赏,以调节自己的行为。自我调节的方式包括:(1)对攻击行为的自我奖赏;(2)对攻击行为的自我惩罚;(3)内部控制的解除,根据社会学习理论,有道德感的人之所以实施了应受谴责的行为,是由于解除了对这种行为的自我评价;(4)逐渐的抑制解除。最初,当人们实施攻击行为的时候,他们可能忍受着自我谴责,当经过反复的活动使得自我谴责减弱时,攻击行为的程度会提高,并不断向恶性发展。

八、冲突犯罪学

冲突论的学者认为,利益冲突是人类社会的核心,追求金钱、地位、权力的竞争充斥着整个社会。在这种竞争中,国家却没有体现社会的共同利益,而是体现了权力者的利益。结果权力越大的人合法追逐自身利益越自由,而权力小的人在追逐自身利益就有可能被官方界定为犯罪。

(一)文化冲突论

1.基本文化冲突和从属文化冲突

1939年,塞林提出了冲突理论。塞林认为,在复杂的社会中,不同文化群体之间的行为规范会存在矛盾,即会发生"文化冲突"。这种冲突可能发生在两种存在分歧的文化的邻接区;或者在殖民时,根据一种文化制定的法律扩展到另一种文化领域内;或者在移民时,一种文化群体的成员移民到另一种文化群体中。

第一种情况中,印第安人居住区和白人居住区相邻接的地区就会发生文化冲突;第二种是在殖民地发生的文化冲突。对于美国社会来说,第三种情况的作用更加明显,因为美国是一个接受移民的国家,在移民到美国的人之间,容易产生移民原有的文化和用美国刑法加以体现的美国主流文化之间的冲突。在那些移民到美国的居民中,有许多美国社会不能接受的习俗和传统。特别是在二战之前,这一问题更加严重。例如,维护家庭声誉是一些东方国家的文化,在这些国家中,如果一名妇女有通奸行为,其兄弟、父亲可以理所当然地杀死她,而不会受到法律的追究。当具有这种文化传统的人移民到美国之后,也可能发生这样的情况,但美国的主流文化却认为这种情况也应该构成谋杀罪。所有这样的移民在美国进行符合其原有文化的某些行为的时候,就会因为文化冲突而构成犯罪。

除此之外,塞林还提出了从属文化冲突,以区别于上述基本文化冲突。即亚文化与主流文化的冲突。每种亚文化都有自己的行为规范,这些规范既有符合主流文化的成分,也有冲突的成分,而法律只保护符合主流文化的成分,因此当人们按照不同于主流文化的亚文化行为时,就会因为从属文化冲突而构成犯罪。而从属文化是社会分化的自然结果,社会分化会产生许多社会群体,每个群体都有自己的行为规范,从而与主流文化冲突。从属文化的典型是卖淫和赌博。在塞林生活的时代,许多下层阶级的社区中,这两种现象是周围人认可的生活方式,但美国的主流文化和法律是禁止这种行为的。[①]

2.外部文化冲突和内部文化冲突

外部文化冲突其实就是从属文化冲突,是社会分化过程中某种同质文化向异质性转化时产生的副产品。内部文化冲突是指个人从具有相互冲突的规范的不同群体中获取自己的行为规范的现象。文化冲突就被人格化,深入到人的人格中,变成一种心理现象。塞林认为,外部文化冲突导致的犯罪并不常见,最常见的是内部文化冲突导致的犯罪。内部文化冲突包括:传统文化与新文化中的行为规范互相冲突;农村的行为规范与大城市的行为规范之间的冲突;组织良好、由同一种族组成的群体的行为规范与组织松散、由不同种族组成的群体的行为规范之间的矛盾。由于个人所获取的行为规范是相互冲突的,因此,当个人按照一种行为规范行动时,就必然会违反另一种行为规范,而这种行为规范可能就是符合中产阶级的主流文化的行为规范(由刑法加以体现的行为规范),这样就会产生大量的犯罪。

---

① [英]布罗尼斯拉夫·马林诺夫斯基、[美]索尔斯坦·塞林:《犯罪:社会与文化》,许章润、么志龙译,广西师范大学出版社 2003 年版,第129~136 页。

（二）群体冲突论

群体冲突论认为，人类是结群性动物，人类活动既是群体交往的组成部分，又是群体交往的产物；群体内和群体间的行为受不同的个人和群体利益的影响。群体就是在其成员有共同利益和需要，而集体行动又能最大限度地促进这些利益和需要的情况下组成的。

随着新的利益的出现，新的群体就会产生，而现有群体不能满足其一定要求或达到一定目标时，就会被削弱。对群体成员来说，参与群体活动会使其成为一个有群体意识的人，形成了群体认同感和群体忠诚。

当不同群体的利益有重叠或相互侵犯时，群体之间就会发生相互冲突。这种冲突从根本上是生存的手段，是为了维护自己群体的利益和防止被其他群体所取代。社会是各种群体的结合，各群体会不断争斗，以维护或者促进他们的地位。而国家通过对各种社会群体进行强制调整，以达到各种力量的均衡和相对稳定，这就是社会秩序的形成。因而社会秩序反映的不是社会各群体的一致利益，而是对多种利益强制调整的结果。

群体之间的冲突在立法中尤为明显，最终成型的法律在很大程度上是冲突群体利益平衡的结果。立法过程：当一个社会群体与另一个群体发生冲突的时候，双方都会寻求国家的支持，制定法律的要求就是一个群体为了运用国家的力量以实现自己愿望而提出的，其目的同时也是为了反抗对立群体。一旦新的法律被制定，在立法中反对这一法律的群体就有可能违反它，因为这一法律追求的利益和实现的价值目标与其利益和目标相冲突。而支持该法律的群体则会要求司法机关惩治违法者。那么，获得立法半数通过的群体就会赢得对国家刑事司法权的控制。因此，立法、违法、法律实施过程直接反映了不同群体之间的利益冲突，以及各个群体争夺控制国家强制力量的斗争。在这种意义上，沃尔德将犯罪行为看做"少数派群体"的行为，因为这些群体在立法中没有足够的权力维护和促进自身利益和价值目标。因而，犯罪与群体之间的冲突紧密相连。[①]

（三）其他冲突理论

在沃尔德提出群体冲突论之后的一段时间，美国陷入了大规模的社会和政治骚乱，并被民权运动和越南战争所困扰。在这些冲突中，刑法和刑事司法体制被用于帮助一些群体反对另一些群体，于是有很多人开始相信沃尔德提

---

① 吴宗宪：《西方犯罪学史》，中国人民公安大学出版社 2010 年第 2 版，第 1217～1219 页。

出的理论。于是,冲突理论成为犯罪学的前沿理论。连续有三种重要的冲突理论被提出。

首先是犯罪化理论①。1969 年特克提出了这一观点。特克认为,社会秩序是建立在权威当局强制平衡的基础上的。当局和国民之间的文化和社会差异冲突可能导致国民被犯罪化,如果有下列三种情形,国民就会被犯罪化:(1)被禁止的行为对执法者(警察、检察官、法官)的意义。即当执法者发现被禁止的行为非常令人不快,就可能会有很高的逮捕率、定罪率和严厉的判决。(2)执法者和执法对象的权力状况。当执法者有很大权力而执法对象根本无权的时候,犯罪化的过程就最有可能发生。(3)如果一个群体进行的冲突行动不现实,没有最后成功的机会的话,则会增加犯罪化的可能性。

其次是昆尼的"犯罪的社会现实"理论②。昆尼认为,犯罪是由于利益冲突引起的权利争夺的结果,是有权力的群体为了维护自己的地位而采取的行为;是有权力的群体为了维护其利益和控制无权者而设立的定义。(1)犯罪是有权者对一些人的行为所下的定义;(2)在犯罪定义的形成中,社会情况的变化、新利益的产生、要求得到保护的利益状况以及公众对公共利益的看法都会有影响;(3)权力较小者的利益如果和有权者相冲突的话,其必须改变其行为,否则会被当做犯罪行为来处理;(4)行为模式与统治阶级的行为相冲突的人,最有可能被当做犯罪人;(5)统治阶级为了确保其统治权,会确立犯罪的概念,并广泛地宣传这种犯罪概念;(6)犯罪的社会现实理论就是以确定一系列增加犯罪的可能性的现象为出发点的。

沃尔德研究的是有组织的群体之间的冲突,而昆尼则关注社会"片段"之间的冲突,这些片段有共同的价值观、规范和意识,他们可能为了保护他们的共同性而组织起来,也可能不组织起来。如妇女、穷人、同性恋,近期才组织起来;有些片段则仅有最小限度的组织,如青年人;还有一些社会片段则根本没有任何组织,如囚犯和精神病患者。根据萨瑟兰的不同交往理论,昆尼认为,不同的社会片段具有不同的规范体系和不同的行为方式,个人违反刑法的可能性,在很大程度上取决于他们所在的片段在制定和实施刑法中具有的权力和影响力。具有较多权力的社会片段中的人,能够依照他们自己的规范标准

---

① Austin T. Turk, *Criminality and legal order*, Chicago: Rand McNally, 1969, p. 53.

② Richard Quinney, *The social reality of crime*, Boston, MA: Little, Brown, 1970, pp. 15~23.

和行为方式行为而不违反法律,而具有较小权力的社会片段中的人,同样按照自己的规范标准和行为方式行为时,则会被法律界定为犯罪。所以,他认为,犯罪是由于利益冲突引起的权力争斗的结果,是具有权力的群体为了维护自身的地位而采取的行动,是有权力的群体为了维护其利益和控制无权者而设立的一种定义。

其三,钱布利斯和塞德曼对刑事司法系统进行了分析,发现可以用冲突模式解释法律秩序。他们考察了立法机关,发现法律规范的产生表明立法内容的关键因素是利益群体的活动,而不是所谓的公共利益。掌握权力的人,就是在立法决策中有影响的人,某个群体的政治和经济地位越高,其观点被制定为法律的可能性就越大。然后他们分析了上诉法院,因为上诉法院有通过判例创造规则的权力。两人通过考察,发现上诉法官在"疑难案件"中创造法律规则时,严重地依靠其个人的价值观,而他们的价值观偏向富人阶层,并不是人们想象的那样是价值中立的。两人解释了原因,当他们还是法学院的学生时,这些未来的上诉法官主要是通过案例方法接受训练的,主要研究的是以前的法院审判案件的判例,而这些判例主要是与富人的需求有关的案件。当他们成为年轻的律师之后,这些未来的上诉法官倾向于关注涉及富人的案件,因为这些客户能支付他们高额的律师费。当他们成为初审法官后,他们在社会上获得了显著的地位,并有希望成为权势阶层中的一员,因而会根据这种需要调整自己的决策,他们想要被晋升为上诉法官,不可避免地要与政治发生关系,而与政治上的权势阶层关系较好的初审法官更有可能得到晋升。成为上诉法官之后,其需要从数量极多的上诉案件中做出选择,与富人的微妙关系以及高额的上诉费用使其主要选择与富人相关的案件,这就意味着判例法主要涉及的是有关富人和有权者的判例,即上诉法院的判决绝大多数反映的是富人和有权者的需求和愿望。此外,两人还考察了警察机关、检察机关的活动和法官的量刑活动,发现它们在价值观上也不是中立的。最后,两人通过考察得出结论,无论从组织机构还是从功能作用上看,法律都是为了有权群体的利益而运作的,只有当公共利益与这些有权群体的利益相符合时,公共利益才得以体现。①

(四)一体化的犯罪冲突理论

伯纳德从以前的冲突理论中归纳了一种综合性的理论:

---

① 吴宗宪:《西方犯罪学史》,中国人民公安大学出版社 2010 年第 2 版,第1231～1233 页。

1. 复杂社会中的价值观和利益

(1)每个人都生活在不同的生活条件中。(2)复杂的、高度分化的社会是由生活在不同环境中的人组成的,这些人形成了具有不同生活背景的群体。(3)社会越复杂、分化越严重,生活在社会中的人们就越会具有不同的和冲突的价值观和利益。

2. 个人的行为模式

(1)人们倾向于依照与他们的价值观和利益一致的行为方式行为。这种行为大多是在其群体中习得的。因为人们的价值观和利益通常都是由人们的生活环境塑造的。(2)由于个人的生活条件,人们的价值观和利益可能是比较稳定的,不同的群体可能会形成比较稳定的行为模式,这些行为模式不同于其他群体的行为模式。当价值观和利益冲突时,人们会调整他们的价值观以符合他们的利益。

3. 刑法的制定

(1)刑法的制定是充满冲突和妥协的过程,在立法过程中,有组织的群体尽力促进和维护他们的价值观和利益。(2)具体的法律通常代表了许多群体的不同价值观和利益的一种结合,而不仅代表一个特殊群体的价值观和利益,但不可否认的是,一个群体的政治和经济权力越强大,刑法体现的这个群体的价值观和利益就会越多。(3)因此,总体上,一个群体的政治和经济权力越强大,这个群体相对稳定的行为模式违反刑法的可能性就会越低。

4. 刑法的实施

(1)大体上,当人们的行为违反刑法时,人们拥有的政治经济权力越多,法律实施机构对他施加法律就越困难。反之亦然。(2)对于官僚机构,法律实施机构趋向于对易于实行法律的案件施行法律。(3)因而,法律实施机构趋向于对拥有政治经济权力较少的个人施行法律。

5. 官方犯罪率的分布

因为前述刑法的制定和实施过程,每个社会中官方证实犯罪率的分布与这个社会中政治经济权力的分布相反,而与其他因素(社会因素、心理因素、生物因素)无关。[①]

有学者通过美国黑人和白人监禁率的不同来说明这一理论。1999 年,每10 万名黑人中有 3408 人被判处监禁,而每 10 万名白人中,只有 417 人被判

---

① George B. Vold & Thomas J. Bernard, Theoretical criminology, 3rded. New York: Oxford University Press,1986, pp. 286~287.

处监禁。但也有人质疑这种研究,认为他们忽视了犯罪的严重程度和监禁率的关系,因而种族因素对于判决的影响很小。但种族因素可能会影响聘请律师和请求保释,这些因素会影响量刑,因而种族因素如果可以影响量刑的话,也应该是间接的。也有种族影响量刑的负面例证,辛普森律师团在审理过程中就大打种族牌,为自己赢取了同情。

还有人考察了立法,一个具体的实例是关于毒品犯罪的法定刑的规定。联邦法律中,5 克的块状型可卡因和 500 克粉末状可卡因具有相同的法定刑幅度,而这两种东西其实是同一种毒品的两种不同形态。有学者认为,之所以联邦这么立法,是因为前者的吸食者主要是穷人和美国黑人,后者的吸食者主要是富人和美国白人。因而,有学者评价说"整个反毒品运动被预先设计成主要针对贫穷的黑人青少年的"。

总之,冲突犯罪学认为,一个社会中群体之间的权力分配越平等,犯罪率的分布就越平均。解决冲突的最好途径在于将具有不同价值观的个人分散到相对平等的各种有组织群体中以缓解冲突。冲突犯罪学的这一观点与多元民主政治政体的观点不谋而合。冲突犯罪学也断言,权力与官方犯罪率之间存在着负相关的关系。阿克顿勋爵就曾指出"绝对权力导致绝对的腐败"[①]。权力会导致腐败,但是犯罪化的条件要求,只有存在着比腐败的权力更强大的权力,才能将这种腐败界定为犯罪。因而,绝对的权力导致绝对的腐败,但拥有绝对权力的人们将永远不会被界定为罪犯。

九、标签理论

标签理论主要说明人们在初次越轨或者犯罪之后,为什么会继续进行越轨或者犯罪行为。这一理论从 20 世纪 30 年代开始萌芽、60 年代初步建成、70 年代发展至高峰,现今仍然有人在研究这一理论。标签理论将研究重点转向控制犯罪的机构,探讨这些控制犯罪机构在促进犯罪方面的作用。由于这一观点将控制犯罪的力量看成是促进犯罪的因素之一,因而与传统犯罪学理论有较大的差别。

(一)"邪恶的戏剧化"理论

塔南鲍姆认为,犯罪人的产生过程是一个社区对有不良行为的少年给予消极反应,使其对这种消极反应产生认同,从而逐渐走上犯罪道路的互动

---

① Dalberg Acton, John Emerich Edward,*Essays on Freedom and Power*,Boston: Beacon Press,1949,p.364.

过程。

贫民区中成长的少年儿童的违法行为在开始时都是很轻微的,往往是偶尔进行的,如打碎玻璃、逃学、在商店中行窃、推倒垃圾桶等。他们把这些行为看成是一种娱乐活动,社区对此却有不同的看法,社区把少年儿童的上述越轨行为看成是一种讨厌的行为,是一种邪恶的活动,看成是少年犯罪行为。因此,社区往往会斥责少年儿童,对其进行惩罚。如果少年儿童继续进行不良行为,社区也就会继续做出消极反应,并逐渐的更加严厉。长此以往,这些少年儿童就会感到他们与别的少年儿童不同,并逐渐认同这种状态。这样,最初有轻微越轨的不良少年,由于对社区加给他们的坏名声产生认同而变得越来越坏,产生了与社会成员的期望相反的戏剧性结果(他们对其进行惩罚和控制是为了防止他们进一步变坏),因此该学者将这种过程称为邪恶的戏剧化。"制造犯罪人的过程就是一个贴标签、下定义、认同、隔离、描述、强调以及形成意识和自我意识的过程,他变成了一种刺激暗示、强调和发展被谴责的那些品质的方式。如果这种反应与刺激关系理论有点意义的话,那么,处理少年犯罪人的整个过程就是有害的。因为这个过程使少年犯罪人认识到,无论就他自己来说,还是对环境而言,他都是一个少年犯罪人,这个人就变成了人们所描述的那种人了。"①

这意味着社区在让少年儿童变成一名犯罪人的过程中,先是给他们贴上坏的标签,把它的行为说成是违法犯罪行为,使个人对这种标签和说法认同,同时,社区又将他们与正常的少年儿童隔离,不让自己的孩子与这些坏孩子交往,不断谈论这些坏孩子的邪恶行为,把他描述成一个邪恶的人,让他自己知道他自己是一个什么样的人,结果,他就在周围人的消极反应中变得越来越坏,真的成为人们所描述的那种坏人了。

在这种情况下,这些坏孩子的父母、警察、法庭、矫正机构等往往会热心地、善意地努力改造他们,但是这种帮助却导致与这些人愿望相反的结果。因此,坦楠鲍姆建议,如果对这种有不良行为的儿童不加管束,他们反而不可能变成少年犯罪人。但是,只要给其贴上坏的标签,他们就会受到排斥、不能参加传统的群体活动,这些人唯一的出路就是与那些与自己有相同情形的少年

---

① Frank Tannenbaum, *Crime and the Communtiy*, New York: Columbia University Press, 1938, pp. 19~20.

儿童联合起来,形成帮伙。在这种情况下,会发生严重的问题。[①]

（二）利默特的越轨理论

利默特是标签理论的重要倡导者,1951 年在著作中首先提出了初级越轨行为和次级越轨行为的概念,对标签理论的发展做出了贡献。

1.初次越轨行为

初次越轨行为是既没有被权威人所发觉,也没有受到惩罚的越轨行为。如果这种行为不被发觉,就不存在少年犯罪人。因为这类行为对少年儿童的影响是很小,他们不会形成一种越轨认同。他们会运用中和技术否定对越轨行为应当承担的责任,并继续会把自己看做是好人。由于他们的志向没有被破坏,他们会保留遵纪守法的观念,避免被他人确定为坏人所产生的消极后果。但如果这种行为被发觉,就会产生"邪恶的戏剧化"现象。这些被标定为犯罪人的少年儿童就会对与少年犯罪人身份有关的标签产生反应,其身边想帮助他们的人的帮助行为会进一步加强他们的少年犯罪人身份。被标定为少年犯罪人的少年对别人的期待会很敏感,他们会觉得自己和别的好孩子不一样,是有少年犯罪人身份的人。他们会在行动中反映出这种感受,并会改变自己的形象和举止,以与其少年犯罪人的身份相称。

2.继发越轨行为

继发越轨行为是少年儿童在被人们贴上"坏"的标签之后,按照其少年犯罪人的身份进行更加严重的越轨行为。根据利默特的观点,继发越轨行为是被贴上坏标签的人适应人们对他们的初次越轨行为作出反应的结果。人们对初次越轨行为的反应,会使少年儿童产生一系列需要应付的问题,他们对这些问题进行适应的结果就可能导致继发越轨行为的产生。但这种越轨行为不是紧随着对个人的第一次惩罚之后发生的,而是一个漫长、反复的过程。[②]

（三）贝克尔的理论

贝克尔认为,"社会群体通过制定那些违背他们就会构成越轨行为的规则来创造越轨行为,并且将那些规则适用于特定的人,给他们贴上标签。根据这种观点,越轨行为不是个人实施行为的特性,而是别人将规则和制裁适用于犯

① 吴宗宪:《西方犯罪学史》,中国人民公安大学出版社 2010 年第 2 版,第1179～1181 页。

② 吴宗宪:《西方犯罪学史》,中国人民公安大学出版社 2010 年第 2 版,第1183～1185 页。

罪人的结果。越轨者是被成功贴上标签的人,越轨行为是人们如此标定的行为。"①

根据贝克尔的观点,通过对越轨行为的反应,可以把那些越轨行为与正常行为区别开,尽管他们可能是完全相同的两种行为。重要的不是越轨行为是否存在,而是那些反应者相信他的存在。因此,创造越轨行为的,正是对行为的反应。所要研究的问题就是解释别人如何选择局外人并给他贴上越轨者的标签。贝克尔认为,人们对某种行为的反应比这种行为本身的性质还要重要,甚至在某个人并没有进行某种行为的情况下,别人有这个人进行了该行为的反应,也会迫使这个人对别人的反应产生认同,接着产生别人所标定的行为。

贝克尔将那些制定规则的人称为"卫道者",这些人最有可能制定新的规则并利用新规则创造新的越轨行为。这些人往往是那些具有权势的人,就是处于社会结构的上层,而希望改变他们下面的那些人,以达到一种更好状态的人,社会中规则的好坏往往就是这些人观念的反应。一方面,这些人制定的规则所界定的越轨行为并不一定就是正确的,可能会被事后证明是完全错误的。如希特勒以种族为标准认定越轨行为并实施了种族灭绝政策;在欧洲文艺复兴时期,大约有50万人被作为女巫处决;在斯大林的清洗运动中,有数百万无辜的苏联公民被宣判为叛国者,被流放到西伯利亚。另一方面,尽管卫道者充满热情地进行保卫道德的活动,但往往事与愿违。因为规则制定出来之后,还需要一套机构和官员去实施这些规则。而负责实施规则的人会从自身的利益考虑,极力捍卫规则,并严格根据规则行为,因为规则给他们提供了工作。这容易导致规则被僵化地使用,只要是符合规则的规定,他们就会不加区分地执行,这样卫道行为就成了官僚行为,有时规则会被滥用。②

(四)标签理论的政策建议

1. 非犯罪化

这主要是指减轻对社会危害性减小甚至消失的犯罪行为的处罚甚至将他们转变为合法行为的过程和现象。

2. 转向

这主要是指用社会福利部门等的咨询、工作训练、就业帮助等代替司法机

---

① Howard S. Becker, *Outsiders: studies in the sociology of deviance*, New York: Free Press, 1963, p. 9.

② 吴宗宪:《西方犯罪学史》,中国人民公安大学出版社 2010 年第 2 版,第 1188～1189 页。

关审判等活动的社会措施。由于标签理论认为,坏的标签可能会引起更严重的问题,所以要尽一切可能避免贴标签的活动。

20世纪70年代,少年犯罪转向计划在西方国家开展,除了少年司法机构中人满为患之外,也受到了标签理论的影响。当时,把有行为问题的少年儿童交由少年司法机构之外的非正式机构处理,以避免给他们贴上少年犯罪人的标签。如果这一计划有效的话,就能够减少未来的少年犯罪和成人犯罪。但不幸的是,大多数证据表明,转向计划并没有取得预期的效果,儿童只是被贴上了另外一种不同的标签。

3. 正当程序

这要求向当事人提供律师,律师不在场的时候不受审问,不采用非法获得的证据等。标签理论认为,个人的特征可能会引起不同的反应,导致不同的标签,从而会影响正式的司法处理结果。所以,要求在少年司法活动中采用正当程序,以保证少年儿童在司法活动中受到公正的处理。1966年,美国最高法院做出决定,当一名儿童被带到法庭时,应当能享受成年人所能享受的大多数保护。

4. 非机构化

这主要是指将一些犯罪人在矫正机构中服刑转到社区矫治的措施。标签理论的倡导者认为,为了减轻矫正机构等司法机构及监禁对少年儿童的消极效应,应当大力采用非机构化的做法,即将有不良行为和少年犯罪行为的儿童从拘留中心、看守所、教养院中迁移出去。[①]

5. 赔偿和补偿

这主要是指让犯罪人对犯罪行为的被害人进行赔偿或者由国家对被害人进行补偿。犯罪人赔偿的具体形式多种多样,除了支付赔偿金外,还可以判令犯罪人提供社区服务,让犯罪人无偿为社区提供劳动服务,以补偿他的犯罪行为造成的损害。

① 吴宗宪:《西方犯罪学史》,中国人民公安大学出版社2010年第2版,第1199～1202页。

第二节　我国犯罪学对犯罪社会原因的研究

我国学者一般认为犯罪的社会原因是指那些从基本意义上影响整体犯罪产生发展和变化的各种综合因素。作为包容广阔的问题域，上述综合因素包括特定的社会结构和环境、经济因素、文化因素、政策因素、区域因素、特定的社会纠纷和矛盾、特定的社会消极现象等。具体来说，我国社会中诱发犯罪的社会因素主要包括以下几方面：

一、政治体制变革产生的犯罪诱因

政治体制改革是加快我国现代化步伐的一个重要方面。政治体制改革主要体现为中央和地方关系的改变以及党政关系的改变。而政治体制的这一变化，也会引发一系列社会变化，促使各种矛盾发生或激化。从中央和地方的关系上看，改革前，一切权力归中央，基本上是一种集权模式。改革后，中央把一部分权力下放给地方，目的是充分调动和发挥地方的积极性和灵活性。但地方在获得一定程度的自主权后，也出现了滥用这种权力的现象，从而对不良社会现象起到了推波助澜的作用。如有的地方在发现本地区一些经济实体进行诈骗、假冒商标、偷税、走私等犯罪之后，出于地方利益考虑姑息、纵容、包庇、鼓动、干预甚至阻碍有关部门对这些犯罪案件的查处。从党政关系上看，主要表现为党政分开、政企分开。这种变化使得过去有效规范人们行为的政治思想和党纪政令被弃置一旁，思想政治教育大大放松，使得个体抵御犯罪的能力大大下降。而且，在行政一把手的权力不断膨胀的同时，党纪、政令对其约束力明显减弱，使得一些掌握权力的单位和个人，在缺乏监督、控制机制的情况下，滥用权力、贪污腐败，实施违法犯罪活动。

二、社会主义法律体系构建过程中产生的犯罪诱因

发展社会主义市场经济，建设社会主义法治国家，要求确立法律的权威，将整个社会管理和控制纳入法制的轨道。然而，我国长期存在的政治思想的高度统一和管理控制代替了法律的作用，在社会中形成了崇尚少数人的权威，法律意识淡薄，法律规范受到轻视的状况。这样，社会转轨必然在客观需要和法治现状之间引发严重的不协调。

1.法律滞后

在社会变革过程中,社会经济形势变化频繁,发展迅速。而相应的法律往往落后于现实,致使原来的管理机制和法律内容不能有效运作,新的社会管理机制及法律又不能及时用于调整社会生活,从而出现法律真空或漏洞。这种状况一方面使得人们失去行为准则,感到无所适从;另一方面也为一些人钻法律的空子开了方便之门,使某些新生的危害社会行为也得不到应有的制裁。这些都助长了犯罪的滋生和蔓延。

2.法律意识淡薄

由于传统上长期蔑视法律的权威和法律制度的缺乏,整个社会形成了法律意识淡薄及法律教育落后的现状,使相当一部分人不知法,不守法,不畏法。如在江苏省某县曾发生100多名不明真相的群众在别有用心的人的唆使下,打法官、砸警车、抗拘留,发生严重暴力抗法事件,直到当地110接到报警赶来救援后,事态才得以制止。[①] 在合法权益受到侵害时,也不懂得求助于法律。发生矛盾和纠纷时,习惯于用自己的方法解决问题,或私了,或以暴制暴,或忍气吞声,从而助长了违法犯罪的发生。

3.传统文化的负效应

法律作为调整社会关系的行为规范应该具有普遍的权威性。然而,传统文化的负面影响极大冲击着法律的权威。如传统文化倡导的亲亲关系、尊尊关系衍生的亲亲相护、官官相护心态以及以情、义为人际关系核心的非法制观念,严重妨碍法律的有效运作。特别是在人治观念、权本位观念影响下,法律的执行受到很大的阻力,甚至出现有法不依、违法不究的现象。这种现状不仅助长了违法犯罪的侥幸心理和嚣张气焰,也严重挫伤了守法者的积极性。受害者基于义愤和不平,也可能实施更强烈的报复性犯罪。[②]

三、社会管理体制变革产生的犯罪诱因

我国的社会管理体制正由单位制向社区制转变,在这一转变过程中,由于社区制尚不完善,导致诸多犯罪诱因的产生。

社区居民的流动容易导致社区解组,从而导致社区成为犯罪的温床。因而,居民流动性较强的社区具有较高的犯罪率。为验证这一结论,我们走访了

---

① 顾松仁:《海安县发生严重暴力抗法事件》,载《人民法院报》1997年9月7日第一版。

② 王艳冰:《文化冲突与犯罪》,吉林大学硕士学位论文1996年印制,第44~45页。

所在城市的一些生活小区后发现,那些八、九十年代形成的生活区的房屋租住率比较高,小区中房屋从外观上看比较陈旧,房屋的租金比设施较好的小区低,这些小区中盗窃犯罪的发生率也相对较高。如果用犯罪生态学的理论解释,主要是因为这些小区居民流动的频繁具有解组的特征从而滋生了犯罪行为。因此,这些社区应该成为重点防控区域。为维护这些社区的安全,公安机关应该对这些区域加强巡逻,以威慑潜在的犯罪人。我国已经在城市的社区设置了社区警察,相信这一措施的有效实施对于社区预防犯罪会起到重要的作用。但是,我国的社区警务仍处于尝试阶段,存在很多问题。例如,在一些地方的社区警务中,社区警务和传统警务工作没有太大区别。有的地方虽然建立了社区警务室,但其实际运行处于"空巢"状态,"只挂牌、不营业",没有充分发挥作用。因此,我国一方面要加大警力和投入,另一方面,应该探索建立长期行之有效的规范性工作机制,从而完善社区警务制度,使其发挥应有的作用。除此之外,笔者认为我国的公安机关应该借鉴犯罪生态学理论的研究方法,根据犯罪统计的结果,绘制城市的犯罪"区域图",标示出犯罪的高发地带和高发社区,对这些区域加强监控,同时也提醒人们注意防范。

社区的经济状况是社区是否解组的标志之一,如果社区的经济状况比较差,则标志着该社区可能处于解组的状态。而社区的无序状态则会加剧社区的解组,从而造成该社区成为适合的犯罪目标。我国的流动人口一般都流向经济状况较差的社区,并且流动人口的流入会造成社区无序或者加剧社区原先存在的无序状态。针对犯罪生态学理论的上述观点,笔者认为应该通过一些措施的采取来改善社区居民的经济状况和社区环境,这对于预防和缓解社区解组,进而预防包括流动人口犯罪在内的犯罪的产生具有重要意义。首先,在充分了解社区成员构成的基础上,应该对社区中的无劳动能力者给予经济救助,对刚迁入该社区尚未找到工作的流动人员通过社区组织的协调帮助其尽快找到工作。其实这种经济救助只能缓解一时的矛盾,从长远来看,问题的根本解决依赖于国家宏观经济的发展,不断地发展和改善民生。其次,就笔者所在城市的状况来看,城市社区可以分为封闭型社区、半封闭型社区和开放型社区。对于封闭型社区来说,有围墙院落、小区监控、良好的保安和物业管理。房屋状况良好,社区环境处于一种井然有序的状态。对于半封闭型社区来说,虽然社区周围有围墙院落,但没有监控和保安系统,人员出入自由。虽然社区房屋不算陈旧,但社区环境相对封闭社区差一些,公共地面有垃圾散落的现象。而对于开放型社区来说,则没有任何的防范措施,房屋比较破旧,社区环境也比较差,有的社区还有垃圾散落和涂鸦的现象。笔者曾经走访所在城市的部分小区,发现流动人口主要集中在半封闭型和开放型两种社区中,这两种社区盗窃犯罪的犯罪率也较封闭型社区高。如果运用犯罪生态学的理论解释,主要是因为这两种社区中的房屋租金相对较低,是外来流动人口理想的居所地。而人口的流动性导致这种类型的社区处于解组状态,同时,社区环境的无序状态会加速社区的解组,从而使得该社区成为潜在犯罪人理想的犯罪地。

我国流动人口犯罪的治理也可以通过增强社区成员的集体效应来实现。首先,笔者通过调查发现,在三种类型的社区中,封闭型社区中也存在流动人口,其中的成员联系程度最为松散。这可能是由于这种类型的社区房屋都是新建的商品房,购买房产的人员来自城市的各个区域,成员之间并不熟悉。虽然社区的防御系统能够有效地防止一些犯罪的发生,但由于社区成员之间缺乏联系纽带,无法形成预防犯罪,尤其是预防青少年犯罪的集体效应。对这样的社区,笔者认为应该积极组织开展社区文化活动,增进社区成员之间的社会关系,增强社区成员的团结意识和互助观念。这有助于对青少年的监督,预防其因无人监管而实施越轨或犯罪行为。社区成员集体效应的形成,有利于防止社区成员的财产成为流动人口潜在犯罪人的侵害目标。其次,半封闭型社区和开放型社区中的城市流动人口比较多,防御措施也不完善。多数这样的社区由于形成时间比较长,部分社区成员之间的联系比较紧密,集体效应比较强,这有利于社区的有序运行,防止社区犯罪的发生。但是,随着社区成员的不断流动,这种集体效应也相应削弱。在一些老式居民楼中,房屋的租住率很高,原先相识的邻居不断迁出,导致集体效应不断衰减。对于这样的社区来说,应该通过社区组织的作用来形成社区成员的集体效应。如应加强邻里的守望意识,降低财产被害风险。很多城市繁华地段有一些开放性社区的部分楼体上就张贴有这样的标志,但其中的大部分居民是外来流动人口,社区成员之间的联系很少,根本就没有达到邻里守望的基本要求。因而,能否实现预期的效果值得怀疑。但不可否认的是其对于威慑潜在的犯罪人是有积极意义的。如果能够切实地增强邻里包括外来流动人员之间的沟通和团结,相信这一措施能够减少犯罪的发生。再如,对于外来打工的流动人口来说,由于其大量的时间用于打工挣钱,无暇顾及对子女的监督。而通过社区组织的作用增强邻里之间的团结和互助意识,可以实现对流动人口子女在放学期间的监督,防止其走上违法犯罪的道路。

第十二章

犯罪的经济原因

马克思认为,违法行为通常是由不以立法者意志为转移的经济因素造成的。在犯罪学中,有的学者考察了经济因素对犯罪产生的影响,有人考察了宏观的经济制度、经济结构对犯罪的影响,也有人考察了贫穷和失业等具体经济问题对犯罪的影响。

第一节 西方犯罪学对犯罪经济原因的考察

一、贫穷和失业对犯罪的影响

在古代社会就有贫穷和犯罪之间关系的研究,有的研究考察了经济状况的变化与犯罪率之间的内在关联。如果犯罪是由贫穷造成的,穷人较多的地区和时期,应当有较多的犯罪。有的研究考察了经济萧条和经济繁荣时期富裕地区和贫穷地区的犯罪状况,分析这些时期、地区之间的犯罪率是否有差异。随后,还有学者考察了失业与犯罪之间的关系。

从格雷和凯特勒开始,关于贫穷与失业对犯罪的影响这一研究延续了200 多年。格雷和凯特勒发现的结论和预期的结论并不相同。格雷发现,法国最富裕的地区财产犯罪多但暴力犯罪少。他的结论是犯罪机会的增多造成了财产犯罪频发。[①] 凯特勒也有相似的结论,他也认为机会可能是影响犯罪

---

① 吴宗宪:《西方犯罪学史》,中国人民公安大学出版社 2010 年第 2 版,第 244 页。

的一种因素。但同时他指出,富裕省份中存在严重的贫富不均,这种情况可能造成穷人的不满与怨恨,但在贫穷的省份贫富差异不大,因而犯罪较少。①

后来的研究就出现了不同的结论。例如,有很多研究考察了犯罪和经济周期之间的关系,他们认为在经济低迷时期,应当有较多的犯罪,因为在那段时期有更多的穷人,而在经济繁荣时期犯罪则应该较少。但也有研究发现,在经济低迷时期,总体犯罪率并未上升。有的研究甚至发现,在经济低迷时期,犯罪还减少了。此外,经济繁荣与犯罪之间也没有必然的联系,例如,20世纪60—70年代,是美国经济的繁荣时期,但犯罪却大大增加;20世纪90年代早期,美国再度进入了经济繁荣时期,但犯罪却开始减少,21世纪初竟然达到了30年以来的最低。

凯特勒很早就认为,即使在富裕省份,也可能居住着很多穷人,经济繁荣时期也可能存在很多穷人,较多的穷人导致犯罪率增长,但贫穷的测量方法不是整体的经济状况,而在于特定地区或特定时期穷人的聚居程度。与此相关,20世纪90年代初,有学者分析了美国121个主要城市1990年的数据,发现无论是解释美国黑人的杀人罪还是白人的杀人罪,城市中贫困人口的聚居程度比整体贫困率更重要。由此,有学者提出了聚居效应,即当穷人全部居住在一个地方,而不是散居在中产阶级当中时,贫困就会导致犯罪。有学者通过数据分析,认为这一结论并不可靠。他们发现,无论美国黑人聚居程度如何,对他们杀人罪的犯罪率都不会产生任何影响。

有学者研究了失业与犯罪的关系,很多人都认为,失业导致了犯罪,因为他们笃信当失业人数多的时候,犯罪会增多;失业人数少的时候,犯罪会减少。其理论原理是失业导致贫困,而贫困会导致犯罪;但贫穷和犯罪之间的联系本身就是不确定的,如果用这种理论来解释的话,则因果关系也是不确定的。有学者考察了失业与青少年犯罪之间的关系,结论是失业人数少的时候青少年犯罪发生得多。这可能是因为失业的父母有空闲时间来管教自己的孩子。但也有研究表明,失业率高的时候,青少年犯罪也多。1987年,有学者回顾了关于犯罪和失业的63项研究得出结论说,失业与犯罪之间具有正相关关系,特别是就财产犯罪而言。同时,这种正相关关系在小单元里更容易发现,如邻里之间。现在大多数学者认为,失业与具体犯罪的犯罪率之间存在一定的关联,如失业和杀人罪之间存在稳定的负相关关系,与抢劫罪之间有较弱的负相关关系,与强奸罪和伤害罪之间有很弱的正相关关系。所有证据综合在一起,失

---

① 吴宗宪:《西方犯罪学史》,中国人民公安大学出版社2010年第2版,第247页。

业与犯罪之间存在着微弱的负相关关系,即失业增长、犯罪减少。还有学者考察了特定行业的失业与犯罪之间的关系,如有学者分析了 1970—1990 年的相关数据,考察了美国 100 个最大城市中制造业工作岗位减少所产生的影响,发现该行业工作机会的减少造成了贫困和失业的增加,导致了抢劫、入室盗窃、毒品犯罪的增加。还有学者通过考察发现,主要城市中技术要求低的工作机会的减少导致了贫困增加,造成了暴力行为的增加。

从经济状况的角度考察犯罪率存在一些问题,首先是对于贫困和失业的界定不尽相同,在不同研究中至少有 20 种关于贫困的度量方法,这导致结论的不一致。其次是经济变化对犯罪产生影响的时间有问题,是马上会产生影响还是会滞后,当考虑不同情况时,得出的结论也不同。再者,犯罪率高的社区中通常会存在很多导致犯罪的因素,除了贫困之外,还有高离婚率导致的单亲家庭,高人口密度,人口流动频繁,劣质的学校教育和社会服务,这些因素都会导致犯罪。最后,无法区分到底是贫困导致了犯罪,还是经济不平等造成了犯罪,有学者通过考察,发现美国黑人和白人之间的不平等与杀人罪的犯罪率增长存在紧密的关联。

目前,很多学者都倾向于认为经济不平等对暴力犯罪有因果关系,即当有很多富人生活在穷人周围时,穷人往往会实施更多的暴力犯罪。因而,应该缩小经济不平等的政策,特别是缩小种族之间的经济不平等,对于降低暴力犯罪的犯罪率有重要意义。这一结论与美国的经验是一致的,20 世纪 80 年代,美国社会经历了社会财富的大幅增长,但经济不平等也达到了最严重的程度。尽管那一时期财富增加了,但暴力犯罪也显著增长。[①]

二、经济制度与犯罪之间的关系研究

马克思认为社会的基本冲突是生产力与上层建筑关系之间的冲突,并运用这种模式解释欧洲社会所发生的资产阶级革命,即封建主义的生产关系已经不适应社会生产力的要求,因而资产阶级革命是必然的。同时他预测,资本主义生产关系稳定下来之后,生产力还将进一步发展,随着时间的推移,这一生产关系也将逐渐成为生产力发展的障碍。马克思预言,最终将出现一场剧烈的生产关系重构,在重构中,社会主义将取代资本主义。

马克思认为生产关系重构的理由是资本主义的逻辑是适者生存、弱肉强

---

① 吴宗宪:《西方犯罪学》,法律出版社 2006 年版,第 239 页。

食,"一个资本家成功的背后是千百个资本家的破产。"①通过这种方式,财富被逐渐集中,越来越多的人成为工人,但日益发展的自动化使得资本家需要工人的数量越来越少,于是失业者将越来越多,拥有工作的人被迫在最低的工资水平下工作。这就是社会两极分化的过程,随着时间的推移,资本家群体将会越来越小越来越富,而工人群体将越来越大并越来越穷。这就是矛盾,是最根本的矛盾,当这种矛盾变得极其严重的时候,重构生产关系将不可避免。马克思相信,重构的结果是生产方式的集体所有制以及中央集权的计划经济体制。

马克思没有详细论述经济体制与犯罪的关系,但他有两个观点却与犯罪相关。一是,马克思认为在工业化的资本主义社会中,大量失业的人们无法实现生产收益,于是他们屈从于各种形式的犯罪和堕落,马克思称这些意志消沉的人为流氓无产者②。二是,马克思认为在社会契约的缔结过程中,拥有巨额财富的人们能够控制社会契约使之体现他们的利益。因此,马克思并不把犯罪看成是违背社会共同利益的行为,而是"孤立的个人反抗统治阶级统治条件的斗争"。③

在早期,马克思写了几篇关于德国林木盗窃的论文,他认为,在 19 世纪早期,由于造船业、铁路的发展,木材的价格飞涨。国家通过大量的法律剥夺了农民在森林中拾取木材的权利,并将从森林中取走木材的行为规定为犯罪。在有的地方,几乎 75% 的刑事案件都是涉及从森林中取走木材的犯罪,马克思认为,这些犯罪的出现,主要是因为国家剥夺了农民的权利的结果。

马克思和恩格斯关于犯罪原因的观点包括:(1)犯罪是由资本主义的物质生活条件和资本主义制度引起的。(2)资本主义社会导致犯罪产生的具体途径:①通过造成一部分人的生活贫困引起犯罪。"当无产者穷到完全不能满足最迫切的生活需要,穷到要饭和饿肚子的时候,蔑视一切社会秩序的倾向也就愈来愈增长了。""蔑视社会秩序最明显最极端的表现就是犯罪。"④②资本主义通过造成无产者的道德堕落引起犯罪。③通过产生失业者引起犯罪。④通

---

① [德]马克思、恩格斯:《德意志意识形态》,载《马克思恩格斯全集》(第三卷),人民出版社 1969 年版,第 23 页。

② 即工人阶级的最下层,包括无业游民、犯罪人,这些人不仅进行大量的犯罪活动,而且也容易被资产阶级收买,进行镇压革命的活动。

③ [德]恩格斯:《英国工人阶级状况》,载《马克思恩格斯全集》(第二卷),人民出版社 1957 年版,第 9 页。

④ [德]恩格斯:《英国工人阶级状况》,载《马克思恩格斯全集》(第二卷),人民出版社 1957 年版,第 370 页。

过贫富悬殊的强烈对比,刺激贫穷者产生反抗、犯罪的欲望,从而促使他们进行犯罪活动。⑤通过造成原有社会秩序的解体而导致犯罪。马克思认为,资本主义制度的诞生破坏了原有的封建制度,但又没有建立起完善的社会制度,这种剧烈的社会变迁必然把一部分人推向犯罪的道路。⑥通过扭曲人性导致大量犯罪。恩格斯认为,资本主义社会中的竞争使人们彼此嫉妒、猜疑,变得贪婪、自私,导致人性扭曲。

邦格是早期的马克思主义犯罪学的代表人,1916 年在《犯罪与经济条件》一书中认为资本主义经济体制使所有的人都变得贪婪和自私,仅追求他们自己的利益。犯罪集中于下层阶级,因为司法体系将穷人的贪欲认定为犯罪,而为富人提供了追求利益的合法机会。邦格认为社会主义社会可以最终消灭犯罪,因为其将更多地关注社会整体的利益,将消除有利于富人的法律偏见。

邦格认为资本主义制度本身会产生犯罪。他把犯罪行为,尤其是财产犯罪行为直接归因于资本主义制度下竞争所导致的无产阶级的贫困。他认为,资本主义竞争性的经济制度鼓励所有人变得贪婪和自私,助长了人们的利己倾向,使人们不管他人的福利而追求私利。利己主义本身就包括进行犯罪的可能性,是重要的犯罪动机之一,而利他主义没有这种可能性。资本主义促进利己主义,因此当资本主义社会中经济的失败引起贫困时,就会造成个人解组,促使利己主义进一步发展或加强,使个人用非法活动满足自己的利益,引起犯罪的产生。资本主义中的犯罪之所以集中在下层阶级,是因为司法系统在将穷人的贪婪当做犯罪的同时,允许富人有追求自私欲望的合法机会。竞争以及所伴随的利己主义、贫困是资本主义制度固有的组成部分,因此,在资本主义社会中无法根除犯罪。①

戈登认为,经济不稳定是造成犯罪的主要原因,资本主义社会中的大多数犯罪都是人们为了在资源不平等分配和充满竞争的资本主义社会中生存、获得地位做出的理性反应。戈登认为有 3 类犯罪是这种理性反应的最好例证:

1. 贫民区犯罪

戈登认为,面对失业的人、从事低薪工作的人来说,犯罪就是一种具有吸引力的赚钱手段。这种犯罪一般比较直接,因为不可能选择使用更为复杂的诸如偷税等方式实施犯罪。他们只能运用自己的体力进行抢劫或者盗窃。

---

① 吴宗宪:《西方犯罪学史》,中国人民公安大学出版社 2010 年第 2 版,第 274~275页。

2. 有组织犯罪

有组织犯罪同样是为了满足对非法商品与服务的需求而进行的一种理性行为,他们是非法的商业活动形式。

3. 白领犯罪

或者被称为法人犯罪。他是商业和金融组织的所有人和股东为了继续获取利益而进行的犯罪。

戈登认为,人们之所以实施不同类型的犯罪,是因为他们的阶级地位不同。不同的阶级地位给人们提供了选择不同犯罪行为的机会,对于控制社会经济的上层阶级而言,他们能够接触大量的资金,有机会不使用暴力就能获得大量的金钱。而对于下层阶级来说,他们很难接触大量的金钱,也无法使用非暴力手段获取金钱,因而只能选择通过身体行动获取金钱。

戈登分析了美国司法的两重性,认为美国的司法系统对于不同类型的犯罪采取了不同的反应方式。一方面,忽视了大量非暴力性的白领犯罪;另一方面,严厉镇压穷人的暴力犯罪。戈登指出,美国司法系统之所以这样,是由于以下原因造成的:

1. 资本主义社会中政府的职能

资本主义社会中的政府主要是为资本家阶级的利益服务的,因此法人犯罪等并没有侵犯这种利益,因而不会被界定为犯罪。

2. 维护社会稳定的需要

在资本主义社会中,即使穷人侵犯的是穷人,也会受到司法制裁,因为这类犯罪行为被认为威胁到了资本主义制度的稳定性。

3. 阶级偏见

在资本家阶级看来,有攻击性的下层阶级是危险的阶级,如果这一阶级的犯罪蔓延,则会造成资本家阶级的恐慌。因此,资本家阶级会要求国家机构把注意力集中到贫民区的暴力犯罪人。①

---

① David M. Gordon, Class and the economics of crime, *The Review of Radical Political Economics* 3, Summer, 1971: 51~57。

第二节　我国的经济因素与犯罪的关系

在推行改革开放政策、迈向现代化强国的进程中,我国采取的第一个重要举措就是进行经济体制改革。社会经济体制由计划经济、有计划的商品经济体制向社会主义市场经济体制转轨的过程中,必然出现新旧体制之间的摩擦或冲突。这种冲突在一定程度上造成了过渡性的失调,增加了犯罪契机。

一、所有制结构的变化与犯罪

所有制结构的改变是经济体制改革的一项重要内容。改革前,所有制结构不但在形式上单一,而且在企业管理、人员流动和财产经营上都由国家统一掌握,企业是严密稳固的一部分,企业利益与国家利益具有高度一致性。改革后,集体经济、个体经济、私营经济、外资经济作为对国有经济的有益补充应运而生。这样,在所有制结构由单一化向以公有制为主体的多元化转变过程中,管理经验缺乏、宏观调控机制不健全、法律制度存在漏洞等会增加犯罪的机会,导致犯罪增加。

我国从 20 世纪 90 年代初期开始国有企业改革。从 1997 年开始,因国有企业改革而产生的下岗职工成倍增长,但由于当时国家未能完成相关的社会福利制度改革,因而可能造成部分下岗职工因为追求物质财富机会的丧失引发紧张感而实施犯罪行为。1998 年初,我国有下岗职工 691.8 万,1999 年新增 618.6 万,2000 年又新增 445.5 万,三年累计下岗职工达 2137 万。[①] 从图 12-1 可以看出,从 1998 年到 2000 年,我国国有企业年末结余下岗职工数处于上升的态势。而从 1998 年开始,我国的犯罪率也逐步上升,2001 年的立案数达到 1997 年立案数的近 3 倍。虽然犯罪率的上升也可能是其他原因综合作用的结果,但不可否认其与个人因下岗而产生的紧张情绪相关,而这种紧张情绪的产生与社会未能提供足够的合法获得物质财富的机会不无关系。自 2001 年开展第三次"严打"运动以来,犯罪率开始平稳运行。值得注意的是,

---

① 《中国劳动和社会保障年鉴(2004)》,中国劳动社会保障出版社 2005 年版,第 235 页。

到 2001 年,虽然新增下岗职工 234.3 万,但由于再就业工程的实施,当年剩余下岗职工已经降到了 515.4 万,并且其中 99% 以上的下岗职工都领到了基本生活费。从趋势上看,2001 年之后每年下岗职工结余人数在逐步下降,并且几乎都能获得基本的生活费。因此,2001 年犯罪率的下降虽然与"严打"有一定的关系,但再就业工程的实施以及基本生活费的发放对犯罪率降低的作用可能更大。

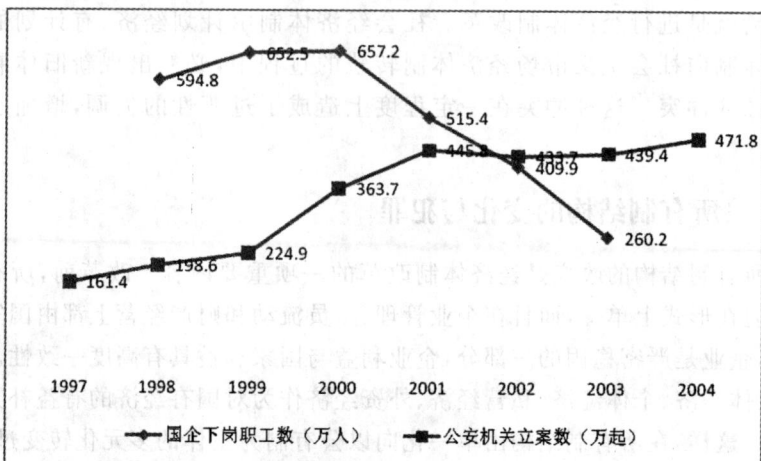

图 12-1 狭义犯罪学与广义犯罪学关系图

注:1. 图中所列国企下岗职工数来源于《中国劳动和社会保障年鉴(2004)》;图中所示为当年年末结余下岗职工人数。

2. 图中所列公安机关立案数来源于《中国统计年鉴(1998—2005)》;图中所示为当年实际发案数。

二、分配制度的变化与犯罪

伴随着所有制结构的变化,分配制度也必然发生改变。在改革前,计划经济在分配制度上表现为平均分配。在这种分配制度下,人们生活在"铁饭碗"的保障里,心理上没有差距感。改革之后,与多种私有制形式并存的经济体制相适应,分配制度也出现了不同形式、不同层次的分配方式。分配方式的改革,实际上等于默认不同等的个人天赋和不同等的工作能力是天然的特权。也就是说,由于每个人的能力大小、体力强弱、技术高低的差别,向社会提供的劳动内容和劳动量不同从而获得不同的报酬是合理的,这就必然导致实际生活中出现贫富差别。这种状况促使一些相对贫困群体的心理失衡,增加了反社会倾向。一些生活相对紧张而受到不良价值观影响的人就有可能通过非法手段去获取社会和他人的财富；同时，富者的奢侈生活也会引起一部分人物质和精神需要的无限膨胀。这些人没有相应的能力，主观上也不愿意通过正常手段去满足自己的这种畸形需求，他们就可能通过违法犯罪活动去满足自己的需要。

三、利益结构的改变与犯罪

经济体制改革带来的所有制结构的多元化，也促使利益结构发生变化。改革前，利益关系主体不外是国家和个人，作为中介的企事业单位是国家的代表。在集体主义观念之下，利益矛盾不易发生。改革后，利益结构因所有制形式多元化而大大改变。在市场经济中，每一种利益主体都构成利益结构中的一元。这种现状又必然导致和激化社会中各种矛盾，如个人、集体和国家利益的矛盾；工人和农民的矛盾；脑力劳动者和体力劳动者的矛盾；城市与农村的矛盾；先进与落后的矛盾等等。尽管这些矛盾是非对抗性的，但这些矛盾却产生了一系列的消极影响。如果处理不当，就会使矛盾激化，并派生出各种消极的社会矛盾和现象，如严重的官僚主义，失业，家庭破裂，道德水平下降，个人心理异常等。这些消极社会现象都会直接导致犯罪的产生。不仅如此，市场经济本身提倡竞争，提倡关心自己的权利和利益的本质属性也不可避免地促使各利益主体在竞争中，本着自身利益最大化原则进行生产、经营，从而容易滋生唯利是图、损人利己等消极倾向。这些负面效应通过各种渠道大量地、顽强地在人们的道德观念和习惯上产生着消极影响，污染着人们的灵魂，使人滑向犯罪的泥潭。商品经济的消极影响也会促使一些个体经济和私营经济的经营者为获取最大利益而危害社会主义经济，侵害国家、集体和人民的利益，经济诈骗、假冒商标、偷税抗税等犯罪均与此有关。

四、消费结构的改变与犯罪

利益结构、分配结构的变化必然带来消费结构的变化。随着改革之前人们共同劳动、平均分配消费品的单一消费结构的改变，消费结构也呈现出复杂化的趋势，并在社会中引发出高消费、超前消费、攀比消费、堕落消费等一系列不正常现象。色彩纷呈的消费现象又引发一些人的不健康心理，促使拜金主义滋生和蔓延，并使得一些人丧失人的尊严，沦为金钱的奴隶。消费结构方面的变化也对犯罪的增长具有相当的影响。[①]

---

① 　王艳冰：《文化冲突与犯罪》，吉林大学硕士学位论文 1996 年印制，第 36～42 页。

五、经济制度的改变与犯罪

随着市场经济的建立和发展,其内在的某些属性和副作用必然会刺激犯罪的产生和增长:(1)市场经济具有盈利性,生产经营的目的不是为了自我消费,而是为了盈利,资源配置、投资决策等都受盈利左右,首先考虑的是经济效益——增值。并且生产经营者对价值和超额价值的追求是没有止境的。在这种情况下,商品拜物教、货币拜物教、"一切向钱看"的思想有可能在一定程度上泛滥开来,致使某些人置党纪国法于不顾,不惜代价地采取各种手段捞取不义之财;(2)生产经营者的独立决策和追求盈利,会导致生产经营活动的盲目性,表现为利润丰厚的生产经营项目往往会招致供应者队伍的迅速膨胀,其结果可能造成经济危机,引起社会经济生活的剧烈波动,诱发各种潜在的犯罪持续发生;(3)市场主体对自身利益的追求决定了市场经济具有竞争性的特征。市场竞争是无情的,优胜劣汰是竞争的必然结果,竞争中的劣势者为不被淘汰,可能采取不正当的竞争手段,如假冒商标、投机诈骗、虚假广告等;(4)商品的生产和交换突破了狭小封闭的地域范围,一切生产活动都卷入到全国乃至全世界的大市场中,在商品的产、供、销各个环节上,生产者、经营者间的矛盾更加突出,更加广泛,伴随对经济利益的追求,这些矛盾随时有激化的可能,从而导致犯罪的增多;(5)市场经济否认了过去的平均主义分配模式。在体制变革的过程中间,可能会出现严重的分配不公现象,造成分配上的差距,引起社会矛盾和犯罪的发生。此外,随着经济的发展,物质资料日益丰富,贫富差距加大,人财物的大量流动,公共复杂场所的猛增,都会给犯罪分子以伺机作案的方便条件和可乘之机。[①]

---

① 刘广三:《犯罪控制宏论》,载《法学评论》2008 年第 5 期。

第十三章

犯罪的政策原因

第一节 政策和刑事政策解读

一、政策的含义

政策是指国家、政党为实现一定历史时期的路线和任务而规定的行动准则,政策具有鲜明的阶级性。[①] 很明显,此种政策通常指国家、政党层面的政策,这个定义具有以下特点:(1)政策制定的主体是国家或者政党;(2)政策的目的是为实现一定的路线和任务;(3)政策的内容是一定的行动准则。依据政策的内容不同,可以分为政治政策、经济政策、文化政策等。其中,各种政策还可以细分,如政治政策可以包括思想路线、干部政策等。经济政策可以包括农业政策、工业政策、财政政策、金融政策等等。文化政策则包括教育政策、科技政策、卫生政策、体育政策、出版政策、新闻政策等。

二、刑事政策的含义

刑事政策是一个外来词,它源于德语的 kriminalpolitik(英语译为 criminal policy, crime policy)。学术界一般认为,"刑事政策"这一概念,最早于 1803 年由德国学者费尔巴哈在其所著教科书中提出,后由李斯特等学者推而广之。但不同学者对刑事政策含义有不同的阐述。德国刑法学家李斯特认

---

① 辞海编辑委员会:《词源》,上海辞书出版社 1999 年版,第 4696 页。

为,刑事政策是国家和社会据以与犯罪作斗争的原则的总和。而法国学者安塞尔则认为,刑事政策是由立法者与法官在认定法律所要惩罚的犯罪、保护高尚公民时所作的选择。后来人们在此基础上进行了不同的阐述,形成了各具特色的概念。有学者甚至称:有多少个刑事政策研究者大概就有多少种刑事政策的概念。当然,也有学者不赞同汉语翻译的"刑事政策"的概念,认为它不符合其本意,应该改为"刑事政治学"或"犯罪对策学"。

在我国,对刑事政策有所谓最广义、广义和狭义的概念。本文重点不在于分析刑事政策的概念和本原,故对概念不予展开。[①] 从前述概念中可以看出,刑事政策的根本目的在于预防、控制和惩治犯罪以维护社会秩序,通过保障犯罪嫌疑人和犯罪人的权益以实现社会正义。从刑事政策具有预防犯罪功能的角度,本章采取广义的刑事政策定义,即刑事政策是国家或社会预防犯罪的对策。毋庸置疑,广义的刑事政策包括刑事立法政策、刑事司法政策、刑事执行政策和刑事社会政策等四个方面。刑事政策既是对犯罪的应对,同时又是影响犯罪的重要因素。例如,立法中强调扩大犯罪圈或是减少犯罪圈,强调"重刑"或是"宽严相济",对犯罪的范围具有直接的影响。

第二节 刑事政策对犯罪的影响

一、刑事立法政策对犯罪的影响

(一)刑事立法政策的基本内容和方法

在刑事立法中的政策,亦是一个国家基本的公共政策。面对各种犯罪现象的蔓延,或者面对传统犯罪新的发生方式和手段,以及可能的社会变革造成原来的犯罪不再具有社会危害性,就需要对犯罪圈和刑罚圈予以政策化的改变。犯罪化与非犯罪化、刑罚化与非刑罚化是政策变化的必然结果。在面对各种犯罪现象,国家刑事政策的制定与选择必须非常谨慎。一般而言,国家在制定刑事立法政策时要全面考虑国家的法文化传统、政治经济文化发展水平、社会治安状况与犯罪情况、公民的安全感等。由于全球化、信息化时代的到

[①] 谢望原、卢建平等:《中国刑事政策研究》,中国人民大学出版社 2006 年版,第 59 页。

来,不仅国与国之间的交往日益频繁,而且国家间的相互依存关系日益突出,刑事立法不单是一个国家内部的事情,因此,刑事立法也要充分考虑国家社会主流刑事政策的价值取向。这决定了研究刑事立法时要充分考虑全球化、信息化背景下重点探讨犯罪化与非犯罪化、刑罚化与非刑罚化、重刑化与轻刑化等刑事方法的选择。在刑事立法政策的选择时,至少要考虑三个关键性的任务:第一,预防犯罪;第二,维护社会整体利益和公民合法权益不受犯罪侵害;第三,保护被害人合法权利,同时约束国家公权力,保护犯罪人和被告人的合法权益。①

(1)犯罪化与非犯罪化

犯罪化是指将不是犯罪的行为在法律上规定为犯罪,使其成为刑事制裁的对象。它包括立法上的犯罪化和刑罚法规解释适用上的犯罪化。② 犯罪化必须基于危害社会性的判断,也必须基于刑罚的谦抑性。犯罪化的形式包括立法上的犯罪化和解释适用上的犯罪化。犯罪化可以源于两个不同的思路,一个思路是保护社会免受新型犯罪的侵害,这些犯罪通常与新技术联系在一起,这种政策被称为"现代化政策",另一种思路是确认新的权利并加以保护,这种犯罪化的刑事政策可以称为保护的政策。在中国,犯罪化通常是通过刑法的修正来完成的。1979 年 7 月通过刑法;1997 年 3 月通过刑法的修改。从1980 年 1 月 1 日到 1997 年 10 月 1 日刑法实施的阶段,通过了 23 个单行刑法和附属刑法。增加了诸多罪名,也修改了包括贪污贿赂犯罪、走私犯罪、组织卖淫犯罪等犯罪的罪状,扩大了犯罪圈。1997 年 10 月 1 日新刑法生效后到2011 年间,全国人大常委会又通过了八个刑法修正案,基本上又是扩大了犯罪圈。第一,增加新的罪名,如危险驾驶罪、恶意欠薪罪等就具有鲜明的时代特色;第二,通过修改罪状,扩大了原有犯罪的犯罪圈。而对于犯罪构成要件要素的修改包括主体范围、行为方式、危害方法、危害情节等。

非犯罪化是指将迄今为止作为犯罪加以处罚的行为不作为犯罪,停止对其处罚。③ 如我国刑法中原有投机倒把罪,1997 年将之非罪化。在计划经济过渡到市场经济后,投机倒把罪显然不再具有犯罪性,故予以非罪化。

---

① 谢望原、卢建平等:《中国刑事政策研究》,中国人民大学出版社 2006 年版,第315 页。

② [日]大谷实:《刑事政策学》,黎宏译,中国人民大学出版社 2009 年版,第 93 页。

③ [日]大谷实:《刑事政策学》,黎宏译,中国人民大学出版社 2009 年版,第 96 页。

（2）刑罚化和非刑罚化

刑罚化和非刑罚化大体与犯罪化和非犯罪化对应。对于犯罪的治理，有不同的应对策略。将一定危害社会的行为是否入罪，也即是否需要动用刑罚来应对犯罪，这必须考虑到该行为危害社会、损害国家所保护法益的严重性，也要考虑是否可以通过非刑罚的方法来加以处置。这既关系到危害公民的基本权利，也关系到刑罚的成本。扩大犯罪圈，也就是扩大了刑罚的量，减少犯罪圈，也就是减少了刑罚的量。在现代社会，根据刑法谦抑精神，国家应以最小的刑罚量来打击犯罪。因此行政的、民事的甚至道德的手段也是治理社会的方式，需要综合运用。

（3）重刑化和轻刑化

对于犯罪的预防和应对，扩大犯罪圈，也即扩大了刑罚圈。但刑罚的轻重亦与一定的政治、经济和文化条件相互联系。因此，采用重刑和轻刑也是出于应对犯罪的不同政策的需要。例如，中国的刑法修正案从总体上是扩大了刑罚的力度，但 2011 年刑法修正案（八）则减少了十三个死刑罪名，这体现死刑政策的适当减轻。这符合提出的宽严相济的刑事司法政策，体现了轻刑化的趋势。

（二）刑事立法政策对犯罪的影响

刑事立法政策对犯罪的影响无疑是深刻的、直接的。第一，刑事立法会扩大犯罪圈和刑罚圈。以中国的刑事立法为例，1979 年 7 月 1 日刑法制定后到 1997 年刑法修订，其间共制定了 23 个单行刑法和大量附属刑法。这大量增加了犯罪圈和刑罚圈。1997 年 10 月 1 日修订的刑法，将单行刑法、附属刑法中的很多内容吸收进了新刑法中，并且规定了单位犯罪、扩大了罚金刑法的适用，修改了一些制度性规定，扩大了犯罪圈和刑罚圈。1997 年刑法修订后到 2011 年，全国人大常委会通过八个刑法修正案，又进一步扩大了犯罪圈和刑罚圈。例如《刑法修正案（八）》对累犯制度的修订，就扩大了刑罚的量。第二，刑法立法亦可缩减犯罪的量和刑罚的量。例如，2011 年通过的《刑法修正案（八）》削减死刑罪名，对刑罚的量而言减少，这是另一个方面的趋势。总之，刑法的每一次修改都会增加或者缩减犯罪圈和刑罚的量。

二、刑事司法政策对犯罪的影响

（一）中国刑事司法政策的转向

1.严打的刑事政策

"严打"是指严厉惩治严重刑事犯罪，或称为"从重从快严厉打击刑事犯罪活动"。它是指由执政党和政府发起和推动的打击、防控犯罪的运动。上世纪70 年代末 80 年代初,社会矛盾激化,中国出现了严重的犯罪形势,为应对第五次犯罪高峰的挑战,维护社会稳定,我国政府组织了三次全国性的"严打"活动。1983 年 8 月 25 日,中共中央发出《关于严厉打击刑事犯罪活动的决定》,9 月 2 日,全国人大常委会通过《关于严惩严重危害社会治安的犯罪分子的决定》。至此,严打的刑事政策正式形成。1981 年《全国人民代表大会常务委员会关于死刑案件核准问题的决定》、1983 年修改的《人民法院组织法》,以及随后的《最高人民法院关于授权高级人民法院核准部分死刑案件的通知》,将杀人、强奸、抢劫、爆炸等严重危害公共安全和社会治安案件的死刑核准权,下放到高级人民法院行使。1983 年《全国人民代表大会常务委员会关于迅速审判严重危害社会治安的犯罪分子的程序的决定》,对死刑案件缩短了上诉、抗诉等期限。这些都体现了"严打"的政策。学界对严打提出了反思,认为:"严打"的科学性不足;"严打"的法治化欠缺;"严打"出现重刑化趋势。"严打"过于强调打击,对人权保障重视不够。[①] 尽管"严打"在打击犯罪上具有立竿见影的效果,但"严打"带来的负面效应亦十分明显:在行动上,"严打"可能导致严刑峻法。为了"从快",而不择手段导致刑讯逼供;为了"从重",而多适用重刑。在观念上,"严打"可能导致认识误区,对犯罪人的人权保障不够,片面理解"从重",而损害了刑法的公正性。片面理解"从快",注重办案数量而忽视了办案质量。过分注重形势需要,而导致司法不能独立审判,公、检、法三机关之间的制约形同虚设。[②] 因此,对"严打"政策进行调整就成为必要。

2.宽严相济的刑事政策

自 1978 年实行改革开放以来,我国经济体制由计划经济转向社会主义市场经济,经济获得很大发展,国家实力大为增强,人民生活水平普遍提高,社会取得全面进展。在这种背景下,党中央及时做出构建社会主义和谐社会的决定,在全国进行社会主义和谐社会的建设。根据构建和谐社会的需要,党中央提出"宽严相济"作为国家的基本刑事政策,以便最大限度地增加和谐因素,最大限度地减少不和谐因素。

2006 年 10 月,"宽严相济的刑事司法政策"首次被写入中共中央文件《中共中央关于构建社会主义和谐社会若干重大问题的决定》,被认为是根据罪刑

① 张旭、单勇:《犯罪学基本理论研究》,高等教育出版社 2010 年版,第 354~360 页。
② 谢望原、卢建平等:《中国刑事政策研究》,中国人民大学出版社 2006 年版,第290~294 页。

法定、罪刑相适应和适用法律人人平等原则而确立的惩罚犯罪的刑事政策。

自 2007 年 1 月 1 日起，所有死刑案件核准权收归最高人民法院统一行使，终结了部分死刑案件核准权下放 26 年的历史，从司法制度上落实了"国家尊重和保障人权"的宪法原则，对确保公民人权和生命权，杜绝冤错案发生，实现社会公平与正义，具有重大的意义。

除了死刑复核权收归最高人民法院以外，最高人民法院还积极指导地方各级人民法院认真贯彻宽严相济的刑事政策，对刑事犯罪区别对待，做到既有力打击和震慑犯罪，维护社会安定有序，又尽可能减少社会对抗，化消极因素为积极因素，以取得更好的社会效果。同时，人民法院高度重视依法适用非监禁刑罚，对轻微犯罪，主观恶性和人身危险性不大，被告人认罪悔罪并积极赔偿被害人经济损失的，依法从轻、减轻处罚，对具备条件的依法适用缓刑、管制等非监禁刑罚，并配合做好社区矫正工作，最大限度地分化瓦解犯罪分子，最大限度地减少社会对立面。

2007 年 2 月，最高人民检察院出台了《关于在检察工作中贯彻宽严相济刑事司法政策的若干意见》。这是最高人民检察院制定出台的第一个关于贯彻宽严相济刑事司法政策的专门指导性文件。文件对检察机关在各项检察职能中如何贯彻宽严相济刑事司法政策，以及应当建立健全哪些工作机制和办案方式，提出了一系列指导性意见。随后，高检院还出台了《人民检察院办理未成年人刑事案件的规定》、《关于依法快速办理轻微刑事案件的意见》，使各地检察机关掌握"宽严相济"有了具体尺度。2010 年 2 月 8 日，最高人民法院颁布《关于贯彻宽严相济刑事政策的若干意见》。

宽严相济刑事司法政策的确立，说明中国在法治方面的认识加深了。宽严相济的政策是在建设社会主义和谐社会，落实以人为本的科学发展观的大背景下刑事司法方面所做的政策调整，体现了司法过程中的人性化，有利于维护社会公平正义，实现安定有序。从"依法从严从重从快"到"宽严相济，少杀慎杀"，这是中国刑事司法的重大调整。

(二)刑事司法政策对犯罪的影响

刑事司法政策对犯罪的影响非常巨大。在"严打"政策之下，司法机关查处犯罪讲求"从重"、"从快"，公检法三机关强调联合办案，严重忽视诉讼程序，侦查机关为提高破案效率，常常采取刑讯逼供的方式逼取口供，严重损害了犯罪嫌疑人的诉讼权利。加深了犯罪嫌疑人对国家机关的不满，觉得自己只不过是运动式执法的牺牲品。上个世纪 80 年代"严打"之后，短期内社会治安获得好转，但不久就出现强烈的反弹。因此，刑事司法政策应当尊重科学、讲求法治、区别对待。目前宽严相济的刑事司法政策比单纯的"严打"政策前进了一大步。

三、刑事执行政策对犯罪的影响

刑事执行政策是指国家在刑罚执行过程中所实行的政策。从1949年以来,我国实行过不同的行刑政策,这些政策对犯罪具有或远或近的影响。

1. 惩罚与改造相结合的行刑政策

"惩罚"的指向在于过去,"改造"的指向在于将来。这一行刑政策写进了《监狱法》第3条,成为一条基本的原则。但是对于该项政策的理解却出现了不同认识。有人认为,"惩罚"就是单指在监狱内监禁;罪犯的其他权利就应当得到维护。而另有观点则认为,所谓"惩罚"不单是监禁,还必须在监禁外施加其他的权利限制。前种观点在学者中居多,后种观点在实践部门中居多。"改造"本身也遭到了越来越多的质疑。有学者称,改造已经成为一种新的从肉体到精神的惩罚。[①] 这项政策坚持了惩罚和改造二者的结合。力图实现刑罚的报应和功利目的。但是,改造是否真的有效,美国的马丁森对改造提出了质疑。

2. 创建现代化文明监狱的政策

1994年司法部在全国提出创建现代化文明监狱的目标;1995年司法部颁布了《现代化文明监狱标准》;2004年司法部对该《标准》进行了修订。该规定从队伍建设、刑罚执行、狱政管理、教育改造、劳动改造、设施和经费保障等几个方面进行了具体规定。该规定的目的是"为了不断提高监狱管理水平和罪犯改造质量,促进监狱工作的全面发展"。同时坚持"惩罚与改造相结合,以改造人为宗旨"的方针,逐步实现法制化、科学化、社会化。这个政策对罪犯的影响在于,监狱硬件设施的改进,大大地改善了罪犯的居住条件和生活卫生条件,对于罪犯健康权和教育权的维护等提供了有力保障。软件中的制度建设,规范了行刑权力,维护了罪犯权利的平等,有利于罪犯的改造。

3. 社区矫正的行刑政策

2003年《最高人民法院、最高人民检察院、公安部、司法部关于开展社区矫正试点工作的通知》确定对五种罪犯实施社区矫正。2011年,全国人大通过刑法修正案(八),正式在法律中规定了社区矫正制度。社区矫正是人本主

---

① 郭明:《改造:现代刑罚的迷误及其批判——兼及刑罚范式革命与制度变革的思考》,载《环球法律评论》2005年第5期。

义、行刑社会化、刑罚谦抑等观念影响的结果。社区矫正政策可以避免监狱的很多弊端,如可减少罪犯在监狱内的交叉感染,因而可以降低罪犯重新犯罪的机会;可以避免监禁给罪犯留下的深刻的监狱烙印,有利于罪犯在刑满释放后更好地适应社会;可以减少对罪犯家属的间接或直接侵害;可以节约国家的行刑成本;可以加强罪犯的自制等等。这项行刑政策,意味着非监禁刑在政策层面获得认同。这项政策是直接有利于罪犯的,也有利于预防再犯。

4.监狱布局调整的政策

长久以来,中国的监狱大多分布在偏僻的地方。据统计,全国有60%以上的监狱位置比较偏僻。这种布局,与中国长期以来对监狱和罪犯的看法存在偏颇有关。过去按照备战需要和"不与民争利"的原则,监狱基本都建在远离城市的偏远地区。当时的决策者认为监狱是火山口、炸药库,罪犯是敌人。因而,监狱就设置于偏僻的地方。罪犯刑满释放后甚至不许其回原籍,有的还必须强迫留场就业。但是,随着社会从计划经济到市场经济的转型,社会的开放程度越来越高,信息交流加快,公民个人权利意识和权利表达也愈来愈强烈;随着全球化进程的加快,国家间的影响也越来越强。在这样的大背景下,这种监狱布局留下的"后遗症"十分严重,使许多监狱面临深刻的困境。一方面,社区服务落后,给监狱管理人员及其家属的生活造成诸多不便。监狱人才特别是优秀人才的吸纳十分困难;另一方面,这种布局也给罪犯的劳动改造和家属探视带来困难。当今,国家已经深刻地认识到监狱布局对监狱的发展、对监狱人才的引进、对监狱罪犯权利的保护、对监狱和社会的交流等方面具有十分重要的意义。司法部于2002年做出了全国监狱布局调整的决策,基本目标是监狱迁移到大中城市周边和交通要道所在地。譬如,到2004年底,辽宁省投资12亿,将监狱由37所减为32所,分布于全省13个市。

5.监狱体制改革政策

长久以来,监狱办企业、办学校、办医院,使得监狱不堪重负。要解决监狱和企业的关系,必须理清二者的关系。2003年,司法部决定在黑龙江、上海、江西、湖北、重庆、陕西六省市开展监狱体制改革试点工作,其基本要求是:"全额保障、监企分开、收支分开、规范运行"。2007年3月,全国司法工作会议提出监狱体制改革将大力推进。这项决策的执行,可以使罪犯的劳动还原成为一个真正的改造手段,而不是如目前一样使罪犯劳动成为一种获利的工具,丧失监狱的根本属性。因为监狱的根本职能是惩罚和改造犯罪。这项政策的实施,对罪犯劳动的保护,如劳动技能的培养,罪犯发展权影响甚巨。通过培养罪犯的劳动技能,可以增加罪犯回归社会后适应社会的能力,有利于预防再犯。

此外,还有许多其他的刑事政策。如 2004 年 5 月 1 日生效的《监狱服刑人员行为规范》相比 1990 年司法部颁布的《罪犯改造行为规范》而言,删除了很多禁止性的条款,条文总数也减少。这就意味着在立法上扩大了服刑人员的处遇范围。再如,2005 年 6 月 17 日在沈阳召开了全国监狱局长会议,监狱关押罪犯的种类和标准正在讨论和制定之中。监狱戒备等级分类纳入高层视野。监狱分类制度有利于监狱资源的优化配置,降低行刑成本,有利于罪犯的分类管理、分类矫治,有利于提高罪犯改造质量,有利于罪犯顺利回归社会。

第三节　社会政策对犯罪的影响

法国著名刑事法学者李斯特有一句名言:"最好的社会政策是最好的刑事政策。"这句话包含的含义是:第一,社会政策对犯罪有重要影响,二者具有很大的相关性;第二,良好的社会政策也是预防犯罪的刑事政策;第三,不好的社会政策是导致犯罪的原因之一。实际上,任何社会政策的制定,都应当评估对犯罪的影响。在社会政策制定之时,要进行犯罪影响的评估。但不同的社会政策具有或远或近的联系。当然,社会政策的效果仅仅是间接性或伴随性的。以下从经济政策、文化政策等进行分析。

一、经济政策对犯罪的影响

经济政策对犯罪的影响巨大。经济政策从宏观上包括经济效益政策、经济平等政策和经济稳定政策等。经济效益政策必然会带来财富的增长,这样就减少了个人的反政府行为和反社会行为。经济政策负面因素造成个人之间经济的不平等,必然会造成人与人之间的社会地位的不平等,从而降低社会的公平程度。这种不平等会降低政治控制的有效性,也会降低社会公共安全的水平。经济公平政策对维护社会稳定具有特别重要的意义。这样就减少犯罪。相反,如果社会公平政策错误,会造成国家用于福利降低,导致不满情绪增加。当社会的经济效益降低时,就业就会变得更加困难,失业人口会不断增加,相当部分的经济安全成为问题。这样会导致一些人形成反社会心理和行为,对社会秩序造成负面影响。经济稳定政策有利于消除经济动荡,从而有利于消除社会动荡,对维护社会治安具有重要作用。无业人员和失业人员越多,社会上的犯罪率就可能越高;犯罪率越高,社会就越不安定。[①]

最近三十年,对中国影响巨大的经济事件包括:

(1)市场经济体制的建立

1992 年确立建立社会主义市场经济体制的政策。各种适应市场经济体制的法律制定,对计划经济体制下的各种经济政策进行了调整。随着公司制度、股权制度、租赁制度、住房制度、金融制度、税收制度等改革,发生在这些领域的犯罪出现或形成新的特点。

(2)中国加入世界贸易组织(WTO)

2001 年,中国正式成为世界贸易组织的成员国。中国的经济纳入到整个世界经济体系中,这使中国经济进入了全球化时期。也必然会出现与全球化的经济相伴随的犯罪现象。

(3)网络化生存

20 世纪 90 年代以来,网络化生存成为当今中国社会公民的生活常态。互联网络对当今中国的犯罪发生和犯罪构成也发生了深刻的变化。譬如,利用博客、微博、手机等进行诈骗的类型就显著增加。

就具体的经济政策而言,有些政策的不完善导致了犯罪的发生:

1. 就业政策

中国是劳动力大国;但各地的就业安置能力有限,待遇差异大。这导致劳动力人口频繁流动的现象。这为迁入地提供了丰富的劳动力,但也给社会治安带来管理上的压力。东部沿海省市犯罪中,有 60% 左右是流动人口犯罪。这是基于经济差异导致就业人口流动所带来的直接的犯罪人口分布。经济存在地域差异、城乡差异,这种差异的直接结果导致经济人口的流动从内地流向沿海,从农村流向城市。而农村人口流向城市产生诸多的文化差异,这种文化差异会导致内心的冲突。也相应导致犯罪人口增加。在中国,广东、浙江、江苏、上海等地,外来人口犯罪已经超过本地人口犯罪。以浙江为例,来自外省的人口犯罪人口已经占到 60% 以上。在城市,人口相对集中,其结果便是利益关系严重对立;匿名性强;流动性和居民的异质性所导致的生活方式多样性和价值观混合型的特点明显;家庭和个人孤立化;娱乐和刺激使道德观麻痹、混乱;处理赃物方便等。这些都是犯罪容易发生的环境特征。[②]

---

① 胡象明:《经济政策与公共秩序》,湖北人民出版社 2002 年版,第 87~142 页。
② 〔日〕大谷实:《刑事政策学》,黎宏译,法律出版社 2000 年版,第 71 页。

2.房屋拆迁政策

国务院通过《国务院拆迁条例》,在社会生活中出现了诸多野蛮拆迁。典型的如江西宜黄的拆迁,当事人采取极端的方式报复社会。拆迁问题和刑事犯罪的关联在于拆迁处理不合法,导致被拆迁人利用各种方式信访,某些极端的当事人利用犯罪的手段来实现目的。或者,为了打击因拆迁而上访者,一些基层政府部门动用非法的手段包括刑事犯罪的手段非法拘禁当事人。

3.贷款政策

在市场经济时代,金融是十分重要的。作为众多企业特别是民间中小企业,通过民间借贷来获取资金是一条不得已的途径。在浙江等民营经济发达的省份,这种民间借贷十分活跃。但是,一旦债务人所承诺的利息过高,且投资的项目收益不够,就足以有可能导致资金链的断裂。刑法中有金融诈骗类犯罪,如非法吸收公众存款罪、贷款诈骗罪等等。如何认定是民间借贷关系或者是刑事犯罪,这需要站在国家金融政策的角度思考。2008 年以来的世界金融危机,导致国内经济紧张。要承认民间资本在促进经济方面的巨大作用,但是,这种民间资本的流动也存在巨大的风险。国家应当如何正视此类案件,也是要从金融政策和犯罪之间的关系来考虑,而不是简单地用刑法来处置经济方面的问题。

4.住房政策

譬如,经济适用房是政府建设给予一定具有较低收入的人群购买的房子。在现实生活中,部分不具备这种资格的人员伪造相关条件骗购经济适用房是否构成诈骗罪,有的人认为:骗购经济适用房完全可以诈骗罪论处。但这种处理方式是否合适,就需要进行合理的评估。

二、文化政策对犯罪的影响

文化政策是一个国家或执政党对文化所实施的策略。文化包含的内容十分广泛,如教育、宗教、科技、体育、医药卫生、出版、图书馆、新闻等诸多方面。文化对犯罪的影响十分深刻。文化政策的制定及执行对犯罪的影响也是直接的。以下以教育、暴力文化、黄色文化等的管制缺乏而对犯罪的影响叙说一二。

教育与犯罪关系密切。教育缺乏,本是犯罪产生的原因。一般而言,教育可以培植道德观念(德育)、陶养谋生的技能(智育)、训练壮健体力(体育),使之适应社会环境,了解人类文化,谋求社会的演进。① 但教育政策的错误,也是犯罪的原因。在民国时期,一些大学因为学费昂贵,一些贫寒子弟无力升学谋求深造。加之大学管理不严格,学生不学无术,只为骗取学位,提高身份,藉以炫耀于人前,结果恐不免为社会堕落分子。而且授课的课程完全不能适应时代需要,实用于社会。学科与社会应用距离太远,学生无法接触社会。一些学生毕业以后就业困难。当下中国,教育政策方面也存在种种弊端。譬如,高考制度和中考招生,促成教育单位的应试教育泛滥。父母往往对孩子有颇多期待,舍得教育方面的投资,过分注重分数,对孩子造成巨大压力。有时不免造成悲剧。在高校扩招背景下,一方面实行大学收费制度,造成部分家庭贫困地区的孩子因上学而造成更加贫困;另一方面,也造成高校学生之间学生的精神压力巨大。这方面的例子以马加爵案十分明显。还有女性学生因经济困难、追求物质享受而沦为"二奶"。上述种种情况均反映出高等教育政策存在很多弊端。

宗教是一种社会现象,亦是一种文化现象。宗教大抵以未来之祸福,阻止人作恶,劝导人向善。据不完全统计,中国有各种宗教信徒1亿多人。因此,如何制定宗教政策,对于预防犯罪具有不能漠视的意义。在我国,有些民族是全民信仰宗教的,如藏族的喇嘛教。国家制定了宗教信仰自由的政策。但在具体处理宗教信仰方面的政策需要充分考虑到信教人的利益。如果处理不当,则会发生暴力或其他犯罪事件。

暴力文化对社会的影响是十分巨大的。网络、报纸、电视、手机等各种媒介对暴力文化的渲染,对读者尤其是未成年的读者具有十分重要的误导效应。网络中的暴力游戏,无形中使涉世不深的未成年人缺乏对生命的重视。中国的电影没有分级制度,暴力文化对孩子的影响十分深远。暴力文化随社会结构的转型迅速繁殖,可谓无处不在。现在一些影视中的暴力,被炒作为提高票房的卖点;青少年在网络游戏中扮演施暴者,在虚拟世界中体验着屠杀快感;武侠小说、侦探破案小说中的"大侠"、"英雄"都有着动辄杀人的"鲜明性格";种种暴力语言和文字遍及日常的对话、电话、网上聊天等。这种暴力文化和暴力事件或者与犯罪的关系并非是直接的,所以很多人对于暴力文化的危害性并没有清醒的认识。一些人虽然认为暴力文化不好,但也觉得好玩、刺激。但暴力文化是塑造暴力人格和心理最根本性的因素之一,将导致人们无视法律、规则、理性,用暴力解决一切矛盾和问题,破坏整个社会的稳定与和谐。如何

---

① 孙雄:《犯罪学研究》,北京大学出版社2008年版,第74页。

消除暴力文化的负面影响？

首先，需要通过立法限制暴力文化无限制的扩张，如借鉴国外的做法实行电影分级制等。其次，需要营造家庭、学校、社会良好环境。家长要为子女做好榜样，在家庭中弃绝暴力的思想和言行。学校要开发更丰富多彩的学习资源。社会也要承担反对暴力文化的义务，特别是电视台等，要严格执行在黄金时段不得播放渲染凶杀暴力的涉案题材影视剧的规定。最后，加强青少年心理辅导，构筑"防暴墙"。对于青少年暴力行为，尤其轻微暴力，在早期就要采取特殊措施，及时处理、控制，切断暴力源。

此外，打击黄色信息一直是我国文化政策的重要内容，但由于各种利益因素和控制薄弱等方面因素，黄色文化处于泛滥之势。电影、电视、网络中的黄色文化对未成年人的影响也是十分深远的。文化人类学认为，人本质上就是一种文化的动物，人创造了文化又深受文化的影响和制约；作为文化糟粕的黄色文化对人们尤其是对青少年有着深刻的不良影响。如今黄色文化随着我国改革开放的不断深入也再度滋生蔓延，严重侵蚀了青少年的身心健康，一定程度上刺激了青少年性犯罪的发生。所谓黄色文化，是指以文字、画面、图像、音像为手段描绘性行为、性欲现象，以期达到刺激性欲、获得补偿快感和赚钱目的的文化垃圾。从形式上看，有各种出版物、音像制品、娱乐用品等；从内容上看，主要表现为淫秽色情、低级趣味等。我们这里所讨论的性犯罪是超过刑法范畴的广义概念，即一切受法律、道德、风尚、习惯以及其他社会行为规范所禁止、谴责甚至惩罚的性行为。心理、生理尚未完全成熟、可塑性极强的青少年很容易被黄色文化所吸引，以致对社会的认知产生严重偏差，对真善美、假恶丑的区分界限日渐模糊。据学者统计，在性犯罪的青少年中，有 60％以上是不同程度地受到黄色信息毒害而走上犯罪道路的。

据 2007 年 5 月 19 日《中国青年报》报道，甘肃景泰县发生 7 名男孩强奸多名女性的恶性案件。7 名犯罪嫌疑人经常到当地县城或村里买黄色影片集体观看，在学校无聊之时就互相传阅黄色小说。当视觉上的刺激满足不了他们的性好奇时，他们就伙同村里的成年人到县城去嫖娼。屡禁不止的"黄色文化"成了罪魁祸首！同样因为对"黄色信息"的好奇，某地还发生过两名少女沉溺网络色情，帮网友强奸同学看真人秀的恶性事件。在这 3 个被网络"色素"迷熏过的少男少女眼里，仅仅是玩了一场现实版的网络游戏。在他们的犯罪动因中，网络不良文化的影响显然成为主要因素。聊天等网络工具的不良使用，不良网络信息的毒害，使未成年人情感生活过早地成人化，使自控能力差的未成年人走上犯罪的道路。据公安部统计，近几年，青少年由于沉湎于网络,受到不良网络信息的侵蚀,进行诈骗、强奸、抢劫、抢夺等犯罪活动的比例非常高。在被抓获的青少年罪犯中,有近80%的人是因为受到网络不良信息的影响而走上犯罪道路的。

色情文化解除了青少年性欲求的社会伦理道德束缚;误导了青少年的性观念;扭曲了青少年的性心理;挑逗了青少年实施性犯罪。① 我国政府制定了《关于认定淫秽及色情出版物的暂行规定》,在《中华人民共和国预防未成年人犯罪法》第32条规定:"广播、电影、电视、戏剧节目,不得有渲染暴力、色情、赌博、恐怖活动等危害未成年人身心健康的内容。""广播电影电视行政部门、文化行政部门必须加强对广播、电影、电视、戏剧节目以及各类演播场所的管理。"但是,这些政策没有得到很好的实施;特别是如何消除网络中的色情文化,制定贯彻落实相关政策,依然是国家和社会的艰巨任务。

---

① 姜华、曹继建:《论色情文化与青少年性犯罪》,载《四川工程职业技术学院学报》2007年第4期。

第十四章

犯罪的社区原因

犯罪的原因具有多样性,传统的犯罪学理论认为心理原因和社会原因起到了主要作用。实际上,在宏观的社会和微观的个体之间,人们生活、工作在一个特定的场所内,即"社区"。相对于"社会"而言,"社区"是人们主要的工作、学习、生活场所;相对于个人及家庭而言,"社区"是人们实际建立各种社会关系的场所,可以说社区是个体与社会的桥梁和纽带。基于上述因素,"社区"容易形成各种矛盾与滋生不安定因素。实际上,"社区"是犯罪发生的重要场所。因而,较之于更为抽象的"社会"和更为具体的"家庭",研究"社区"与"犯罪"之间的关联就成为犯罪学的重要议题。

第一节 "社区"概述

一、"社区"的概念

在学术史上,"社区"(Community)①概念最早由德国社会学家斐迪南·腾尼斯(Ferdinand Toennies)提出,他在 1887 年出版的《社区与社会》(*Gemeinschaft und Gesellschaft*)一书中认为,"社区"是在人的意志相互作用后,

---

① 关于 Community 范畴,也有译为"共同体",现今普遍译为"社区";在学术谱系和日常语境中,"社区"和"共同体"存在着差异。

有同一意志倾向而形成之现实的结合①。"社区"概念缘起于描述那些具有共同习俗和价值,具有密切关联的关系者集合成之团体。

随着学术界对"社区"研究的不断拓展,对"社区"概念的理解也日趋深入,与此同时也出现了越来越多的定义,但最为经典的则是由美国学者 G. A. 希莱里(G. A. Hilary)所提出的定义。1955 年,希莱里对已有的 94 个关于"社区"定义做了比较研究,他发现其中 69 个有关定义的表述都包括三方面的含义,亦即:(1)地域;(2)共同的纽带;(3)社会交往。② 由此,他认为这三者是构成社区必不可少的共同要素。此后虽然出现了更多有关"社区"的定义,但希莱里的定义则被普遍接受。

在我国的学术界,社会学家费孝通将"社区"定义为"以地区为范围,人们在地缘基础上结合的互助合作的群体",可以说"社区是一定区域范围内的社会"③。本书对"社区"范畴也持这一观点。

二、"社区"与犯罪

"社区"作为人们主要的工作、学习、生活场所,同时也是犯罪的主要发生区域,事实上"社区"与"犯罪"的产生有着密切的联系,在当今的犯罪学领域,对于"社区"与"犯罪"的联系出现了两种主要理论:

(1)人类生态学理论,也称为芝加哥学派的人类生态学理论(The Chicago School of Human Ecology),该理论借用生态学(Ecology)的概念将人类群落视为与自然界中自然群落相似的形式,基于社会学的研究方法收集大量犯罪素材,以求发现"犯罪"与"社区"、"邻里"(Neighbourhood)之间的联系。

(2)控制理论(Control Theory),该理论基于如下的理论假设,即人们天生倾向于犯罪,如果听任人们自行其是,其自然而然会实施犯罪,因而犯罪学研究的关键是:"大多数人为什么不实施犯罪?"④概言之,控制理论认为"犯罪

---

① 〔德〕斐迪南·腾尼斯:《共同体与社会》,林荣远译,商务印书馆 1999 年版,第 52 页。

② G. A. Hillery, Definition of Community:Area of Agreement, Rural Sociology, No. 20,1955.

③ 费孝通:《当前城市社区建设一些思考》,载《社区》2005 年第 13 期。

④ 〔美〕乔治·B. 沃尔德等:《理论犯罪学》,方鹏译,中国政法大学出版社 2005 年第 5 版,第 223 页。

的发生是犯罪行为的冲动与遏止它的社会控制或物理控制之间不平衡的结果"①。控制理论在"社区"与犯罪控制上花费了大量的研究时间,以探求两者的联系。

由此,本章也将主要对以上两种理论做进一步介绍。

第二节 人类生态学理论:"社会解组"与犯罪

一、人类生态学理论概述

人类生态学理论源于芝加哥大学罗伯特·E. 帕克(Robert E. Park)的理论,1914 年帕克在芝加哥大学社会学系任教后,依据他对芝加哥及其犯罪问题的深度了解,他基于生态学的理论提出人类社区与生物生态形式相仿,当植物和动物在一定的区域能共生形成动植物群落时,人类也在相互联系、相互依赖形成了人类群落,亦即"社区"。

帕克进一步借用生态学的概念去解释人类"社区",首先,他认为和生态环境中的平衡被视为一种"超有机体"②(Super-Organism)相似,城市中也存在大量这种"超有机体",其中一些即是社区,如以特定种族构成的黑人区、唐人街。在这类社区中,人们存在一种共生的协作关系。其次,帕克认为自然生态中存在新物种的"侵入",进而"统治"原有物种的区域,并将这些原有物种驱赶出去,最终"接替"原有物种的现象。这种"侵入、统治、接替"的过程在人类社会中同样存在,这一过程与包括犯罪在内各种社会问题有着密切联系。

帕克与他的同事欧里斯特·伯吉斯(Ernest Burgess)进一步分析了这种"侵入、统治、接替"的过程,并提出了"同心圆理论"(Concentric zone model),该理论以芝加哥为蓝本,将城市区分为从中心圆点逐渐向外扩张的五个

---

① [英]安东尼·吉登斯:《社会学》,李康译,北京大学出版社 2009 年第 5 版,第 663 页。

② [美]R. E. 帕克、E. N. 伯吉斯、R. D. 麦肯齐:《城市社会学》,宋俊岭、吴建华译,华夏出版社 1987 年版,第 1~2 页。

区域[①]：

第一区域：中心商务区（CBD），这是整个城市的中心，是城市商业、社会活动、市民生活的集中区域。

第二区域：过渡区（Zone of transition），是中心商务区的外围地区，是衰败了的居住区，由于商业、工业等设施的"侵入、统治、接替"，过渡地带的人们也逐渐往外迁徙，过渡区域成为贫民窟、工厂区（Factory zone）或者较低档的商业服务设施基地。

第三区域：工人居住区（Working-class residential zone），主要是从过渡地带迁移过来的产业工人（蓝领工人）和低收入白领居住的区域。

第四区域：中产阶级住宅区（Middle-class residential zone），这里主要居住的是中产阶级，有独门独院的住宅、高级公寓和旅馆等。

第五区域：通勤区（Commuter zone），主要是一些富裕的、高质量的居住区，上层社会和中上层社会的郊外住宅坐落在这里，还有一些小型的卫星城。

伯吉斯在研究中得出结论：城市的五个区域都在不断地"侵入、统治、接替"，而各种摩擦、社会问题也就在这一过程中逐渐产生。因此，犯罪也同样是在这一过程中产生。

二、人类生态学理论对"社区"与犯罪的解释

克利福德·R.肖（Clifford R. Shaw）和亨利·D.麦凯（Henry D. Mckay）进一步将帕克的"人类生态学理论"和伯吉斯的"同心圆理论"应用到对青少年犯罪的研究中。肖认为青少年犯罪本质上与所处的环境有关。因此，他在1900年到1933年中，通过对那些青少年犯罪率最高的社区进行了长期的跟踪，以求发现这些犯罪与社区之间的关联。从1929年开始，肖与麦凯先后发表了多部著作来阐述他们的发现。具体来说，"社区"与"青少年犯罪"有如下的联系：

首先，青少年犯罪在不同社区中差异很大，其中位于市中心的廉租区（low-rent areas）的青少年犯罪率最高，并呈现向远离市中心地区递减的态势；城市工业区或商业区内及毗邻区的犯罪率也很高，也呈现出向远离市中心地区递减的态势。可以说，青少年犯罪率在城市中心的周围地区最高（第二区

---

① Burgess, Ernest, *The Growth of the City: An Introduction to a Research Project*, The City, Chicago: The University of Chicago Press, 1967, p. 50.

域),随后向郊区逐渐下降,愈是远离市中心周围地区,犯罪率愈低。[①]

其次,从经济状况来看,青少年犯罪率最高的社区也是经济状况最差的社区。但他们认为,这是由受救济家庭比例、自有房比例等多种因素造成的。单独的经济因素似乎并不能导致该社区有最高的犯罪率,事实上在大萧条时期虽然出现了大量的失业和由此产生的经济问题,但青少年犯罪率与此前保持了相对的稳定。[②]

最后,从人口构成来看,青少年犯罪率最高的社区与外国移民、黑人高度集中有关,而这些社区一般都集中在第二区域中。[③]

针对如上的事实,肖基于"同心圆理论"分析认为,青少年犯罪与城市发展中各区域的"侵入、统治、接替"有着密切关系。在城市区域之间,如果特定的城市区域被新的居民"侵入"之后,这种处于不同区域的交接部分形成了一种"间隙区域"(Interstitial areas)。在该区域之中,由于原有居民的离去和新居民的加入,原有居民(邻里)之间存在的那种和谐共生关系会被打破,亦即出现了一种社会关系的"解组"(Disorganization)。原有居民对于这些新居民(邻里)既不了解,也对这些新居民的孩子不再熟悉。当青少年脱离了父母的视野后也就处于不受控制的状态,现有居民(邻里)对于陌生青少年缺乏关注则进一步加剧了这种控制的降低,这促成了青少年犯罪的产生。在城市区域中,第二区域亦即"过渡区"是人口流动大、"社会(关系)解组"严重的区域,这也就解释了为何该区域具有较高的犯罪率。

肖相信青少年犯罪是由"间隙区域"的"社会解组"(Social Disorganization)造成的,因而仅对于青少年个体采取各种矫正措施并不能真正有效地减少青少年犯罪,根本性的措施仍然需要对其生活的社区进行相应地改善,尤其是加强社区邻里间的联系以保持其社会控制能力。这一思路直接孕育出1932 年的"芝加哥区域计划"(The Chicago Area Project),这一计划的核心在于试验性地在芝加哥 6 个区域建立 22 个邻里中心,这些中心的任务包括了直接开展各种社区活动和计划以增强邻里社会联系,以及协调教堂等社会机构

---

① Shaw, Clifford R. and McKay, Henry D. *Juvenile Delinquency and Urban Areas*, Chicago: The University of Chicago Press, 1969, p. 145.

② Shaw, Clifford R. and McKay, Henry D. *Juvenile Delinquency and Urban Areas*, Chicago: The University of Chicago Press, 1969, p. 147.

③ Shaw, Clifford R. and McKay, Henry D. *Juvenile Delinquency and Urban Areas*, Chicago: The University of Chicago Press, 1969, p. 152.

参与解决社区问题。

"芝加哥区域计划"持续了 25 年,直到 1957 年肖去世才告结束。虽然对于肖的理论存在一定的争议(主要争议系针对该理论主要采用的是官方数据问题),且其开展区域计划的实效性也缺乏证实。然而不可否认的是,"芝加哥区域计划"是对"社区"犯罪预防的首个重要尝试,其不仅对犯罪学理论转化为现实刑事政策起到了示范,并直接推动各国"社区矫正"制度的发展。

三、社会解组理论和集体效应理论

1978 年,罗斯纳·科恩豪泽(Ruth Rosner Kornhauser)重新研究了肖和麦凯的理论。科恩豪泽认为该理论包括了"社会解组"和"犯罪亚文化"两个部分。而"社会解组"才是青少年犯罪的主要原因。对此,他进一步从肖的理论中提炼出"社区控制"(Community Control)模式,其基本观点是:穷人和那些居住着多种族的社区以及其他居民经常迁移的社区很难建立起稳固、正常的社会关系,也不可能维持那些能巩固邻里关系的公共组织。[1] 因此,在这样的社区和邻里中有较高的犯罪率和青少年犯罪率。

1982 年,波塞克(Bursik)和韦伯(Webb)研究后同样认为"社会解组"是青少年犯罪的主要原因。他们在分析了芝加哥城市"社区"的一系列数据后发现:首先,在一些社区,虽然其中的所有居民都被替换了,然而这些社区的犯罪率则仍然保持不变。其次,居民接替频繁的社区犯罪率呈现出上升的趋势,而那些稳定下来的社区其犯罪率则表现出了下降的趋势[2]。对此,波塞克和韦伯解释到,这一现象的出现是因为由于社区居民在被完全替换后,原有的社会关系结构随之消亡,而这一过程即是"社会解组",导致了较高的犯罪率。当社区居民相对稳定之后,人们的社会关系得到了恢复和巩固,从而使犯罪率开始下降。

1995 年,桑普森(Sampson)回顾了此前有关"社区"与犯罪的研究,他发现虽然"贫穷"和"犯罪率"关系不大,但当居民的"贫穷"和普遍的"迁移"结合就与高"犯罪率"相关。此外,社区中的离婚率也与犯罪率之间有着密切的联系。桑普森则用"社会解组"来解释这些发现,他将其界定为社区没有能力实

---

[1] Ruth Rosner Kornhauser, *Social Sources of Delinquency*, Univ. of Chicago, Dept. of Sociology, 1975, p. 69.

[2] Bursik, R. J. Jr. and Webb, J., *Community Change and Patterns of Delinquency*, American Journal of Sociology, 88, 1982, pp. 24~42.

现它的共同价值观。如社区居民反对吸毒,但没有能力赶走在社区进行交易的毒品贩子。社区之所以不能实现共同的价值观,是因为社区出现"社会解组"而缺乏有助于实施共同行动的社会关系网络。从如何降低社区的犯罪率来说,通过大量的研究后,桑普森认为这有赖于一种"集体效应"(Collective Efficacy)的形成,亦即当"社区"具有足够的凝聚力并采取公开行动以维持秩序时,即可以减少犯罪的发生①。

总之,芝加哥学派的人类生态学及其衍生的相关理论具有重要价值,从犯罪的产生角度来说,该理论以社区为着眼点阐述了犯罪形成的原因,提出了全新的犯罪治理理念,即预防犯罪的政策应当针对那些具有较高犯罪率的社区及其邻里,而非施加于这些社区的居民个人。这些观点最终在美国的刑事政策层面推动了社区警务等一系列治理措施的发展。

第三节　控制理论:"社会控制"与犯罪

一、社会控制理论

社会控制理论基于人类自身倾向于犯罪的前提假设,其关注问题的核心在于为什么人们不犯罪? 对此的回答则是存在相应的"社会控制",而当这种控制削弱甚至失效也将会促使犯罪的产生。最为著名的控制理论是由美国学者特拉维斯·赫希(Travis Hirschi)在 1969 年提出的,在他看来那些与家庭、学校、伙伴以及邻里有着密切联系的青少年犯罪率较低,原因则是存在四种重要的社会关系②:

1. 依恋(attachment)

这可能是最重要的社会联系要素。它通常指的是对包括父母和老师等人意见的在意程度。越在意这些意见,越是会减少违反规范的可能,原因在于不

---

① Sampson, R. J., Stephen W. Raudenbush, Felton Eals, Collective regulation of adolescent misbehaviour: validation results from eight Chicago neighbourhoods, *Journal of Adolescent Research*, 12, 1997, pp. 227~244.

② Travis Hirschi, *Causes of Delinquency*, University of California Press, 1969, pp. 16~34.

想让依恋对象失望或者害怕伤害他们。

2.投入(commitment)

这是指参与到那些被普遍认同的如教育等活动之中时,人们所投入的精力和情感。投入越多,其做出越轨行为的损失也越大。

3.参与(involvement)

这是指花费时间和精力参加各种有益的活动,花费的时间越多,越轨的机会则越少。

4.信念(belief)

这是指对社会价值体系和道德观念的认同,认同这些规范的人比那些不具有此类认同的人犯罪率更低。

在以上四种关系中①,其存在的范畴不仅停留在家庭层面,事实上更为主要的是体现在公民居住的社区和邻里之间,因而需要通过增强社会控制以减少犯罪就需要从社区控制角度开展大量的工作。学者将"控制理论"直接适用到"社区"范畴内,以寻求对犯罪的抑制②。然而,现今"社会控制"得到了进一步证明和发展,其中最为重要的理论是"破窗理论"(Broken Windows)。

二、"破窗理论"

"控制理论"的前提是人们天生倾向于犯罪。20世纪60年代,美国心理学家菲利普·津巴多做过一次著名的试验:他将两辆一样车子遗弃在两个不同社区,其中的 Palo Alto 是较为富裕的社区,而 Bronx 则是一个贫困社区。他将停在 Bronx 的汽车车牌拆卸后,打开了车头盖,结果是人们开始对汽车进行破坏、并拿走值钱的零件,三天后汽车完全报废。而在 Palo Alto 的汽车在一周之内也仍无损伤,但此后津巴多使用锤子猛击一次汽车后,社区居民对汽车的破坏也由此展开,并且最终和停在 Bronx 区的汽车一样彻底被破坏。

这一试验似乎证明了"控制理论"人类倾向于犯罪这一前提,亦即当人们觉得汽车是"废弃"无人在意后就会肆意地破坏。基于津巴多的试验,1982年

---

① 在以上四种关系中,"依恋"和"投入"两者与犯罪率之间存在密切联系的看法已经被普遍接受,另外两种因素存在一定的争议。See Barbara J Costello and Paul R Vowell, Testing control theory and differential association, *Criminology*, Vol. 37, 1999, pp. 815～842.

② 艾伦·R. 科菲:《少年犯罪的理论原因》,陈忠诚译,载《环球法律评论》1981年第5期。

两位美国学者威尔森(Wilson)和乔治·凯勒(George Kelling)做了进一步的归纳和阐述,提出了著名的"破窗理论"(Broken Windows),该理论认为:

"正如在建筑物上一扇破碎的窗户也许预示着这里无人照料进而导致更多的恣意破坏和损伤,因此被忽略的混乱行为也可能传递了无人关注因而导致侵犯性犯罪和危险攻击行为的增加。"①

"破窗理论"很快被应用于对社区乃至整个城市进行全新的治安策略:对那些可能产生的社会失序现象进行抑制。最为典型的是纽约,从上世纪80年代后期开始,纽约市对各种轻微犯罪开始进行严厉的打击,进一步将控制的范围扩展到包括了乞讨者、无家可归者、皮条客、街头团伙等非常宽泛的对象。当然这种对"社会失序"范围界定的扩大化,也造成了如警察权力滥用等问题②。根据相应的研究,这样的策略确实降低了纽约的犯罪率,此后"破窗理论"也被越来越多的城市管理者和执法者采信。

第四节 我国的"社区"与犯罪

一、我国当今"社区"的犯罪隐患

我国当今的"社区"在社会体系转型期背景下呈现出如下类型:

1.城市"固有社区"开始消亡,这些"社区"多是在计划经济体制下,由特定单位、部门集中分配、居住,居民之间的社会关系基于工作等原因具有密切性。

2.城市"新型社区"大量涌现,亦即城市新建的"居住小区",这些"社区"相对于我国城市"固有社区"是在市场经济条件下建立,正逐渐成为现今主要的"社区"类型。

3.城市"城中村社区"不断产生,这些"社区"属于城市在对外扩展中,纳入和吸收的城郊村落。

---

① See Kelling, Acquiring a Taste for Order:The Community and Police, 33 *Crime & Delinquency*, p.93(1987).

② 纽约市政府依据"破窗理论"对于乞讨者和无家可归者设置了禁讨区,凯勒本人也直接出面论证其合理性,但最终在地铁设置禁讨区仍被认为侵犯了乞讨者的权利,See Loper v. New York City Police Dep't, 999 F.2d 699(1993).

令人担忧的是,以上三种社区均存在着"社会解组"现象:首先,"固有社区"在市场经济体制背景下,此类"社区"日趋减少、破旧,居民的迁移和老龄化问题突出,尤其是这些"社区"正不断被新型的商业等侵蚀,这使得其旧有的社会关系不断地减弱,逐渐产生了"社会解组"。其次,"新型社区"虽然大量涌现,这些"社区"的居民往往缺乏固有的社会联系,而仅基于现有地缘产生联系,"社会关系"处于逐渐建立的过程中,社会关系仍然非常薄弱。最后,"城中村社区"则属于城市向外扩展区域,往往聚集了大量的外来务工人员,居民流动性大,也难以建立有效的社会关系。

"社会控制"在以上三类社区中同样存在障碍,最为突出的表现是现有"社区"缺乏自治性。因为我国现有"社区"及"居委会"的产生往往并非是由广泛的社区居民自发选举生成。在实际的工作中,"居委会"也不能起到有效组织"社区"居民增加社会关系的目的,在"社会控制"上表现乏力和虚弱。这种问题在"城中村社区"中越发明显,后者的居民高流动性特征,使得对其开展有效的"控制"越发困难。

二、城郊社区的犯罪问题

城市不同社区(区域)间的犯罪差异已被犯罪学所关注,从国外研究社区犯罪的情况看,城市的犯罪呈现出从中心区域向外递减的状况[①]。这样的结论似乎难以在我国适用:我们虽然也认同我国城市犯罪有着地理区域间的差异,但在城市外围的城郊社区似乎往往有着更高的犯罪发生率,这样的状况则与西方犯罪学的经验研究相左。如此的差异现象无疑值得深入探究:为何城郊社区的犯罪较高?犯罪产生的机理是什么?如何治理城郊社区的犯罪?下面结合实证数据与案例,阐述这一问题。

(一)城郊社区的界定

什么是"城郊社区"?本书的界定主要也是基于地理因素。首先,从我国城市的土地性质来说,我国宪法第十条第一款规定:"城市的土地属于国家所有",第二款明确了城市以外的土地(除国家所有外)可以是"集体所有",如此的规定也就将城市内外的土地性质做了划分。其次,从静态的规范到动态的现实,随着市场经济的快速发展,城市在快速地扩张,使原先的土地性质不断出现转变——众多曾经属于集体所有的土地以及附着的村落(社区)被不断地

---

① Shaw, Clifford R. and McKay, Henry D., *Juvenile Delinquency and Urban Areas*, Chicago: The University of Chicago Press, 1969, pp.145~152.

并入城市,多数此类农村社区被转变为所谓的"城中村(社区)",而更多城市周边的村落(社区)将会被纳入。最后,在城市扩张背景下,大致可以如此界定"城郊社区":即指那些在城市化进程中,原本属于农村集体土地上的村落(社区),而今已经(但仍处城市中心外围)或者即将被纳入到城市区域的社区。

犯罪学研究需要进一步关注主体因素。事实上,对"城郊社区"居民的关注更具有意义,因为在"城郊社区"内实际上包括了两个完全不同的群体:一方是原居(村)民群体,另一方是流动的外来租户群体。就前者而言,原居(村)民是本社区原初的居民,主要是基于血缘等因素归属于该社区,可以说其属于社区自然发展后存在于此的人群,而如此产生的群体具有"社会关系"密切的特征,且"村(居)委会"这一基层自治组织进一步加强了其社会关系网络。就后者而言,外来租户属于外来的居民,虽然村落(社区)自然发展也存在外来居民,但此处突出租户则是基于其流动性,更确切地说,其并非是基于血缘因素归属于该社区,而是基于地理因素归属于该社区——城郊社区本身就是在城市扩张中产生,同时城市的发展需要大量的劳动力,众多的外来劳动力同样需要廉价住所,城郊社区就成为了他们的选择。如此产生的群体决定了彼此之间的社会关系往往较为稀疏;由于户籍原因也不属于"村(居)委会"的成员。由此,我们似乎可以如此总结"城郊社区"的两类居民:首先,两者基于不同的身份归属于该社区,原居民基于血缘等因素且拥有户籍,外来租户则基于地理等因素且无户籍;其次,两者的社会关系存在差异,两类群体之间的社会关系网络存在间隔,而在原居民之间具有密切的社会关联,租户群体则不具有如此密切的社会关联。事实上,如此描述和总结并非无意义,我们将会发现其与城郊社区的犯罪密切相关。

(二)城郊社区的犯罪特征

地理或空间与犯罪的内在关联一直受到犯罪学关注,芝加哥学派的犯罪生态学研究、罗伯特·埃兹拉·帕克和欧内斯特·沃森·伯吉斯的同心圆理论、克利福德·肖和亨利·麦凯的少年犯罪区等研究为城郊社区犯罪研究提供了可资借鉴的经验和范式;但我国城郊犯罪也有其自身的特色与规律,如受城市化、城乡二元结构、流动人口聚居、基层社区控制薄弱等因素影响。具体来说,我国城郊社区的犯罪主要有以下四方面特征:

第一,城郊社区的流动人口犯罪高发。

当前,流动人口犯罪态势居高不下,在经济发达地区,犯罪人数占在押犯总数的 60% 以上①,对治安防控、社会管理形成严峻挑战。随着我国城市化进程的不断深入,流动人口因追求经济收入的提高而涌入城市,但基于居住成本、城乡二元结构等因素的考虑,大多数流动人口选择在城郊社区聚居。作为流动人口的主要聚集地,城郊社区成为流动人口犯罪的高发区域。流动人口犯罪群体主要是以成年男性和未成年人为主,在职业上往往处于失业、闲散状态和非正规就业状态;在"失足妇女"群体中,女性流动人口居多数。

第二,城郊社区的未成年人犯罪态势严峻。

当前,城郊社区的犯罪低龄化趋势明显,很多新生代农民工、随父母进城务工的未成年人由于缺乏正式的社会控制和教育,在与不良群体差异交往的过程中,往往学会了越轨和犯罪。笔者 2011 年底曾在浙江省未成年犯管教所开展了访谈,访谈表明很多未成年犯均是在社会控制力度较为薄弱的城郊社区实施连续抢劫和盗窃行为;其中,盗窃多发于城中村和城乡结合部的治安死角,抢劫多发于夜晚和偏僻的街道。

第三,城郊社区犯罪以侵财犯罪和暴力犯罪为主。

城郊社区多发侵财犯罪和暴力犯罪,盗窃、抢劫、故意伤害、聚众斗殴、强奸等犯罪多发。在有关部门对城郊社区犯罪的流动人口群体进行调研中,关于侵财犯罪动机和目的的调查,"生活无着落,弄点钱物维持生计"的占26.1%,"找不到工作,无所事事,寻找刺激"的占 14.8%,"打工辛苦,挣钱不多,心理不平衡,因而见财起心"的10.2%。② 同时,城郊社区犯罪的类型也出现多元化趋势,涉毒犯罪和黑社会性质犯罪增长势头明显。

第四,城郊社区犯罪人团伙作案与流窜作案趋势明显。

城郊社区犯罪的突出标志就是犯罪人团伙意识突出,往往团伙作案和流窜作案。"这种城郊社区由于系城、乡交流的咽喉和关卡,不仅是城、乡罪犯彼此对流的必经之地,而且亦属流窜作案的罪犯和逃犯聚居、藏身与窝赃、销赃的理想处所。"③很多流动人口来到城郊社区后,出于在异乡生活的陌生感,往往自觉地选择和老乡、朋友一起实施越轨行为。在笔者访谈的未成年犯中,绝大多数均是团伙作案。同时,由于城郊社区犯罪的主力军是流动人口和社会闲散人员,故往往选择流动的、连续的实施犯罪。

---

① 俞振华:《外省籍民工犯罪与社会控制》,浙江人民出版社 2011 年版,第 77 页。
② 俞振华:《外省籍民工犯罪与社会控制》,浙江人民出版社 2011 年版,第 83 页。
③ 许章润:《犯罪学》,法律出版社 2007 年版,第 195 页。

（三）城郊社区的犯罪原因

针对城郊社区犯罪的特征，结合犯罪学基本理论，我们认为，城郊社区犯罪除了具备城市犯罪、农村犯罪的一些共同基本原因外，还有如下四方面原因需要受到关注：

第一，作为流动人口群体的聚集地，城郊社区构成了治安高危人群差异交往的主要生活场景。

城郊社区流动人口数量多、密度大，无业、失业、非正规就业的流动人口活动频繁，实施卖淫、吸毒等社会越轨行为的流动人口较多。这些群体构成了治安的高危人群或潜在犯罪人。上述治安高危人群的存在为犯罪行为的习得和异化交往创造了条件。美国犯罪学家萨瑟兰指出，一个人接触到不同的社会价值，会产生不同的社会行为。越轨和犯罪行为就像其他所有正常行为一样，是在社会中学到的。学会犯罪行为与学会其他行为区别的关键在于与谁交往、交往时间长短、交往频繁程度、对交往的重视程度以及交往发生在人生的哪一阶段等。[①] 城郊社区治安高危群体的存在为正常人走向犯罪道路提供了异化交往的极大可能性。在笔者访谈的流动人口在押犯中，在实施犯罪前，绝大多数人都有与治安高危群体差异交往的经历。

第二，作为城市与农村的过渡地带，城郊社区中社会控制力度薄弱、社会支持网络不健全。

相对于城市主城区完善的警务设施、定期的巡逻、充满威慑感的建筑物、安保良好的居民社区、完善的社区自治组织，相对于农村的熟人社会、非正式的社会控制网络，城郊社区的建筑混乱、规划科学性欠佳、安保措施缺位、警力覆盖有限、各种娱乐休闲场所缺乏完善的治安监管，这导致治安死角、监管真空地带比比皆是。城郊社区的居民流动频繁、居民彼此之间的社会文化纽带薄弱，城郊社区在某种意义上仅是地理意义上的社区，而非社会文化意义上的共同体。因社会支持网络和控制系统不完善，传统的邻里守望、社区被害预防、越轨未成年人的矫治活动很难真正开展。

第三，作为少年犯罪区，城郊社区的未成年人群体尤其是流动人口未成年人群体的保障和扶助机制匮乏。

当前，很多外来务工的流动人口携带子女进城。由于城乡二元结构的限制，流动人口的子女往往没有条件进入城市中市民子女就读的学校，而仅能进入民工学校。同时，民工学校对未成年人流动人口的教育和管理存在不少问

①　张旭、单勇：《犯罪学基本理论研究》，高等教育出版社 2010 年版，第 96 页。

题,很多未成年人往往义务教育没有完成就辍学流落到社会中,进而实施违法犯罪。"少年犯罪区"理论也印证了这一点。该理论认为,经济状况最差的地区少年犯罪率最高,移民群体(从生存状态上看,我国的流动人口类似于国外的移民群体)的子女犯罪率远远高于城市原住民子女的犯罪率。

第四,城郊社区为犯罪的发生和蔓延提供了完备的罪前情境。

"罪前情境是个体在实施犯罪过程中所面临的直接促使其形成与其原有心理结构相适应的犯罪动机,或者将已有的犯罪动机转化为侵害行为的外在形势。"[①]毕竟,犯罪总是发生于一定场景中的行为。根据日常活动理论,犯罪行为至少需要具备三个因素才可能发生。第一个因素是有犯罪动机的人;第二个因素是适当的被害目标,第三个因素是缺乏有能力的监护人。这三个因素在时空上的交错,必然会产生犯罪事件。[②]城郊社区往往存在大量的治安高危群体,这一群体具有犯罪动机;存在大量缺乏监管的房屋、人财物等犯罪目标;犯罪控制力量有时还不能及时到位。城郊社区的罪前情境也是犯罪高发的重要原因。

---

① 张远煌:《犯罪学》,中国人民公安大学出版社 2007 年版,第 193 页。
② 曹立群、周愫娴:《犯罪学理论与实证》,群众出版社 2007 年版,第 73 页。

第十五章

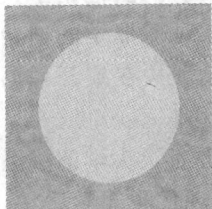

犯罪的个体原因

犯罪是行为人在一定的自然、社会环境下实施的行为，个体因素对于犯罪的产生具有重要影响。对犯罪个体因素的研究可以解释为什么在相同的自然、社会条件下，有的人实施犯罪行为，有的人不实施犯罪行为。犯罪行为的差异性在很大程度上是由诱发犯罪的个体因素差异所致。

第一节　犯罪个体因素的西方犯罪学理论

一、生物因素与犯罪

现代生物犯罪学理论不赞成生物决定论，只是认为某些生物特征增加了个人实施特定种类行为的可能性，如暴力行为或反社会行为。该理论认为具有某些生物学特征的人犯罪的可能性会增加，而不是绝对预言这些人就会犯罪。

1. 体貌特征与犯罪

最早的犯罪学生物理论强调体貌特征是犯罪人的区别性标志。人们把犯罪人看做是有点不同、不正常的、有缺陷的，在生物学意义上是劣等的。生物学上的劣等造成了某种身体特征，使得犯罪人的面貌区别于非犯罪人。

苏格拉底曾经接受过一位希腊相士的检查，后者发现他的面部显示他残忍、感性并且有酗酒的趋向，苏格拉底承认这些是他的天性，并说自己已经学会克服这些倾向。这是最早的关于体貌特征与犯罪的记载。1775 年，瑞士学者和神学者拉瓦特出版了一部关于相术的著作,该著作对面部特征和人类行为之间的假设性关系提出了很多论断。

龙勃罗梭的天生犯罪人理论就是关于体貌特征与犯罪的研究,他用了大量的时间考察具备什么样特征的人是天生犯罪人,被誉为实证犯罪学的创始人。1906 年,在意大利都灵召开的犯罪人类学大会上,龙勃罗梭在致开幕词时阐述了他的隔代遗传理论。他的观点被菲利等学者接受。

龙勃罗梭是一名医生,后来成为精神病专家,主要职业是都灵大学的法医学教授。1876 年因出版《犯罪人论》而成名,被很多人誉为现代犯罪学之父。在书中,他认为犯罪人是在生物学上倒退到进化早期阶段的人,这些人与非犯罪人同类,是比较原始和进化不足的人,即这些人具有某种返祖现象。

龙勃罗梭 1859 年时以军医身份对 3000 多名意大利士兵的不同身体器官进行了精确测量;1863 年作为精神病医生对医院中精神病人的身体进行了研究,发现与正常人有不同的身体特征,感到与精神病人相似的犯罪人一定也有与正常人不同的身体特征。于是,他联合了其他犯罪学家对 5907 名犯罪人进行了人体测量;龙勃罗梭还对 383 名死刑犯的头盖骨进行了解剖研究。从这些研究中,龙勃罗梭总结了天生犯罪人的特征。例如,头部:颅骨异常厚大的占 36.6%,前额显著外凸的占 25%;面部:脸的下部向前突出超过额头的占 45.7%;眼睛:生来犯罪人眼睑下垂、眼睛斜视;耳部:28% 的生来犯罪人耳朵从脸部向外凸出;鼻子:杀人犯的鼻子往往呈鹰钩形,盗窃犯的鼻子往往上翻;嘴部:犯罪人的下巴往往向上突起,诈骗犯的嘴唇往往比较薄;牙齿:生来犯罪人的牙齿很少有正常的,有的中间门齿过大;毛发:杀人犯的毛发大多是黑色的,诈骗犯的毛发像卷曲的羊毛;上肢:生来犯罪人的上肢往往长于下肢等等。有 5 种特征的可能就是一个天生犯罪人。[①]

查尔斯戈林也对犯罪人的体貌特征进行了研究,对龙勃罗梭的观点提出了质疑意见。他将在押犯人和政府官员以及皇家工程师进行比较后,并没有发现龙勃罗梭提出的上述异常现象。戈林还比较了其他特征,如鼻子的高度、眼睛的颜色、头发的颜色以及左撇子,只发现了细微的差异。他还针对 37 种具体的体貌特征,对几组不同类型的罪犯,如入室抢劫、偷窃等进行了比较,他得出结论说,一种类型的犯罪人与另一种类型的犯罪人之间不存在显著的差异,这两种人都与环境因素的选择效应有关。戈林的结论的唯一例外就是犯

---

① 吴宗宪:《西方犯罪学史》(第二卷),中国人民公安大学出版社 2010 年版,第 340～344 页。

罪人全都在身高和体重方面比一般人低劣,犯罪人比同样职业群体的非犯罪人的身高低一到两英寸,体重轻三到七英镑。他认为这种差异是一种遗传性的低劣。戈林最后认为"对犯罪人的统计数据与对守法阶层的类似统计两者都呈现出一致性,必然得出的结论就是,绝不存在所谓的生物犯罪人类型。"

2.体型与犯罪

谢尔登在关于青少年犯罪的著作中运用了体型理论。人类的发育起源于胚胎,胚层有三层组织,内胚层、中胚层和外胚层。每个人都或多或少拥有三种类型的特征,因此谢尔登用三位数字来表示三种类型,每位数字分为 1～7 个级别,例如 7-1-4,表示这个人拥有比较多的内胚层特征,很少的中胚层特征和平均数量的外胚层特征。

1939 年到 1949 年的 10 年间,谢尔登在波士顿的一个小型感化院里,对 200 名犯罪男青少年进行了观察,并严格按照统一的个案大纲,撰写了他们的个案研究史。他发现,这些年轻人中胚层体型的人极多,而外胚层体型的人极少,他们的平均体型是 3.5—4.6—2.7。在这之前,谢尔登研究过 200 名没有犯罪行为的青少年大学生,他们的平均体型是 3.9—3.8—3.4。在这两组人中,中胚层和外胚层体型方面的差异是明显的。[①]

格卢克夫妇对 500 名持续性青少年犯罪人和 500 名非犯罪青少年进行了比较,这两组研究对象在年龄、智力、宗教和种族来源等方面都比较匹配,也都是来自相对贫困地区的住户。他们将这两组人混在一起,以目测来评估占优势的体型。通过研究,他们发现 60.1% 的青少年犯罪人是中胚层体型,而只有 30.7% 的非犯罪青少年是中胚层体型。格卢克夫妇发现,中胚层体型一般更有可能拥有特别适合于实施攻击性行为的人格特质(包括身体力量、精力、感觉迟钝、以行动表达压力和挫折)。他们还发现,在中胚层体型的青少年犯罪人身上,还具有许多其他中胚层体型的人不具有的人格特质,如不满足感、情绪不稳定、抵触情绪。另外,家庭日常生活的淡漠、家庭成员之间缺乏娱乐以及家里休闲设备的不足与中胚层体型的青少年犯罪有较大联系。

3.遗传与犯罪

戈林发现,频繁入狱且坐牢很久的人,比其他人在体格上更弱小,智力上更加低劣。虽然影响身体和智力的因素中不乏环境因素,但戈林相信,这两者主要是由遗传特征决定的。他还发现,父母一方与另一方之间的监禁次数和

---

① 吴宗宪:《西方犯罪学史》(第二卷),中国人民公安大学出版社 2010 年版,第723～724 页。

被监禁的时间长短、父母与其子女之间的监禁情况,以及兄弟之间的监禁情况具有高度的关联性。他认为,监禁次数和监禁的时间长短不能用社会条件和环境因素来解释,与贫穷、民族、教育以及家庭破裂等因素之间极少存在或者根本没有联系。因此,他推断,监禁的次数和时间与遗传特征存在联系,并建议要想减少犯罪,就要禁止那些具有犯罪遗传特征的人生育。

这一观点显然十分荒谬,因为家庭成员之间犯罪倾向的相似性可能是因为生活在同样的环境中,而这一因素戈林并没有排除。因此,对传统家族的调查来确认遗传与犯罪的关系无法将先天影响与后天因素的影响区分开来。后来,有学者研究孪生子女和养子女与犯罪之间的关系。

克里斯琴森利用丹麦的官方登记信息,研究 1881 年至 1910 年期间所有出生在丹麦岛且两人都至少成长到 15 岁以上的孪生子。他们统计出其中符合条件的大约有 6000 对。然后他们利用官方的刑事犯罪登记信息,调查这些孪生子中是否有犯罪人或者青少年犯罪人。他发现,67 对其中一方为犯罪人的同卵孪生子兄弟中,其中有 24 对的另一方也是。在异卵孪生子中,114 对至少一方有犯罪记录,其中 14 对双方都有犯罪记录。这一研究还得出结论,孪生子犯罪一致性在严重犯罪中比率比在轻微犯罪中的比率更高。

这一结论没有把环境因素和遗传因素分开,于是有学者去研究那些被分开抚养的孪生子。格罗夫和克里斯琴森都关注过这样的孪生子,虽然数量比较少,但两组研究都发现了证明反社会行为可以遗传的证据。

确定遗传特质对犯罪性影响的另一途径是对养子女档案的研究。哈钦斯和梅德尼克调查了哥本哈根的所有非家族内收养男童行为且被收养人出生于 1927—1941 年间的档案记载。他们按照男童是否有犯罪记录将其分组,然后调查生父的犯罪记录,总数的 31.1% 的男童没有犯罪记录,而其生父有犯罪记录。有 37.7% 的犯有轻微违法行为的男童和 48.8% 的有犯罪记录的男童,其生父也有犯罪记录。数据表明,生父有犯罪记录的被收养男童更有可能实施犯罪。随后,研究者将生父和养父按照是否有犯罪记录进行分组,然后调查男童的犯罪记录。他们发现,生父和养父的犯罪行为具有合力作用,当两位父亲只有一方是犯罪人的时候,其影响力不如两者都是犯罪人的时候那么明显,养父犯罪行为的影响不如生父犯罪行为的影响那么明显。这都说明了遗传与犯罪之间至少具有部分联系。

还有学者研究了染色体异常与犯罪行为的关系,特别是研究了 XYY 性染色体异常与犯罪行为的关系。染色体有 22 对常染色体和 1 对性染色体。性染色体决定性别。1963 年,福斯曼和汉姆波特发表论文,报告了瑞典 3 个研究所对 760 名犯罪人和智力低下难以约束的男性进行调查的结果,其中性染色体异常者的比率为 2%。雅各布斯从这些研究中作出了假设,即第二个 Y 染色体可能是促使这些男性容易犯罪的重要因素。通过在苏格兰的调查,他于 1965 年在《自然》杂志上发表了《攻击行为、精神亚正常与 XYY 男性》的论文。以往的统计学研究表明,XYY 性染色体异常的比率为千分之一,而雅各布斯对 197 名低能者的调查中,有 12 人染色体异常,其中 7 人是 XYY 染色体异常,这一比率却是 3.5%,这引起了研究者们对 XYY 性染色体异常的高度重视。这一多余的染色体增加了个人的攻击性,使个人容易实施暴力犯罪,因而将这一多余的染色体称为犯罪染色体。同时,由于 XYY 男性身材普遍比一般男性高大强壮,因此这种性染色体异常的男性被称为“超男(super-male)”。有学者全面评论了关于性染色体异常与犯罪的研究,得出结论认为,这些人身材高大,大脚,手指很长,脸上带着粉刺,轻度心理迟滞,患有精神病,因为具有好斗的和反社会的行为而被长期关押,往往从儿童时期就开始好斗和反社会行为。[①]

此外,从生物学角度,还有学者证明了四类神经传递素与反社会行为的关联性:睾丸激素与攻击性行为之间的关联性;女性的生理周期与攻击性行为之间的关联性;中枢神经系统,即大脑皮层功能紊乱与暴力行为之间的关联;自主神经如条件反射与反社会行为之间的关联,反社会的人比正常人更难产生条件反射。

还有一些生物因素可能影响犯罪行为,但却来自环境,如吸毒和酗酒与暴力行为之间存在关联;毒品可以暂时减少攻击性和暴力行为,但长期使用则可能提高暴力性,突然戒毒也会增加暴力性;还有学者发现了头部受损与暴力行为之间存在关系的证据,脑部损伤削弱了认知和社交能力,易被激怒,会损害大脑皮层从而增加愤怒和敌意的情绪;还有学者通过研究发现怀孕并发症(传染病)与犯罪率之间没有显著的关联,但分娩并发症(无力承担重劳动)与暴力行为之间存在一定的关联。

犯罪生物学理论只是研究犯罪行为一种“多因素”方法中的组成部分,特定的生物因素增加了个体从事犯罪行为的可能性,但不能绝对决定其就一定会实施犯罪行为。只有当这些因素和某些社会因素或者心理因素相结合的时候,才会导致犯罪行为的发生。

---

① 康树华、张小虎:《犯罪学》,北京大学出版社 2011 年版,第 139~142 页。

二、心理因素和犯罪行为

这主要是从个体心理特征角度来解释犯罪行为的理论。20 世纪早期,用智力来解释犯罪是一种重要的理论,后来人们使用智商测试的方法,发现犯罪人和非犯罪人在智力上几乎没有什么差异,使得该理论失去了犯罪学家的青睐。但 20 世纪 70 年代后,这一理论假设获得了新的证据,特别是在青少年犯罪方面。还有学者运用个人稳定的人格特征来解释犯罪行为。所谓人格是指个人从一种境遇转移到另一种境遇时保持稳定的情绪或行为属性。有学者重点考察了犯罪与青少年存在关联的具体的人格特征,如反社会人格和冲动人格。①

（一）智力与犯罪

1880 年,一个德国心理学家设计了一种测试人记忆的试验,可以用数字表示人的智力。后来,法国心理学家比奈首次将智力测试从实验室普及开来,1904 年的时候,在巴黎大学心理学实验室当主任的他得到西蒙的帮助,于1905 年公开了首个测试标准,被称为比奈—西蒙智力标准。1912 年,斯特恩建议,用智力年龄除以实际年龄再乘以 100,就是智商,或 IQ。后来,美国斯坦福大学的特曼对这一标准进行了修订和扩充,成为最著名的、运用最广泛的测试形式。智商在 115～120 之间的人据说适合成为专业人员,而智商在 75～85 之间的人则适合从事机械劳动,特曼曾说"在理发店里智商在 85 以上的任何东西都是一种极度的浪费。"

戈达德考察了犯罪的智商问题,通过调查,大约有 70％的犯罪人智力低下。因此,戈达德断定大多数犯罪人都智力低下,因而他认为,犯罪行为和智力低下是相同退化形态的两个方面,所以智力低下的人都是潜在的犯罪人。他认为,智力低下可以通过选择育种来消除,因而他建议将智力低下的人送进专门的机构,并禁止其生育。

这些观念曾一度主宰了智力测试者的思想,但一战期间受到了挑战。按照最初的理论,智力年龄在 12 岁以下的人都是智力低下者(智商是 75),所以也不适合服兵役。结果有 37％的被测美国白人和 86％的被测美国黑人都是智力低下者,这说明超过一半的美国人是智力低下者,这种谬误是显而易见的。戈达德本人也在战后认为,1％的国民是智力低下者已是最极端的估计了。后来,有人比较了囚犯的智力得分和应征入伍者的智力得分,发现两组人

---

① 吴庆华:《犯罪心理学》,吉林大学出版社 1985 年版,第 57 页。

之间并没有明显的区别。也正因为如此,用智力低下来解释犯罪行为的基础消失了。

在上个世纪中期,有学者用智商来解释青少年犯罪,并开展了大量的研究。有学者认为,尽管日本裔、华裔、犹太裔美国人在美国处于少数群体的地位,且一般来说经济地位比较低,但是却有着很低的青少年犯罪率,据说这些群体比美国白人拥有更高的智商。还有学者在解释青少年犯罪的时候认为,青少年犯罪的智商因素比社会阶层因素和种族因素更为重要,可以说,较低阶层的青少年犯罪人要比较低阶层的非青少年犯罪的智商要低。较严重的犯罪人的智商得分比轻微的犯罪人智商得分要低。

通过各项研究,智商得分低与青少年犯罪联系在一起,但需要解释的是,为什么智商得分低的人比得分高的人实施犯罪的可能性更大。现在能够取得比较一致的意见是,教育失败与青少年犯罪有一定的联系,但不是直接的联系。因为有学者通过研究,当智力低下的下层儿童被安置在特殊班级时,他们的智商平均提高了 15 分。这表明,智商通过教育可以改变,那么智商低下的青少年犯罪人就系教育失败的结果。因此,智商低下和青少年犯罪之间并没有直接的因果关系,其中存在介入因素,这些介入因素导致了青少年犯罪,如教育失败。还有学者认为,智商低下的父母效率低下的子女抚养也可能是导致他们智商低下的子女实施犯罪的原因,那么导致青少年犯罪的原因就是养育行为。因而,其中的对策就是消除介入因素的影响而减少青少年犯罪,而不是像早期的观点那样,认为智力低下是遗传原因,应该禁止其生育。[1]

(二)人格与犯罪

20 世纪 50 年代,格卢克夫妇对 500 名犯罪男童和 500 名非犯罪男童进行了比较研究,他们得出结论认为"大体上,青少年犯罪人比非青少年犯罪人较外向、活泼、冲动,自制能力差。他们较不友好、愤怒、挑衅、多疑以及有破坏性。与非青少年犯罪人相比,他们较不害怕失败或者被打败。他们排斥权威,或者很少服从权威。作为一个群体,他们在社交方面过于自信。在较大程度上,比起有控制力的群体,他们所表达的情感更不容易被认可或赞同。"

对于这种比较研究,我们不能得出结论认为只要具有上述人格特征的青少年就是潜在的青少年犯罪人,二者之间并没有必然的因果关系。后来,精神病学家提出了反社会人格紊乱这一名词,美国的精神分析协会还有官方诊断和统计标准确定反社会人格紊乱,其本质特征是开始于儿童时期或者青春期

---

① 张甘妹:《犯罪学原论》,汉林出版社 1985 年版,第 74～80 页。

早期并在成年期形成的漠视和侵害他人权利的人格特征。如果具有下列六项中的三项,则可诊断为反社会人格紊乱:(1)再三违反足以导致逮捕的法律;(2)谎话连篇,不用真实姓名,或者为了个人利益或者取乐而操纵别人;(3)容易冲动,或者做事无事先计划;(4)一而再地跟人打架或者袭击他人;(5)多次无法维持固定工作,或者负债不还反以为荣;(6)缺乏同情心。精神病学家认为这种反社会人格紊乱会导致犯罪,因而他们曾建议将这种人禁锢起来,直到他们中年。

但这仅是一种预测,有学者实施了一项长达 10 年的研究,运用了精神病学和社会学的生活环境调查法,试图在一个高危犯罪群体从监狱释放前夕预测他们将来实施犯罪的可能性,结果显示,被研究者预测将来会实施暴力犯罪的人中几乎有 2/3 的人(49 人中有 32 人)并没有实施犯罪。即使预测足够准确的话,也不能依据一个人可能实施的行为而不是实际实施的行为对其采取某种措施。

如今,心理学家已不再讨论预测个人将来是否会实施犯罪,而尝试去确定哪些是与个人将来实施犯罪的可能性增大或者减少的相关因素。这类研究的对象大多为青少年,且是轻微的犯罪。有学者通过调查认为,与青少年犯罪行为存在关联的儿童早期行为包括:父母对儿童拙劣的管教方法;父母和兄弟姐妹带来的伤害;受教育程度低;与父母的分离等。

在这一领域,获得较多调查研究结果支持的理论是墨菲特的"终身持久犯罪人"理论。他将这些犯罪人描述为"在生命的每一个阶段都实施反社会行为的人"。如有的犯罪人在 4 岁时就咬人和打人,在 10 岁时入店行窃和逃学,在 16 岁时买卖毒品和偷车,在 22 岁时抢劫和强奸,30 岁时欺诈和虐待儿童。他认为,这些行为起源于早期的神经心理学问题,这些问题是由下列因素造成的:母亲怀孕时营养不良或者吸毒,出生时有分娩并发症造成的脑损伤,出生后被剥夺了父母的慈爱,童年时受虐待和被忽视等。这些问题会导致冲动型人格,使其有反社会的倾向,再加上其父母本身可能就有心理问题,不良的管教手段会加剧这些孩子的反社会人格和行为。随着这些孩子的长大,这些心理问题会直接妨碍其控制行为的能力,妨碍其思考其行为将会产生后果的能力。这些问题又妨碍了孩子学业上的成功,减少其通过合法途径获得回报的能力,增加他们通过反社会行为获得回报的可能性。①

---

① 魏平雄、赵宝成、王顺安:《犯罪学教科书》,中国政法大学出版社 2008 年版,第 253～254 页。

人格与犯罪研究的最大贡献是通过童年时期存在的多种因素预测将来可能的犯罪,因而较早地介入这些高危儿童的生活可以处理这些问题,实施这些政策的成本也小于将已经实施犯罪的犯罪人囚禁起来的成本,更重要的是,这种政策基本上不会带来任何负面效果,因此,这一政策有巨大的适用潜力。我国《预防未成年犯罪法》中列举的少年不良行为和严重不良行为其实就承认了儿童早期不良行为和青少年犯罪的关系,从而做出提前预防的对策。[①]

第二节 我国犯罪学中的犯罪个体因素

一、个人生活方式失衡

(一)职业生活方式的失衡

在现代社会,生活中的大部分个体是以职业来划分的,职业活动构成了诸多个体的行为方式与生活方式。在市场经济的逐利和创富目标下,很多人产生了"金钱至上"的不良心理,并通过其职业活动盲目追求金钱。于是,原本秩序井然的职业活动就发生了蜕变,特定职业生活方式就成了滋生犯罪行为的温床。

在白领犯罪中,很多职业经理人为追求非法的经济利益,不惜损害国家与客户的利益,实施各种经济犯罪。在职务犯罪中,一些国家公职人员尤其是部分领导干部滥用其职务行为,为自身谋取非法的利益。这不仅破坏了国家职务行为的廉洁性,损害了国家的权威和形象,还危害了广大人民群众的利益。

(二)消费生活方式的失衡

从消费生活方式上看,消费生活方式的失衡也为犯罪滋生提供土壤。"消费生活方式,是指人在日常生活中为满足物质上的、精神文化上的需要,进而消耗各种消费资料和劳务的活动方式总和。消费生活不但是维持人的生命活动所必需,与劳动生活方式有密切联系;而且也是为了满足人的享受与发展所必需,是进行其他物质、精神活动的前提。"消费生活方式包括消费意识、能力、结构、方式、习惯、性质和水平等。[②] 随着经济的发展,崇尚消费的时代已经来

---

① 沈政:《犯罪心理学》,北京大学出版社 1986 年版,第 328~329 页。

② 王玉波、王辉、潘允康:《生活方式》,人民出版社 1986 年版,第 62~68 页。

临,并带来种种社会问题。甚至有人提出消费主义生活方式的概念,认为人们为消费而消费、消费就是一切、一切为了消费、消费一切的生活方式日益极端化,对人的发展和社会进步产生了极大的负面影响。[①] 尤其是极端消费主义生活方式的存在使原有消费观念和消费活动失去秩序,为满足私欲与消费欲望,常常会引发卖淫、盗窃、抢劫、贩毒等犯罪和社会越轨行为。

(三)闲暇生活方式的失衡

从闲暇生活方式看,面对相同的闲暇时间,有的人去参加各种培训提高个人的素质,培养健康高尚的兴趣爱好,力求全面发展;有的人用来进行轻松的娱乐和消遣,解除身心疲劳;而有的人则去吸毒、赌博,从事色情活动,放纵、麻痹自己。这种闲暇生活方式的选择也与犯罪的发生密切相关。如有人说日本青少年犯罪与逃学有着很紧密的联系,一般的青少年闲暇时间都用来上各种辅导班和学习围棋、剑术、柔道等,而没有机会去犯罪,但是逃学的青少年大量的闲暇时间用来打电子游戏,容易引发犯罪。这与中国的情况有惊人的相似。不可否认很多中国家长望子成龙而让孩子课余参加很多辅导班或学习弹琴、绘画、书法、舞蹈等,但也有相当一部分家长由于是双职工或是进城打工,寒暑假没时间照顾和管教青少年子女,这些青少年孩子长期得不到有效的管教,泡网吧、实施各种社会越轨行为。在未成年人犯罪领域,很多未成年人就是由于缺乏家庭及社会的有效管教、长期放任自流,在闲暇生活方式中严重失衡,进而走上违法犯罪道路的。

(四)交往生活方式的失衡

从交往生活方式来看,"交往生活方式是指在一定的社会生活条件下,在一定的价值观指导下,满足交往主体的生活需要的主体之间相互联系、相互作用的具体的活动方式。交往生活方式广泛地渗透到人们的消费、闲暇等生活方式领域,并随着社会生产力和社会关系的发展而日益成为人们生活的重要领域。"[②] 随着科技的进步,交通日益方便,手机的普及,网络进入人们的生活,现代社会日益成为开放性的交往社会。人们之间的距离仿佛一下子缩短了,交往的范围更广,速度更快,交往方式更方便,交往的成本更低,而不进行各种交往自己简直就无法生存。那么,这样广泛而频繁的交往是否就只是有益无害的呢? 实际上,现代的开放式交往方式本身就是蕴含着一定风险的。这种交往方式的负面影响是交往的异化。开放式交往较为普遍的当代,不仅电话

---

① 戴锐:《消费主义生活方式与青年精神》,载《青年研究》1997 年第 8 期。

② 王雅林:《生活方式概论》,黑龙江人民出版社 1989 年版,第 223 页。

诈骗屡见不鲜、网络诈骗时有发生,而且熟人之间的异化交往往往也是犯罪行为传播、习得的重要途径。以未成年人犯罪为例,很多未成年人均是通过与各种违法犯罪的行为人长期交往,进而模仿、学习犯罪与越轨行为的。这种交往方式的异化构成了导致交往生活方式失衡的重要原因。

(五)家庭生活方式的失衡

从家庭生活方式来看,"家庭生活方式是在一定的社会生活条件下,家庭群体在一定的生活价值观的主导下,以满足家庭整体或个人需要为目的的生活活动方式。家庭生活方式包括物质生活和精神生活两个方面,如夫妻之间婚姻生活方式、物质消费方式、闲暇生活方式等等。"[①]虽然现代家庭的组成、家庭的结构、家庭生活的内容、家庭关系、家庭管理等各个方面都发生了根本性的变化,但家庭仍然是社会最基本的细胞,家庭作为一个人社会化过程中最重要的一环,赋予人们各种自己很难发现更难以更改的习惯和理念,这从某种意义上说甚至是任何一所学校都难以与之相比较的。人们可能从家庭生活方式习得好的影响,也有可能从家庭生活方式习得不好的影响。另外,家庭生活方式的畸形与缺位也会给家庭成员带来意想不到的恶劣影响。多少问题少年、叛逆的孩子、走上犯罪道路的青少年都是由于有一个破碎的家庭,缺少家庭的关爱和良好的教育才在成长的过程中走上歧途的。

家庭生活方式的失衡主要表现在家庭组成不完整、家庭生活不和睦、教育方式不当等方面。家庭组成不完整主要是指缺少父母一方或双方的家庭,这种问题家庭对未成年人影响极大。犯罪学家詹姆斯·布雷和帕雷克·布雷德在对破碎家庭的子女进行大量临床研究表明:"在破碎家庭中生活过的孩子比正常家庭中生活的孩子更容易表现出行为失范问题,出现不恰当的行为。家庭破裂又常常和不和谐、冲突、敌意以及攻击性联系在一起,这一切都是导致青少年犯罪的因素。"[②]家庭不和睦是指家庭成员之间感情失和。正如西格尔在《青少年犯罪》中指出的:"在一个病态家庭中成长的孩子,由于他们目睹了暴力和冲突、感情上不和谐以及社会冲突等,其犯罪的驱动力比其他青少年要大得多。"[③]此外,教育方式不当也是家庭生活方式失衡的重要表现形式,在这种形式下未成年人或是受到溺爱、或是受到虐待、或是被父母放任自流,所以未成年人也十分容易走上犯罪道路。

---

① 王雅林:《生活方式概论》,黑龙江人民出版社 1989 年版,第 255 页。
② 康树华:《犯罪学——历史、现状、未来》,群众出版社 1998 年版,第 636 页。
③ 康树华:《犯罪学——历史、现状、未来》,群众出版社 1998 年版,第 634 页。

二、个人不良心理

(一)意志薄弱

意志是意识能动性的集中体现,其中较为常见的是激发和抑制情感的机制。它在人的活动中占有重要地位。如果一个人意志薄弱,经不起利诱或暴力的威胁,就容易屈从于外部的压力,产生违法冲动而实施犯罪行为。事实证明,很多职务犯罪的发生就是由于相关国家工作人员意志薄弱,没有经受住金钱、美女等"糖衣炮弹"的诱惑,进而实施各种职务犯罪行为的。

(二)盲目攀比

目前,我国生产力发展水平与人们日益增长的物质文化需要之间还存在相当大的差距,我国社会产品的分配还必须实行"按劳分配"原则。"按劳分配"原则实际上是默认不同等的个人天赋和不同等的工作能力是天然的特权。这样,由于个人情况不同,抚养人口多少不同,再加上社会分配不公的问题,就会出现悬殊的贫富差别。对此,有些人能坦然面对满足于自己的生活,但也有一些人会产生攀比心理。在这种攀比心理的作用下,有些人可能会在不能通过正当途径致富的情况下,用违法犯罪的手段去追求豪华奢侈的生活,以达到心理平衡。

(三)极端个人主义

随着商品意识的确立,重视自我的意识日益觉醒。但是,有些人把自我抬到不适当的高度,形成极端个人主义。然而,由于自己的能力、水平、地位和社会背景等方面的限制,很难"出人头地",于是,不惜用违法犯罪的手段弄钱、买官、伪造身份、招摇撞骗,以致走上犯罪道路。

中共中央主办的《求是》杂志,曾专门撰文反对官员极端个人主义。该文认为,官员极端个人主义的表现之一是导致权力滥用。权力是一柄双刃剑,用好了,对集体和个人都有益;用不好,既损害集体,也有害个人。少数干部迷恋权力,滥用权力,自以为得意,但最终走向党和人民的反面,也葬送了自己的前程。

(四)精神空虚

随着社会物质条件的改善,人们基本上不再为温饱发愁。但是在生活水平不断提高的同时,精神上的贫困现象却愈来愈严重。一些人没有坚定的理想和信念,也没有明确的追求和生活目标,精神空虚,思想颓废,意志消沉,具有这种不良心理因素的人,很容易为了追求享乐,寻求刺激而实施游戏性犯罪、淫乱性犯罪或吸毒性犯罪。

（五）激情冲动

所谓激情，是指一种迅猛爆发、激动而短暂的情绪状态。例如暴怒、绝望等心理状态。一般来说，"激情犯罪"往往被看做是一种挫折攻击型的犯罪，即行为人在受到强烈刺激和挫折后，由于情绪异常激动而产生行为的异常冲动，在发生难以控制的暴力行为时不计后果也不择手段。毕竟，在现代的生活方式下，越来越多的人感到生活疲惫和心灵孤独，很多人越来越容易被各种挫折和刺激所激怒。

（六）贪利欲望

作为人性的组成部分，欲望是人类与生俱来的，是人类本能的一种释放形式，构成了人类行为最内在与最基本的要素。贪利欲望就是人类一种基本的欲望形式。在贪利欲望的推动下，人不断占有客观利益，从而同自然环境和社会形成了一定的关系。但是作为一种本能结构的欲望，人的贪利欲望受各方面条件限制是有一个大致限度的。贪利欲望的满足不是绝对的，总有新的欲望会无休止地产生出来。

（七）成就意识

在强调个人成功的当代，个人的成就不仅影响到社会对自身行为的评价，而且也是自我评价的重要标准。但个人对成就感的追求是有一个大致界线的，即不能因此侵犯他人的合法权益。个人对成就感的过度追求往往是以侵犯他人和社会利益为代价的，这有时构成了犯罪发生的重要心理原因。

（八）侥幸心理

所谓侥幸心理，是一种趋利避害的冒险性的投机心理。犯罪人在犯罪心理形成和实施犯罪的过程中，一方面惧怕失败而被抓，另一方面又自我安慰，做成功的设想。如作案成功，侥幸心理就会强化。应该说，当面临犯罪诱惑和风险时，行为人往往用侥幸心理来"说服"自己实施犯罪。作为一种人类自我保护的本能，这种侥幸心理类似于心理上的吗啡，能够暂时稳定人的精神。在实践中，很多犯罪的发生行为人在心理层面均是存在某种侥幸心理。

（九）报复心理

报复心理来源于人的自我保护机制，有自卫反击和惩戒以维护其不可侵犯的生存权和存在意义的意味。由于这是发自本能的应激反应，所以报复行为往往缺乏理性，表现出惩戒过当的弊端来——不管有无自卫反击和惩戒的必要，总有实施攻击和报复的冲动，纯粹只是为了宣泄并获得快感以补偿先前的受挫感，大大偏离其自我保护的初衷，甚至造成严重危害社会的后果。在社会生活中，某些人遭受了委屈和挫折，进而形成仇视社会的极端不良心理。行为人通过实施报复行为进行发泄仇恨、舒缓紧张情绪、需求心理平衡。在实践中,这种报复心理是很多犯罪发生的心理基础。

三、气质与犯罪

不同的人具有不同的气质类型。按传统分法,气质有四种类型:(1)多血质(活泼型):属于敏捷好动的类型。这种类型的人兴奋和抑制过程平衡而灵活性高,容易适应环境的变化。善于交际,精力充沛,兴趣广泛。但是,情感易变,兴趣也易变,如果所干工作不称心意,工作要求耐心细致,他的热情就会一落千丈。(2)胆汁质(不可遏止型):属于战斗类型。这种类型的人有着强烈的兴奋过程和比较弱的抑制过程,情绪易于激动,反应迅速,但性情急躁,容易冲动,"冷热病"重。(3)黏液质(安静型):属于沉静类型。这种类型的人反应缓慢,沉默寡言,情绪不外露,但缺乏灵活性,惰性较强,表现出固执和因循守旧。(4)抑郁质(抑制型):属于呆板而羞涩的类型。这种类型的人感受能力强烈,易动感情,在行动上表现得怯懦、迟疑,并有些孤僻。①

气质类型的不同决定了人的心理特征的不同。气质类型对人的某些活动的进行和效率具有一定的影响,但是,气质并不影响一个人行为活动的方向和内容,因此,气质类型没有好坏之分,每一种气质类型都有积极方面和消极方面的属性。如多血质的人活泼、亲切,但可能轻浮、散漫;胆汁质的人精力充沛,又可能急躁、任性;黏液质的人沉着、稳重,但缺乏生气;抑郁质的人比较敏感,却小心眼。另外,气质也不能决定一个人能力的高低、成就的大小和品德的好坏。尽管如此,气质类型与犯罪仍然有着一定关系。

首先,气质类型在一定程度上影响着犯罪的发生。气质类型对人的行为有一定的影响,但人的心理和行为不是由气质决定的,而是直接由根源于社会生活条件的个性品质决定的。因此,气质对于犯罪的影响是次要的。它在一定环境条件下影响着犯罪,又由于具体环境的不同,有影响大小的区别。根据一些学者的统计资料,犯罪分子属于胆汁质类型者多一些,这只是相对而言的,任何气质类型的人,都有犯罪的可能,不过,胆汁质气质类型的人犯罪相对多些。这主要是因为这种类型的人大脑神经细胞兴奋性强而耐力差,兴奋点不易集中,兴奋与抑制处于破坏状态,从而导致异常行为。异常行为得不到应有的抑制,胆汁质的消极因素突出地表现出来,再加上其他不良因素的刺激,各种消极因素继续恶性膨胀。这时行为人再也无法控制自己,往往由于一时

---

① 刘灿璞:《当代犯罪学》,群众出版社1986年版,第110页。

冲动而实施犯罪行为,从犯罪性质上看,多表现为激情性犯罪。

其次,气质类型对犯罪行为类型和犯罪方式也有一定影响。由于犯罪分子的气质类型不同,实施危害社会行为的犯罪类型和犯罪方式也有区别。如杀人犯,由于气质类型不同,他们形成杀人的动机过程,采用的杀人手段也不同。常见的激情杀人犯,多是胆汁质类型,他们的杀人动机是由于外界某种强烈刺激顿时而生,一触即发,既没有预谋,且犯罪动机形成的过程极短,杀人的手段极其残忍。而那些经过长期预谋和反复的动机斗争而杀人者,多为黏液质类型,他们在实施杀人行为时,多采用投毒等手段,杀人后设法掩盖其犯罪行为,企图逃避罪责。[①]

四、性格与犯罪

性格是人多种特点所构成的有机的整体,是一个人本质属性的独特的结合。这种结合一方面表现在他对现实的态度,另一方面表现在行为方式上。客观刺激对人来说必然要引起反应,反应的态度决定于一定的人的情绪体验。人们对待社会上的所有事物,总有自己的态度,有的是一时性的,有的则是经常性的,性格不是指那些表现为一时性的态度或偶然性行为中的心理特征,而是指表现为经常性的、比较稳定的态度和各种行为习惯中的心理特征。当某些反应在个体变得很稳固时,也就是说在某种情况出现的时候,他会以独特的固有的行为方式表现出来。

性格是一个复杂的心理构成"物",表现出多方面的特征。但就每一个人来说,性格又是一个独特的有机整体。心理学家在研究过程中通常把性格分成若干类型。常见的有:按理智、意志和情绪三者哪个占优势的情况,把性格分为理智型、意志型和情绪型;按个体心理活动倾向于外部或内部,把性格分为外向型和内向型;按个性独立性的程度,把性格划分为顺从型和独立型等。不管什么类型都是以一定的性格特征作为标准的,而性格特征又是以对客观现实的态度表现出来的。性格特征可表现为对集体、对他人、对自己、对工作、对钱物等多个方面,每个方面又都同时存在积极和消极两个侧面。如对自己,积极方面的性格特征有自尊、谦虚、严于律己、自我克制等;消极方面的性格特征则有无耻、放肆、自私自利、自卑吝啬等等。

由于人的性格特征的两重性,使得人的性格也是矛盾的,既有积极的一面,又有消极的因素。消极的性格可能导致犯罪行为的发生。如果人在社会

---

① 刘灿璞:《当代犯罪学》,群众出版社 1986 年版,第 110~115 页。

生活环境中,不能自觉接受教育,发展性格中的积极因素,消极因素就会不断发展积小量为多量,由量变及质变,形成消极的性格,最后可能导致违法犯罪行为。另外,性格特征与犯罪种类之间也有一定联系。[1]

五、精神障碍与犯罪

(一)精神病与犯罪

精神病是指人的大脑功能紊乱而突出表现为精神失常的疾病。精神病患者在发病期间,丧失或减弱辨认事物和控制自己行为的能力,常常出现危害自身或侵犯他人的犯罪行为,引起犯罪。最常见的精神病,有精神分裂症、躁郁症、癫痫、偏执狂等。

精神分裂症是最流行的一种精神病,患有这种精神病的人感情麻木,思考发生障碍,因自我被毁而呈现特殊的精神状态,产生幻觉及妄想,在幻觉的作用下,患者可能出现逃跑、毁物、纵火、冲动、杀人等行为。此外,幻觉也可以激发思维障碍或强化思维障碍,常见有被害妄想和嫉妒妄想。由于有幻触、幻嗅、幻味,患者就认为有人用电触他,在饮食里放毒药害他,故行凶报复。实践中这种原因引起的刑事案件是屡见不鲜的。

躁郁症,是一种以情感高涨或低落为主要症状的精神病。这种病有躁症与郁症两个相反的特征。患者不论躁病或郁病,经过一段期间后完全恢复常态而不留人格上的缺陷或障碍,但往往定期的反复发生病症。由于病态思维引起相应的情感反应。在躁状态时有时导致出走、流浪,或犯斗殴、伤害、妨碍公务罪,与平时正常人酗酒时所犯之罪相似。在郁状态时,如病情重,则多无犯罪之危险,但病情较轻时或在康复时期,有时发生自杀或杀害全家人后自杀等行为。[2]

偏执狂病人发病时,一般以迫害妄想为主,后来可出现夸大妄想。病人往往自命不凡,自己看成是"发明家"、"伟人"或"预言家"等。由于自己才华出众,会引起别人的嫉妒而对其加以迫害;有的患者则认为自己才貌出众,赢得许多异性的爱慕,因而产生众多的情敌。这样,在妄想状态下,往往由于反抗迫害或消灭"情场"上的对手,而实施犯罪行为。

癫痫在犯罪学上有重要意义的症状,是发作之后而发生的朦胧状态。在此状态下,患者往往在理解力和思考能力方面发生重大障碍,因而不能正确地

---

[1] 刘灿璞:《当代犯罪学》,群众出版社 1986 年版,第 115~120 页。
[2] 张甘妹:《犯罪学原论》,汉林出版社 1985 年版,第 63~64 页。

认识现在的时与地,周围与自己的关系,且更发生幻觉、妄想、兴奋、情绪不安等附加症状。此时,可能因攻击或防卫反应而犯杀人、伤害、放火等危险的冲动性犯罪。亦有学者报告,患者在朦胧状态时,因有火焰、血红色的幻觉而犯放火罪。另外,癫痫患者在性格方面往往具有易怒、顽固而不通融的特点,也增加了犯罪的危险。①

(二)变态人格与犯罪

变态人格又称精神变态或病态人格,是在先天遗传背景的基础上加以后天的环境影响而形成的明显偏离正常的人格畸形,主要表现为性格的极端性,情感的不稳定性和意志行为的不适应社会性。

变态人格是最近几年运用较多的概念,尽管人们在变态人格的表述上不尽相同,但一般都认为变态人格是一种受先天因素和后天环境影响而形成的明显偏离正常,以致不能正常适应社会生活的人格畸形。在通常情况下,变态人格一般并无思维和智能障碍,也能够认识和控制自己的言行,但不正常的人格使得他们不能按常理过社会生活,言行越轨者甚为普遍。变态人格毫无疑问是精神障碍的一种表现。

作为一种人格障碍,变态人格也称为反社会变态人格。一般来说,反社会变态人格具有以下一些特征:第一,行为人基本行为类型与社会经常发生冲突,难于适应社会生活,常常出现违反社会公德的举止和违法行为。第二,不能忠诚于任何人、团体或者社会职守。第三,自私、冷酷、不负责任。第四,缺乏悔过感,不能从失败或者惩罚中吸取教训。第五,情感极易波动,总是责备别人而为自己的行为辩护。

由于反社会变态人格者情感冷酷意志薄弱,情绪不稳定,所以,变态人格常常影响着人的认识和行为,从而也会与犯罪行为相联系。情绪不稳定型的变态者常表现为整个精神活动不能持久集中于一个事物上,因而容易受到外界的影响和别人的唆使去实施不法行为。同时,情绪上的起伏不定,使激惹性明显增高,常因一些小事引起强烈的感情冲动,此时变态者容易在爆发状态下实施粗暴的破坏行为或冲动性行为。再如具有道德,法律所不允许的顽固嗜好的怪僻型或性变态型变态人格者,往往明知自己的行为违反法律和道德,却不能克制自己强烈的欲望和行为,因而实施纵火、伤害盗窃等方面的犯罪。②

---

① 张甘妹:《犯罪学原论》,汉林出版社 1985 年版,第 64 页。
② 张甘妹:《犯罪学原论》,汉林出版社 1985 年版,第 66～73 页。

（三）智能不足与犯罪

智能不足与犯罪之间具有一定的联系。智能不足者，不能正确地把握外界的事物，缺乏健全的观察力，不能正确地判断与推理。因而不能了解由于自己行为所能引起结果的重大性，所以，极易因模仿、好奇等极幼稚或令人难以置信的微小动机而造成重大的犯罪结果。智能不足者，注意力散漫、不集中、理性发展程度低、缺乏思考能力，对瞬间性冲动无制止力，易受食欲、性欲、占有欲等本能的支配而陷于犯罪。智能不足者缺乏社会适应能力和一般生活能力，对外界诱惑抵抗能力薄弱，对生活上所遭遇的困难，难以抗争而为目前的利益所诱惑，或因生存竞争失败而陷于犯罪。

智能不足在一定程度上还影响着犯罪的种类，根据国外一些学者的调查，智能不足的人犯放火罪及风俗犯的较多。在放火罪中，其犯罪动机多因仇恨以放火泄愤或因好奇欲睹火焰冲天的盛况或消防队员与火扑斗的场面；在风俗犯罪中，智能犯人在解决性的问题上，多较一般难以竞争，因而出于非常手段或因智能低劣，不能了解性的正当意义，任其本能冲动而犯强奸、猥亵等罪。

智能不足程度不同，一般表现为白痴、痴愚和愚鲁。与犯罪最有关系的是愚鲁。因为程度最深的白痴，几乎不能言语，其他意志的交换及其环境的适应均感到困难，衣食上需要他人帮助，自立困难；痴愚者，缺乏对事态变化的适应力，如有他人帮助尚能勉强处理自己身边事物，因而这两种程度的智能不足者的犯罪危险性较小；而愚鲁者虽智能低下，但各方面的智能发展不平衡，具有一定的辨认和控制能力，也具有某种程度的智能，因此才容易在非正常的智能支配下实施犯罪行为。[①]

总之，精神障碍对于犯罪行为的发生会产生一定的影响，但这种影响不是必然的。在犯罪人当中，具有精神障碍的人不过是少数。但是，研究精神障碍与犯罪的关系，仍然是必要的，它一方面可以帮助我们认清犯罪发生的原因，清楚某些个体的精神因素也会对犯罪产生一定的影响，同时，也可以从预防犯罪的角度出发，寻求防范精神障碍者实施犯罪行为的措施，以达到防卫社会的目的。

---

① 张甘妹：《犯罪学原论》，汉林出版社 1985 年版，第 74～80 页。

第四编
犯罪治理

21世纪

　　体察犯罪与被害现象、分析犯罪原因最终是为了制定和组织实施科学的犯罪治理活动。犯罪治理构成了犯罪学研究应用价值的落脚点和现实目标。实际上,犯罪是一种十分复杂的社会法律现象。犯罪产生的原因多样、层次众多、性质各异,要想有效地治理犯罪并非易事。本编拟从犯罪的运动式治理、日常性治理、刑事治理、被害治理四个层面展开研讨。

第十六章

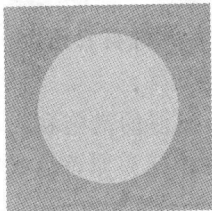

犯罪治理概述

作为一个重要的犯罪学理论范畴，犯罪治理本身涵盖了社会生活中丰富多彩、种类繁多的人类应对犯罪的措施和实践活动。犯罪治理理论能够为犯罪治理实践提供全面的理论指导和智识支撑。

第一节　犯罪治理的概念与特征

一、犯罪治理的概念

在刑事科学中，一直存在这样一个问题，即对于"人类有组织地应对犯罪的措施和实践"的归纳和称谓过于繁多，不同的分支学科常常有不同的阐释，致使学术探讨陷入混乱。

在刑事政策学语境下，将其归纳为犯罪打击或犯罪对策。这是近些年来我国一些学者使用的。如周密先生在《论证犯罪学》一书中将第七编定名为"犯罪对策论"；魏平雄、王然冀在《贪污贿赂罪的认定与对策》一书中，也将对策论作为全书三大组成部分之一。类似提法在一些学术论文中也可以见到。可以说，关于犯罪对策的提法明确展示学术的研究内容，那就是如何运用各种手段与犯罪做斗争；但犯罪对策的范围过于广泛，而且不够突出防止和减少犯罪发生这一特点。

在刑法学场域中，将其解读为犯罪惩罚或犯罪惩治。这是刑罚报应思想的鲜明体现。随着犯罪学研究的深入，国家与社会各界逐渐注意到单纯事后惩治和打击犯罪的局限性。尽管强调刑罚的及时性和必要性是十分重要的，但在处理犯罪问题时,单纯事后惩治犯罪难以现实"标本兼治"的治理目标。故此,将"人类有组织地应对犯罪的措施和实践"简单地归结为犯罪惩罚或犯罪惩治也是不适宜的。

在刑事执行学中,将其称为犯罪矫治或犯罪处遇。处遇一词源自日语,由于刑事执行主要就是针对特定服刑人员的改造,故此,处遇与矫治均主要是针对犯罪人的扭曲人格、主观恶性和人身危险性而言的。应对犯罪的措施和实践的对象显然不限于特定的罪犯群体,还包括社会一般人,而由于犯罪矫治或犯罪处遇对象的特定性,所以犯罪矫治或犯罪处遇范畴也不是适宜的称谓。

在社会学中,也将其称为犯罪控制或控制犯罪。犯罪控制实际上源自美国社会学家罗斯所提出的"社会控制"这一范畴。是社会控制理念在刑事领域的具体延伸。"所谓社会控制,是指社会组织利用社会规范对其成员的社会行为实施约束的过程。有广义和狭义之分,广义的社会控制,泛指对一切社会行为的控制;狭义的社会控制,特指对偏离行为或越轨行为的控制。"[①]犯罪学中的犯罪控制主要指狭义的社会控制。在许多文章、专著或教科书中,我们经常可以看到"控制犯罪"或"遏制犯罪"。我国一些学者也借用这样的概念,认为"控制犯罪"(犯罪控制)的提法是科学的。[②]高峰在《中国当代社会犯罪鸟瞰》一书中也把第三部分称为"中国当代社会遏制犯罪的方向"。

可以说,所以称之为"犯罪控制",很大程度上是基于这样的一种认识:犯罪在任何社会都是存在的,提出"消灭犯罪"或类似要求都是不切实际的幻想,犯罪只能在一定程度上加以控制。的确,犯罪等社会越轨行为是不能彻底消灭的,而只能通过各种方法和手段加以限制和减少。但是,在一定历史时期不能消灭犯罪不等于不能有效治理犯罪,尤其是预防某些犯罪行为的发生。犯罪虽然是一种复杂的社会现象,但犯罪现象主要是由各种社会因素决定的,其形成和产生同其他若干社会现象之间具有因果性、相关性;同时,某些犯罪还带有季节性、时间性和地域性。如果我们正确认识这些变化征兆,积极、主动采取防范措施,就可以防止一部分犯罪发生。实际上,所谓犯罪控制也是以一定的控制方法来实现综合治理犯罪的目的的。由于犯罪控制范畴未能有效兼容犯罪预防的内容,故此,犯罪控制也不是最佳的选择。

关于人类有组织的应对犯罪的措施和实践,是一个依托理论、进而指向实

---

① 引自百度百科 http://bk.baidu.com/view/183640.htm,访问时间:2010 年 8 月 1 日。

② 肖剑鸣、皮艺军:《犯罪学引论》,警官教育出版社 1992 年版,第 304 页。

践的标准的犯罪学问题。犯罪学的学科价值就是从事实和价值层面提供与犯罪有关的全面知识。因此，对于这个标准的犯罪学问题，我们需要一个标准的犯罪学范畴予以涵盖。

现有的犯罪学研究却让人有些失望，现有的研究大多将其称为"犯罪预防"。如前苏联学者米罗洛夫提出关于预防犯罪的概念，认为这是由国家机关和社会团体进行的旨在消除犯罪现象的措施的整个总和。[①] 我国也有学者提出犯罪预防的概念，即根据对犯罪原因的科学分析，采取有针对性的措施，割断或者削弱犯罪与其原因之间的因果联系的行为体系。[②] 虽然预防犯罪甚为重要，但这种提法还是有失全面。毕竟，应对犯罪的各种措施和实践综合了打击、控制及预防等多重目标，单纯的犯罪预防也难以涵盖有关人类应对犯罪的各种措施与实践。此外，还有将其称为犯罪防控的，虽较为全面但过于具体，缺乏研究范畴的特有抽象性，故而也不适宜。

在犯罪学语境下，需要重新提炼出一个学术范畴，以其全面涵盖关于"应对犯罪的措施"的理论和实践。由于"应对犯罪"是一个社会综合治理的问题，因此，对该范畴的提炼不能脱离其他人文社会科学知识而另起炉灶，需要保持知识和话语的延续性。由于"应对犯罪问题"是一个包容广泛的"问题域"，牵涉国家治理的方方面面，因此，该范畴应该具有一定的抽象性。

因此，本书认为，应从国家治理和社会治理等角度加以适当延伸和发展，将该范畴归结为"犯罪治理"。所谓犯罪治理，是指人类有组织地对刑事犯罪和社会越轨行为进行打击、控制和预防的应对措施、策略与实践。

二、犯罪治理的特征

与上述其他称谓相比，"犯罪治理"涵盖较为全面、符合犯罪学的学术传统、在知识上能与其他学科保持互动和关联。具体说来，它具有以下五方面的特征：

首先，从权力的角度上看，"犯罪治理"是"国家治理"活动在犯罪和越轨行为领域的延伸和展开。权力是特定主体因某种优势而拥有的对社会或他人的强制力量和支配力量，权力以强制和支配为鲜明特色。作为一个持续的过程，犯罪治理主要依靠国家权力的运作和国家资源的投入。作为国家治理的有机组成部分，犯罪治理是国家公权力、社会自治权和个人权利的运用和体现。在

---

① 张旭：《犯罪学要论》，法律出版社 2003 年版，第 183 页。

② 康树华：《犯罪学通论》，北京大学出版社 1999 年版，第 592 页。

权力适用上,它既包括对"已然之罪"运用国家刑罚权进行具体定罪量刑和刑罚执行等强制性处遇,还包括支配各种社会资源和个人力量对"未然之罪"进行被害预防等支配性运作。

其次,从知识上看,犯罪治理范畴能够将其他人文社会学科的知识和资源有机引入和整合到刑事科学场域中。作为一个倡导跨学科研究模式的学科,犯罪学是刑事科学与其他人文社会学科联系、互动和交流的"知识之门";作为"上游学科"和基础学科,犯罪学为刑事科学的其他分支学科提供了近乎无限的知识资源、丰富的智识思想和多元的研究方法。犯罪治理能将有关"国家治理"和"社会治理"的知识、资源、策略和思想引入刑事科学研究。毕竟,犯罪治理不是一个任意为之的活动,而是一个科学的理性活动、人性的专业化活动和规范的合法活动。犯罪治理与社会治理、国家治理一脉传承,它们均以科学的治理理论为知识基础。在犯罪学中,以犯罪治理为基点研究犯罪问题,有助于相关治理理论进入研究者的视野,也有助于国家应对犯罪的相关活动保持科学性和合法性。

第三,从范围上看,犯罪治理既包括针对犯罪和社会越轨行为的治理,也包括对权力机构和治理主体的制衡与约束;还包括对犯罪人和潜在犯罪人的治理,对被害人和潜在被害人的保护。以往应对犯罪的各种策略往往将犯罪、犯罪人和社会越轨行为作为研究重点,但往往忽视保护处于弱势地位的被害人群体,往往忽视制衡处于强势地位的权力部门和治理主体。随着被害人学的日益兴盛,保障被害人的基本权益已经成为犯罪治理工作的重要内容。同时,由于国家相关机构等治理主体属于权力执行机构,它们治理犯罪的公权力有时会侵犯到普通民众的合法权利;如果对权力不加以制衡和限制,国家治理主体不仅难以真正治理犯罪,反而还会激化社会矛盾,甚至会引发治理主体的权力滥用等越轨行为和职务犯罪。如在治理卖淫嫖娼、赌博等社会越轨行为时,如果不限制和监督相关部门的权力行使,容易导致某些部门打着治理犯罪的借口和旗号而行罚款创收、滥用公权力之实。

第四,从手段上看,犯罪治理既包括刑事法律的运用,还包括广泛的社会控制手段的综合性运用。以往应对犯罪往往侧重于运用刑事法律的打击和惩罚,这在历次"严打"活动中均获得了淋漓尽致地体现;但是"严打"等犯罪打击活动并未收获明显的效果,这从我国改革开放以来一直迅猛增长的刑事案件立案数量上就可以得出结论。于是,在我国社会日益多样化的背景下,教育、管理、监督等综合方式得到重视,经济、政治、文化等综合社会控制手段受到青睐,社会组织、团体、个人的犯罪治理力量获得国家的关注。

第五,从内容上看,犯罪治理包含多个层次的治理措施。这既包括对具体犯罪和个别罪犯的具体处理与处遇,也包括对整体犯罪现象的预防和对特定犯罪亚群体以及机会犯罪人的控制。具体来说,这既包括刑事治理,也包括被害治理;既包括运动式治理,也包括日常性治理。有关上述犯罪治理的具体内容,本书在后面将详细阐述。

第二节 犯罪治理的类型

我国犯罪治理的基本理念和指导思想是"综合治理"。这一思想是在1979年6月中央宣传部等八个单位《关于提请全党重视解决青少年违法犯罪问题的报告》中首先提出的,其宗旨是为了解决当时社会中严重存在的青少年犯罪问题。其后,社会治安状况恶化,犯罪率不断上升,中央政法委员会在京、津、沪、穗、汉五大城市社会治安座谈会中又进一步明确地提出,要"争取社会治安根本好转,必须各级党委来抓,全党动手,实行全面综合治理",并在以后的会议中多次强调,进而成为我国犯罪治理工作的基本方针和总体理念。

所谓综合治理,就是在各级党委和政府的统一领导下,各部门、各单位通力合作,紧密配合,全面运用政治、经济、行政、法律、文化、教育等各种手段,打击犯罪,教育和改造违法犯罪人,逐步限制和消除产生犯罪的各种因素,以减少犯罪和预防犯罪,维护国家的长治久安。

综合治理是整体和全局意义上的犯罪治理策略与理念,综合治理战略的实施还需要依靠具体的犯罪治理类型的贯彻与实施。从运作方式上看,我国的犯罪治理包括运动式治理和日常性治理;从治理侧重上看,我国的犯罪治理还可分为刑事治理与被害治理。因此,本书拟研讨运动式治理、日常性治理、刑事治理与被害治理四种类型。

一、运动式治理与日常性治理

从历史上看,人类对犯罪的反应包括常态反应和特别时期的特殊反应。面对犯罪的侵害,国家和社会一般是通过国家机器和社会组织以法律、纪律、道德、伦理等各种社会控制手段的日常运作来加以应对,这种日常性治理是人类治理犯罪的常态。随着社会变迁和情势变更,犯罪现象往往呈现周期性的波动;在某一时期,整体犯罪态势严重到国家和社会日常性治理难以承担的程度也是常有之事。因此,在日常性治理之外,依靠由国家强力推动的各种专门性治罪运动、采用超出日常强度的司法资源和社会成本高效地应对犯罪,将国家和社会的力量集中投入,这也是一种犯罪治理模式。在我国这种常态反应就是日常性治理,特殊反应就是运动式治理。

依靠运动治理犯罪是我国依靠运动和政策治理国家的缩影。运动式治理,是指国家和社会为了维护社会治安和法律所要求的秩序,通过集中以司法资源为主要代表的各种社会资源、以法律等正式社会控制手段的大量运用为基本方式,在全国范围内对刑事犯罪和各种严重社会越轨行为所进行的以打击、控制、预防为内容的群体性社会治理活动。

日常性治理,是指以对犯罪进行日常治理为理念,以国家和社会的正常机制打击、控制及预防犯罪为内容的犯罪治理运作形式和组合方式。

日常性治理属于国家和社会对待犯罪问题一般性和惯常性的应对方案。从内容上看,日常性治理中的治理方式涵盖广泛,包括直接反应和间接反应、司法反应和行政反应、官方反应和民间反应,并深入涉猎各种国家管理和社会自治活动。从主体上看,与运动式治罪不同,日常性治理中社会多元力量参与程度和主体地位均有较大提高,社会组织和公民个人在犯罪治理中的作用得到充分的发挥。从手段上看,日常性治理的控制手段既包括共享的价值观念和文化规范,也包括普遍、统一的行为规范(包括法律、纪律、道德、伦理、习惯、传统等),更包括推行上述价值观念、文化规范、行为规范的制度和组织。

总之,这两种治理模式共存于我国犯罪治理实践中,运动式治理主要表现为以"严打"为代表的各种专项整治犯罪运动,日常性治理主要表现为通过国家、社会的正常管理和自治活动对犯罪进行有条不紊、循规蹈矩的日常预防和控制。

二、刑事治理与被害治理

刑事治理是指国家专门机关通过刑事立法、刑事司法打击犯罪,惩罚、教育和改造违法犯罪人的实践活动。刑事治理涉及诸多内容,如刑事立法政策原则的确定和立法实践活动;揭露犯罪事实和犯罪人;犯罪的刑事追诉,刑罚和刑事处遇措施的科处和执行等。刑事治理的核心内容是打击犯罪,包括集中打击和经常性地惩治犯罪。

从刑事立法的角度看,我国需要进一步健全和完善刑事法律制度。从刑事司法的角度看,我国需要进一步依法办事,坚决纠正有法不依,执法不严的不良现象,充分发挥法律的惩戒作用。从刑事执行的角度看,我国需要加强罪犯教育改造工作。总之,刑罚的威慑作用是刑事治理的核心内容。要使刑罚发挥威慑作用,关键是保障刑罚的相应性、确定性和及时性。

被害治理是指以被害人为视角,减少、消除各种易致被害的因素,进而使国家、社会、公民个人免于刑事被害或减少成为被害人机会的各种措施的总称。刑事治理的重心在于关注对犯罪行为与犯罪人的矫治;而被害治理则侧重于从被害人预防被害的角度预防犯罪发生。刑事治理与被害治理只有互补、互促,才能发挥治理犯罪的合力。

第十七章

犯罪的运动式治理

从整体意义上看,我国的犯罪治理模式既包括运动式治理,也包括日常性治理。尽管这两种治理模式共同作用于社会控制,但在特定国情和时代背景下,运动式治理贯穿新中国发展与建设的整个历史进程,在新中国发展的每一历史阶段都能发现运动式治理的身影。

第一节　运动式治理的概况

依靠运动治理犯罪是我国依靠运动和政策治理国家的缩影。严格来说,新中国的犯罪治理活动始于建国初期的镇压反革命及剿匪运动、三反和五反运动;反右扩大化运动和文化大革命中的打击党内"走资派"等活动也具有强烈的运动式治罪色彩。政治上的混乱结束及改革开放开始后,历次"严打"活动均属于典型的运动式犯罪治理活动。

"严打",是指严厉惩治严重刑事犯罪,或称"从重从快严厉打击刑事犯罪活动"。在学理上,"严打"就是由执政党和政府发起和推动的打击、防控犯罪的群体性运动。在"文革"结束、改革开放和社会转型启动后,我国社会结构发生了巨大的变迁,社会矛盾亦随之激化,在 20 世纪 80 年代中期我国迎来了旷日持久的第五次犯罪高峰。① 为应对第五次犯罪高峰的挑战,维护社会稳定,从根本上扭转犯罪态势严峻的社会治安状况,我国陆续开展了三次全国性的"严打"活动,而在三次"严打"活动之间,又进行了各种类型的专项治理和集中整治犯罪活动。因此,也可以说,从 20 世纪 80 年代中期开始我国就一直处于"严打"之中。

"严打"是我国犯罪治理的基本形式,关于"严打"存在各种方式的描述,有学者分别从刑事立法与刑事执法、刑事司法两个层面对"严打"进行了全面述评。②

在刑事立法层面,自"严打"运动开始后,紧随其后的就是刑法的大规模修改,而且基本修改方向就是改轻为重。1983 年全国人大常委会通过了两个特别规定——《全国人大常委会关于严惩严重危害社会治安的犯罪分子的决定》和《全国人大常委会关于迅速审判严重危害社会治安的犯罪分子的程序的决定》。前者规定对于流氓罪,伤害罪,拐卖人口罪,非法制造、买卖、运输或者盗窃、抢夺枪支、弹药、爆炸物罪,组织反动会道门,利用封建迷信,进行反革命活动,严重危害社会治安的,引诱、容留、强迫妇女卖淫罪的犯罪分子,可以在刑法规定的最重刑上处刑,最高可以判处死刑。后者规定对于杀人、强奸、抢劫、爆炸和其他严重危害公共安全应当判处死刑的犯罪分子,主要犯罪事实清楚,证据确凿,民愤极大的,应当迅速及时审判,可以不受刑诉法 120 条对起诉书和传票、通知书送达期限的限制,这几种犯罪的上诉和抗诉期限从刑诉法 131条规定的 10 天改为 3 天。自 1983 年"严打"开始至 1997 年刑法修改,短短 14

---

① 根据公安部公布的情况,从 1949 年新中国成立以来,我国一共历经了五次犯罪高峰。第一次是在建国初期的 20 世纪 50 年初期,其背景是两种社会制度的交替,新旧政权的更迭。第二次是在三年困难时期,天灾人祸是主要诱因。第三次是在文化大革命期间,在"革命"和"造反"的旗号掩护下,各种群体性犯罪大量实施。第四次是改革开放后的1981 年,社会结构转型引发了道德滑坡、价值观念堕落,由此引发了大量的暴力犯罪。第五次是自 80 年代中期以来正在运行的高峰期。据资料显示,九十年代中期发案率上升到80 年代前半期的 8 倍,而 1999 年全国公安机关共立案 225 万件,又比 1998 年上升了13%,2000 年共立案 363 万件,比 1999 年又上升了 61%。这次犯罪高峰持续时间长、案件上升幅度大、犯罪类型与手段繁多、危害严重,是前几次所不能比拟的。引自 http://www. wsd163. net/Article/ArticleShow. asp? ArticleID=13710 中新网,访问时间:2006 年7 月 1 日;http://norc. szu. edu. cn/student/wx/go. asp? id=986,访问时间:2006 年 7 月 1日。

② 谢望原、卢建平等:《中国刑事政策研究》,中国人民大学出版社 2006 年版,第258~259 页。

年时间内,全国人大常委会通过了 24 个"决定"和"补充决定",增设数十种罪名,其中尤其是死刑罪名大为增加,即从 1979 年刑法的 28 个死刑罪名增至 74 个死刑罪名。上述决定标志着"严打"关于"从重从快"的核心主张从此以后更加深入人心。

在刑事执法、刑事司法层面,从 1983 年开始,我国始终处于"严打"之中,并先后开展了三次大规模的"严打"运动。

第一次"严打",从 1983 年 9 月至 1987 年 1 月。1983 年《关于严厉打击刑事犯罪活动的决定》明确了此次运动的七类打击对象:一是流氓团伙分子;二是流窜作案分子;三是杀人犯、放火犯、爆炸犯、投毒犯、贩毒犯、强奸犯以及重大盗窃犯;四是贩卖妇女、儿童的人贩子,强迫、引诱、容留妇女卖淫的犯罪分子和制造、复制、贩卖内容反动、淫秽的图书、图片、录音带、录像带的犯罪分子;五是有现行破坏活动的反动会道门分子;六是劳改逃跑犯、重新犯罪的劳改释放分子和解除劳动教养人员以及其他通缉在案的罪犯;七是书写反革命标语、传单、挂钩信、匿名信的现行反革命分子,以及有现行破坏活动的林彪、"四人帮"反革命残余分子。此次"严打"共分三大战役:第一次战役自 1983 年 8 月至 1984 年 7 月,基本扫荡了浮在表面的犯罪分子;第二次战役自 1984 年 8 月至 1985 年 12 月,对犯罪的打击逐步向纵深方向发展,该阶段仍然采取统一行动、集中打击、分成几步开展的工作方式;第三次战役自 1986 年 1 月至 1987 年 1 月,通过边打击、边防范、边建设,逐步过渡至正常。

第二次"严打"时间为 1996 年 4 月至 1997 年 2 月,打击重点是杀人、抢劫、强奸等严重暴力犯罪、流氓犯罪、涉枪犯罪、毒品犯罪、流氓恶势力犯罪以及黑社会性质的犯罪等严重刑事犯罪。

第三次"严打"从 2001 年 4 月开始,为期两年。这次"严打"确定的重点打击对象是带黑社会性质的团伙犯罪和流氓恶势力犯罪以及爆炸、杀人、抢劫、绑架等严重暴力犯罪和盗窃等严重影响群众安全的多发性犯罪。这次"严打"除了强调"从重从快"以外,还强调"稳、准、狠"以及"依法"原则。同时强调"打防"结合,治标与治本结合,主要表现在:一是采取"严打"与整顿市场经济秩序相结合;二是"严打"与反腐败相结合,坚决打掉隐藏在黑恶势力背后的"保护伞"。为配合这次"严打",最高人民法院和全国人大常委会先后通过了关于"黑社会性质的组织"的司法解释和立法解释。

除去上述三次大规模的"严打"运动以外,实践中还存在各种名义、各种规模的"专项斗争"和季度性"严打"。例如 1989 年 4 月开始的全国公安机关打击流窜犯罪的专项斗争;1989 年 10 月下旬至 1990 年春节前后的除"六害"斗争;1990 年 3 月公安部、铁道部、交通部联合部署在全国 19 个省市开展打击"车匪路霸"的专项斗争;1990 年 5 月到国庆节前,由中央政法委决定、各地公安机关因地制宜开展的严厉打击刑事犯罪的行动;1994 年 7 月至年底,在全国城乡"打击拐卖妇女儿童犯罪"专项斗争,等等。

第二节　运动式治理的特征

客观、理性地体察中国运动式治罪模式的发展脉络、变迁过程、现实状况是对其进行文化反思的前提和基础。该模式的基本特征主要有以下四个方面:

首先,运动式治理是由国家发起、社会各界广泛参与的群体性社会治理活动,它本质上属于一种运动,是一种以打击、控制、预防犯罪为内容的运动,是一种蕴涵社会治理、社会秩序完善意义的运动。

其次,由于犯罪治理的目标在于维护社会治安和法律所要求的秩序,而上述秩序一般是依靠日常性治理的方式进行维护的。我国犯罪治理尤其是运动式治理发动的社会背景和环境在于:犯罪率急剧增加、整体犯罪态势严峻、日常性治理不足以有效应对犯罪浪潮的挑战。也可以说,运动式治理的犯罪治理模式是非常时期的非常之举。

再次,我国运动式治理模式的非常之处是在全国范围内,以"大会战"、专项治理、集中整治等轰轰烈烈的非常规方式,集中投入司法资源和社会资源,对犯罪进行高强度、高效率、暴风骤雨式的整治。

最后,运动式治理模式更加偏好运用以法律为代表的正式的社会控制手段。社会控制手段一般可以分为法律等正式的社会控制手段和道德、伦理、舆论、传统等非正式的社会控制手段。以运动式治理为主的犯罪治理模式往往以法律的名义实施,通过国家正式的刑事诉讼程序发动警察、监狱、法庭等国家机器,以刑罚等刑事处遇措施实现对犯罪人法律责任的追究。

由此看来,结合我国目前犯罪治理的发展概况和基本特征,不能不将我国的犯罪治理模式与"严打"等运动式治理联系起来。实际上,以"严打"为鲜明代表的运动式治理在我国整体犯罪治理活动中起到了非常重要的作用。所谓运动式整治治理模式(简称运动式治理),是指国家和社会为了维护社会治安和法律所要求的秩序,通过集中以司法资源为主要代表的各种社会资源、以法律等正式社会控制手段的大量运用为基本方式,在全国范围内对刑事犯罪和各种严重社会越轨行为所进行的以打击、控制、预防为内容的群体性社会治理活动。

第三节　运动式治理的反思

实际上,选择何种适合中国国情的犯罪治理模式,这属于一种应然考量;但这种应然考量离不开对实然治理模式的深度认知。对运动式治理利弊权衡的目的则在于对运动式治理进行评判,即分析其能否合理地完成当代中国治理的基本任务。对于运动式治理的利与弊进行衡量,需要从特定视角出发或运用特定的方法。不同于以往研究对"严打"等运动式治理的泛泛之谈,本文选取文化规范性作为利弊衡量的视角和方法,进而对运动式治理进行一种文化研究。

作为文化的本质属性,文化规范性体现了文化对个人与社会的影响和制约,文化规范性分析则体现了文化研究的批判性、实践性及跨学科性。从文化规范性出发对运动式治理模式进行文化研究,需要充分借助文化规范性的价值观念、生活方式、社会制度、文本或话语这四个重要研究工具,以上述四个研究范畴作为权衡运动式治罪模式的标准与框架。

一、价值观念:人治对法治的冲击

对运动式治理模式的文化规范性分析首先可以从价值观念的层面展开。从宏观角度看,法治与人治就是社会生活中两种相互对立的价值观念。我国的运动式治理模式更多地体现了人治这样一种价值观念,因此,在社会基本价值观念上,运动式治理的实施带来了人治思想对法治精神的冲击。

首先,我国的运动式治理本质上是一种"贤人之治",在其启动的过程中政治权威起到了关键性作用,而法律仅具有工具属性,法律的最高权威尚未从实质上得到确立。

在我国第一次"严打"运动的决策过程中,中国改革开放的总设计师邓小平同志起到了关键的作用。1983年小平同志曾对当时的公安部长刘复之指示:"刑事案件、恶性案件大幅度增加,这种情况很不得人心。几年过去了,这股风不仅没有压下去,反而发展了。原因在哪里? 主要是下不了手,对犯罪分子打击不严、不快、判得很轻。为什么不可以组织一次、二次、三次严厉打击刑事犯罪活动的战役？现在是非常状态,必须依法从重从快集中打击,严才能治住。搞得不疼不痒,不得人心。"①由此"严打"运动轰轰烈烈地拉开了序幕,并按小平同志的设想在第一次"严打"中划分了三个依次进行的战役。在以后历次"严打"运动中,均可发现政治权威所起的决定性作用。如第二、三次"严打"运动均是通过中共中央政治局全体常委参加的全国严打工作会议布置、动员、监督的。

在运动式治理中,政治权威的决定性或关键作用本质上是一种人治的表现,并与法治的精神背道而驰。尽管运动性治罪也强调依法办案,也专门出台了大量的法律法规及司法解释;但是有法并不等于法治。从某种意义上说,法治和人治都离不开人的因素,国家均需要依靠法律治理社会。法治与人治的根本区别在于:"在法律与个人意志发生矛盾冲突时,是法律的权威高于个人意志？还是个人意志凌驾于法律之上？凡是法律权威高于个人意志的治国方式都是法治,凡是法律屈从于个人意志的治国方式都是人治。"②所以人治的标志是个人意志具有决定性地位,法治的关键在于法律具有最高的权威。

尽管从当时的历史条件上看,政治权威发动运动式治罪在客观上是必要,也是颇具成效的;在中国由人治向法治的转型初期,人治尤其是"贤人之治"对中国社会变迁与进步往往起到巨大的推动作用和具有不可磨灭的历史意义。但运动式治理不是根据法律程序启动的,而是由政治权威发动和推动的,政治权威对运动式治罪实际上起到了决定性作用;从本质上说,运动式治罪是一种"贤人之治"。在运动式治罪中,法律往往具有工具属性,法律的角色仅是国家治理社会的必要手段,法律的最高权威地位在实质上并未确立。因此,我国的运动式治理是法治不发达的产物;尽管近年来建设法治国家已成为全国的努力目标,但运动式治理尚未发生本质的转型,尚未有效地融入到法治的框架内。

其次,我国的运动式治理以及运动式治理中形成的法律也往往具有较大的不可预测性和任意性,法治理念下的法律制定、执行的可预测性和稳定性得不到有效保障。

法治的基本精神要求国家权力运作和法律制定、执行能够公开化,并保持相对稳定,使社会一般人能够根据法律对国家的相关权力运作产生预测可能

---

① 曹凤等:《中国"严打"十八年》,载《警方》2001 年第 6 期。

② [美]科恩:《论民主》,聂崇信等译,商务印书馆 1988 年版,第 25～26 页。

性。但"严打"等运动式治理的决策往往具有一定神秘色彩,社会公众往往事先无法得知各种运动式治理究竟何时开始、何时结束等具体情况。同时,运动式治理往往带来刑事法律的立法和修订等各种变化,这种法律上的变化虽是为了适应严峻的犯罪形势而做出的,但法律变化的剧烈足以使人感到震惊和意想不到。

1979 年刑法仅仅规定了几十个涉及死刑的罪名,可以说 1979 年刑法是一部刑罚较为轻缓的法典。随着"严打"运动的开展,为了适应新的"严打"政策,1983 至 1997 年新刑法出台前,1979 年刑法发生了剧烈的变化,一方面刑罚趋于苛重,在短短的十几年间又增设了几十个涉及死刑的罪名;另一方面,在这段时间内,有关部门又陆续出台了几十部司法解释和单行条例。1997 年新刑法出台后,为了适应新的"严打"需要,若干刑法修正案和司法解释如雨后春笋般制定、执行。上述剧烈的犯罪化和刑罚化变革虽然与中国社会近十几年社会转型的情势变更有着密切关系,但对于社会一般公众来说,这种由"严打"刑事政策刑法化带来的刑法变迁无论从程序上还是实质内容上均具有强烈的不可预测性和任意性。因此,也可以说,运动式治理的浪潮也在制造着犯罪。在运动式治理中,今天不是犯罪的行为,可能因形势需要明天被国家标定为犯罪;今天应处以轻缓刑罚的犯罪行为,很可能随着政策的需要很快就加重其刑罚。这种刑法的变化对于一般人来说实在是过于突然。因此,运动式治理及其带来的刑法剧变对于刑事法治所要求法律的可预测性和稳定性往往产生消极的影响。

再次,在运动式治理中,国家权力的运作未能得到法律的有力限制和约束,运动式治理往往体现人治理念中国家对民众的单向控制;而法治所要求的国家与民众的双向控制受到运动式治理的实际抵制和排挤。

由于在运动式治理中法律的角色仅是治理犯罪的手段与工具,所以有关部门运用国家权力的过程难以获得法律的有效制约;由于运动式治理实行的是公检法联合办案等形式,所以法律所要求的公检法各部门互相制约、互相分工原则实际上得不到贯彻。这样在运动式治理中鲜明地体现了国家对民众的单向控制,国家将民众置于潜在犯罪人的地位予以防范和控制;同时民众也缺乏法律程序对相关公权力的运行进行了解和外部监督。

权力具有扩张性这一天然属性,"公共权力作为一种支配力量,本质上是一种意志的强加,特别是由于对强制力的垄断,使它具有强制他人服从自己意志的能力,这种能力决定了它总是具有无限扩张的倾向和滥用权力的危险。"①不受制约的公权力往往意味着恣意妄为。在运动式治理中,出现诸如"刑讯逼供"以及严刑峻法等现象就是权力失控的明证。"从民主的角度看,法治与宪政是一致的;从管理的角度看,法治就是限制权力的范围。"②因此,在运动式治理中,缺乏对国家公权力的有力制约,运动式治理与法治的精神是相悖的。

最后,运动式治理忽视对个人权利的保障,缺乏应有的人文关怀和人道精神;而受运动式治理的影响,法治真正尊重个人、充分保障个人权利的理念一直未能实现全方位地贯彻和落实。

如前文所述,由于运动式治理科学性与法治化的不足,导致运动式治理在行动上和观念上暴露了很多弊端,尤其是运动式治理对人权保障(主要是指对犯罪嫌疑人和犯罪人合法权益的维护)的忽视最为明显。尽管运动式治理能够迅速满足民众较强的报应心理和重刑文化传统,有利于短时间增强社会安全感,但民众过于强烈的报应心理和重刑传统本身就违反法治精神。刑事法治的基本原则在于罪责刑相适应,对犯罪人科处刑罚的唯一根据就是其犯罪行为,决不能单纯为了平民愤、威慑社会其他人,就对犯罪人施以重刑。毕竟,刑事法治要求刑事司法活动保持清醒与理性。但运动式治理秉承传统的"治乱世用重典"思想,欠缺应有的人文关怀和人道精神,客观上造成了刑事司法活动理性的缺失,也导致刑事法治的人文精神难以在实践中落地生根。

总之,正如有学者所说,"运动毁灭法制,运动的结果导致轻视法制,以党的政策取代法律;运动本身就是一种非正常秩序状态,它必然会损坏法制;运动本身具有极强的政治性,使法律不仅难以驾驭运动,而且充当了运动的工具,最后被政治所抛弃。"③

二、生活方式:片面打击对犯罪原因的忽视

"生活方式本质是一种交往方式,是人类为了生存与发展在一定社会的组

---

① 何云峰:《人治与法治:两种治国方式的比较》,载《华北水利水电学院学报》(社科版)2005 年第 1 期。

② 袁付平:《法治、人治与民主》,载《山东大学学报》(哲学社会科学版)2003 年第 1 期。

③ 蔡定剑:《历史与变革——新中国法制建设的历程》,中国政法大学出版社 1999 年版,第 284~285 页。

织和规范中进行交往的典型方式。"①人类社会存在的犯罪是深深根植于人类生活场景中的有机组成部分;同时在生活方式中也蕴涵了多重的犯罪原因和社会运行机理,可以说,特定社会的犯罪状况基本上就是由隐藏于生活方式深层的犯罪原因和社会运行机理所决定的。而我国的运动式治理往往忽视了上述事实,在运动治理活动中,往往仅重视严厉打击犯罪,忽视对犯罪发生多重原因的分析和犯罪规律的把握。

一方面,运动式治理是一种片面强调打击、忽视预防的治标不治本的犯罪治理方式,这种方式仅能获得短期的治理效果,但绝对达不到长治久安的远期目标。

如本文关于生活方式整合模式所述,犯罪是社会生活中的犯罪,特定的生活方式往往孕育一定的犯罪活动;犯罪和其他社会越轨行为均是特定生活方式中的产物。运动式治理往往强调严厉打击、忽视犯罪预防,这导致运动式治理蜕变为单纯法律上的事后打击和惩罚。这种事后打击仅具有惩罚的功能,即便是打击再有效,犯罪对社会的侵害也已形成,因此这种犯罪治理方式过于被动;这种忽视预防工作的事后打击就如同铲草一样,仅铲草不除根,忽视对滋生犯罪的生活方式的治理。从本质上说,运动式治理是一种依靠严厉的刑罚惩罚犯罪的"以暴制暴"的犯罪治理模式。然而,"暴力的回报只能是暴力,残酷行为的回报也只能是残酷行为,不会有其他的回报。'经历过'刑事司法机关的人越多,我们的社会成为健康社会的机会就越少。"②

另一方面,由于对文化冲突等犯罪原因缺乏应有认知,运动式治理的制定、实施往往缺乏必要的科学性。

犯罪文化研究表明:文化冲突是生成犯罪的深层社会原因,任何犯罪治理模式均不能对其置之不理。理性的犯罪防控往往是充分把握、利用文化冲突的犯罪治理模式。以文化冲突为例,在犯罪防控领域,借助文化规范性所进行的反思在于:必须考虑到中国当前犯罪存在着主文化与亚文化冲突的犯罪原因,犯罪治理工作也需要从压制、控制犯罪亚文化的消极影响和改变犯罪亚文化的生存土壤、社会结构等方面出发,因此,犯罪治理的长期性和艰巨性不言而喻。同时,各种治理犯罪的法律、政策、道德、风俗等都应体现主文化精神、

---

① 孙绵涛:《论人类生活方式的本质及其复归——关于知识、信息社会生活方式的探讨》,载 http://www.heyunfeng.com,访问时间:2005 年 5 月 31 日。

② [俄]谢尔盖·博斯霍洛夫:《刑事政策的基础》,刘向文译,郑州大学出版社 2002年版,第 23 页。

理念及价值观念,主文化规范性作用的发挥,亦需要主文化能够在人的生活方式中起到主导作用,需要主文化将犯罪亚文化从人的生活方式中逐步排挤,因此,主文化的文化规范性发挥作用必须与人的基本生活方式相结合。总之,基于改变犯罪亚文化的长期性与艰巨性、文化规范性必须与人的生活方式相结合等前提,犯罪治理必须针对特定犯罪原因,深深根植于生活方式的场景中。由于对上述犯罪原因的漠视与违背,运动式治理对待犯罪现象缺乏理性与科学的态度,往往陷入治标不治本、一治一乱的困境。

三、制度:运动式治理对日常性治理的排挤

文化是制度之母。在文化规范性的分析框架内,制度是一个功能强大的分析工具。作为由一系列观念、规范、组织及设备组成的有机体,制度也是人类社会组织对犯罪反应的具体行为模式。如上文所述,人类犯罪治理的制度可分为日常性治理模式和运动式治理模式。在我国犯罪治理的实践中,"严打"等运动式治理的兴起是为了弥补日常性治理较为薄弱、犯罪浪潮高涨的局面。当时的历史条件是:我国的日常性治理与法治建设均刚刚从"文革"的十年浩劫中开始重建,一切百废待兴;而又面临前所未有的犯罪浪潮。由此,在长期革命与建设事业中熟练使用运动方略治国的党和政府马上将犯罪防控工作引入了运动式的轨道。

随着中国改革开放事业取得巨大成功,中国社会整体的完善和成熟程度与"文革"结束之时已然不可同日而语,各种应对犯罪的日常性治理机构和规章制度日趋完善,从事日常性治理的各部门人员素质亦不断提高;我国的法治建设也步入正轨,依法治国已经取代依靠运动治国成为宪法明确认可的治国方略。同时,第二、三次"严打"取得短期内控制犯罪的成效已经不如第一次"严打"时那么明显,因此,更好地运用日常性治理模式应对犯罪理应成为今后犯罪治理理论与实践的中心问题。由于对运动式治罪强烈的路径依赖,犯罪治理模式总体上仍处于运动式治理的轨道上,而整个社会也为运动式治理及其后果支付了大量的司法成本、社会资源。

一方面,"严打"等运动式治理本身是永无终点的,一次运动的结束往往就昭示了下一次严打的开始;这样犯罪治理模式就难以从运动式轨道上转型为日常性治理。

"严打"治标不治本,仅能为社会带短期的安宁。有关资料显示:"1985 年

至 1991 年,我国的犯罪率年平均增长 32%,重大案件增长 40%。"[1]因此,为了更加严厉地打击犯罪,每一轮的运动式治理总是要把尽可能多的罪犯关进监狱;但是,罪犯被关进监狱并不意味着犯罪治理工作就万事大吉了,漫长而又效果不甚理想的行刑工作能否完成改造罪犯的任务值得怀疑。毕竟,监狱等行刑机构的改造能力是有限的,相当一部分罪犯的改造未达到预期目的,一旦他们回归社会,社会中潜在犯罪人的数量就会急剧增加。"增加监狱关押人数,最终结果只能是,培养更多的罪犯回归社会。"[2]正如有学者所言:"严打是无奈之举,而非长久之计;一轮严打结束往往意味着下一轮严打即将到来,严打把自己推向了'不归路'。"[3]于是,"严打"就陷入了不能自拔的困境,各种社会资源也就围绕着运动式治理使用和消耗,进而导致国家在犯罪治理问题上既陷入运动式治理循环往复的桎梏,又无力开展全新的日常性治理模式。

另一方面,由于对运动式治理模式的过度使用和过分依赖,导致运动式治罪对司法成本、社会资源的巨大滥用和透支,间接致使日常性治理的资源支撑不够。

任何一种制度的运行都需要制度成本。运动式治理本身就需要在全国范围内集中投入大量的人、财、物治理犯罪,无节制的高强度、高效率、暴风骤雨式的运动式治理往往意味着社会资源和司法成本无节制的消耗。有资料显示:"我国将大量的社会资源投入到打击犯罪的活动中,仅关押一个犯人,每年就需花费 1 万元以上,一个犯人每年给国家造成的耗费超过 3 万元;而建一所监狱的资金,至少可以建 10 所学校。"[4]因此,在我国当前整体应对犯罪的社会资源极为有限的情况下,社会资源多投入运动式治理就意味着少投入日常性治理,多投入打击犯罪就意味着少投入预防犯罪,社会资源更多地集中消耗使用就意味着社会资源难以有效维系分散使用。

---

① 魏平雄等:《市场经济条件下犯罪与对策》,群众出版社 1995 年版,第 58 页。

② D. Stanley Eitzen, Dong A. Timmer, *Criminology*, John Wiley & Sons, Inc, p. 571, 1985,转引自谢望原、卢建平著著:《中国刑事政策研究》,中国人民大学出版社 2006 年版,第308 页。另据有学者研究,我国 1996 年的重新犯罪率为 10% 左右。监狱行刑人数越多,将来刑释人员的犯罪就愈发严重。参见李均任等:《转换观念预防控制重新犯罪的上升趋势》,载《犯罪与改造研究》1998 年第 6 期。

③ 谢望原、卢建平等:《中国刑事政策研究》,中国人民大学出版社 2006 年版,第 308 页。

④ 毛磊:《中国刑事犯罪走势前瞻》,载《时代潮》2002 年第 1 期。转引自谢望原、卢建平等著:《中国刑事政策研究》,中国人民大学出版社 2006 年版,第 300 页。

总之,在制度层面,对运动式治理的文化规范性分析表现为运动式治理对日常性治理的排挤。这种排挤不仅表现在犯罪防控治理路径的习惯依赖上,还表现在对社会资源和司法成本的消耗和使用上。

四、文本与话语:运动式治理中政策和法律的科学性欠缺

运动式治理模式的推广相应地带动了运动式治理特有文本和话语的发展,于是有关文本与话语成为了运动式治理变迁的外显标志,同时文本和话语本身也构成评价运动式治理的一个独特的文化视角。文本与话语是人类知识、思想传承和意义表达的载体,能够折射出社会发展的轨迹。运动式治理的话语可以体现为党和政府制定的各种刑事政策,运动式治理的文本主要是指经历上述各种刑事政策的法律化而形成的各种刑事法律。

根据文化学理论,"任何'话语事件'都可以被同时看作一个文本,一个话语实践的实例,一个社会实践的实例,因此,话语分析可以在三个向度上进行:文本向度,关注文本的语言分析;话语实践向度,说明文本生产过程和解释过程的性质;社会实践向度,倾向于关注社会分析方面的问题。话语与社会存在一种辩证关系,一方面话语被社会结构所构成,并受到社会结构的限制,另一方面话语又有助于社会身份、社会关系、知识和信仰体系的建构,有助于改变社会。"[①]这样有关运动式治理的话语与文本亦可以从上述三个向度阐述,即法律文本的内在视角、法律文本的形成、法律与社会的关系。

首先,运动式治理将法律作为推行运动的有力工具,运动式治理需要依法进行,但为保障运动式治理而出台的法律文本与既有法律规范缺乏必要的连续性、稳定性及可操作性。

法学研究不外乎内在视角和外在视角,外在视角考察法律与社会的关系,而内在视角注重对法律文本的分析。我国运动式治理开展的基本原则就是依法进行,因此为了运动式治理的顺利开展,有关部门制定、出台了大量的司法解释和刑法修正案。从法律文本的互文性角度看,这些法律文本之间,以及与我国既有法律法规存在着一定的断裂。文本的互文性,是指"不同文本之间相互影响、相互交融的关系所造成的文本特征。""文本互文性的理念在于文本本身并不具有本体性,仅在文本内部寻求意义是不够的,文本的意义要到文本之

---

① 刘建:《多向度的话语分析——读诺曼·费尔克拉夫〈话语与社会变迁〉》,引自 http://qiancao. blogdriver. com/qiancao/182457. html,访问时间:2006 年 6 月 1 日。

间去求致。"①法律文本的互文性在于,法律之间必须贯彻共同的法治精神和基本原则,不同法律文本对相同社会现象的规定要体现出一定的稳定性。

为保障"严打"等运动式治理的顺利进行,有关部门制定、出台大量的法律法规及司法解释,但这些法律文本之间的互文性严重不足、相互否定与抵触之处颇多。如 2000 年 12 月《最高人民法院关于审理黑社会性质组织犯罪的案件具体应用法律若干问题的解释》规定:"利用国家工作人员的包庇或者纵容"是构成黑社会性质的组织必须具备的一个特征。但随后为配合 2001 年"严打黑社会性质组织"的运动,立法解释很快就将其否定,2002 年全国人大常委会第二十七次会议通过了关于刑法第 294 条第一款的解释,对"黑社会性质的组织"的含义问题又重新作了规定,即没有"保护伞"特征,具备其他特征的,也同样认定为"黑社会性质的组织"。再如关于"奸淫幼女"的成立条件,在有关司法解释之间也存在着关于"行为人是否明知"的争议。上述司法解释之间的矛盾间接导致了短时间内性质相同的案件得到不同的刑法制裁,这有违刑事法治所要求的正义、公平及刑法面前人人平等原则,致使刑事法律文本之间的连续性、稳定性和可操作性遭受破坏。

其次,文本随话语而变、法律随政策而迁,运动式治理中法律缺乏连续性、稳定性及可操作性的原因在于指导运动式治理的话语和政策缺乏应有的科学性。

在运动式治理中,法律文本的变化往往取决于司法实践中更有力打击犯罪活动的需要。如上文提到的"黑社会性质组织"的认定问题,2000 年的司法解释为"黑社会性质组织"的认定设置了包括"保护伞"要件在内的较为严格的条件。在 2001 年重点打击涉黑性质犯罪的第三次"严打"开始后,为便于对黑社会性质组织的从重从快打击,有关部门出台了立法解释将"保护伞"要件取消,人为降低了黑社会性质组织的成立标准。这在方便司法认定犯罪的同时,也造成了黑社会性质组织认定任意化和扩大化的弊端。

故此,运动式治理的终极关注点在于打击犯罪、从重从快地打击犯罪,运动式治理中伴随的话语与政策均由此而衍生,运动式治理中的法律文本亦随之嬗变。除了从重从快打击犯罪以外,法治精神的一贯性、法律文本连续性、犯罪嫌疑人人权保障、犯罪规律的复杂性、犯罪防控的系统性等深层次科学性原理均在不同程度上受到了忽视。

---

① 姚文放:《文本·话语·主体:文学传统与交互世界》,载《社会科学》2004 年第 10 期。

最后,运动式治理中话语和文本、政策和法律科学性的欠缺直接导致法律对犯罪治理和社会治安维护不得力。

由于运动式治理中相关政策和法律科学性的欠缺,导致相关政策不能够有效地实现根本上扭转社会治安的目标,致使相关法律文本难以合理地对社会生活产生影响和进行规范。运动式治理的长时间实施和不良影响,导致刑事法律、司法解释的制定越来越屈从于打击犯罪的需要,而忽视对法律文本正当性和合法性的把握;导致法律的实施越来越具有阶段性、个别化的治罪风格,法律的长远发展得不到保障;导致法律治理犯罪因社会功效蜕化仅具有短期效果,法律的预防、控制犯罪机能受到压制。法律文本与政策话语存在的不足皆源于运动式治理模式的弊端,相关政策与法律的混乱亦证明了运动式治理的失策。

总之,学术的目的不是嘲笑和一味地批评,而在于冷静地发现问题、客观地解释问题以及合理地解决问题。通过文化规范性对运动式治理模式利与弊的权衡,从价值观念上看,运动式治理以其"贤人之治"给法治带来了莫大的冲击;从生活方式上看,运动式治理以其片面强调打击犯罪而忽视了复杂、多元、深刻的犯罪原因;从制度上看,运动式治理的广泛实施实际上造成了对日常性治理模式的排挤;从文本和话语上看,运动式治理致使相关政策和法律科学性的欠缺。因此,由于与法治精神的渐行渐远、与犯罪原因的背道而驰,运动式治理模式已经越来越不能够适应我国犯罪治理的需要;在治理犯罪问题时,更多地依靠日常性治理模式的呼声日趋高涨。可以说,从犯罪治理模式上看,运动式治理的日渐衰落与日常性治理的日趋兴盛均是国家治理犯罪问题必然的历史趋势。

第十七章

犯罪的日常性治理

对运动式治理的理性反思，关键在于能够同时提出一种合理将其替代的犯罪治理模式。随着我国运动式治理的日趋衰落，如何健全、完善日常性治理逐渐成为犯罪治理领域思考的焦点。

第一节　日常性治理的概述

所谓日常性治理，是指为了将犯罪控制在为社会所容忍的范围内，国家有关部门和社会多元力量在国家日常性管理和社会自治的框架下，通过采用正式的社会控制和非正式的社会控制等综合性手段，对犯罪与社会越轨行为进行的标本兼治、打防并重的犯罪治理活动。日常性治理模式的基本特征主要包括以下四个方面：

首先，从理念上看，日常性治理蕴涵了这样一种犯罪学思想：犯罪是一种正常的社会现象，犯罪治理是一种一般性的人类控制活动；对于犯罪这种人类社会正常现象的预防与控制的理性路径在于，借助国家日常性管理活动和社会正常的自治行为开展犯罪治理工作。与运动式治理不同，日常性治理不是非常时期的非常之举，而是国家和社会为维护自身正常运行而采取的一般性防控犯罪措施。如国家通过公检法等部门对犯罪行为的刑事追究，社区所采取的社区预防等。可以说，日常性治理就是国家和社会对犯罪行为正常的、一般的管理与自治活动。纵观人类犯罪治理的历史，尽管"治乱世用重典"运动式治罪活动比较活跃，但是日常性治理仍属于国家和社会对待犯罪问题一般性和惯常性的应对方案。

其次,从内容上看,日常性治理中的日常性方式涵盖广泛、涉猎各种国家管理和社会自治活动。

日常性治理是国家、社会对犯罪的惯常性、一般性反应。这种反应既包括国家有关部门对犯罪的直接反应,如公安机关依职责开展的打击犯罪活动,检察机关对刑事犯罪的提起公诉,人民法院对刑事案件的审判工作,监狱对服刑人员的教育改造;也包括国家有关部门对犯罪的间接反应,如有关部门出台能够配合犯罪治理工作的配套性政策和措施,针对农民工犯罪的防控,有关部门采取措施切实保障农民工及时领取工资、保障农民工在最大范围内实现就业,尽管这些措施不直接打击犯罪,但客观上能为犯罪治理提供良好的社会环境。这种反应既包括立法机关的立法反应,如全国人大及其常委会制定的刑事法律规范;也包括司法机关对犯罪的司法反应,如检法等机关对犯罪的日常性打击,再如最高法、最高检通过制定司法解释的方式指引各级机关对刑事法律的科学运用;还包括行政机关对犯罪的行政反应,如公安机关对犯罪的现实打击,再如其他部门通过制定行政法规对犯罪治理工作从整体上进行配合和协助。这种反应既包括国家各部门的官方反应;还包括社会各方面对犯罪的民间反应,如各个单位开展的自我保护、被害预防工作,新闻媒体对犯罪的谴责、声讨以及对犯罪预防的宣传工作,学校对未成年人的教育和引导,家庭对子女的管教与塑造,公民个人的被害预防、见义勇为及相互协助等等。

再次,从主体上看,与运动式治理不同,日常性治理中社会多元力量参与程度和主体地位均有较大提高。

运动式治理侧重于打击犯罪,虽有社会各界的参与,但是起主导作用的始终是国家有关部门。日常性治理的主体不仅有国家,还包括社会组织和公民个人;社会组织与公民个人不仅配合、参与日常性治理,而且很多预防犯罪的日常性治理活动就是由他们发动,如应对犯罪的民间反应主要是由社会组织和公民个人自主开展、自力进行、自我防范。日常性治理联合和发动了最广泛的"同盟军",最有效地利用各种社会力量,并真正体现了"依靠群众"的传统策略和市民社会自治的理性精神。与运动式治理不同,日常性治理不仅拥有最广泛的主体,而且各个主体对日常性治理的介入程度相当深刻。不同于运动式治罪中的被动参与,从某种意义上说,民间的日常性治理就是社会各界和公民个人的自我保护,因此,社会各方面天然具有主动参与日常性治理的积极性、主动性和迫切性。

最后,从手段上看,日常性治理的控制手段既包括共享的价值观念和文化规范,也包括普遍、统一的行为规范(包括法律、纪律、道德、伦理、习惯、传统等),更包括推行上述价值观念、文化规范、行为规范的制度和组织。

从社会学意义上看,日常性治理属于典型的狭义社会控制。"广义的社会控制,泛指对一切社会行为的控制;狭义的社会控制,特指对偏离行为或越轨行为的控制。"①对于犯罪这种社会越轨行为的控制,涉及社会秩序的维护和社会和谐环境的建构,故此,决不能仅局限于运动式治罪的高压打击。日常性治理是一个开放的系统,它治理犯罪的手段是分层次共同发挥作用。日常性治理的第一层次手段是社会主义文化所要求的主流文化规范,它能够在价值和思想层面形成社会主流对犯罪的文化认同,即什么是社会允许的、什么是社会禁止的;能够培育个人健康的心灵和健全的人格。日常性治理的第二层次手段是普遍、统一的行为规范,包括法律、纪律、道德、伦理、习惯、传统等。根据有无明文规定分类,行为规范这种犯罪控制手段可以分为正式的社会控制手段和非正式的社会控制手段。法律、纪律、宗教教规等属于正式的社会控制手段;道德、伦理、习惯、传统、风俗等属于非正式的社会控制手段。日常性治理的第三层次手段是推行上述价值观念、文化规范、行为规范的组织和制度。这里的组织不仅有主体意义,同时在犯罪治理模式下,还具有手段和工具意义;这里的制度是国家、社会及公民个人合理运用文化规范和行为规范的规则与路径。因此,日常性治理就是综合运用上述三个层次的手段,通过外在的强制和内在的认同两个主要机制,以科学的理念、得当的方法、合理的措施达到约束行为、实现社会秩序的维持和有序变迁,形成对社会各个部分和社会成员的有效协调和规范。

总之,虽然日常性治理和运动式治理均是犯罪治理的基本模式,是实现我国社会治安综合治理国策的基本路径,但是日常性治理与运动式治理存在较大的区别。从基本理念上看,运动式治理偏重于对犯罪的高压打击,奉行强力打击能够有效整治犯罪、扭转社会治安的观念,而日常性治理奉行打击与预防并举、治标与治本兼顾的犯罪防控理念。从本质上看,运动式治理是一种通过集中社会资源在特定时期内严厉打击犯罪的疾风骤雨、轰轰烈烈般的运动,是非常时期的非常之举;而日常性治理是通过国家和社会的正常管理和自治活动对犯罪进行和风细雨、有条不紊、循规蹈矩的日常预防和控制。从主体上看,运动式治理是由国家发起和领导的政治运动,社会与公民只是被动地参

---

① 引自"社会控制理论",载《社会学概论网络教程》,引自 http://www.shineblog.com/,访问时间:2006年6月1日。

与;而日常性治理是充分依赖国家、社会及公民个人的犯罪治理模式,社会及公民个人的主体性和能动性得到了充分发挥。从手段上看,运动式治理主要依靠法律等正式的社会控制手段;而日常性治理则综合运用多层次的手段和工具。由此看来,与运动式治理模式相比,日常性治理是一种较为全面、理性、科学的犯罪治理模式。

第二节　日常性治理的分析

由于日常性治理是国家和社会对犯罪惯常性、一般性反应,日常性治理也根植于人类最基本的生存方式或文化之中。因此,文化规范性框架下的价值观念、生活方式、社会制度、文本或话语这四个重要研究范畴,不仅可作为对运动式治理进行利弊权衡的视角与标准,还可作为研究日常性治理功能、价值或意义的分析工具。

一、价值观念:法治理念的巩固

从价值观念的层面看,日常性治理并非天然与法治理念不可分割。在法治理念孕育之前,人类就存在对犯罪进行日常性治理的悠久历史,此时的日常性治理当然属于人治;在法治这种人类有史以来最为理性和科学的治国方略获得世界各国的广泛认同之后,随着世界各国逐渐接受法治这种治国方略,日常性治理为获得民众的支持和取得合法性,也开始逐渐向法治轨道靠拢。时至今日,日常性治理的实质合理性就在于对法治理念的奉行与遵守。

首先,日常性治理要求法律不仅具有工具属性,更要求法律应该成为国家生活和犯罪治理中的最高权威。

日常性治理是国家和社会对犯罪的一般性反应,也是渗透于国家和社会基本生存方式之中的治理模式,因此,日常性治理要求治理活动的长期性和稳定性。治理活动的长期性在于:犯罪作为人类社会的正常现象,对犯罪的治理也是一种正常的社会现象;由于犯罪和社会越轨行为在人类社会将长久地存在,对犯罪的治理活动也将长期地存在;人类对犯罪的认识和对犯罪治理的思考是世代相袭、不断积累的,但也是受时代局限的;受各种因素的限制,任何政治权威和政府对犯罪和犯罪治理的认识也仅具有部分的合理性和带有部分的盲目性。因此,在犯罪治理活动中,根植于特定时代和环境中的政治权威所发动的人治并不一定可靠,也可能会出现某种偏差。治理活动的稳定性在于:无论社会是处于平稳发展时期还是处于情势变更和深层次变迁时代,任何国家、社会和民众都要求最基本的社会秩序和安全环境,都要求人身、财产、自由、正义等对人类最为重要的因素尽量少受犯罪侵犯;由于人类上述要求不受时代局限而具有长期的稳定性,所以人类犯罪治理活动的各种情况和对其的评价标准也相应地具有稳定性。

犯罪治理活动的稳定性要求,人类借助于法律这个工具将上述稳定的需求以及对需求的保障予以规范化。犯罪治理活动的长期性要求为了消除、减弱政府和政治权威对犯罪治理认识的部分盲目性,必须有一个超然于政府和政治权威的最高权威予以信赖和依靠,而这个最高权威就是法律,依靠法律这个最高权威治理犯罪的理念就是法治精神。因此,与运动式治理将法律定位于工具和手段不同,日常性治理不仅需要法律作为治理犯罪的工具与手段,更加需要将法律作为整个治理活动的最高权威,当政府和政治权威的意见与法律发生矛盾时,政府和政治权威的意见屈从于法律。故此,日常性治理不仅遵循法治的理念,而且也在实际生活中巩固、发扬了法治精神。

其次,日常性治理强调国家权力运作必须受法律的有效制衡。国家权力对犯罪进行打击和预防实质上牵涉到对犯罪嫌疑人等公民个人人身和财产等权利的剥夺,因此公权力运作的合法性不能不时刻受到考量。

由于奉行法治理念,日常性治理特别注意国家公权力运行的合法性问题。英国阿克顿爵士曾指出:"权力导致腐败,绝对的权力导致绝对的腐败"。不受限制的权力往往会恣意扩张到极致。国家对犯罪日常性治理的一个重要方面就是打击犯罪,剥夺犯罪人和犯罪嫌疑人的部分权益,从而满足社会对犯罪人的报应心理和弥补受损的社会关系;但国家发动这种治理活动的公权力如果不受法律必要的限制,那么这种犯罪治理活动就会蜕变为任意出入人罪的行政性治罪,蜕变为公权力的恣意妄为,那么这种犯罪治理活动本身就是一种犯罪。

在法治理念下,日常性治理一般从实体、程序及组织三个方面来限制公权力的滥用。从实体方面看,通过在刑事法律中制定各种原则和具体规则来限制国家权力滥用,如刑法中的罪刑法定原则,刑法分则关于具体犯罪与刑罚的规定等等;从程序方面看,通过在刑事诉讼法中设置国家权力运作的合理环节和要求,如无罪推定原则、仅有口供不得定罪的规定、批准逮捕制度、律师辩护制度、二审程序、死刑复核程序等等;从组织方面看,通过人民法院组织法、人民检察院组织法以及其他政府部门的行政法规对国家各部门运用公权力从机构和组织上进行限制,如法官和检察官任用的限制条件、公安系统的五项禁令等等。

最后,日常性治理是在人文精神和人道主义传统指导下的犯罪治理模式,虽然它对犯罪嫌疑人和犯罪人的某些权益进行依法剥夺,但是它更要求尊重人、关心人,尤其是保护犯罪嫌疑人和犯罪人的基本人权。

区别于运动式治理对人权保障的不足,法治框架下的日常性治理能够全面接受人文精神和人道主义思想,将人权保障作为日常性治理的基本价值诉求。日常性治理对人权的重视体现在以下两个方面:一方面,日常性治理能够通过对犯罪的打击与预防实现对社会公众或潜在被害人的人权保护。犯罪学研究表明:社会上的一般人都有遭受犯罪和社会越轨行为侵犯的可能,任何人均是犯罪学意义上的潜在被害人。因此,日常性治理对犯罪的打击与预防工作本身就是对所有公民权益的保护。另一方面,日常性治理更加注重对犯罪嫌疑人和犯罪人的人权保障。人权可以解构为不同社会群体和阶层的人权,少数群体的人权保护状况往往最能够反映一个国家和社会人权保障的真实水平。犯罪嫌疑人和犯罪人群体就是最易遭受忽视的群体,毕竟国家需要对这个群体依法进行报应和惩罚;但犯罪人也是人,也具有作为人最基本的尊严和权利。正如有学者指出:"不言而喻,对于任何人,不管他有多么坏,对他的坏,他给予社会和他人的损害,固然应予相应的惩罚,应把他当做坏人看;但首先应因其是人,是最高价值而爱他、善待他、把他当人看。"①因此,日常性治理保障人权的关键就在于对犯罪嫌疑人和犯罪人群体的权利保障。

二、生活方式:犯罪原因的尊重

犯罪学的研究表明,犯罪是根植于人类生活方式的正常现象,犯罪的发生有其多重的原因和特定的条件,犯罪与社会生活中其他现象也有着千丝万缕的联系。因此,根植于生活方式的日常性治理模式为了理性地认识犯罪、科学地治理犯罪,必须坚持充分尊重、认知及掌控犯罪原因这一基点。

一方面,基于对犯罪原因及犯罪预防等犯罪学基本原理的重视,日常性治理强调治标与治本相结合、全面预防优于片面打击、日常治理优于运动式打击的基本原则。

与运动式治理相比,日常性治理因注重犯罪学的基本原理而有其独特的

---

① 王海明:《公正平等人道——社会治理的道德原则体系》,北京大学出版社 2000 年版,第 125 页。

科学性和合理性。日常性治理认为，犯罪虽然从表面上看其发生有一定偶然性，但从本质上看犯罪是由多元因素所综合引发的；日常性治理也重视对差异交往理论、社会控制理论、社会失范理论、文化冲突、整合理论等犯罪发生原理的掌握；同时日常性治理还注重对犯罪的全面控制与预防，即坚持刑事预防与社会预防、总体预防与分类预防、一般预防与特殊预防、犯罪预防与被害预防相结合的治理方式。

因此，日常性治理并不局限于对犯罪一味地严厉打击，而是注重梳理与犯罪发生有着密切联系的各种社会关系，重视对犯罪原因的控制，坚持治标与治本相结合、全面预防优于片面打击的原则；日常性治理也不局限于疾风骤雨般的运动式整治犯罪，而是将有限的司法资源和社会资源理性地分配到犯罪治理的各个环节，注重对犯罪的长期治理和对犯罪人的跟踪调查、改造，坚持日常治理优于运动式打击的原则。近年来就开展了一系列体现上述精神的有关日常性治理的新举措和新尝试，如注重服刑人员科学改造、适应社会及预防再犯的社区矫正制度，再如提倡弥补受到损害的社会关系、强调犯罪人与被害人和解的恢复性司法制度。

另一方面，日常性治理充分保障社会与公民个人在犯罪治理中的主体地位，重视其主观能动性的充分发挥，重视民间日常性治理的积极作用。

犯罪是对国家、社会及公民个人的侵害，国家、社会及公民个人均是潜在的"被害人"。日常性治理重视社会和公民个人自发组织、发动对犯罪的民间反应。这种民间反应是市民社会高度自治和成熟的标志。对于社会和公民来说，民间日常性治理能够及时有效地自卫和被害预防，能够充分发挥自身在犯罪防控中的主体地位；对于国家来说，民间日常性治理能够有效地节约国家司法资源、制度成本、减轻国家负担，使国家司法部门的精力集中投注到制度建设、人员培训、大要案侦破等必须由国家承担的领域中来，同时民间日常性治理还能够有效地配合国家日常性治理的实施。基于对民间日常性治理的重视，有关犯罪治理获得了较大的发展。如基层群众组织与基层警务机构合作的社区预防，致力于被害预防的保安公司的兴起，青少年"网瘾"矫治机构的出现，新闻媒介对犯罪预防的宣传与教育，刑罚执行的社会化趋势等等。

总之，基于对相关犯罪原因的尊重和应用，日常性治理模式适应了社会生活的需要、充满了活力和弹性。从此犯罪治理活动不仅局限于单纯的打击和高压，开始走向打击、预防、控制、改造、教育、矫治相结合的发展路径，犯罪治理也不再是国家的专属，治理主体逐渐多元化，相关的民间日常性治理活动由此兴起。

三、制度：社会治安综合治理的路径依赖

制度是指人们在行为中所共同遵守的行为规则或方式，也可以说，制度就是社会成员的行为规范或共同认可的模式。无论是人类生活和国家治理还是犯罪防控均需借助制度，日常性治理模式本身就是一系列制度组成的犯罪治理模式。从制度的存在形态上看，日常性治理包括国家制定的正式制度，如立法制度、司法制度、行政制度等，也涵盖各种自发形成的不成文的、非正式的制度，如各种预防犯罪的习俗、惯例和规约等。在正式制度中，日常性治理既包括侦查制度、检察制度、审判制度、行刑改造制度、监督制度、劳动改造制度等宏观或整体意义的制度，也包括上述整体制度下涵盖的诸多具体制度，如逮捕制度、回避制度、假释制度、缓刑制度、社区矫正制度、恢复性司法制度等。可以说，日常性治理就是由各个级别、领域、层次的不同制度有机整合而成的。因此，日常性治理从制度上为我国社会治安综合治理思想或政策的实现提供了全面的路径依赖。

一方面，在运动式治理与日常性治理的比较中，日常性治理与我国社会治安综合治理思想或政策更有契合性，日常性治理更有助于将社会治安综合治理的理念与政策全面实现。

当代中国犯罪治理的总体指导思想是社会治安综合治理①。这一指导思想的内涵和要求在于：在各级党委和政府的统一领导下，动员和组织全社会的力量，运用政治、法律、行政、经济、文化、教育等多种手段，打防结合，标本兼治，对违法犯罪问题进行综合治理，维护社会秩序，保障社会稳定。作为总体的指导思想和理念，综合治理需要借助一定的犯罪治理策略和制度运用模式在实践中将其贯彻和落实。在我国运动式治理和日常性治理均是贯彻和落实综合治理思想的犯罪治理模式。

由于社会治安综合治理思想强调要全面作好打击、防范、教育、管理、建设、改造六个领域的工作，要求综合使用各种社会控制手段，因此，单纯重视打

---

① 作为我国犯罪防控总的指导思想，社会治安综合治理是在 1979 年中央宣传部等八个单位《关于提请全党重视解决青少年违法犯罪问题的报告》中首先提出来的，其宗旨是为了解决当时社会中严重存在的青少年犯罪问题。其后，社会治安状况恶化，犯罪率上涨，中央政法委在京、津、沪、穗、汉五大城市社会治安座谈会中又进一步明确提出，要"争取社会治安根本好转，必须各级党委来抓，全党动手，实行全面综合治理"，并在以后的犯罪治理实践中多次强调。1991 年全国人大常委会通过了《关于加强社会治安综合治理的决定》，该决定将社会治安综合治理确定为解决我国社会治安的根本途径。

击犯罪和片面使用司法手段的运动式治理模式对于贯彻上述指导思想显然力不从心。而日常性治理既是一种覆盖全面的犯罪治理模式,又能够充分动员社会多元力量和运用多元社会控制手段;既重视打击犯罪工作,更注重预防和控制犯罪,改造犯罪人,教育潜在犯罪人,健全日常监督和管理,加强制度建设和犯罪治理组织机构建设。日常性治理是一种在国家日常管理和社会自治中对犯罪问题进行综合性治理的犯罪防控活动。因此,日常性治理更有助于将综合治理理念制度化、具体化,更适合作为综合治理思想的运作模式。

另一方面,日常性治理以其自身的制度优势,为社会治安综合治理的贯彻和实施提供了坚实的发展路径。

日常性治理天然适合社会治安综合治理思想的内在特质在于:日常性治理自身孕育的制度化优势。可以说,日常性治理主要是依靠制度进行犯罪防控的治理模式。法治精神指引下的日常性治理是基于这样一个前提建构:由于政治权威受自身认识局限和时代背景制约,各种根据个人意志发动的犯罪治理活动均具有不可避免的盲目性、短期性、非可预测性等弊端;只有法律等制度性社会控制手段才能有效弥补个人意志的不足,实现犯罪治理的理性化、长期化、稳定化以及法治化。因此,日常性治理在打击和预防犯罪、改造犯罪人、教育潜在犯罪人、被害预防、制度建设、人员培训等各方面均形成了制度性治理。总之,日常性治理也可以称为制度性治理。而社会治安综合治理的思想就可以以各种制度为路径,将综合治理犯罪和社会越轨行为的理念贯彻和落实下去。

四、文本与话语:政策和法律之科学性的保障

文本与话语作为特定意义的载体,对社会具有一定的建构作用。作为文本形式的法律与作为话语形式的政策,是日常性治理的外在表现形式。尽管法律与政策受日常性治理的内在本质制约和要求,但理性与科学的日常性治理也要求具备成熟的政策和完善的法律。

一方面,理性、科学的日常性治理要求成熟的政策作为犯罪防控的基本观念与策略。

在日常性治理中,政策包括刑事政策和社会政策。作为对犯罪有组织的反应,刑事政策是指,"代表国家权力的公共机构为维护社会秩序、实现社会正义,围绕预防、控制和惩罚犯罪所采取的策略和措施,以及对因此而牵涉到的

犯罪嫌疑人、犯罪人和被害人所采取的态度。"[1]蒂特马斯认为,"社会政策是指有关矛盾的政治目的和目标的抉择,以及它们的厘定过程。"[2]最好的社会政策就是最好的刑事政策,所以社会政策在日常性治理中的作用也不容忽视。日常性治理要求刑事政策和社会政策的制定应遵循民主化与科学化的程序。政策的制定需要慎重,必须严格经历建立议程、界定问题、设计方案、预测结果、比较和抉择方案以及方案的合法化等环节;政策的制定需要民主,必须向社会各界和有关专家征求意见,必须充分反映社会组织与公民个人的真实想法和诉求。日常性治理也要求刑事政策和社会政策必须以日常性治理的定量数据为制定前提。政策的科学性是由坚实、可靠的犯罪数据实证统计为保证的。如制定未成年人犯罪预防政策,就需要充分考虑政策实施范围内未成年人犯罪率、未成年人的犯罪类型、未成年人犯罪与学校、家庭、社会多方面诱惑等因素的关系,未成年犯罪人行刑改造的再犯率等因素。日常性治理还要求刑事政策和社会政策之间相互协调与配合。刑事政策针对犯罪问题而制定,社会政策针对与犯罪有着千丝万缕联系的社会问题而制定,因此,犯罪治理还需考虑上述相关社会问题,刑事政策的真正贯彻实施还有赖于社会政策的协调和支持。

另一方面,理性、科学的日常性治理要求形式合理性与实质合理性兼备的法律作为犯罪治理开展的重要依据。

在法治化背景下的日常性治理中,法律不仅是犯罪治理的工具,更是限制国家权力、规范治理犯罪行为的最高权威。因此,为了保证犯罪治理工作的稳定、可持续发展以及可操作性,日常性治理需要相关法律具备形式合理性,即法律需要普遍执行和一体遵守、法律的内容具有明确性、法律面前人人平等、使社会一般人具有预测可能性、法律不能变化的过于剧烈、法律文本中的语言规范和严谨等。为了合理地组织对犯罪的反应、实现维护社会秩序和社会正义的理念,日常性治理需要法律文本在内容上具有实质合理性,即法律规范能够理性地尊重犯罪原因、能够"以人为本"体现人文关怀、能够以法治精神有效制约国家公权力的运行、能够科学地对犯罪治理的组织和机构进行立章建制等。

---

[1] 刘仁文:《论刑事政策的概念与范围》,载《中国人民公安大学学报》2005 年第 1 期。

[2] 杨伟民:《社会政策与公民权利》,载《江苏社会科学》2002 年第 3 期。

第三节　日常性治理的完善

作为学理范畴,日常性治理是一种较为理想的犯罪防控模式,但在实践中理想的日常性治理模式也并非是一蹴而就的,在人类治理犯罪的历史上,在某一特殊历史条件下日常性治理不完善或部分失控的局面也并不少见。如由于社会发展的巨大情势变更和"文革"对日常性治理的毁灭性打击,我国改革开放后日常性治理遭受第五次犯罪浪潮的冲击而显得力不从心和部分失控。我国运动式治理的再次兴起正是为了弥补上述日常性治理出现的失控,但囿于运动式治理与法治相悖等诸多致命不足,重振日常性治理的呼声也不断高涨。随着我国整体文明程度不断提高和社会治理不断完善,在改革开放后的二十多年间,我国的日常性治理模式不断获得发展。同时,由于我国正处于社会转型和变迁的重大历史转折期,基于各方面原因和社会发展的现实状况,我国的整体犯罪态势依然十分严峻。因此,为应对不断高涨的犯罪浪潮和有效地替代运动式治理模式,我国的日常性治理仍存在诸多不足、依旧处于完善和发展阶段。

有关我国日常性治理的完善就是犯罪治理模式的完善,本文有关日常性治理的完善基于这样的研究路径:犯罪与犯罪的治理均是根植于人类的文化这个基本的生存方式,任何犯罪的发生都有其特定的犯罪原因以及由犯罪原因所孕育的某种犯罪亚文化,任何犯罪治理模式也必须凸显和发挥出主文化的规范作用。因此,对犯罪亚文化的压制和主文化规范性的张扬能够成为本文对日常性治理完善和发展的独特视角与分析路径。从上述视角或路径出发,我国的日常性治理模式亟待完善以下五个方面:

首先,从基本理念上看,犯罪预防应从社会治安综合治理框架中的重要环节提升为日常性治理的核心环节;在预防工作中,眼光不能仅局限于具体的措施和手段,应当具备战略的眼光和深邃的犯罪学理论基础,从弘扬主文化与压制犯罪亚文化的维度出发加强犯罪预防的基础性工作。

根据《关于加强社会治安综合治理的决定》的规定,打击犯罪是社会治安综合治理的首要环节,而防范仅是一个重要环节。作为综合治理的基本发展路径,日常性治理应该注重预防犯罪在犯罪治理中的关键作用,提升预防犯罪的地位,将犯罪预防从社会治安综合治理框架中的重要环节提升为日常性治理的核心环节,进而取代打击犯罪首要环节的地位。毕竟,社会治安综合治理的基本目标不在于片面打击犯罪,而在于将犯罪控制到社会所能容忍的限度之内,尽最大努力防控犯罪。同时,在综合治理规定的打击、防范、教育、改造、建设、管理六项工作范围中,教育、改造、建设、管理均是预防犯罪的应有之义。正如有学者指出,"从综合治理的宗旨以及治标和治本的关系等方面考虑,预防犯罪应是社会治安综合治理的中心环节和根本环节。"[①]

作为日常性治理的核心环节,犯罪预防的着眼点不应仅局限于细枝末节的具体措施,而应优先考虑如何从人类最基本的生存方式上治理犯罪这种整体策略,即弘扬主文化与压制犯罪亚文化。对社会和国家来说,主文化通过法律、道德、价值观念、文本等因素表现出来,主文化是其得以自足的根本,也是其和谐、稳定、发展的深层保障力量。对于个人来说,主文化是其思想与行为的基本准则,主文化天然能够发挥纠正、矫治个人不良行为,评价个人越轨行为的作用。因此,主文化及其所蕴涵的规范性能够有效地防范、控制犯罪等社会越轨行为的发生,能够保障个人和社会沿着健康、有序的轨道生活和发展。由于主文化与犯罪亚文化之间存在激烈的文化冲突,因此,主文化的加强就意味着犯罪亚文化的削弱。在日常性治理中,弘扬主文化既需要从价值观念和意识形态层面大力提倡和宣传主文化的精神和思想、否定和谴责犯罪亚文化的消极影响,也需要从制度层面全面落实和贯彻主文化的规范性,加大打击和清理犯罪及犯罪亚文化的生存土壤和外在环境,还需要从社会生活的方方面面采取措施维护主文化的权威性,瓦解和控制犯罪亚文化形成的社会原因。

其次,从治理类型上看,立法反应具有间接性,司法反应具有事后性,行政反应能够最早介入犯罪和犯罪亚文化,因此,弘扬主文化与压制犯罪亚文化不仅需要在立法反应和司法反应中进行,更应该改变以往"重司法惩治轻行政治理"的做法,切实加强行政反应。

官方的日常性治理包括立法、司法及行政反应,这三种反应体现了主文化的规范作用,也是对犯罪及其亚文化的控制与瓦解。在治理实践中,立法反应通过制定相关规范性法律文件直接否定犯罪与犯罪亚文化、宣扬主文化的权威性,司法反应通过司法机构和司法程序追查犯罪人和犯罪嫌疑人的刑事责任,这两种反应长期以来均受到有关部门的高度重视,并在日常性治理中占有重要地位,而相关的行政反应则受到忽视。在对犯罪有组织的反应中,立法反

---

① 王茂祯:《预防犯罪是社会治安综合治理的中心环节》,载《山东社会科学》2000 年第 2 期。

应具有间接性,司法反应具有事后性,只有行政反应才能最早介入犯罪及犯罪亚文化,因此,日常性治理急需大力加强各种行政反应工作。

行政反应中的警察机构直接面对犯罪与犯罪人,这种警察反应需要改变以往单纯事后打击犯罪的做法,而应坚持预防优于打击的原则将警力部分转移到社区,开展社区警务预防等预防犯罪的活动,通过警察日常性的巡逻、检查等工作提前发现治安隐患,与潜在犯罪人保持有效沟通,深入体察有关潜在犯罪人的生存方式,与管区内居民和社会组织保持稳定的合作关系,事先监控和瓦解犯罪亚文化,将犯罪的危险消除于萌芽之中。因为犯罪与社会其他现象均有广泛的联系,行政反应中的其他机构在行使职权治理社会时,必将与犯罪亚文化中的各种致罪因素发生各种接触,如海关部门对各种走私犯罪的早期审查、城管部门对流动人口和复杂区域的监控、工商部门对各种诱发经济犯罪的经济违规经营先期管理等等。加强有关机构预防犯罪和社会越轨行为的职权,充分将犯罪亚文化所孕育的各种致罪因素控制、瓦解与压制在社会容忍的范围之内,必将有助于从社会整体意义上促进犯罪防控工作。

再次,从治理主体上看,目前亟须改变单纯依靠国家有关部门进行日常性治理的观念,应大力保障社会组织与公民个人在日常性治理中的主体地位,扶植以及促进社会组织和公民个人对犯罪与犯罪亚文化开展被害预防。

日常性治理的主体本质上涉及日常性治理的依靠力量问题。与运动式治理相比,日常性治理不仅依靠国家有关部门治理犯罪,还重视社会组织与公民个人的能动作用。毕竟,犯罪与犯罪亚文化是社会生活中的有机组成部分,存在于社会组织与公民的生存方式之中,相关社会组织和公民是比较了解威胁自身的犯罪和潜在犯罪人的。同时,随着我国市民社会的不断成熟,社会分化程度在不断加剧,一定程度上的自治成为必要。因此,日常性治理不仅需要加强社会组织、公民个人与国家有关部门的配合、协作,更需要扶植社会组织与公民个人对犯罪和犯罪亚文化切实开展有针对性的被害预防工作。如企业和公司需要加强自身财务制度的制定、执行,将本单位内部诱发经济犯罪的犯罪亚文化事先加以控制;再如居民社区需要加强社区内部居民自治组织的建设,通过自治组织加强对流动人口和可疑人群的监控,加强社区内部安全防卫措施的实施,加强对社区居民违法行为、越轨行为的改造和教育,进而消除社区内部的治安隐患和犯罪亚文化赖以形成的土壤。

复次,从治理方式上看,作为建立在科学与理性精神基础上的日常性治理,不仅重视法律和社会政策的防控作用,更应注重专业机构的专业防控对犯罪及犯罪亚文化的压制作用。

犯罪亚文化的形成有其复杂的社会及个人原因,因此犯罪亚文化的瓦解不仅需要法律与社会政策的防控,还需要专业机构的专业防控。犯罪学研究较为注重对犯罪、犯罪人与犯罪亚文化进行专业性防控。如需要大力加强心理矫治机构对服刑人员、潜在犯罪人危险人格和扭曲心理的诊治和辅导,进而使更多的人摆脱犯罪亚文化的控制;加强专业戒毒机构对吸毒人员的医疗控制(吸毒是引发诸多犯罪的根源),进而瓦解吸毒这个犯罪亚文化形成的重要标志;在城市规划和建设中,为了便于防控犯罪,注重增强新建社区、建筑物的预防犯罪功能,注重改善旧城区在设计上的治安隐患,进而消除犯罪亚文化赖以滋生的外在客观环境。同时需要大力加强由公安或专业保安公司提供的技术预防犯罪服务。这主要是运用科技手段依赖各种技术装置,进而防控犯罪。"这种专业技术防控犯罪包括以报警装置和监视、监听装置为代表的监测装置,以防盗锁、保险柜为代表的保护装置以及各种自救装置。"[1]这种技术预防能够有效地为犯罪亚文化和犯罪形成设置障碍。此外,上述专业预防仍需要专业的人员来执行,因此,相关领域专业人士的培训和教育也是日常性治理不能忽视的问题。

最后,从治理策略与趋势上看,日常性治理并非意味着完全排斥运动式治理模式,运动式治理走向没落并不意味着今后完全不运用该种模式;由于速效性和社会影响巨大,"严打"等运动式治理在特定条件下也能够起到有效压制犯罪亚文化和弘扬主文化的积极意义。因此,有限的运动式治理配合基本的日常性治理应是我国今后犯罪防控的主要发展趋势。

随着我国社会整体规范化程度的快速提高,日常性治理处于不断地更新与加强之中,因此日常性治理能够承担我国今后基本的犯罪治理工作;但犯罪治理模式的日常性治理趋势并不意味着今后完全不需要运动式治罪模式。毕竟,运动式治理模式仍有其积极的功效,在法治框架下,在特定社会条件下,开展有限度的运动式治理也能在短期内起到明显地弘扬主文化和压制犯罪亚文化的社会意义。这里强调的运动式治理发动的限度在于:司法与社会资源的支撑、日常性治理在特定范围内的不足、法治化的运作框架、科学性的决策过程、对人权保障的特别关注等。因此,尽管说运动式治理正走向没落,但这决不意味着今后就不需要开展运动式治理,而是犯罪治理将主要采用日常性治理这个基本模式,今后不会再开展频繁的大规模运动式治理,但在特殊条件下也会有选择地开展有限度的运动式治理。

---

[1] 许章润:《犯罪学》,法律出版社 2004 年第 2 版,第 364~368 页。

总之,我国犯罪治理发展的主要趋势在于基本的日常性治理,同时附带有限度的运动式治理。正是在此意义上,需要大力完善日常性治理模式的理念、类型、方式、主体等内容,需要特别强调运动式治理的式微和日常性治理的兴起。

第十九章

犯罪的刑事治理

犯罪的存在是一种客观的社会现象,与一定的社会条件相联系,在一定时间内无法消灭。然而这种社会现象是一种消极的现象,给社会带来了危害,所以,不能因为犯罪现象在一定时间内无法消灭而消极对待,寻求控制和减少犯罪现象的努力显得尤为必要。① 由此,对犯罪的刑事打击和技术控制也合乎逻辑地成为犯罪学的研究对象。本章将刑事治理分为刑事打击和技术控制两个层面展开研讨。

第一节　犯罪的刑事打击

一、刑事打击的涵义

"打击",按《现代汉语词典》解释,通常是指以物击打另一物。借用到犯罪的刑事打击则是指打击犯罪行为,即国家依照刑事法律规定,对具有社会危害应受刑罚处罚的行为,依法予以严厉惩罚,以保护国家利益与公民的合法权益,以维护社会秩序、经济秩序,保障社会主义建设事业的顺利进行。

具体地说,打击违法犯罪是公安机关、检察机关、审判机关以及监狱机关依照有关法律规定,破获案件,抓捕犯罪嫌疑人,揭露和证实犯罪嫌疑人的违法犯罪事实,然后依照《中华人民共和国刑法》和其他相关法规对行为人施以

---

① 王牧:《新犯罪学》,高等教育出版社 2005 年版,第 332 页。

一定惩罚,并对其实行强制性、限制性的教育改造。①

犯罪的刑事打击的主体及其职责:公安机关的刑事侦查部门制定刑事侦查策略和方法,及时发现和侦破刑事犯罪案件;检察机关代表国家对应当提起公诉的刑事案件提起公诉,对法律规定由检察机关直接受理的犯罪案件进行侦查;审判机关对刑事案件行使审判权;监狱机关负责对判处自由刑的罪犯执行刑罚,实施惩罚和改造。

以上这些主体机关的职责都是以犯罪与刑罚问题为法律依据,目的在于惩治犯罪、预防和抑制犯罪,内容包含刑罚以及与其相似和相关制度、措施的运用等。可见,刑罚是犯罪的刑事打击的核心问题。而明确刑罚的概念,以及刑罚的目的,对于论证犯罪的刑事打击的作用和意义显得非常重要。

二、刑事打击的核心:刑罚

(一)刑罚的概念和特征

刑罚是惩罚的一种。是国家专门机关根据刑法对犯罪人施加的最严厉的惩罚措施。刑罚相较于民事惩罚、行政惩罚等有以下特征:

1.刑罚措施的严厉性。刑罚以国家强制力作保证,不仅可以剥夺罪犯的财产,而且还可以剥夺罪犯的政治权力、人身自由乃至生命。其严厉程度远非其他惩罚所能达到。2.刑罚对象的特定性。仅适用于犯罪分子,对于违反国家的民事法规、行政法规等,而没有达到触犯刑律、构成犯罪的严重程度的,则不能适用刑罚。3.刑罚机关的专门性。根据目前中国法律规定,审判机关依据刑法对犯罪分子定罪量刑,决定刑罚;监狱机关和其他有关机关依照判决执行刑罚。其他任何单位或个人都无权执行刑罚。4.刑罚依据的法定性。在中国目前只有作为国家最高立法机关的全国人民代表大会及其常务委员会才拥有颁布刑事法律、确立刑罚的权利。国务院及其各部委与地方各级人民代表大会、地方各级人民政府虽然有在一定范围内颁布行政法规、地方性法规、确立行政制裁措施的权力,但却无权确立刑罚。

(二)刑罚目的

1.当前理论的界定

关于刑罚目的是争论较大的问题。学者们根据自己的不同理解,对刑罚目的提出了种种不同的观点,归纳起来,具有代表性的主要有以下几种:

---

① 康树华:《犯罪学通论》,北京大学出版社 2002 年版,第 640 页。

第一,教育改造说,认为刑罚目的是教育改造犯罪人。这是由中国社会主义性质决定的,对犯罪人的惩罚仅仅是手段,刑罚目的只能是通过惩罚犯罪人来教育和改造他们。

第二,惩罚改造说,认为刑罚的目的既有惩罚犯罪人的目的,同时又具有教育改造犯罪人的目的。

第三,双重预防目的说,认为中国的刑罚目的是预防犯罪,具体包括特殊预防和一般预防,前者是指通过对犯罪人适用刑罚,防止其再次犯罪;后者是指通过制定、适用、执行刑罚,防止社会上一般人犯罪。

第四,直接目的与终极目的说,认为刑罚的直接目的是对犯罪人的惩罚、威慑、改造、安抚、教育,终极目的则是保护社会主义生产力和生产关系。

第五,直接目的和根本目的说,认为中国刑罚的直接目的包括:惩罚犯罪分子,威慑犯罪分子和社会上不稳定分子,以及改造犯罪分子。中国刑罚的根本目的是预防犯罪、保卫社会。

第六,刑罚目的二元论说,认为刑罚目的包括报应和预防。前者是指对犯罪人适用刑罚,目的是通过对犯罪人的惩治满足社会正义的要求。后者是指对犯罪人适用刑罚的目的是为了预防犯罪,既包括一般预防,也包括特殊预防。

上述各种观点从不同的角度对刑罚目的理论作出了界定,也都具有一定的合理性。但以上述观点为代表的中国理论界基本不承认惩罚犯罪是刑罚的目的,而刑罚目的二元论理论将刑罚的目的界定为报应和预防,但对于刑罚的报应目的也没有作出充分的解释。而实际上,刑罚的本质特征就在于对犯罪的惩罚而不在于对犯罪的预防,惩罚犯罪应当成为刑罚的目的之一。

2.刑罚的目的之一:惩罚犯罪

自从产生之日起,刑罚就具有惩罚犯罪的当然含义。刑罚是对犯罪的报复,这既是正义的要求,也是人们现实情感的需要。

刑罚以报复为目的,首先是正义的要求。犯罪是严重危害社会的行为,对犯罪人判处刑罚,这是罪犯因其危害社会和侵犯他人的行为所必须付出的代价,是其因犯罪行为应得的报应。如果不使犯罪人受到应得的惩罚,就无法体现社会的正义。刑罚的正当性首先在于对实施危害社会行为的犯罪人的惩罚,也只有对犯罪实施了刑罚惩罚,才能保护被犯罪行为破坏的社会秩序,恢复社会的公平与正义。"公众舆论强烈要求惩罚作恶者。现今,民众怀有的不安全感所引起的集体心理状态的一种典型表现便是强烈要求惩办犯罪。在这种情况下,社会的正义就在于,将社会所受到的损害与行为人道德上的罪过相比较,并依次对刑罚作出裁量。"①公平与正义作为社会的首要价值,是必须得到维护的。犯罪使社会受到了危害,刑罚正是因其报应目的的落实,才迎合了社会公众内心深处的正义观念,从而获得了社会观念的普遍认可、接纳并最终获得尊严和权威。否认刑罚的报应目的,无异于否认了刑罚公正、合理的内涵,从而在根本上否认了刑罚和刑法。

其次,惩罚犯罪也是人们现实情感的需要。犯罪不但是一种严重危害社会的行为,更是一种最伤害人们情感的行为。犯罪的社会危害性并不仅仅在于对社会造成的严重的客观社会损害,实际上,对于被害人、被害人近亲属、社会大众来说,感情所受到的无形的伤害也是犯罪所造成的社会危害。虽然越是涉及感情的事物越需要理智地对待,但我们还无法做到完全理智地处理涉及感情的事物,尤其是对严重伤害人们感情的犯罪现象。人们所具有的强烈情感决定了对待涉及情感的事物必须要考虑情感因素。实际上,刑罚不可能没有惩罚,离开了惩罚,刑罚也就不成其为刑罚。"一切惩罚毫无疑问均来源于个人报复的情感。以牙还牙的惩罚法就是对此的证明。"②可见,如果刑罚失去了惩罚的含义,刑罚也就不成其为刑罚了。报复是刑罚的根本属性,刑罚的目的不可能将报复排除在外。"理性地看,刑罚的真正作用主要不体现在对犯罪的一般预防和特殊预防上,因为刑罚在这方面的作用非常有限,而主要体现在刑罚可以满足被害人和普通大众对犯罪和犯罪人愤恨的心理需求上,通过对犯罪人的惩罚平息社会矛盾,从而安定社会秩序。"③

3.刑罚的目的之二:预防犯罪

刑罚是遏制犯罪现象的重要手段,刑罚的目的不仅仅是对犯罪的报复,更重要的还在于预防犯罪,保护社会免受犯罪的侵害。刑罚如何预防犯罪,刑事古典学派与刑事实证学派均基于对犯罪的不同认识分别作出了有力的论述。

首先对预防犯罪作出科学论述的是产生于罪刑擅断年代的刑事古典学派的理论。贝卡里亚对此作了言简意赅地概括:"我们看到:刑罚的目的既不是要摧残折磨一个感知者,也不是要消除业已犯下的罪行。刑罚的目的仅仅在

---

① 〔法〕卡斯东·斯特法尼:《法国刑法总论精义》,罗结珍译,中国政法大学出版社1998出版,第29页。

② 〔意〕加罗法洛:《犯罪学》,耿伟等译,中国大百科全书出版社1996年版,第206页。

③ 王牧:《犯罪学论丛》(一),中国检察出版社2003年版,第4页。

于:阻止罪犯再重新侵犯公民,并规诫其他人不要重蹈覆辙。因此,刑罚的目的既不是要摧残折磨一个感知者,也不是要消灭业已犯下的罪刑。"①边沁追随贝卡利亚对此做出了明确的说明:"惩罚的首要目的是防止发生类似的犯罪,过去发生的毕竟只有一个行为,而未来则未可限量。已经实施的犯罪仅涉及某一个人,类似的犯罪将可能影响整个社会。"只要刑罚与犯罪相对称,就能有效地制止人们实施犯罪。"恶的性质是相同的,但其效果极其不同,罪行制造恐惧,刑罚重建安全,罪犯是所有的人的敌人,刑罚是公共的保护者;为某人获利之罪行制造着普遍的恶,由某人遭受痛苦之刑罚产生一般的善。中止刑罚的存在,世界将变成抢劫的舞台,社会就会分裂。重建刑罚,激情就会趋于平静,秩序就被恢复,每个人的弱点就会被保护公共的力量所制约。"②在坚持功利主义学说刑事古典学家们看来,刑罚的目的就是预防犯罪,并对此做出了详细的论述。

在刑事古典学派之后完成对刑罚预防犯罪目的论证的是刑事实证学派。刑事古典学派虽然对刑罚预防犯罪的目的进行了科学的论证,但其主张的刑罚适用原则—罪刑均衡却并没有实现刑罚预防犯罪的目的。19 世纪末 20 世纪初,犯罪现象日益严重,而刑事古典学派理论及其刑事司法制度对此则无能为力,刑事实证学派应运而生。刑事实证学派从新的角度对犯罪现象进行了研究,提出了预防犯罪的理论,认为刑罚不是对犯罪行为的事后报复,也不是对其他人的恐吓,而是对那些"危险状态的体现者"采取的预防措施,即防止具有社会危险性的人危害社会,具有对犯罪侵犯社会进行防卫的目的,只有"法益保护"或"社会防卫"才是刑罚的目的和刑罚的正当化根据。刑罚现在应由本能的报应转向国家意思的裁判刑,而且报应观念应当被所说的社会防卫、保全的新目的思想所代替。为了有效地预防犯罪,必须提倡刑罚个别化以取代同犯罪做斗争方面失败的罪刑均衡理论。"对于任何一个犯罪,刑罚问题都不应当仅仅配给罪犯与其道德责任相应剂量的药,而应当被限定为根据实际情况(违法及其造成的损害)和罪犯的个人情况(罪犯人类学类型),视其是否被认为可以回归社会,确定是否有必要将罪犯永久、长期或短期地隔离,或者是否强制他严格赔偿他所造成的损失就足够了。"③在刑事实证学派看来,刑罚

---

① [意]贝卡利亚:《论犯罪与刑罚》,黄风译,中国大百科全书出版社 1993 年版,第 42 页。

② [英]边沁:《立法原理》,时殷弘译,中国人民公安大学出版社 1993 版,第 81 页。

③ 马克昌:《近代西方刑法学说史略》,中国检察出版社 1996 版,第 182 页。

的目的是预防犯罪,刑罚应当与犯罪人的人身危险性相适应,通过改造和教育犯罪人,消除其危险性,使之重返正常社会生活。

三、刑事打击的原则

(一)依法原则

该原则又称法制原则,即打击犯罪活动必须在社会主义法制的轨道上进行,严格依法办事。依法办事是社会主义的本质所决定的。宪法和法律体现了人民的根本利益和意志,代表了社会的公平正义,是社会同违法犯罪行为做斗争的强大武器。严格依法办事必须贯穿于打击刑事犯罪活动的始终,每一个环节都应该体现出法制精神,严格按照国家法律、法规实施。同时,还应该看到,只有依法才能对犯罪人区别对待,有利于分化瓦解和改造犯罪人,教育挽救失足者。

(二)准确原则

准确地打击犯罪也是打击犯罪的原则之一。准确原则要求对各种犯罪行为必须准确进行社会制裁,即适用法律正确,定性准确,量刑得当,宽严适度,做到稳、准、狠。犯罪人的犯罪原因不同,造成的社会危害程度不同,犯罪人主观恶性程度也不同。因此,制裁犯罪必须准确。既不能错罚无辜,也不能放纵犯罪分子。准确原则是我国社会主义法制的要求。准确原则包括:(1)目标准确。对制裁的,必须做大量耐心细致的工作,做到事实清楚,证据确实充分,使犯罪人无法逃脱社会的惩罚和制裁。(2)强度准确。根据犯罪事实和犯罪所造成的社会危害程度,依法给予强度准确制裁。即使是刑罚种类相同,由于有一定的量刑幅度,处罚的强度也是不同的。选择准确制裁强度,一方面可以有力打击和惩罚犯罪。另一方面,还可以教育、挽救和改造那些愿意悔改的犯罪人,强度失当、不准确,效果会适得其反。

(三)及时原则

及时打击犯罪也是打击犯罪的原则之一。及时原则要求对各种犯罪行为必须迅速进行制裁,即制裁必须有很强的时效性。由于犯罪过程具有一定的时间性,犯罪分子在实施犯罪的过程中得到了精神满足和物质满足,对他们的犯罪心理具有很大的强化作用。因此,要求制裁机关必须反应迅速,打击和惩罚及时,尽快制止和消除犯罪人在犯罪过程中得到的满足和快感。只有这样,才能使犯罪人较快地感到社会制裁的强大威慑力量。同时,有利于广大社会成员确立对社会的信心和信任,有利于维护社会秩序的稳定和扶持社会正气。从制裁犯罪的环节上来讲。及时原则应贯彻始终。这包括:(1)发现及时。对于各种刑事犯罪案件,必须运用各种侦查技术手段动员和组织精干的侦查力量,及时地发现和侦破案件。根据我国的实际情况,为了及时打击和制裁刑事犯罪活动,必须走专政机关与人民群众相结合的道路。只有充分发动了群众,专政机关才能更有效地工作,才能及时发现和及时惩罚犯罪分子。(2)定性及时。犯罪案件破获后,要及时地确定犯罪行为的性质,公安和检察机关要做到依法从快侦查、从快批捕、从快起诉。(3)惩罚及时。审判机关对罪行清楚、证据确凿的刑事犯罪案件,应该依法及时审判,及时交付执行,使犯罪分子受到应有的法律制裁。(4)终止及时。当犯罪人服刑期满,制裁犯罪的目的达到之后,应及时终止制裁,使被制裁的人能够以正常社会成员的身份重新开始生活。

四、刑事打击的评价

刑事打击虽有预防犯罪的目的,但还是以惩罚犯罪为主导,犯罪的刑事打击的根本目的在于控制犯罪。因此,犯罪的刑事打击整体而言偏向于事后控制。一方面,刑事打击是针对已然犯罪的,虽然有相当的一般控制和特殊控制的意义,但作为其前提的已然犯罪毕竟已经给社会造成了危害;另一方面,近几十年来国际社会的实践经验已经证明了刑事打击并不能足够有效地控制和减少犯罪。因此,研究人员、公众和决策者们不再把抑制犯罪增长的希望寄托在强化刑事打击方面。与刑事打击相比,社会控制注重犯罪的事前控制,是治本之策。

但也应看到,在我国目前和今后相当长的一段时期内,刑事打击仍然是控制和减少犯罪的策略重点,这主要是因为:其一,刑事打击有专门的职能部门,这些职能部门的职责就是控制犯罪,因此更容易实现控制犯罪的目的;其二,刑事打击有国家强制力作为保证,因而具有最强的现实控制力;其三,在社会治安形势严峻的背景下,控制和减少犯罪的策略重点除刑事打击外别无其他突破口。

第二节　犯罪的技术控制

一、技术控制的概念与特征

（一）技术控制的概念

"控制"一词有两重含义：其一是掌握住不使任意活动或超出范围，即操纵、驾驭、遏制；其二是使处于自己的占有、管理或影响之下。[①]"犯罪控制"就是使犯罪不超出一定范围或使犯罪处于自己的影响之下。犯罪控制是以犯罪在一定时间内无法消灭为前提，尽可能减轻社会危害程度的一种选择。刑事技术控制是指，利用侦查技术手段使犯罪不超出一定范围或使犯罪处于侦查机关的影响之下。犯罪的刑事技术控制是犯罪刑事打击的一个重要方面，是通过刑事侦查打击犯罪的具体手段。

（二）技术控制的特征

1. 主体特征：拥有侦查权的国家司法机关。侦查权是一项国家权力，需要法律的特别授权才能获取，大多数国家都把该项权力给予了检察机关和警察机关。除了法律特别授权的主体外，其他任何机关、团体和个人都不得行使侦查权。在中国，只有公安机关、国家安全机关、检察机关、监狱、军队保卫部门以及其他法律有明确授权的法定机关，才享有侦查权。

2. 现象特征：犯罪现象。刑事技术控制针对犯罪现象而进行，包括：个体犯罪现象的控制与社会犯罪现象的控制；盗窃犯罪，抢劫等犯罪类型的行为控制；流窜犯罪、外来人犯罪等犯罪类型的控制。

3. 基础特征：发生机制。刑事技术控制的基础，表现为对犯罪条件（犯罪发生）的揭示。犯罪条件所揭示的犯罪发生机制以及决定犯罪发生的关键性因素，为刑事技术控制的措施与方法的制定与实施，提供了重要的理论依据。

4. 措施特征：综合多样。刑事技术控制的措施，通常包括：刑事记录技术，如刑事照相、刑事测量、刑事登记等技术；刑事勘验技术，如痕迹鉴验、枪弹勘验、文书勘验、尸体勘验、微量物证勘验等技术；刑事鉴定技术，如同一鉴定、种

---

① 中国社会科学院语言研究所词典编辑室编：《现代汉语词典》（修订本），商务印书馆 1999 年版，第 723 页。

属鉴定、因果鉴定等技术;新兴刑事技术,如测谎技术等。

二、技术控制的任务和作用

(一)技术控制的任务

技术控制的任务是运用现代科学技术手段,揭露和证实犯罪。它的具体任务是:

1. 对与犯罪有关的物证进行检验鉴定。主要解决的问题是:客体的种类鉴别;客体的同一认定;其他技术问题的检验鉴别。

2. 协助侦查人员进行现场勘验。主要解决的问题是:摄录现场原貌,固定、记录现场物证,对难以提取的痕迹物证进行拍照等;发现、提取和记录现场痕迹,如指纹显现、足迹的提取等;解决现场中的其他技术问题,如确定现场锁被打开的方法,确定射击出入口,进行现场步法追踪等。

(二)技术控制的作用

1. 为侦查、破案、起诉、审判提供线索和证据。运用刑事技术发现、分析、提取犯罪物证,并结合现场情况分析、推断案情,才能为正确判断案件的性质,查明案件的初始情况提供依据。通过对物证的分析、比对和鉴定,为认定犯罪分子提供依据,因此,通过刑事技术的检验和鉴定,可以认定作案人或物证的遗留者,从而为破案提供科学依据,为起诉和审判提供法定证据。

2. 运用刑事技术提高打击和控制犯罪的能力。如建立国家犯罪信息中心,指纹中心和档案中心,推广 DNA 高科技刑事技术手段,建立缉毒、查爆炸物、枪弹鉴定档案库等,形成快速、高效的电子信息系统,实现侦查机关工作的信息化、智能化和现代化,提高工作效率和快速反应能力。

三、技术控制的种类

(一)刑事记录技术

刑事记录技术是以普通记录的原理和方法,根据刑事诉讼的需要,记录、固定侦查活动结果的专门技术方法。常见的有刑事照相、录音、录像、刑事测量、刑事登记等记录手段。

刑事照相是刑事科学技术的一个组成部分。它是以普通照相的原理,根据刑事侦查的特点和要求,按照一定的方法,用来固定犯罪事实,记录侦查活动,显示与犯罪有关的人、物和场所影像的一项专门造影技术。[1] 刑事照相是

---

① 杨殿升:《刑事侦查学》,北京大学出版社 2002 年版,第 33 页。

发现、固定证据工作和技术检验工作的一部分。运用刑事照相法拍照的现场照片、物证照片和辨认照片,以及技术鉴定中所记录的检验照片,在法律上具有证据作用。

刑事录音录像技术,在国外尤其是发达国家较为盛行。刑事音像记录比其他任何形式的记录在搜集证据方面都要及时迅速,在核实其他证据方面也最为方便有效,尤其在再现案件情况的立体直观性方面更是任何其他记录方式无法比拟的。刑事音像记录技术具有直观性、准确性和动态连续性等特点,克服了传统记录的静止性、局部性和片面性的弊端。另外,刑事音像记录的缺陷在于被伪造、变造的可能性比其他记录大。

刑事测量技术,是运用测量学的原理,通过测量和绘图的方法,记录和反映犯罪现场情况的技术活动。如反映现场的位置、范围,与犯罪活动有关的主要物体、痕迹、遗留物、作案工具、尸体的具体位置以及它们之间的距离和关系等。

刑事登记技术,是指为了配合刑事侦查工作,对查明案情,揭露与证实犯罪,查获犯罪人具有或可能具有实际意义的某些客体所采取的统一规则和程式的详细记录的总称。① 如指纹登记,失踪人和不知名尸体登记,以及失物、赃物登记,鞋底花纹登记、枪支登记等。

(二)刑事勘验技术

刑事勘验技术包括痕迹勘验技术、枪弹勘验技术、文书勘验技术、尸体勘验技术、微量物证勘验等技术。

痕迹勘验技术,多运用于犯罪现场勘验。特指运用专门技术方法,对与犯罪事件有关的人和物留下或造成的形象痕迹和断离痕迹的勘验、检查。换言之,痕迹勘验的对象是由形象痕迹和断离痕迹构成的。其主要任务是:发现、固定、提取和保全与犯罪案件有关的种种形象痕迹和断离痕迹;研究种种形象痕迹和断离痕迹产生、发展的过程,分析痕迹与犯罪的具体联系。包括手印勘验、脚印勘验、人牙印勘验、工具痕迹勘验、破锁痕迹勘验、车辆痕迹勘验、断离痕迹勘验等。

枪弹勘验技术,是指运用专门技术方法对与犯罪有关的枪支、弹药及其射击痕迹和射击附带物质的勘验和检查活动。其主要任务是:参加涉枪案件的现场勘验,认真细致地寻找射击弹头、弹壳、枪支、弹着点和其他射击附带物质,并妥善提取,为枪弹鉴定提供物质条件。与此同时,还要趁现场未遭重大

---

① 杨殿升:《刑事侦查学》,北京大学出版社 2002 年版,第 103 页。

变动之际,对枪、弹痕迹和射击附带物质做出各种判断,为刑事侦查的开展提供方向和线索。

文书勘验技术,指运用专门的理论和方法,对与犯罪有关的各种文字材料的勘验、检查。主要包括手写文书勘验、印刷文书勘验、图章印文勘验和文书物质材料勘验等。文书作为一种交际工具,有时会被犯罪人用做实施犯罪的手段,比如书写危害国家安全的标语、传单;传递情报;伪造公文、证件、印章印文、各种有价证券票证等;以各种技术方法销蚀、涂改文书的内容或损坏、销毁具有证据意义的材料,等等。因此,文书勘验技术,作为刑事勘验技术的重要内容之一,为侦查破案提供了线索和方向。

尸体勘验技术,是通过对尸体的检验和对现场有关痕迹、物质物品的分析和研究,查明人身伤亡问题,为侦查工作提供线索和证据。其主要任务是:分析死亡时间(依据尸体现象的变化确定)、分析死亡原因(判断是暴力性死亡还是非暴力性死亡)、分析致死手段和方法(如窒息死亡、中毒死亡)、分析事件的性质(如确定自杀还是他杀)、推断作案凶器(如钝器还是锐器)、推断不知名尸体个人特征(包括身高、性别、年龄、职业等)。

微量物证勘验技术,是随着科学技术尤其是当代仪器分析技术的发展,而发展起来的检验技术。由于传统的刑事侦查手段已为人们所熟悉,所以在越来越多的案件现场已难以提取到指纹、脚印等可对犯罪嫌疑人进行直接认定的痕迹物证。但是,犯罪人作案时在犯罪现场上常会留下一些细小物质。这些物品品种繁多,有些是肉眼难以发现的微痕细物。常见的有涂料、纤维、玻璃、金属、泥土、塑料、油脂、纸张、油墨、黏合剂、火药、炸药以及纵火剂、爆炸和枪弹射击残留物等。近年来,涉及化妆品检验的案件也不断增加。微量物证存在的普遍性、潜在性、科学性和客观性使其在打击犯罪的活动中越来越受到重视。

(三)刑事鉴定技术

刑事鉴定技术,主要包括人或物的同一鉴定、物质的种属鉴定和事实鉴定等技术。

同一鉴定,以解决被鉴定同一客体是否同一为目的的鉴定。可分为三种:一是根据被鉴定同一客体外表结构的物质反映形象进行的同一鉴定。比如根据手印、赤脚印、牙印鉴定遗留手印、赤脚印、牙印的人的同一。二是根据被鉴定同一客体断离的物质反映形象进行的同一鉴定。比如对断裂的刀刃、锯断的木头、拆卸的机器零件进行的各断离部分是否原同属一个整体的鉴定,都是这种鉴定。三是根据被鉴定同一客体(人)动作习惯的物质反映形象进行的同一鉴定。人的任何一种动作习惯都是人体的有关器官在大脑的指挥下,通过一定动作的反复进行而逐渐形成的动力定型所决定的,具有相对稳定性。比如笔迹是人书写习惯的动力定型。

种属鉴定,以解决与案件有关的物质、物品种类属性为目的一类鉴定。这类鉴定按鉴定的对象分为文书物质材料鉴定,射击残留物鉴定,爆炸物质鉴定,金属物质材料鉴定,毒物毒品鉴定,微量附着物鉴定,生物物证鉴定等。

因果鉴定,以解决造成某种事实结果和引起某种事件发生的原因为目的所进行的一类鉴定。这类鉴定按鉴定所解决的问题,常见的有:死亡原因鉴定,爆炸原因鉴定,起火原因鉴定,枪支走火原因鉴定,事故原因鉴定等。

（四）新兴刑事技术

测谎检查技术,又称测谎试验、测谎鉴定、谎言测试,是指专门技术人员按照一定的规则,运用测谎仪器设备记录测谎对象在回答其所设置的问题的过程中某些生理参量的变化,并通过分析测谎仪器设备所记录的图谱,对测谎对象在回答有关问题时是否说谎做出判断的一项技术活动。测谎技术兴起于20世纪初期,它是以生理学、医学、心理学、机械学、电子学等有关原理和方法为基础的一项综合性的高新科学技术。将测谎检查作为证据使用目前尚无法律依据,司法界倾向于测谎结果尚不能作为证据使用。

网上查控技术,是指利用互联网开展侦查、缉捕的一种刑事技术。对网络违法犯罪活动,利用互联网知识和互联网技术,发现网上违法犯罪线索,对犯罪对象的网上活动进行跟踪、定位和密取等。不少地方对网上违法犯罪的实际情况,十分注意现代计算机技术和互联网的作用与功能应用于打击犯罪实践,取得了显著的成效。

控制通讯工具技术,亦称通讯控制技术,是指侦查机关依据我国法律法规的有关规定,对与犯罪有关的通讯工具进行监控和调查,以获取犯罪信息,揭露和证实犯罪的一项综合性侦查措施。现代化通讯工具如固定电话、传呼机、移动电话等日益普及的同时,与通讯工具有关的犯罪也在迅猛增长。因此对于侦破此类案件具有重要的意义。

模拟画像技术,是指侦查人员或专业画师根据受害人和目击者描述的案犯的相貌特征,借助一定的工具,凭着自己的技能和想象力把案犯的样貌还原再现,以供辨认和通缉的一项技术性侦查措施。调查表明,在刑事案件中,约有30%的案件有目击者,这就给侦查破案,查找犯罪嫌疑人提供了一个非常有利的条件。目前的模拟画像可分为手工画像和计算机组合画像以及利用照片相册画像三种方法。

　　犯罪情报分析决策技术，可以说是一种刑事心理技术，是在侦查活动中非常重要的心理过程，是侦查活动效果好坏的综合指标，需要涉及多种心理内容，可以说是对多种信息和心理活动的整合。犯罪情报分析决策技术的作用主要就是帮助侦查人员将犯罪活动再现出来，并将侦查人员在侦查过程中遇到的一系列情报转化为（概念化）一些决策任务。这些任务是从连续的行为之中抽取出来，使整个侦查活动形成若干结点，有助于举纲目张。只要存在选择的可能，就必须要从已有的情报信息之中做出识别与决定，有时还要结合推理。例如，发生了盗窃案件，现场留有犯罪人的指纹，那么侦查人员根据提取的指纹与三个犯罪嫌疑人进行匹配，以确定究竟谁是真正的犯罪嫌疑人，然后决定逮捕与否，决定如何讯问等。[①]

---

　　① 李安、房绪兴：《侦查心理学》，中国法制出版社 2005 年版，第 135～161 页。

第二十章

犯罪的被害治理

作为与单纯犯罪治理相对应的范畴，被害治理是从被害人视角出发开展的犯罪治理活动。单纯的犯罪治理是以犯罪人为治理的对象，而本章拟将研讨的重心放在如何减少被害人这一问题上。

第一节 被害治理的必要性分析

任何一种犯罪都必然侵害一定的社会利益，都可能具有实际的受害者。正因为如此，有学者指出"没有受害者就不会有犯罪行为"。[①] 的确，犯罪与被害有密切联系，为了科学、客观、全面地进行犯罪治理，还必须以被害人为视角，以如何减少被害机会、避免实际被害为基点去探求防止特定的单位或个人成为被害人或减少被害机会的措施。很显然，被害人减少和被害机会减少就会在实际上导致犯罪减少，从而实现犯罪治理的根本目标。

故此，被害治理是犯罪预防的一种特定形式。被害治理是指以被害人为视角，减少、消除各种易致被害的因素，进而使国家、社会、公民个人免于刑事被害或减少成为被害人机会的各种措施的总称。被害虽如同犯罪一样不能完全消除，但我们可以采取一些措施，抑制、减少各种易致被害因素，减少被害机会。被害治理不仅可行，而且还有其充分的必要性。

---

① ［德］施奈德：《犯罪学》，吴鑫涛等译，中国人民公安大学出版社 1990 年版，第820 页。

一、被害治理的经济分析

经济学的理论和经验方法常用来阐述法律领域中的各种争议和问题,将其应用到被害治理方面,可以使我们更好地认识被害治理的必要性。

有学者用经济学理论研究犯罪得出这样的结论:任何减少犯罪预期收益的因素都会降低犯罪率,[①]而通过采取各种被害治理措施,减少被害机率是增加犯罪成本的一个有效办法。虽然在进行被害治理时也要付出一定的成本,但被害治理付出的成本相对于犯罪实际发生带来的打击犯罪、改造罪犯的国家投入和个人受到的实际损害来说,要小得多。当然,用经济学理论分析被害治理问题也给我们提出了理性建议,那就是虽然进行被害治理不可避免地要投入一定的成本,但投入的成本与被害治理的收益比例应协调。也就是说,进行被害治理时投入的成本一定要小于被害治理的收益;当投入成本增长时,被害治理的收益应随之增长。如果进行被害治理的投入成本大于被害治理的收益,则可能造成被害治理的得不偿失。同时,组织有限的资源进行被害治理投入的成本可能是不同的,因此,被害治理也要基于经济合理性原则,根据不同的情况采取官方机制或民间机制来有效配置社会资源,以尽量减少被害治理的成本,增大被害治理的收益。

二、被害治理的价值分析

价值是在人类实践中客体对主体的意义和主体对客体以及对自身的评价。[②] 被害治理在价值层面上体现了国家和公民的真实关系,彰显了对公民基本权利的终极关怀。

是否重视被害治理,实际上反映着统治者的基本价值取向,反映着一个国家对待公民的态度。传统的犯罪治理立足于防卫国家、防卫社会的基点,注重的是犯罪人和潜在的犯罪人,关注的只是如何防止和减少犯罪对国家政权的威胁和对社会整体利益的危害。也正因为如此,国家要尽量防止公民中的每一个人犯罪。而被害治理立足于对个人基本权利的保护,注重的是被害人和潜在被害人,国家关心的是每一个具体的公民怎样才能不受犯罪的侵害。由于价值取向不同,思维模式也不同。在传统的犯罪治理中,国家容易把全体公

---

① [美]波斯纳:《法律的经济分析》,蒋兆康等译,中国大百科全书出版社 1997 年版,中文序言第 21 页。

② 郑成良:《现代法理学》,吉林大学出版社 1999 年版,第 165 页。

民当做潜在的犯罪人加以防备,而在被害治理中,国家则会把全体公民当做潜在受害人,加以尊重和保护,进而真正保障公民的人权;在传统的犯罪治理中,国家与公民之间是不信任的、相互防备的,公民也因国家在对待预防犯罪的态度上对自己的戒备、警惕而对国家充满了不信任感和强烈的不合作意识。而在被害治理中,国家彻底地贯彻了"主权在民"的宪政思想,国家的权力来源于全体公民,国家仅仅是为全体公民提供诸如安全、教育、环保等"公共产品"的公共机构。在对待犯罪这种社会问题时,国家是与公民合作的,公民对国家也是信任的,公民相信国家会从有利于自己的角度来预防犯罪。

可见,重视和展开被害治理,不仅适应社会客观情势转变带来的重视人权、尊重人权、保护人权的时代要求,与当代中国追求民主、法治和大力维护公民的基本权利的历史性转变步调一致,而且也更能彰显国家与公民的真实关系及国家对公民的人文关怀,更利于积极、主动和富有成效的犯罪治理局面的形成。一句话,重视和开展被害治理是民主、法治国家为保障人权在犯罪治理领域的必然选择。

三、被害治理的现状分析

如前所述,强调和重视被害治理具有重要的价值内涵,因此其应该成为我国犯罪治理的重要组成部分。不过,从目前犯罪治理的实际情况来说,传统的仅注重对犯罪人和潜在犯罪人的防范,忽视立足于保护公民权利的被害预防的犯罪治理思想仍然占据主导地位,在某种程度上说,被害治理尚未得到国家有关部门及实务工作者的真正重视。从 2002 年 4 月九江发生的一起连续投毒案中足以印证这一点。

九江市在 2002 年 4 月 2 日、3 日、6 日、11 日连续发生了四起饭店食物因被人投毒致食客死伤的事件,而且这四起投毒案,被害人所中之毒经化验分析均为同一种类。虽然犯罪嫌疑人最后被抓获,但在连续投毒案发生初期当地政府对这样严重的危害公共安全犯罪的反应措施则让人深思。先是当地媒体因政府有关部门的干涉而不敢报道案情,之后是当地公安部门以有相关规定为由,拒不透露有关案件的情况。①

因为政府与媒体的缄默,市民无法了解事件的真实情况,也无法从自身角度有意识地避免中毒事件波及自己身上。其结果不仅使得犯罪人的后期作案因缺少足够的防范而连续得逞,也不可避免地造成市民心理上的恐慌,加剧了

---

① 曹勇:《连续投毒:九江梦魇 24 天》,载《南方周末》2002 年 5 月第 952 期第一版。

人民的不安全感和社会的混乱局面。假设有关部门在第一起案件发生后政府及时公布案件信息,指导防范途径,提醒市民注意的话,就有可能避免案件的连续发生,也可以将市民的伤亡与恐慌控制在最低限度内。

透过这起案件,我们不难看到,以保障公民基本权利为基点的被害治理远没有得到足够的重视。而这种现状也表明,转变犯罪预防观念,重视被害治理应放到重要位置上。也就是说,国家在治理犯罪时,有必要进一步强调公共权力尊重、维护、保障、服从、服务人民利益的原则,敦促有关部门切实转变观念和办事方式,从有利于保障公民基本人权的角度来治理犯罪,真正将传统的犯罪治理和被害治理并重。唯有如此,才能充分调动公众防范犯罪的主动性和积极性,才能形成国家、社会和公众共同应对犯罪、共同治理犯罪的合力,也才能真正取得治理犯罪的最佳效果。

第二节　被害治理的对象界定

明确被害治理的重要性,只是开展被害治理的前提。要切实做好被害治理工作,还必须明确被害治理的对象。可以说,明确被害治理的对象乃是分析被害治理的内容、途径等其他理论构架的基石。

关于被害治理的对象,学界阐述不多。不过,从学者们对相关问题的论述中可以看出对此问题有不同的看法。有学者认为,被害治理的内容包括对加害方的防范和对被害方的防范;被害预防的关键在于减少和消除各种被害原因,也即减少和消除各种易致被害因素。[①] 这些学者虽然没有就被害治理的对象进行直接阐述,但由于被害治理对象的认识与被害内容的确定和被害治理关键的把握有着相当密切的联系,所以我们可从其被害治理的内容确定和关键把握上了解其对被害治理对象的认识。

本书认为,被害治理是消减各种易致被害因素的预防犯罪的特定形式,而形形色色的易致被害因素存在于被害人和潜在被害人身上。所以,应将被害治理和传统的犯罪治理加以区别,而不应将对加害方的防范作为被害治理的内容。另外,潜在被害人自身在遭受刑事被害之前可能存在多种易致被害因

---

① 魏平雄、赵全成、王顺安:《犯罪学教程》,中国政法大学出版社 1998 年版,第 478 页。

素,但由于犯罪人的个体特殊性、犯罪人与被害人互动关系的具体性和犯罪时犯罪环境的个别性,只有易致被害因素中的一种或几种具体因素成为事实上的被害原因。可见,易致被害因素有别于被害原因,亦即易致被害因素在范围上包括被害原因。无论哪种因素成为被害原因,都将是易致被害因素中的一种或几种因素,都跑不出易致被害因素这个范围。所以,由于不能全面把握可能导致犯罪发生的各种被害人方面的因素,将被害原因作为被害治理的对象,也有不尽妥当之处。

基于以上考虑,被害治理的对象应为被害人方面存在的各种易致被害的因素。易致被害因素是指存在于国家、团体或公民个人的、容易招致犯罪侵害的事实。易致被害因素与犯罪原因有着密切的关系。从某种意义上说,在被害载体——国家、团体或个人方面存在着一定的容易导致犯罪发生的原因,而这些犯罪原因又在载体上外在表现为各种各样的易致被害因素。这些因素包括很多方面,如法律制度不健全,社会基层组织弱化,封建思想、官僚主义,私欲恶性膨胀,学校教育的弊端,性生活放纵,社会监管机制存在漏洞,道德滑坡,心理不健康,生活方式另类,精神障碍,人格变态等等。易致被害因素与犯罪原因是现象和本质的关系。易致被害因素是具体的、繁多的并且在诸多易致被害因素中到底是哪一个或几个因素引发犯罪是不确定的、偶然的。而犯罪原因则是抽象的、稳定的并且犯罪原因导致犯罪也是确定的、必然的。在各种纷繁复杂的易致被害因素的背后总是隐藏着一定的发挥着操纵作用的犯罪原因。

第三节　被害治理的途径探寻

被害治理的理论价值要真正得以实现并外化为富有实际效果的综合性犯罪治理措施,必须借助于理性的、有效的被害治理的途径。然而,被害治理工作在实践中应怎样展开? 开展被害治理应遵循什么样的原则? 被害治理的主体如何认识? 这些关于被害治理的追问启发着我们关于被害治理途径的深入思考。

被害治理以消除和减弱存在于被害人和潜在被害人方面的易致被害因素,进而预防被害发生为己任,这既是被害治理的特殊性所在,也是被害治理区别于传统犯罪治理的本质所在。探寻被害治理的途径必须以这种特殊性为出发点。

探寻被害治理的途径,必须首先明确被害治理的主体。国家作为"公共机构",应为公民提供一种重要的"公共产品",那就是安全。因此,国家应将打击和预防犯罪视为己任。另外,由于国家拥有公民授予的公共权力,其应该而且有能力作为被害治理的领导力量,指引、领导社会、公民个人形成一种被害预防的合力共同预防被害。社会中的各种社会组织体,如企业、事业单位,社会团体,社会基层组织,家庭,学校等等,存在于社会生活的方方面面,具有相当的广泛性,是开展被害预防稳固、坚实的基础。公民是市民社会的基本主体,他们因有受犯罪侵害的可能,天然的具有防范自己遭受被害的本能和抗拒犯罪的倾向与天性,因而是被害治理的基本力量。因此,被害治理的主体应是国家、社会团体和公民个人。

被害治理的运行需要相应的机制支撑和一定社会资源的有效支持。官方机制和民间机制是被害治理的两种运作方式。被害治理的官方机制是指国家作为领导力量进行被害治理时,依靠权威的、合法的"公共权力",调动立法、司法、行政各个国家机器的组成部分,组织、指挥国家及各职能部门的政治、经济、文化等资源的使用,凭借其对社会团体和公民个人的影响,使社会团体、公民个人与国家同心同德形成被害治理的合力。这种官方机制以法定的、权威的"公共权力"为保障,以国家机关为机制运转的主体,以政治、经济、文化等资源的使用为被害治理的运作方式,以形成国家、社会团体、公民个人被害治理的合力为目标。

而被害治理的民间机制是指社会团体、公民个人作为主体采取的自我保护性措施和互助保护性措施,以达到使自身和他人免遭犯罪侵害的被害治理运作方式。这种民间机制包括防止自身受犯罪侵害的自我保护性措施和社会团体、公民相互帮助防止自身以外的其他公民和社会组织体被害的互助保护性措施。民间机制源于社会团体和公民防范刑事被害的天性和本能。由于社会团体和公民对自身存在的易致被害因素最为清楚和了解,其采取的控制和防范措施也更有的放矢,容易收到较好的效果。

在被害治理中,民间机制相对于官方机制来说,成本较小,可以有效地利用社会资源。在我国开展被害治理时,应注意充分发挥这两种机制的独特作用,使它们能够和谐地共存并为犯罪治理的总体目标服务。在防范国家被害时,因涉及国家作为潜在被害人的犯罪较为重大,只有国家才有资格去领导这种被害治理。所以,须以官方机制为主要预防手段,同时也应充分发挥社会团体和公民个人的作用,以民间机制作为官方机制的有力补充。在防范社会团体和公民个人被害时,须以民间机制为先导,由各种社会组织体和公民个人通过自我保护、互助保护预防被害。当采用民间机制不足以有效预防被害或民间机制成本过高时,就须引入官方机制,以国家的"公共权力"调动、使用社会资源进行被害治理。

就被害治理的具体途径而言,不同主体所进行的被害治理的内容是不同的,与此相应不同被害治理主体采取的具体治理措施亦有所不同。

一、以国家为主体的被害治理

国家在治理犯罪时采取的某些措施有时会同时实现传统的针对犯罪人、潜在犯罪人的犯罪治理和针对被害人、潜在被害人的被害治理两个方面。发生这种情况并不奇怪,因为犯罪与被害产生于同一过程,而国家的治理犯罪措施的效果复合性决定了国家在采取削减易致被害因素措施的同时,客观上也达到了治理犯罪的效果。国家的被害治理途径与传统的犯罪治理途径时有重合,为我们将二者区别开来增加了难度。不过,在阐述国家的被害治理途径时,与传统的犯罪治理相重合的途径,在刑事治理与社会治理、总体治理与分类治理及一般治理与特别治理部分已经详细论述过了。因此,这里只从被害治理的特殊性入手,着重论述以国家为主体的具体被害治理措施。

首先,国家立法机关须针对各种易致被害因素和被害人的现实情况加强被害治理的立法工作。

立法是法运行的起点,是以法律建立社会秩序、规范公民的权利义务、保护公共利益的规范性活动。与被害治理相关的立法,就是要有效保护国家、社会团体和公民免遭犯罪侵害,或在被害后能得到补偿及防止被害人二次受害等。事实上,西方国家已经率先开始了这方面的立法,如奥地利制定了《对犯罪行为受害人提供法律援助法》,联邦德国制定了《暴力活动受害人赔偿法》,美国通过了《证人、受害人保护法》等等。[①] 实践证明,这些法律在补偿被害人及防止被害人二次被害方面效果较好。我国立法机关也应借鉴这种作法,在保护国家、社会团体和公民免遭犯罪侵害方面有所举动。

我国目前在预防国家、社会团体被害方面,有相应的消减各种易致被害因素作用的法律,如《证券法》、《公司法》、《产品质量法》、《合同法》发挥着被害治理的作用。但在防止公民个人被害方面,相应的法律则基本上是空白。事实

---

① 〔德〕施奈德:《犯罪学》,吴鑫涛译,中国人民公安大学出版社 1990 年版,第 817~818 页。

上,制定有关被害人预防、保护、补偿、援助等方面的法律,可以健全法制,为被害预防提供必要的法律支持;可以规划被害治理工作,为消减各种易致公民被害的因素提供必要的举措。可以说,在追求民主、法治的国家,被害治理首先需要的就是法律层面的支持。在这方面,国家除了对被害治理制定一般性、总体性的法律外,还可以针对公民中的特殊群体进行特殊的被害治理。如针对女性、青少年、儿童、老年人,进行有关被害治理的专项立法,制定有关妇女、儿童保护法,青少年保护法、老年人保护法等。

其次,政府应担负起被害治理的具体工作。

就这一层面而言,政府需要转变治理犯罪的指导观念,在治理犯罪中由只注重传统的犯罪治理,转变为传统的犯罪治理与被害治理并重;需要决策者充分认识到被害治理对于治理犯罪的重大独特作用。

同时,还须设立专门的机构,展开有关易致被害因素的调查、统计和研究,为被害治理提供理论指引、技术支持和实证基础。美国司法部于 20 世纪 60 年代中期开始,就委托美国人口普查局进行全国被害人调查,从而为美国的被害治理工作提供了良好的经验资料。

此外,需要在政府督导下建立对被害人的援助机构,防止被害人二次被害。已遭犯罪侵害的被害人客观上存在着再次被害的可能性,所以防止二次被害问题也应成为被害治理的应有之义。政府监督指导建立对被害人的援助机构,应主要致力于消减被害人身上的易致被害因素。该机构可以通过为被害人提供身体治疗、心理引导、食宿、有关案件刑事诉讼进展的信息、律师援助等方式来具体进行消减易致被害因素工作。通过对被害人的政府援助,加强对被害人的保护,使被害人能尽快重返社会,过正常人的生活。在当代中国,被害人援助机构的运作可以采用"官办"和"官督民办"两种方式。所谓"官办"是完全由国家机关设置,以官方机制运作,其经费来源于财政预算。而"官督民办"是指在国家的监督、指导、帮助下,以民间资源创办被害人援助机构,以民间机制运作,其经费来源于民间筹集、慈善捐款、投资收益。"官督民办"的目标是将该机构办为科研慈善型社会团体。这种运作方式可以节约国家资金,减少被害预防的成本且可以发动社会、公民个人的广泛参与,可以说,"官督民办"是今后被害人援助机构发展的主要方向。

最后,拥有国家司法权的法院应担负起被害治理的职能。

法院的天职乃是通过对案件的公正审判来维护正义,而法院审判案件的公开性对被害治理的开展有极大的帮助。公开审判既保障了公民的知情权,又可以使公民通过直接旁听法庭审判和新闻媒体的传播了解案情,知悉被害人被害的经过,加深对各种易致被害因素的认识,增强被害治理的经验和能力。另外,特定地区的法院可以加强对本地区被害问题的研究,总结本地区被害治理的经验,归纳被害治理的规律。法院以已审结的案件为资料,从时间的角度,可以具体分析一年或一月的易致被害因素的发生情况。从空间的角度,可以分析出特定地区的各个具体行政区划内部各自存在的易致被害因素的特点。从特定种类犯罪的角度,可以总结导致某一特定种类犯罪在本地区发生的易致被害因素的内容。

二、以社会团体为主体的被害治理

社会团体中的各种易致被害因素存在于其组织体及他们所形成的社会关系中。若要消减这些易致被害因素,防止被害,需要各种社会组织在各自的领域内以民间机制为先导开展被害治理。下面分述各种社会组织的具体被害治理措施:

(一)以企业、公司为主体的被害治理

各种企业、公司是社会中基本的经济主体。由于他们拥有社会的经济资源,容易成为犯罪侵害的目标而成为被害人。而如果企业、公司被害必将会破坏社会经济的发展,进而影响社会的稳定。所以,企业、公司要正常运营,必须加强自身建设,努力消减易致被害因素,防止遭受刑事被害。

具体来说,企业、公司首先应依照有关法律建立现代企业制度,形成规范的管理结构。通过科学的内部管理,完善财务监督和法律监督,消除、减少企业、公司内部的秩序混乱、监督乏力、管理层缺少制衡等易致被害因素。其次,企业、公司在对外经济交往中,须谨慎决策,依法行事,防止遭受各种经济犯罪的侵害。再次,企业、公司要加强对员工的保护。如实行夜班制度的企业应注意加强厂区内治安保卫工作,使员工免受侵犯人身、财产犯罪的侵害。最后,企业、公司要有保险意识,努力减少刑事被害发生的风险。

(二)以新闻媒体为主体的被害治理

信息时代的世界,新闻媒体在社会生活中发挥着越来越大的作用。在被害治理中,新闻媒体通过电视、报纸、网络、广播等媒介及时地介绍案情,可以保障公民对刑事案件的知情权,并使公民从对刑事案件的报道中,增强对防止刑事被害的重视,增长被害治理的经验,自觉抵御与相应报道中类似的易致被害因素。

当然,我们在强调以新闻媒体为主体的被害治理时,也应注意到新闻媒体对刑事被害的过分报道带来的消极作用。在提倡"眼球"经济、注意力经济的社会,新闻媒体之间的激烈竞争会促使某些新闻媒体对刑事案件的过分报道,并引起公民易致被害因素和周围环境产生错觉和不安全感。因此,新闻媒体要适度地、理性地报道刑事案件,担负起对社会的责任。

（三）以社会基层组织为主体的被害治理

在犯罪产生的一般社会原因中,社会基层组织的弱化是犯罪产生的一个重要原因。这种弱化削弱了社会对各种易致被害因素的控制力,直接导致了各种易致被害因素的活跃和刑事被害的大量发生。所以,加强社会基层组织建设是开展被害治理的重要途径。

当代中国社会基层组织主体主要是城市的居民委员会和农村的村民委员会。以社会基层组织为主体的被害治理,主要是加强社会基层组织的社会控制力,增强抵抗犯罪的能力。这首先要加强党和政府对基层组织的领导,指导基层组织形成一套有效的运作、管理制度,使基层组织能够有效地发挥作用。其次,在城市,居民委员会要着重做好社区安全工作,加强对流动人口的管理,增进社区居民的相互交往和互助。在夜间,社区内部应加强照明设施,增加治安联防队的巡逻,以有效控制侵犯人身、财产犯罪的发生。最后,在农村,村民委员会在加强治安保卫工作同时,应及时排解村民之间的纠纷、矛盾,消除赌博、迷信等丑恶现象,减少在特定的乡土社会中存在的各种易致被害因素。

（四）以家庭为主体的被害治理

中国人是非常重视家庭的,人们普遍地把家庭看做是自己的避风港、加油站,把家庭幸福和事业成功视为人生的追求。在被害治理中,家庭是一把保护伞,而且突出地体现在家庭对未成年人的保护上。家庭的关爱、教育可使未成年人免受外部环境的不良影响,减少易致被害因素的形成。可以说,充分发挥每一个家庭对易致被害因素的控制、化解作用是被害治理中极为重要的一个方面。

三、以公民个人为主体的被害治理

社会中的每一个人都属于一定的社会阶层,担任着某种社会角色且按照特定的生活方式生活。生活中充满了易致个人被害的因素,每一个人在客观上都有可能遭受犯罪的侵害,成为被害人。一定社会阶层中的特定社会角色与刑事被害是有联系的,特定的生活方式与刑事被害也是有关联的。进行公民个人的被害治理工作,就需要考虑个人的生活方式和所属社会阶层中的社会角色。

防止个人被害的被害治理措施,须从个人生活方式的角度入手,而个人的生活方式很大程度上又取决于个人在所属的社会阶层中担任的社会角色。2001 年末,中国社会科学院在"当代中国社会阶层研究"的课题中,划分出了当代中国的十大社会阶层,具体包括:国家与社会管理阶层,经理阶层,私营企业主阶层,专业技术人员阶层,办事人员阶层,个体工商户阶层,产业工人阶层,农业劳动者阶层,商业服务人员阶层,城市无业、失业和半失业阶层。①

处于不同阶层的人担负着各异的社会角色,而社会角色的不同又决定着人们的生活方式不同。归纳起来,我们可以将生活方式分为正常一般型、正常特殊型、非正常亚健康型和非正常不健康型四种。以公民个人为主体的具体被害治理措施也因生活方式的不同而有所差别。

（一）正常一般型生活方式

正常一般型生活方式,这是中国社会生活中主流的生活方式。拥有这种生活方式的人,包括大多数国家与社会管理者、经理人、部分私营企业主、产业工人、农业劳动者、大多数专业技术人员和商业服务人员。他们的工作、休息、福利制度都是社会中最一般的、最普遍的。不过,同属正常一般型生活方式的群体中又会因具体阶层和社会角色不同而带有不同的易致被害因素。国家与社会管理阶层是党政、事业和社会团体、机关单位中行使行政管理职权的公务员。经理阶层是大中型企业中担任中高层管理的人员。他们掌握社会的政治、经济资源,是社会的强势群体。这一阶层家庭较为富裕,故要特别注意防范侵犯财产犯罪,避免成为侵财犯罪的被害人。

专业技术人员、办事人员、商业服务人员、工人、农民是社会中的普通人,他们一般按照这个社会的正常运转秩序生活,上班前须注意防火、防盗,在上下班路上,须注意交通安全,工作时产业工人须特别注意人身安全。应该说,他们自身虽存有某些易致被害因素,但因为他们按照社会中最一般的生活方式生活,成为某种特定犯罪被害人的可能性不明显。

（二）正常特殊型生活方式

正常特殊型生活方式是被社会承认的正当的生活方式,但在工作、休息等制度上又不同于一般型生活方式。一定社会角色的特殊性,决定了这种生活方式的特殊性。这些社会角色有:警察、记者、律师、出租车夜班司机、私营企业主等等。他们工作的性质特殊,所以他们的易致被害因素相对较多并带有特殊性。其中主要有:经常夜间工作,面临危险机率大,拥有很多财产,经常接触陌生人,经常出差等等。这一群体进行被害预防时,首先应尽可能将自己的

---

① 陆学艺:《当代中国社会阶层研究报告》,社会科学文艺出版社 2002 年版,第 1 页。

生活方式一般化,尽量减少由于生活方式的特殊性带来的易致被害因素。其次,由于他们工作性质特殊,有时必须得以特殊的生活方式生活,因此,国家和他们所属的单位也应切实加强对他们的职业保护,制定相应的职业保护规范和条例。如警察在执行危险任务时,应身着防弹衣;为了防止罪犯报复,警察的家中应有报警装置等等。我国目前在这方面的制度还很不完善,还需要国家、社会的重视和不断努力。再次,他们还应注意自我保护。这一群体应特别注意防范侵犯人身权利的犯罪,私营企业主同时也应防范侵犯财产权利的犯罪,出租车夜班司机须重点防范抢劫犯罪。故此,应客观认识自身的易致被害因素,在工作中保持适当的注意。

（三）非正常亚健康型生活方式

非正常亚健康型生活方式,是指非主流社会的生活方式,以该种方式生活的人大多属于城市无业、失业和半失业阶层及作为剩余劳动力的农民。他们没有经济上的保障,是社会中的弱势群体,他们的生活方式与正常的生活方式相比存在大量的易致被害因素,如消极、易怒、无助、穷困等等。这一群体的被害预防应以从根本上改变他们的生活方式为主。

首先,国家和社会应给他们提供就业的机会,使之从根本上减少产生易致被害因素的原因。在解决机制上,国家应以官方机制为主,以强势政府改变社会弱势群体的地位,同时以民间机制发动全社会关注、帮助弱势群体。

其次,国家和社会应充分关注这些弱势群体的安全状况。因为这些弱势群体在城市中多居住在工厂区、城乡结合部、老城区这些犯罪多发地区。故此,国家应采取得力措施切实改变弱势群体的居住状况,整顿周围的社会环境,大力发挥社会基层组织控制犯罪、减少被害的作用。

再次,在农村有很多流向城镇的剩余劳动力,人们普遍地把他们称为农民工。在城市里很多人把农民工看做是危险的、潜在的犯罪人。实际上,农民工因经济地位低下,经常受犯罪的侵害。所以国家和社会也要重视对农民工的保护,为他们提供职业培训、心理辅导和权益保障,引导他们在城市这个新环境里健康地生活并逐步融入主流社会。当然,这种生活方式的群体也应多注意自我保护,从自身做起,积极避免自己成为刑事被害人。

（四）非正常不健康型生活方式

非正常不健康型生活方式,是指不被国家法律认可的生活方式。这种生活方式的内容不仅违背道德,也违背法律。以这种生活方式生活的主要是社会边缘群体,其中主要包括:卖淫者、吸毒者、从事违法活动的"问题少年"等等。以社会边缘群体为主体的被害治理须注意以下几方面:首先,国家在打击边缘群体违法活动的同时，应为他们提供重返社会主流生活方式的宽松的社会环境和便利条件。其次，社会中的各种组织体和广大公民应以民间机制通过提供就业机会、培训机会、慈善基金的支持等形式全力帮助社会边缘群体，有效预防被害的发生。

总之，被害治理与传统的犯罪治理共同构成了犯罪治理的理论体系。传统的犯罪治理以犯罪人和潜在犯罪人为治理对象，目的是控制和减少导致犯罪发生的因素，防范犯罪的发生。而被害治理是以被害人和潜在被害人为治理对象，目的是消除和减少易致被害因素，尽量避免国家、社会团体和公民个人成为犯罪的侵害对象。故此，在治理犯罪的实践中，坚持传统的犯罪治理与被害治理并重的原则，进行多角度、多侧面的综合治理，会大大增进犯罪治理的效果，进而在全社会范围内有效遏制犯罪的滋生和蔓延。

图书在版编目(CIP)数据

犯罪学/单勇主编. —厦门:厦门大学出版社,2012.12
21世纪东部法学系列教材/张旭总主编
ISBN 978-7-5615-4427-3

Ⅰ.①犯… Ⅱ.①单… Ⅲ.①犯罪学-高等学校-教材 Ⅳ.①D917

中国版本图书馆 CIP 数据核字(2012)第 235181 号

厦门大学出版社出版发行

(地址:厦门市软件园二期望海路 39 号 邮编:361008)

http://www.xmupress.com

xmup @ xmupress.com

三明日报社印刷厂印刷

2012 年 12 月第 1 版 2012 年 12 月第 1 次印刷

开本:720×970 1/16 印张:22.5 插页:2

字数:392 千字 印数:1~3 000 册

定价:39.00 元

如有印装质量问题请与承印厂调换